无机化学实验

主　编　许　琼
主　审　胡满成

科　学　出　版　社
北　京

内 容 简 介

本书是根据教育部“化学类专业指导性专业规范”为地方高校应用型化学类专业及相关专业人才培养而编写的。

全书共 11 章，基础理论部分包含绪论、实验室基本知识、实验现象观察及数据处理、常用仪器及其使用方法、实验基本操作；实验内容则按照基本操作实验、基本原理及常数的测定实验、无机化合物制备实验、元素化合物实验、综合性实验和设计性实验模块化编写，共 38 个实验项目。本书配有操作视频和多媒体教学课件，内容丰富，新颖直观，实用性强，利于教学。

本书可作为地方高等院校化学、化工、食品、材料类、环境类和生物类等专业的无机化学实验教材，也可作为综合性大学、高等师范院校相关专业教师和实验人员的教学参考书。

图书在版编目（CIP）数据

无机化学实验/许琼主编. —北京：科学出版社，2017

ISBN 978-7-03-053713-3

Ⅰ. ①无…　Ⅱ. ①许…　Ⅲ. ①无机化学-化学实验-高等学校-教材　Ⅳ. ①O61-33

中国版本图书馆 CIP 数据核字（2017）第 137606 号

责任编辑：陈雅娴　李丽娇 / 责任校对：彭珍珍
责任印制：赵　博 / 封面设计：无极书装

科学出版社出版
北京东黄城根北街 16 号
邮政编码：100717
http：//www.sciencep.com
三河市骏杰印刷有限公司印刷
科学出版社发行　各地新华书店经销
*
2017 年 8 月第　一　版　开本：787×1092　1/16
2023 年 7 月第七次印刷　印张：14 1/4　插页：1
字数：317 000

定价：45.00 元

（如有印装质量问题，我社负责调换）

《无机化学实验》编写委员会

主　编　许　琼

副主编　王福民　庞海霞　冯　勋　张田雷

编　委（按姓氏汉语拼音排序）

党民团　冯　勋　高丰琴　季建伟　姜　敏

焦宝娟　李　敏　毛　娜　庞海霞　唐志华

王福民　王香爱　吴雪梅　许　琼　许永东

张国春　张田雷　张万锋　朱　刚

序

化学是自然科学的中心学科之一，是一门建立在实验基础上的科学，实验与理论一直是化学研究中相互依赖、彼此促进的两个方面。无机化学是化学学科中最古老的学科，是化学专业本科生的第一门化学基础课，它在化学学科的学习过程中发挥着承前启后的作用，要很好地领会和掌握无机化学的基本理论和基础知识，就必须亲自进行一些实验。因此，实验在无机化学教学中占有极其重要的地位。通过实验，可以获得大量物质变化的第一手感性知识，进一步熟悉元素及其化合物的重要性质和反应，掌握重要无机化合物的一般制备方法，加深对课堂上讲授的基本原理和基础知识的理解及掌握。通过实验，学生亲自动手，实际训练各种操作，可以培养学生正确地掌握化学实验的基本操作方法和技能技巧。通过实验，也可以培养学生独立工作和独立思考的能力，如独立准备和进行实验的能力；细致地观察和记录现象，归纳、综合、正确处理数据的能力；分析实验和用语言表达实验结果的能力及一定的组织实验、研究实验的能力。通过实验，还可以培养学生实事求是的科学态度，准确、细致、整洁等良好的科学习惯及科学的思维方法，从而逐步使学生掌握科学研究的方法。

基于以上观点，由陕西理工大学、咸阳师范学院、渭南师范学院、西安文理学院、商洛学院、安康学院、陕西学前师范学院及洛阳师范学院八所地方院校教师联合编写的《无机化学实验》教材，既考虑与目前理论教材的衔接，又考虑实验教材的相对独立性，有利于培养学生分析问题和解决问题的能力。该书共分 11 章，其中第 1～5 章集中介绍了化学实验基本知识、基本操作技能、实验室常用的通用设备等，将原来分散在各实验中的基本知识和技能集中介绍，便于学生学习、归纳和总结。第 6 章、第 7 章是基本操作实验和基本原理及常数的测定实验；第 8～11 章是无机化合物制备实验、元素化合物实验、综合性实验和设计性实验。该书对所选择的 38 个实验项目配套了多媒体教学课件，添加了无机化学实验基本操作视频，图文并茂，新颖直观，称得上是一部很有特色的立体化实验教材。

该书符合无机化学实验课程教学大纲和专业培养目标的要求，分量适当，难度适中，层次分明，重点突出，符合学生认知规律；符合教育改革思想，能反映本学科国内外的先进成果，概念准确，结构严谨，语言流畅，有利于学生在知识、能力和综合素质等方面的提高。

该书的编写，反映了西部地区地方院校化学教师对提高教学质量和教材建设的重视，必将对化学实验教学的改革起到很大的推动作用。

胡满成

2017 年 3 月 16 日

序

前　　言

我国高等教育已经转向大众教育，人才分类培养以适应社会对不同层次毕业生质量的要求迫在眉睫。目前，一本院校教材和高职高专教材建设稳步推进，而适合二本地方性院校的教材非常匮乏，教材建设已明显滞后于教学需求，培养不同类型“一流”人才面临巨大考验。

为解决这一难题，陕西理工大学、咸阳师范学院、渭南师范学院、西安文理学院、商洛学院和安康学院六所地方二本院校在充分调研的基础上，共同编写了《无机化学》并已于 2013 年 8 月由科学出版社正式出版。该书既注重科学性，又突出实用性，理论知识坚持必需、够用为度的原则，注重应用技能培养，在几年的教学应用中取得了良好的效果。

为配合无机化学理论教学，由陕西理工大学、咸阳师范学院、渭南师范学院、西安文理学院、商洛学院、安康学院、陕西学前师范学院和洛阳师范学院八所地方高校合作编写了本书。本书以教育部“化学类专业指导性专业规范”为依据，适合地方高校应用型化学类专业及相关专业。

本书凝聚了编者多年从事无机化学实验教学与研究的经验和成果，每个实验项目从原理、步骤、现象、结果到注意事项，甚至添加药品的用量都来源于多年的实践经验总结，对学生易混淆的地方和常犯的错误都做了阐述，并在配套建设的多媒体教学课件和实验操作视频中进一步讲解，以期帮助学生更好地预习和复习实验，整体提高实验教学效果。本书注重与中学化学教学的衔接，加强基本操作技能训练的规范化和系统化；贯彻绿色化学理念，融入环保意识，定性实验微型化；精选实验内容，保留相对成熟、经典的实验，删除重复性实验，增加综合性、研究性和设计性实验，并将化学软件应用于数据处理，着力培养学生的创新思维和实践能力。希望通过无机化学实验教学，学生能够加深对无机化学基本理论的理解，进一步掌握元素和无机化合物的基本性质，了解无机化合物的一般制备、提纯和分析方法，培养查阅文献、设计实验方案、分析问题和解决问题的能力，为今后的学习、工作及从事科学研究打下坚实的基础。本书参考学时为 24～120，各院校可根据教学实际情况安排实验内容。

参加本书编写的教师有：陕西理工大学许琼（第 1～3 章），唐志华（附录 2～附录 16），姜敏（第 4 章，实验四、实验十五），庞海霞（5.7～5.9 节，实验五、实验十六、实验十七、实验三十八），张田雷（5.1～5.6 节，实验六、实验十、实验十八，附录 1），季建伟（5.10 节，5.11 节，实验一～实验三、实验九、实验十四、实验二十三～实验二十七）；商洛学院张国春（实验七、实验八、实验三十六、实验三十七）；渭南师范学院党民团（实验三十二），王香爱（实验三十五），毛娜（实验三十三、实验三十四）；西安文理学院焦宝娟（实验三十），李敏（实验二十九），朱刚（实验二十八），吴雪梅（实验三十一）；咸阳师范学院高丰琴（实验十一～实验十三）；安康学院张万锋（实验二十一、实验二十二），许永东（实验十九、实验二十）；陕西学前师范学院王福民和洛阳师范学院冯勋参与了全书的统筹编写工作。全书由许琼担任主编，由陕西师范大学胡满成教授担任主审。

在本书编写过程中得到了省内外地方院校领导和老师的鼎力支持，获得了陕西理工大学教务处的教学立项和教材建设经费支持，同时得到了科学出版社的支持，在此表示感谢。本书参考了国内外部分无机化学实验教材，从中得到不少有益的启发，向各教材编者表示感谢。另外，感谢陕西理工大学2015级化学专业研究生蒲琳，化学专业本科生梁嘉婷、文明杰、蓝新广、姚秋月、杨丽娜、乔张宇、唐卓等在多媒体课件制作中付出的辛勤劳动。特别感谢陕西师范大学胡满成教授对地方高等教育的关心和指导，并在百忙中为本书作序。

由于编者水平有限，编写时间仓促，书中不妥之处在所难免，恳请读者批评指正。

许　琼

（xuqiong99@163.com）

2017年春于汉中

目　　录

第1章　绪　论

1.1　无机化学实验的目的和要求

实验教学是现代高等教育的重要教学形式，它在引导学生掌握科学研究方法、养成科学态度和培养创新精神方面起着关键的作用。它的重要任务是通过形象鲜明的感性认识使学生加深对化学基本概念、基本理论的理解；培养学生分析问题和解决问题的能力；训练学生基本的实验操作技能和实验方法及良好的实验工作习惯。无机化学实验是化学及相关专业学生入学后的第一门实践性课程，无机化学实验的基本操作和实验方法是后续实验课程的基础。实验中最基础的实验操作技能也是从无机化学实验开始的，基础实验操作技能的掌握情况也必然影响着后续实验课程的效果，通过无机化学实验培养学生的能力（包括观察能力、实验操作能力、归纳推理能力、撰写报告及综合表达能力等）及科学态度、科学方法，对后续实验课程及科学研究具有指导意义。

为达到教学要求，学生必须树立正确的学习态度，掌握正确的方法，需要做到以下几点。

（1）实验前应认真预习，查阅有关原料和产物的物理常数，明确实验目的要求，了解实验步骤、方法、注意事项和基本原理，做到心中有数，有条不紊地做好实验。

（2）预习时，根据实验内容，先写好实验报告的部分内容，画好表格，绘好实验装置图，以便实验时及时、准确地记录实验现象和有关数据，并进行数据处理。

（3）实验开始前先清点仪器设备，如果发现缺损，应立即报告教师（或实验室工作人员），并按规定手续向实验员补领；实验中如果有仪器破损，应及时报告并按规定手续向实验员换取新仪器。

（4）实验时应保持肃静，集中精力，认真操作，仔细观察实验现象，如实记录实验结果，积极思考问题，并运用所学理论解释实验现象，研究实验中的问题。

（5）实验时应保持实验室和桌面的整洁。实验中的废液应倒入废液缸中，严禁投入或倒入水槽内，以防水槽和下水管被堵塞或腐蚀。

（6）实验时要爱护国家财产，注意节约水、电、试剂。按照化学实验基本操作规定的方法取用试剂。必须严格按照操作规程使用精密仪器，如果发现仪器有故障，应立即停止使用，并及时报告指导教师。

（7）实验室内的一切物品（仪器、试剂和产品）均不得带出实验室。

（8）实验完毕，将玻璃仪器洗涤干净，放回原处。整理桌面，打扫水槽和地面卫生。

（9）实验结束，认真写好实验报告，对于实验中出现的现象和问题进行认真的讨论。

1.2　无机化学实验的内容和基本研究方法

1. 无机化学实验的基本操作

（1）基本操作部分包括玻璃仪器的洗涤与干燥，酒精灯、电炉等热源的使用，不同加热方法（直接加热、间接加热等）的选择及操作，化学药品和试剂的取用方法等。

（2）试管反应操作包括试剂的加入、试管的振荡与加热、滴管的使用。

（3）离子检出基本操作包括溶液的转移，沉淀的生成、洗涤，离心机的使用，试纸（包括 pH 试纸、乙酸钾试纸、淀粉碘化钾试纸、高锰酸钾试纸等）的使用，颜色反应，气室反应等操作。

（4）溶液配制包括用于一般溶液配制的量筒、台秤、温度计、密度计等的使用，以及用于标准浓度溶液配制的移液管、吸量管、容量瓶的使用，滴定管的选择与使用，天平的使用等。

（5）无机合成基本操作包括固体的溶解、过滤（含常压过滤、减压过滤等）、蒸发与浓缩、结晶，气体的产生、净化及收集，离子交换技术（离子交换柱的选择，离子交换树脂的选择、处理与使用等）等。

（6）pH 计、分光光度计、电导率仪、离子仪等仪器设备的使用。

2. 无机化学实验的基本研究方法

（1）试管反应包括反应及反应剂的选择，反应条件的选择及控制（浓度、温度、加入顺序、用量及溶剂等），现象的观察（怎样改变条件使现象更明显、怎样进行对照比较等），反应和产物的确定（气、液、固物质的鉴定），主反应和副反应、连续反应和平行反应的识别，观察事实和理论的联系，化学反应的描述（包括化学反应方程式、反应现象的记录、产物的性质和状态等），能进行类比、对称、嫁接和转移性的实验设计。

（2）离子的检出包括单个离子的是非判断，混合离子的分离及检出，特别是反应的选择性和方法的灵敏度等。

（3）合成及鉴定包括提出方案，组织实施及产品鉴定等一系列过程。

（4）参数测定是利用相应的参数方程求参数（包括模型的建立、数据的收集及整理、误差分析及误差的预防等），能够用同一技术求不同的参数，或用不同的模型求同一参数。

1.3 无机化学实验能力培养的要求

经过无机化学实验的训练和锻炼，应初步具有以下实验工作能力。

1. 独立进行一些化学性质实验和简单无机化合物的制备

通过实验训练，特别是基本操作的训练，不断克服不敢动手、紧张、忙乱等现象，逐步养成正确操作、工作有条理、不依赖他人、独立地甚至有一定创造性地进行上述有关实验的能力。

2. 配制一般的溶液

结合课堂对溶液浓度概念和浓度表示方法的讲授，通过溶液配制的实验、平常的实验训练及业余参加准备室配制溶液的锻炼，应具有以下两种能力。

（1）能配制常用的酸碱盐溶液。

（2）能按照给定的配方配制一些常用的特殊溶液。

3. 绘制仪器和装置的简图

（1）图形基本正确，能辨别出是哪种仪器。

（2）比例合适，大小适中。
（3）同一幅图中平视图与主体图一致。
（4）图面清晰、清洁、整齐。

4. 查阅参考书的初步能力

（1）结合实验内容练习，从实验书后的附录或手册中查找实验中所需要的数据。
（2）结合实验前预习和实验后书写实验报告，练习应用参考书的目录或书后索引查阅有关材料。

5. 书写实验报告的能力

实验报告字迹清晰，图表清楚，叙述有条理，表述简洁。整个报告整齐、清洁。

在内容上，开始可在教师的指导下，按照无机化学实验的不同类型（基本操作实验、常数测定实验、制备实验和性质实验等），按统一的格式书写报告。开始可着重于实验现象和实验数据的记录、思考题的回答等，但要逐步扩展成既有所观察的实验现象又有说明和解释，既有实验数据又有分析和结论，既有成败的经验教训又有自己的实践体会，甚至有改进的建议。

1.4 无机化学实验操作的学习方法

要达到实验的目的，必须有正确的学习态度和良好的学习方法。无机化学实验的学习方法大致可分为实验前的预习、实验记录和实验报告三个阶段。

1. 实验前的预习

进入实验室前必须做好预习工作。实验前的预习归纳起来是“看”、“查”、“写”三个字。

看：仔细阅读与本次实验有关的全部内容（实验教材、理论教材）。

查：通过查阅书后附录、有关手册及与本次实验相关的教材内容，了解实验中要用到的或可能出现的基本原理、化学物质的性质和有关理化常数。

写：在看和查的基础上认真写好预习报告。预习报告的具体内容及要求如下。

（1）实验目的和要求，实验原理和反应方程式，仪器和装置的名称及性能，溶液的浓度及配制方法，主要试剂和产物的理化常数，主要试剂的规格用量。

（2）根据实验内容用自己的语言正确地写出简明的实验步骤（不要照抄!），关键之处应加以注明。步骤中的内容可用符号简化。例如，化合物只写分子式；加热用“△”，加用“＋”，沉淀用“↓”，气体逸出用“↑”等符号表示；仪器以示意图代替。这样在实验前就形成了一个工作提纲，实验时可按此提纲进行。

（3）制备实验和提纯实验应列出制备或纯化的过程和原理。

（4）对于实验中可能出现的问题（包括安全问题和导致实验失败的因素）要写出防范措施和解决办法。

2. 实验记录

（1）实验时除了认真操作、仔细观察、积极思考外，还应及时地将观察到的实验现象和测得的各种数据如实地记录在专门的记录本上。记录必须做到简明、扼要，字迹整洁。

（2）如果发现实验现象与理论不符合，应认真检查原因，遇到自己难以解释的疑难问题时，可提请教师解答。必要时重做实验。

（3）在实验过程中应保持肃静，严格遵守实验操作规程。

（4）实验完毕后，将实验记录交教师审阅。

3. 实验报告

做完实验后，应及时完成实验报告，交指导教师批阅。实验报告应简明扼要，一般包括下列几个部分。

（1）实验目的和要求。

（2）实验原理。尽量用自己的语言表达。

（3）主要仪器与试剂。常见的仪器装置要求画图。

（4）实验步骤和实验现象。尽量用简图、表格或以化学式、符号等表示。

（5）数据记录和数据处理。以原始记录为依据。

（6）结果和讨论。对实验现象和实验数据进行分析、解释，得出正确的结论，并进行相关的讨论，将计算结果与理论值进行比较，分析出现误差的原因。

不同类型的实验可采取不同的报告格式，如原理及测定实验报告（二氧化碳相对分子质量的测定）、制备实验报告（硫酸亚铁铵的制备）、性质实验报告（元素化合物部分实验）、定性分析实验报告等，具体书写格式详见示例一～示例三。

示例一　无机化学测定实验报告

实验名称：____________ 室温________ 湿度________ 气压________

专业/班级____________ 第___组 姓名______ 指导教师_______ 日期______

测定原理（简述）：

数据记录和结果处理：

问题与讨论：

附注：

指导教师签名：

示例二　无机化学制备实验报告

实验名称：____________________　室温________________　湿度______________　气压________________

专业/班级_____________________　第____组　姓名_________　指导教师____________　日期_________

制备原理（简述）：

简单流程：

实验过程的主要现象：

问题与讨论：

附注：

指导教师签名：

示例三　无机化学性质实验报告

实验名称：____________________　室温________________　湿度______________　气压________________

专业/班级_____________________　第____组　姓名_________　指导教师____________　日期_________

实验内容	实验现象	解释	相关化学方程式

讨论：

小结：

附注：

指导教师签名：

1.5 化学实验仪器和装置简图的画法简介

化学实验仪器和装置简图是用以表达仪器的形象、装配、组合形式的。通过绘图可以引导学生注意观察实物，抓住仪器结构上的共性和特性，逐步树立起几何形体的概念。化学实验的仪器大多是轴对称的，可以用几何平面图表示它们的形状。

1. 绘制仪器装置图的标准和基本要求

（1）仪器规范，图形正确。仪器规范是指要显示出仪器的特征。图形正确是指仪器的放置、各件仪器的连接和布局、单件仪器间的距离等都应确切无误。

（2）示意合理，线条清晰。示意合理是指反应器皿中各种物质的量等要合乎情理、恰当。线条清晰指线条要平直、清晰、粗细均匀，实线和虚线的使用要恰当。

（3）布局合理，图形完整。即一幅实验装置图应表明化学原理、反应条件，整个画面要端正、平稳、不能歪斜。

（4）比例适当，画法统一。比例适当要求单件仪器各部分和整套装置中各单件仪器大小要协调适当、符合比例。画法统一要求同一个装置图里不能出现两种或两种以上的投影画法。

（5）画面整洁，没有污痕。即整套装置图要整齐、美观、清爽。

2. 单件仪器的绘制方法和步骤

大多数玻璃仪器的示意图是由简单的几何形体组成的。例如，烧杯由空心圆柱体组成，试管由空心圆柱体和空心半球体组成，圆底烧瓶由空心圆柱体和空心球体组成。画图时，抓住构成这些形体的主要点和线，按照先轮廓后细节、先左后右、先竖后平、先上后下、先里后外的顺序，就可以画出它们的图形。图 1-1 表示的是几种常用仪器的分步画法。

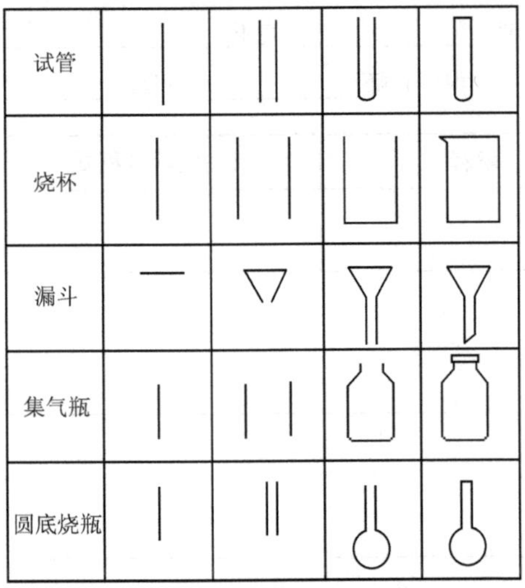

图 1-1　常用仪器分步画法

3. 整套装置图的绘制和步骤

绘制整套仪器装置图时应先考虑整体上的布局，确定画面中心，然后分开画各组成部分，做到主要线段和次要线段粗细有别、虚实有别。一般来说应遵循下列原则：先画主体仪器，再画辅助仪器，最后进行连接。具体画法上，根据仪器装置的结构组成情况确定绘画步骤。常见的仪器装置图从组成结构上分为以下两种情况。

（1）主体仪器（中心画面）是上中下结构的装置图，应从上到下画出主体仪器。例如，实验室制取氯气装置图的中心画面是由主体仪器分液漏斗、圆底烧瓶、酒精灯组成，绘制时依次由上到下分别画出它们，中心画面确定完成后，再绘制铁架台确定整个画面的水平线，然后画集气瓶、烧杯，最后用导管连接，如图 1-2 所示。

（2）主体仪器（中心画面）是左右结构的装置图，应先确定一个水平线，然后从左到右绘出主体仪器图，再绘辅助仪器，最后画连接导管。例如，实验室制备纯净二氧化碳装置图绘制步骤如图 1-3 所示。

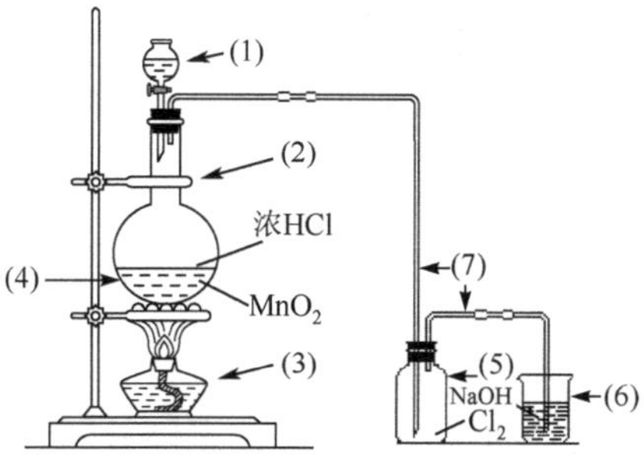

图 1-2　实验室制取氯气装置图

（1）～（7）表示绘制步骤

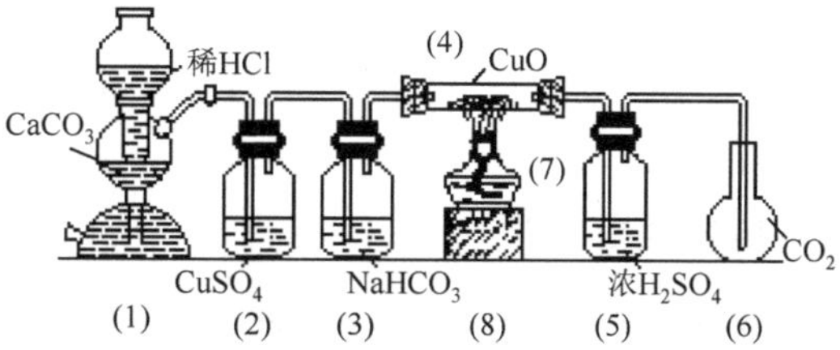

图 1-3　实验室制备纯净二氧化碳装置图

（1）～（8）表示绘制步骤

第 2 章　实验室基本知识

2.1　实验室规则

1. 实验室学生守则

（1）学生进入实验室按照指定位置入座，不准随意走动，大声喧哗，未经教师许可，不得动用仪器、药品。

（2）实验前必须预习实验内容，明确目的要求，熟悉方法步骤，掌握基本原理。认真听取教师讲解实验目的、步骤、仪器及药品性能、操作方法和注意事项。实验前首先清点实验仪器和药品，如果有缺少、损坏应立即报告教师。

（3）实验中要严格执行操作规程，仔细观察实验现象，认真做好实验记录，根据实验过程分析实验结果，写出实验报告。

（4）注意安全，使用腐蚀性强、易燃、易爆和有毒药品时要小心谨慎。如果在实验中发生意外事故不要惊慌，应立即报告教师和实验管理教师处理。

（5）爱护仪器和实验材料，节约用水和实验材料。凡不按操作规程使用造成仪器损坏，由当事人赔偿。实验仪器和材料未经教师许可不能带出实验室。

（6）实验完毕，在教师和实验管理教师的指导下清点实验器材，归还原位，妥善处理废物并做好清洁工作，经教师许可才能离开实验室。

（7）实验完成后，教师和实验教学管理人员应分别做好实验登记工作。

2. 实验室安全守则

（1）对有刺激性、有毒气体（如硫化氢、氯气、溴、浓氨水、浓盐酸等）的取用、加热、制备等操作都要在通风橱内进行。

（2）绝对不允许把各种化学药品任意混合，以免发生意外事故。对一切易燃、易爆物质（如乙醇、乙醚、苯、氢气等）的操作都要远离明火。点燃氢气必须先检查确保纯净后才能进行。钾、钠必须保存在煤油中，白磷保存在水中，绝不能暴露在空气中。某些强氧化剂（如氯酸钾、高锰酸钾等）及其混合物不能研磨，以免引起爆炸。

（3）在加热、蒸发浓缩液体时，不能俯视液体。加热试管时，管口不能对人，以免发生意外。

（4）浓酸、浓碱具有强腐蚀性，切勿使其溅到皮肤或衣服上。稀释时（特别是浓硫酸），应在搅动下慢慢地倒入水中，而不能将水倒入酸中，以免迸溅。废酸和废碱要分别倒入酸缸和碱缸内。

（5）绝不允许在实验室内饮食和吸烟。有毒药品严防进入口内和接触伤口，特别是氰化物、砷化物等。金属汞易挥发，其蒸气进入体内并逐渐积累就会造成汞中毒，所以一旦洒落必须收集起来并用硫黄粉覆盖处理，使其转变为硫化物。每次实验后要认真洗手。

（6）实验中制备的产品和废液要回收，特别是有毒废液要经过处理才能排放。绝不允许将废液倒入水槽内。自觉保护环境，清除对环境的污染，是每个化学工作者应有的品质。

（7）实验中使用的水、电、煤气一经用完应立即关闭，特别是中断时更应注意。每次实验结束，必须认真检查后才能离开实验室。

2.2 实验室事故的处理及消防常识

2.2.1 实验室事故的处理

（1）烫伤后立即用冷水冲洗 20min，然后用高锰酸钾或苦味酸溶液擦洗烫伤处，再涂上凡士林、烫伤膏、獾子油、万花油等。

（2）若遇乙醇、苯或乙醚等着火时，应立即用湿布或砂土等灭火，火势大时可用泡沫灭火器灭火。

（3）若眼睛或皮肤上溅到强酸或强碱，应立即用大量水冲洗，然后用 3%的碳酸氢钠或硼酸溶液冲洗。

（4）若不慎吸入氯气、氯化氢等气体，可立即吸入少量乙醇和乙醚的混合蒸气解毒；若吸入硫化氢而感到不适或头晕时，应立即到室外呼吸新鲜空气。

（5）割伤后要先将异物取出，用生理盐水或硼酸液擦洗，涂上紫药水或撒些消炎粉包扎，必要时送医院医治。

（6）遇触电事故时，应首先切断电源，然后进行人工呼吸。对伤势较重者，应立即送医院医治。

（7）毒物入口，可将几毫升稀硫酸铜溶液倒入一杯温水中内服后，用手指伸入咽喉促使呕吐，然后去医院医治。

2.2.2 实验室消防常识

在实验室经常要使用许多易燃物质，如乙醇、甲醇、苯、甲苯、丙酮、煤油等。这些易燃物质挥发性强，着火点低，在明火、电火花、静电放电、雷击因素的影响下极易引燃起火，造成严重损失，因此使用易燃物品时应严格遵守操作规程。在发生火灾的情况下，应针对起火原因及周围环境情况采取适宜的灭火方法。一般灭火方法主要遵循两条原则：降低燃烧物温度；使燃烧物与空气隔绝。常用的灭火物质或器材有水、水蒸气、酸碱灭火器、泡沫灭火器、二氧化碳灭火器、四氯化碳灭火器等。

1. 水

水是常用的灭火物质。在常用的固体和液体物质中，水的比热容（使 1g 物质温度升高 1℃所吸收的热量）最大（$4.1868\times10^3\ J\cdot kg^{-1}\cdot K^{-1}$），水的气化热（液体在一定温度下转化为气体时所吸收的热量）很大（为 $40.8\ kJ\cdot mol^{-1}$）。因此，水有优良的冷却能力，可以有效地降低燃烧区域的温度，从而使火焰熄灭。另外，水蒸发成水蒸气时体积膨胀，可增加至原体积的 1500 倍以上，可以大大降低燃烧区可燃气体及助燃气体的含量，有利于扑灭火焰。

但是在下列情况下，严禁以水灭火：

（1）由比水密度小并与水不相溶的液体燃烧而引起的火灾，如石油、汽油、煤油、苯等。这些可燃性液体比水密度小，能浮在水面上继续燃烧，并且随着水的流散，使燃烧面积扩大。

（2）由电气设备引起的火灾。消防用水中含有各种盐类，是良好的电解质。因此，在电气设备区域（特别是高压区）使用可能造成更大的损失。

（3）火灾地区存有钠、钾等金属。钠、钾与水发生剧烈作用并放出氢气，氢气逸散于空气中即成为燃炸性的混合物，极易爆炸。

（4）火灾地区存有电石时，水与电石反应放出乙炔，同时放出大量热量，能使乙炔着火爆炸。

有时在用水灭火时，也可以在水中溶入一定量的氯化钙（$CaCl_2$）、硫酸钠（Na_2SO_4），水蒸发后，这些盐附着在燃烧物表面，对熄灭火焰也有一定作用。一般情况下，所用溶液的浓度为 $CaCl_2$ 30%～35%，Na_2SO_4 25%。

大气中的水蒸气含量高于 35%时抑制燃烧，因此在装有锅炉设备的场所使用过热蒸气灭火具有显著的效果。但在使用时必须注意安全，小心烫伤。

2. 四氯化碳

四氯化碳（CCl_4）为无色、易挥发、不燃烧的液体，有特殊的臭味。0℃时相对密度为 1.63（水的密度为 1），沸点为 76.74℃，凝固点为 25℃，不导电，因此适用于电器、电机、电线、配电设备等灭火。

四氯化碳气化时吸收的热量并不显著，但产生的不支持燃烧的四氯化碳气体相对密度大（空气密度为 1，是空气的 5.3 倍）。这种气体可以有效地覆盖在燃烧物表面并与燃烧产物混合而抑制燃烧，空气中只要含有 10%四氯化碳蒸气，就可以达到灭火效果。

四氯化碳蒸气有毒，空气中含有 150～200 mL 被人吸入就能致死。

在 250℃以上，四氯化碳能与水作用产生剧毒的光气，反应如下

$$CCl_4+H_2O = COCl_2+2HCl$$

有灼热金属存在时，该反应更为剧烈。

由于上述情况，使用四氯化碳灭火后的现场必须注意通风。

常用的四氯化碳灭火器为储压式灭火器，筒中储入四氯化碳后再压入二氧化碳，筒口有螺旋开关，使用时只要旋开开关，CCl_4 即行喷出。

3. 二氧化碳

二氧化碳的密度是空气的 1.51 倍。在空气中一般积存在下层，其临界压力为 7.3 MPa，在此条件下即为液体，液体体积仅为标准状态下气体体积的 1/500。

二氧化碳气体不导电，因此广泛作电器设备灭火之用。

二氧化碳灭火器是将气态二氧化碳压缩在钢制容器中，气体喷出时经过一扁平喇叭形扩散器（又名造雪器），使部分二氧化碳凝为雪花，此时二氧化碳温度可降至−78℃左右；雪花状二氧化碳在燃烧区直接气化吸收大量热而使燃烧物温度急降，同时产生 CO_2 气体覆盖在燃烧物表面将火熄灭。

二氧化碳灭火器在 90 s 内即喷射完毕。因此，使用时应尽量靠近燃烧区。打开开关后将喷流对准火焰，化雪时的强冷却作用可能使手冻伤，应尽量注意防护。这种灭火器保存时应防止受热，如果漏气而导致质量减轻 1/10 时，应立即充气。

酸碱灭火器与泡沫灭火器是利用灭火器中碳酸氢钠与硫酸作用而放出二氧化碳。反应如下

$$H_2SO_4+2NaHCO_3 = 2Na_2SO_4+2H_2O+2CO_2\uparrow$$

灭火时，二氧化碳气体易被气流冲散，为了克服这一缺点，在碳酸氢钠溶液中加入一定量的泡沫剂，使产生的 CO_2 气体包含在泡沫中，喷出的泡沫覆盖在燃烧物表面，隔绝空气，熄灭火焰。由于泡沫层比较轻，能浮在相对密度不大的液体（如汽油、煤油、香蕉水等）表面，因此也适用于这类物质的灭火。

酸碱灭火器或泡沫灭火器的药液是强电解质，不能用于电气设备的灭火。另外，药液腐蚀性强，灭火后应及时清理现场。

4. 灭火药粉

灭火药粉的主要成分为碳酸氢钠，再加入滑石粉、硅藻土、石棉粉等掺和而成。灭火药粉撒于燃烧物表面分解出二氧化碳起到灭火作用。灭火药粉一般装在钢筒中以压缩二氧化碳喷射。

5. 黄砂

黄砂也是常用的灭火材料，向燃烧区域撒盖黄砂使燃烧物与空气隔绝从而抑制燃烧。

6. 湿棉毯

湿棉毯是一种常用的有效灭火用具，将其覆盖在燃烧物表面，既可隔绝空气，又可迅速降低燃烧区域的温度从而抑制燃烧。

2.3　实验室“三废”的处理

化学实验室大多数废气、废液、固体废弃物（简称“三废”）都是有毒物质，其中还有些是剧毒物质和致癌物质，如果直接排放，会污染环境，损害人体健康，必须经过适当的处理后才能排放。

（1）少量有毒气体可以通过排风设备排出室外，被空气稀释。毒气量大时必须经过吸收处理才能排出。可燃性有机毒物可于燃烧炉中供给充分的氧气使其完全燃烧，生成二氧化碳和水。对于较纯的有机溶剂（含有少量其他试剂和被测物）应回收利用。

（2）有毒、致癌废液不能直接排入下水道，要经过处理，降低毒性后，方可稀释排出。例如，含汞盐液应先调 pH 至 8～10，再加过量的硫化钠生成硫化汞沉淀，并加硫酸亚铁生成硫化铁沉淀，从而吸附硫化汞共沉淀下来。

（3）有毒固体废弃物不能直接倒入垃圾桶，要经过处理后方可排出。

（4）做完实验后应将所有的废物收回废物桶，经过适当的处理后方可排出。

第3章　实验现象观察及数据处理

3.1　化学反应现象的观察

观察是科学研究的基本手段，作为一名化学工作者，必须正确地观察化学实验中出现的各种现象。因此，掌握良好的观察方法和有效的观察手段，就可以更好地认识、区别和描述所观察到的现象。

3.1.1　化学反应的基本特征

化学反应的特征是有新物质的生成，这是其与物理变化的本质区别，即反应后总会有一种或多种新物质生成。实验中的现象是化学反应发生的信息，是反应过程中最重要的表现，而沉淀的生成与溶解、气体的产生与吸收、颜色的变化、特殊气味的产生等现象代表某种过程的进行。同时在化学反应中总是伴随着能量的放出与吸收（如热量的放出或吸收、光的发射或吸收、电能的产生或消耗）。因此，每个化学反应都有自己的特征变化。人们通过对这些变化进行研究，透过现象看本质和利用现象来分析作用物质质量的变化，是科学工作者必须具备的能力。例如，在无机反应中，通过现象分析有无反应发生、有什么反应发生、有什么化合物生成等。在无机化学实验中，应注重从下列几个方面进行观察。

1. 颜色的变化

许多离子和化合物都具有颜色，根据颜色的变化可以判断反应是否发生，例如

$$\underset{\text{黄色}}{Fe(H_2O)_6^{3+}} + \underset{\text{无色}}{nSCN^-} = \underset{\text{血红色}}{Fe(SCN)_n^{3+}} + 6H_2O$$

沉淀的生成或溶解，例如

$$\underset{\text{无色}}{AgNO_3} + \underset{\text{无色}}{KCl} \longrightarrow \underset{\text{白色}}{AgCl\downarrow} + KNO_3$$

$$AgCl(s) + 2NH_3 \cdot H_2O(l) = Ag(NH_3)_2^+(l) + Cl^- + 2H_2O$$

前者生成了沉淀，后者沉淀溶解了，这与物质的溶解度、沉淀的 K_{sp}、弱酸的 K_a、配合物的稳定常数 $K_{稳}$ 等因素有关。

2. 气体的产生和吸收

$$CaCO_3(s) = CaO(s) + CO_2(g)\uparrow$$

$$CO_2(g) + Ba^{2+}(l) + 2OH^-(l) = BaCO_3(s)\downarrow + H_2O(l)$$

$$(NH_4)_2SO_4 + 2NaOH = 2NH_3\uparrow + Na_2SO_4 + 2H_2O$$

$$S_2O_3^{2-} + 2H^+ = S\downarrow + SO_2\uparrow + H_2O$$

3.1.2　观察实验现象的基本要求

1. 目的性和预见性

对于一个实验来说，具有明确的观察目的、观察中心和观察范围是非常必要的，甚至对

实验中的每个步骤，也应该做到心中有数。只有有意识、有目的地进行观察，才能达到预期的效果。因此每个实验者在实验前都必须进行充分的准备，明确实验的目的、原理和重要步骤，并根据所学知识预测每个步骤按常规可能会出现什么现象，在什么部位出现，外观（颜色、味道、形态）如何，只有在充分准备时才有可能注意到意料之外的现象，从而发现新的现象，得到新的知识。例如实验中 Ag_2CrO_4 和 AgCl 转化时，需首先了解 Ag_2CrO_4、AgCl 及 CrO_4^{2-} 的性质

$$2AgNO_3 + K_2CrO_4 = Ag_2CrO_4\downarrow + 2KNO_3$$ 溶液无色

砖红色

$$AgNO_3 + NaCl = AgCl\downarrow + NaNO_3$$ 溶液无色

白色

其中，CrO_4^{2-} 为黄色。因此，$AgNO_3$ 溶液中加入 K_2CrO_4 生成砖红色沉淀，溶液无色，如果再滴加 NaCl，溶液为黄色（CrO_4^{2-}），这说明可以转化为 AgCl。

2. 仔细性与连续性

化学反应的发生，有些是剧烈的、瞬间完成的（如燃烧、爆炸等），有些则是细微的、长时间缓慢进行的（如结晶过程）。因此，进行仔细的、连续性的观察是非常必要的，如果走马观花，或只看反应的开始与结果，忽略变化的全过程，就不可能得到正确的结论。例如，进行 H_2O_2 稳定性实验时，如果不进行仔细的、连续的观察，就会得出常温下 H_2O_2 不分解的不确切结论，而实际上在常温下，H_2O_2 的分解反应缓慢、细微。又如，$FeCl_2$ 与 NaOH 在反应时，得到的白色 $Fe(OH)_2$ 沉淀瞬间与空气中的 O_2 作用变为绿色、深绿色至红棕色[$Fe(OH)_3$]，如果不连续地仔细观察就不可能看到白色的 $Fe(OH)_2$ 沉淀，而误认为 $FeCl_2$ 与 NaOH 作用直接生成了红棕色的 $Fe(OH)_3$ 的错误结论。

3.1.3　实验现象的观察方法

伴随化学反应的进行而产生的现象有时是很明显的、易于观察的，有时则不然，现象不明显、难以进行观察。因此，对于一个实验者来说，掌握更多的观察方法，培养善于观察的能力及透过现象看本质的能力是非常重要的。

1. 控制反应条件，使反应现象更明显

任何化学反应都只能在一定条件下发生。不创造一定的外部条件，反应可能不进行，也可能进行得很缓慢，以至于难以察觉出其变化来。因此，重视反应条件（如温度、浓度、介质的酸碱性、试剂用量、时间）的控制，创造合适的外部环境及条件，使化学反应明显地体现出来，更好地取得实验结果。举例如下。

（1）反应

$$Pb^{2+} + 2Cl^- = PbCl_2\downarrow$$

若沉淀不明显可适当加大 Cl^-，加入过多时

$$PbCl_2 + 2Cl^- = PbCl_4^{2-}$$

$PbCl_2$ 的溶解度增加，因此沉淀剂用量的选择应考虑溶解度规则、盐效应、配合物的形成等因素。

（2）利用反应：

$$2Mn^{2+} + 5BiO_3^- + 14H^+ = 2MnO_4^- + 5Bi^{3+} + 7H_2O$$

来检验 Mn^{2+}时，若浓度过大、用量过多时，可能会进一步作用，发生下述反应：

$$3Mn^{2+} + 2MnO_4^- + 2H_2O \xlongequal{} 5MnO_2 + 4H^+$$

从而观察不到特征的紫色。

（3）H_2SO_4 极易与 H_2S 反应生成乳白色的硫，但实验室只提供 Na_2SO_4 溶液，要求自己加酸配制 H_2SO_4，若加酸不足以使 Na_2SO_4 转变为 H_2SO_4，上述反应就不明显。

（4）Ba^{2+}与 CrO_4^{2-} 作用生成沉淀 $BaCrO_4$，增加体系的$[H^+]$，有利于下述反应的进行：

$$2CrO_4^{2-} + 2H^+ \xlongequal{} Cr_2O_7^{2-} + H_2O$$

从而减弱了形成 $BaCrO_4$ 沉淀的条件。

温度的影响：用酚酞检验 NaAc 的水解程度，加热使现象明显（水解反应吸热，加热有利于水解进行）；用 CO_3^{2-} 沉淀 Li^+时，加热可使沉淀更完全；但用 Cl^-沉淀 Pb^{2+}时，加热则现象不明显（因为升温导致 Li_2CO_3 的溶解度下降，$PbCl_2$ 的溶解度增加）。

其他条件影响：如用 Fe^{2+}加 OH^-制 $Fe(OH)_2$ 时，为明显地观察 $Fe(OH)_2$ 的白色沉淀，用来溶解 $FeSO_4$ 的蒸馏水应煮沸以赶走空气中的氧，同时加 H_2SO_4 酸化（Fe^{2+}在酸中稳定），NaOH 溶液也应煮沸，然后迅速加入，不要搅动，以避免 Fe^{2+}被氧化。

2. 间接观察法

有些反应没有明显的现象变化，这时就应利用间接观察法：可另加试剂，也可利用物理学方法，如下列酸碱反应无颜色变化

$$NaOH+HCl \xlongequal{} NaCl+H_2O$$

可在体系中加入酸碱指示剂，利用指示剂颜色的改变表明化学反应的进行。

对于反应

$$2Fe^{3+} + 2I^- \xlongequal{} 2Fe^{2+}+I_2$$

当 I^-很少时难以确认，但加入少许淀粉即变蓝，或加 CCl_4 萃取而呈紫色，以此来检出 I^-。

利用化合物的物理或化学性质进行的间接观察是变化多端的，这也是实验中的重要内容之一，能否灵活运用，关键在于对化合物的性质和反应的了解程度。

3. 在比较中观察

有比较才有鉴别，应注意在比较中观察现象，比较反应前后体系的变化情况来判断反应是否发生，尤其对反应现象不明显者更需进行比较。例如

$$FeCl_3+nKSCN \xlongequal{} Fe(SCN)_n^{3-n} +nK^++3Cl^-$$

颜色变化说明反应发生，这很明显。但 $AgNO_3$（无色）加氨水后，无异常现象发生，是否生成了 $[Ag(NH_3)_2]^+$（无色）呢？如果先加 NaCl（无色）溶液生成白色沉淀（AgCl）后，再加 $NH_3 \cdot H_2O$，沉淀又溶解，反应前后颜色及状态都发生了改变，这样就能得出较为肯定的结论。

常用的比较方法包括空白试验和对照试验。

1）空白试验

用蒸馏水代替被测物质，其他条件均与进行被测物的试验相同的试验称为空白试验。空白试验有利于区分现象的来源。例如，用 Ag^+鉴定某试样中的 Cl^-是否存在时，如果沉淀很少，

难以判断 Cl^- 是否存在，此时可以用水（或相应的溶剂）代替被测液进行空白对比试验，若得到的溶液透明度较好，而由试样得到的溶液混浊，则说明试样中含有 Cl^-。又如，用 SCN^- 鉴定试样中是否含有 Fe^{3+} 时，若得红色溶液，说明有 Fe^{3+} 存在，为判断它是试样中的还是配制试样的溶剂带进去的，做一空白试验：若得到同样深浅的红色，说明试样中无 Fe^{3+}；若得到几乎无色的溶液，则说明试样中有 Fe^{3+} 存在。

2）对照试验

用已知溶液代替试液在同样的条件下进行重复试验称为对照试验，可以用来检验溶剂是否有效或反应条件的控制是否合适。例如，用 $SnCl_2$ 溶液鉴定 Hg^{2+} 时，若未出现黑色沉淀，一般认为无 Hg^{2+}，但考虑到 Sn^{2+} 易被空气氧化而失效，可取少量含 Hg^{2+} 的溶液代替试液，重复上述鉴定操作，若不出现灰黑色沉淀，则说明 $SnCl_2$ 失效，应重新配制，再进行鉴定试验。

4. 要看动态过程

观察试验现象不能只看开始和结果，而要看全过程，因为现象经常在变动中，许多化学反应发生一系列的中间反应，所以应在变动中观察试验现象，只有观察现象的动态过程，才能更好地把握反应。例如，将适量的 $Na_2S_2O_3$ 溶液加入 $AgNO_3$ 溶液时，可看到白色沉淀 $Ag_2S_2O_3$ 生成，随后沉淀又发生白色→黄色→棕色→黑色的变化，即

$$Ag_2S_2O_3+H_2O \xlongequal{} Ag_2S\downarrow+SO_4^{2-}+2H^+$$

并用此反应作为 $S_2O_3^{2-}$ 的检出反应，如果只观察到最后有黑色沉淀生成，是不能做出含有 $S_2O_3^{2-}$ 的结论的。

5. 选择适当观察背景

适当的观察背景有利于观察化学反应的发生，尤其是现象不够明显时，选择合适的观察背景就显得更加必要。例如，黑色或浅红色、绿色、蓝色沉淀在白色背景中会显得更加清晰，而微量的白色混浊在黑色背景中会更加清楚地显示出来。

6. 定性现象同样具有定量的意义

当进行 Na_2SO_4、Na_2SO_3 的区别实验时，若取适量固体溶于水后加入稀盐酸，然后再加 $BaCl_2$，若出现混浊而无沉淀就判定为 SO_4^{2-}，结果显然不完备，因 SO_3^{2-} 不稳定易被空气氧化为 SO_4^{2-}，也会产生混浊，因此可用混浊的量来确定是 SO_4^{2-} 还是 SO_3^{2-}。显然沉淀量较多的是 SO_4^{2-}，量极少的是 SO_3^{2-}，而不是 SO_4^{2-}。因此不止要看现象，还要从现象在量上的表现，如沉淀的多少及溶液颜色的深浅，进行判断和得出正确的结论。

3.2　有效数字及其运算规则

在化学实验中，经常要根据实验测得的数据进行化学计算，但是在测定实验数据时，应该用几位有效数字？在化学计算时，计算的结果应该保留几位有效数字？这些都是首先需要解决的问题。为了解决这两个问题，需要了解有效数字的概念及其运算规则。

3.2.1　有效数字的概念及其位数的确定

具有实际意义的有效数字位数是根据测量仪器和观察的精确程度来决定的。现举例说明。

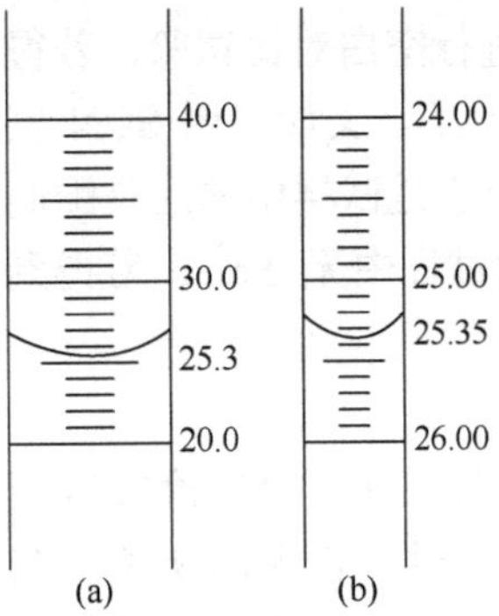

图 3-1　液体读数示例

在测量液体的体积时，在最小刻度为 1 mL 的量筒中测得该液体的凹液面最低处在 25.3 mL 的位置［图 3-1（a）］，其中 25 是直接由量筒的刻度读出的，是准确的，而 0.3 mL 是由肉眼估计的，它可能有±0.1 mL 的误差，是可疑的。该液体的液面在量筒中的读数 25.3 mL 均为有效数字，所以有效数字为三位。如果该液体在最小刻度为 0.1 mL 的滴定管中测量，它的凹液面最低处是在 25.35 mL 的位置［图 3-1（b）］，其中 25.3 mL 是直接由滴定管的刻度读出的，是准确的，而 0.05 mL 是由肉眼估计的，它可能有±0.01 mL 的误差，是可疑的，而该液体的液面在滴定管中的读数 25.35 mL 均为有效数字，所以有效数字为四位。从以上例子可知：有效数字是指在分析工作中实际能够测量到的数字。所谓能够测量到的是包括最后一位估计的、不确定的数字。把通过直读获得的准确数字称为可靠数字；把通过估读得到的数字称为存疑数字。把测量结果中能够反映被测量大小的带有一位存疑数字的全部数字称为有效数字。实验数据的有效数字与测量所用仪器的精确度有关。由于有效数字中的最后一位数字已经不是十分准确，因此任何超过或低于仪器精确程度的有效位数的数字都是不恰当的。例如，在托盘天平上读出的 5.6 g，不能写作 5.6000 g；在分析天平上读出的数值恰巧是 5.6009 g，也不能写作 5.6 g，这是因为前者夸大了实验的精确度，后者缩小了实验的精确度。

移液管只有一个刻度，其精确度如何？例如，25 mL 移液管其精确度规定为±0.01 mL，即读数为 25.00 mL，不能读作 25 mL。同样，容量瓶也只有一个刻度。例如，50 mL 容量瓶其精确度规定为±0.01 mL，其读数为 50.00 mL。

由上述可知，有效数字与数学上的数有着不同的含义，数学上的数仅表示大小，有效数字则不仅表示量的大小，而且反映了所用仪器的精确度。各种仪器由于测量的精确度不同，其有效数字表示的位数也不同。

注意，“0”在数字中是否是有效数字与“0”在数字中的位置有关。

（1）“0”在数字前，仅起定位作用，“0”本身不是有效数字，如 0.0275 中，数字 2 前的两个“0”都不是有效数字，所以 0.0275 的有效数字是三位。

（2）“0”在数字中是有效数字，如 2.0065 中的两个“0”都是有效数字，2.0065 的有效数字是五位。

（3）“0”在小数点的数字后是有效数字，如 6.5000 中的三个“0”都是有效数字，6.5000 的有效数字是五位。

（4）如 54000 g 或 2500 mL 等，以“0”结尾的正整数中，就很难说“0”是有效数字或非有效数字，有效数字的位数不确定。例如，54000 可能是两位、三位、四位，甚至五位有效数字。这种数应根据有效数字的情况用指数形式表示，以 10 的方次前面的数字代表有效数字。例如，两位有效数字则写成 5.4×10^4 g，三位有效数字则写成 5.40×10^4 g 等。

此外，在化学计算中一些不需经过测量所得的数值，如倍数或分数等的有效数字位数可认为无限制，即在计算中需要几位就可以写几位。

在记录实验数据和有关的化学计算中，要特别注意有效数字的运用，否则会使计算结果不准确。常用仪器的精度如表 3-1 所示。

表 3-1 常用仪器的精度

仪器名称	仪器精度	举例	有效数字
托盘天平	0.1 g	15.6 g	三位
电光分析天平	0.0001 g	15.6068 g	六位
10 mL 量筒	0.1 mL	8.5 mL	两位
100 mL 量筒	1 mL	96 mL	两位
移液管	0.01 mL	25.00 mL	四位
滴定管	0.01 mL	50.00 mL	四位
容量瓶	0.01 mL	100.00 mL	五位

3.2.2 有效数字的运算规则

1. 加减法

在计算几个数字相加或相减时，所得的和或差的有效数字中小数的位数应与各加减数中小数的位数最少者相同，例如

$$2.0114+31.25+0.357=?$$

上述小数位数最少的数是 31.25，其中的“5”已是可疑值，相加后使得和 33.6184 中的“1”也可疑，因此再多保留几位已无意义，也不符合有效数字只保留一位可疑数字的原则，这样相加后，按“四舍六入五成双”的规则处理，结果应为 33.62。一般情况，可先取舍后运算。

2. 乘除法

在计算几个数相乘或相除时，其积或商的有效数字位数，应与各数值中有效数字位数最少者相同，而与小数点的位置无关。

3. 对数

进行对数运算时，对数值的有效数字只由尾数部分位数决定，首数部分为 10 的幂数，不是有效数字。

例如，2345 为四位有效数字，其对数，lg2345=3.3701，尾数部分仍保留四位。首数“3”不是有效数字，所以不能记成：lg2345=3.370，此时只有三位有效数字，就与原数 2345 的有效数字位数不一致了。

又如，pH 的计算：若 $c(H^+)=4.9\times10^{11}\ mol\cdot L^{-1}$，是两位有效数字，所以 $pH=-lg\ c(H^+)=10.31$，有效数字仍为两位；反之，由 pH=10.31 计算氢离子浓度时，也只能记作 $c(H^+)=4.9\times10^{-11}$，而不能记成 4.898×10^{-11}。

3.3 无机化学实验中的数据处理

化学实验中测量一系列数据的目的是要找出一个合理的实验值，通过实验数据找出某种变化规律，这就需要将实验数据进行归纳和处理。数据处理包括数据计算和根据数据进行作图处理与列表处理。

对精确度要求不太高的定量实验，一般只要求重复两三次，所得数据比较平行，用平均

值作为结果即可；对精确度要求较高的实验，往往要进行多次重复实验，所得的一系列数据要经过较为严格的处理。在无机化学实验中主要采用列表法和作图法。

1. 列表法

在无机化学实验中，最常用的是函数表。将自变量和因变量一一对应排列成表格，以表示二者的关系。列表时应注意以下几点。

（1）每个表格必须有简明的名称。

（2）行名和量纲。将表格分成若干行，每个变量应占表格中的一行，每一行的第一列写上该变量的名称及量纲。

（3）每行所有数值应注意其有效数字的位数。如果用指数表示数据时，为简便起见，可将指数放在行名旁。

（4）自变量的选择有一定的灵活性。通常选择较简单的变量（如温度、时间、浓度等）作为自变量。

2. 作图法

实验数据常常要根据作图来处理，作图可直接显示出数据的特点和数据变化的规律，根据图示还可求得斜率、截距外推值等，因此作图好坏与实验结果有直接关系。以下简要介绍一般的作图方法。

1）准备材料

作图需要应用直角坐标纸、铅笔、透明直角三角板、曲线尺等。

2）选取坐标轴

在坐标纸上画两条互相垂直的直线，一条为横坐标，一条为纵坐标，分别代表实验数据的两个变量，习惯上以自变量为横坐标，因变量为纵坐标。坐标轴旁标明代表的变量和单位。

坐标轴上比例尺的选择原则：从图上读出有效数字与实验测量的有效数字要一致；每一个对应的数值要易读，有利于计算；要考虑图的大小位置，能使数据的点分散开，有些图不必把数据的零点放在坐标原点上。

3）标定坐标点

根据数据的两个变量在坐标内确定坐标点，可用多种符号表示。

4）画出图线

用均匀光滑的曲线连接坐标点，要求曲线能通过较多的点，不要求通过所有的点。没有被连上的点，也要均匀地分布在靠近曲线的两边。

需要注意的是，通过应用 Origin 绘图软件或 Excel 软件，快捷准确地完成基础无机化学实验的数据处理和绘图，减小人工处理数据带来的误差，绘出的图形细致美观，方法简便易行，应用该软件是处理专业实验数据的一种实效有用的方法。

第 4 章　常用仪器及其使用方法

4.1　化学实验中常用的仪器

玻璃仪器按玻璃的性质不同可以简单地分为软质玻璃仪器和硬质玻璃仪器两类。软质玻璃承受温差的性能、硬度和耐腐蚀性都比较差，但透明度比较好，一般用来制造不需要加热的仪器，如试剂瓶、漏斗、量筒、吸管等。硬质玻璃具有良好的耐受温差变化的性能，用它制造的仪器可以直接用灯火加热，这类仪器耐腐蚀性、耐热性能及耐冲击性能都比较好，常见的烧杯、烧瓶、试管、蒸馏器和冷凝管等都用硬质玻璃制作。

玻璃仪器按用途可以分为容器类、量器类和其他常用器皿三大类。

4.1.1　烧杯

常用的烧杯有低型烧杯、高型烧杯、三角烧杯等，如图 4-1 所示，主要用于配制溶液，煮沸、蒸发、浓缩溶液，进行化学反应及少量物质的制备等。烧杯用硬质玻璃制造，可承受 500℃以下的温度，在火焰上隔石棉网加热，也可选用水浴、油浴或砂浴等加热方式。烧杯的规格从 25 mL 至 5000 mL 不等。

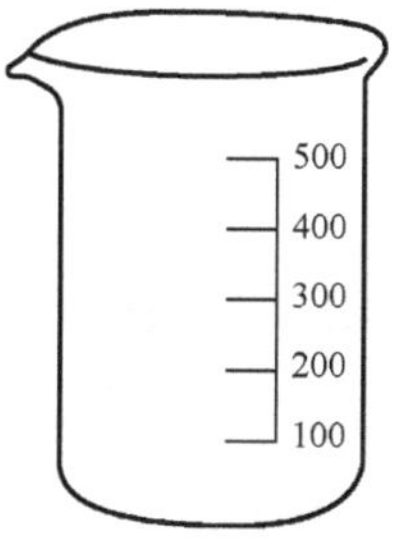

图 4-1　烧杯

4.1.2　烧瓶

烧瓶如图 4-2 所示，一般用于加热、煮沸，以及物质间的化学反应，主要有平底烧瓶、圆底烧瓶、蒸馏烧瓶和三口烧瓶。平底烧瓶不能直接用火加热，圆底烧瓶可以直接用火加热，但两者都不能骤冷，通常在热源与烧瓶之间加隔石棉网。蒸馏烧瓶是一种用于液体蒸馏或分馏物质的玻璃容器，常与冷凝管、尾接管、接液器配套使用。蒸馏常用三口烧瓶和四口烧瓶。三口烧瓶可作为液体和固体或液体间的反应器或装配气体反应发生器，适用于条件严苛的有机反应，进行较为复杂的煮沸、分馏、提纯操作，常与温度计、冷凝管、搅拌棒、分液漏斗等仪器配套组装成分馏、蒸馏或回流装置。

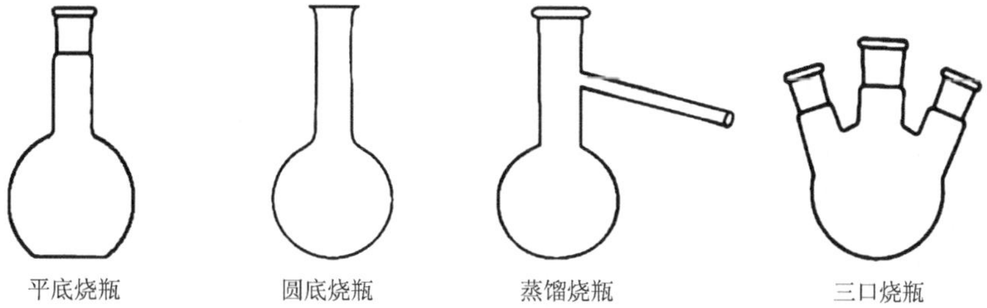

图 4-2　烧瓶

4.1.3　分馏管、冷凝管和接管

分馏管也称分馏柱或分凝器（图 4-3），主要用于分馏操作。常见的分馏管有无球分馏管、

一球分馏管、二球分馏管、三球分馏管、四球分馏管和刺形分馏管。

冷凝管也称冷凝器（图 4-3），供蒸馏操作中冷凝用。常见的冷凝管有空气冷凝管、直形冷凝管、球形冷凝管、蛇形冷凝管、直形回流冷凝管和蛇形回流冷凝管。

接管（图 4-3）用于蒸馏时连接冷凝管，常见的有直形接管和弯形接管。

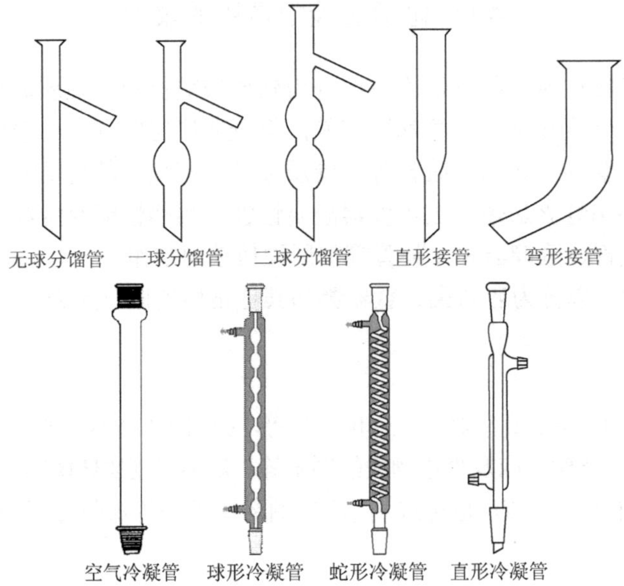

图 4-3　分馏管和冷凝管

4.1.4　试管、离心管和比色管

试管主要用作少量试剂的反应容器，常用于定性实验。试管可直接用火加热，加热后不能骤冷。如果不需要加热，试管内盛放的液体量不要超过 1/2；如果需要加热，不要超过 1/3。加热试管内的固体物质时，管口应略向下倾斜，以防凝结水回流至试管底部而使试管破裂。

离心管用于定性分析中的沉淀分离，只能用水浴加热。常见的试管和离心管如图 4-4 所示，有普通试管、具支试管、刻度试管、具塞试管、尖底离心管、尖底刻度离心管和圆底刻度离心管等。

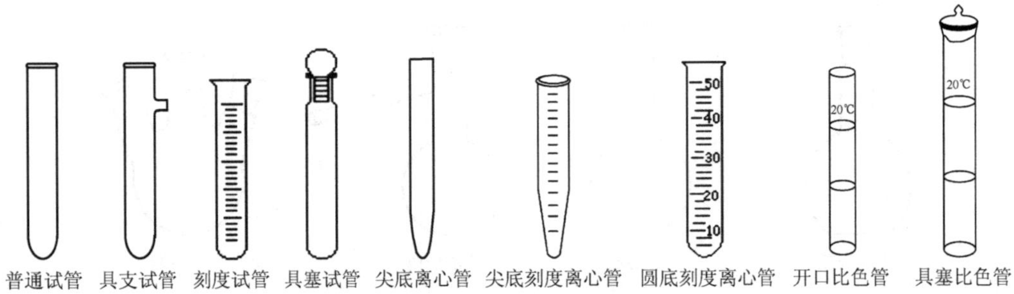

图 4-4　常见试管和比色管

比色管主要用于比较溶液颜色的深浅，用于快速定量分析中的目视比色。比色管有开口比色管和具塞比色管两种（图 4-4）。

4.1.5　干燥器

图 4-5　干燥器

干燥器如图 4-5 所示，中下部口径略小，上面放置带孔的瓷板，瓷板上放置待干燥的物品，瓷板下面放有干燥剂。常用的干燥剂有 P_2O_5、碱石灰、硅胶、$CaSO_4$、CaO、$CaCl_2$、$CuSO_4$、浓硫酸等。固态干燥剂可直接放在瓷板下面；液态干燥剂先放在小烧杯中，再放到瓷板下面。

干燥器主要用于保持固态、液态样品或产物的干燥，也用来存放防潮的小型贵重仪器和已经烘干的称量瓶、坩埚等。使用干燥器时，要沿边口涂抹一薄层凡士林并研合至均匀透明，使顶盖与干燥器本身保持密合，不漏气。开启顶盖时，应稍稍用力使干燥器顶盖向水平方向缓缓错开，取下的顶盖应翻过来放稳。热的物体应冷却到略高于室温时再移入干燥器内。

干燥器直径从 100 mm 至 500 mm 不等。干燥器洗涤后，要吹干或风干，切勿用加热或烘干的方法去除水气。久存的干燥器或室温低时，顶盖打不开，可用热毛巾或暖风吹化开启。

图 4-6　常见试剂瓶

4.1.6　试剂瓶

试剂瓶用于盛装各种试剂。常见的试剂瓶如图 4-6 所示，有细口试剂瓶、广口试剂瓶和滴瓶，附有磨砂玻璃片的广口试剂瓶常用作集气瓶。试剂瓶有无色和棕色之分，棕色瓶用于盛装应避光的试剂。细口试剂瓶和滴瓶常用于盛放液体药品，广口试剂瓶常用于盛放固体药品。试剂瓶又有磨口和非磨口之分，一般非磨口试剂瓶用于盛装碱性溶液或浓盐溶液，使用橡胶塞或软木塞；磨口的试剂瓶盛装酸溶液、非强碱性试剂或有机试剂，瓶塞不能调换，以防漏气。若长期不用，应在瓶口和瓶塞间加放纸条，便于开启。试剂瓶不能用火直接加热，不能在瓶内久储浓碱、浓盐溶液。

4.1.7　称量瓶

称量瓶（图 4-7）主要用于使用分析天平称取一定量的试样，不能用火直接加热，瓶盖是磨口的，不能互换。称量瓶有高型和扁型两种。

4.1.8　表面皿和蒸发皿

表面皿（图 4-7）主要用作烧杯的盖，防止灰尘落入和加热时液体迸溅等。表面皿不能直接用火加热。

蒸发皿（图 4-7）有平底和圆底两种形状，主要用于液体蒸发，耐高温，但不宜骤冷。蒸发溶液时一般放在石棉网上加热，如果液体量多可直接加热，但液体量以不超过其深度的 2/3 为宜。

4.1.9　研钵

研钵（图 4-8）主要用于研磨固体物质，有玻璃研钵、瓷研钵、铁研钵和玛瑙研钵等。玻璃研钵、瓷研钵适用于研磨硬度较低的物料，硬度大的物料应用玛瑙研钵。研钵不能用火直接加热。

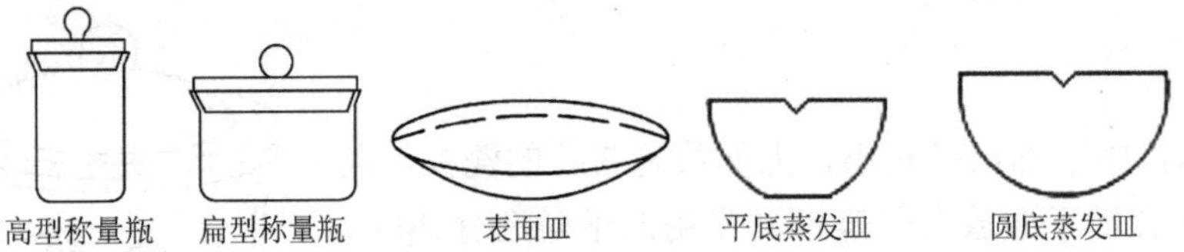

图 4-7　称量瓶、表面皿、蒸发皿

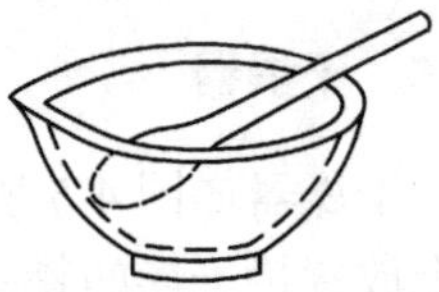
图 4-8　研钵

4.1.10　量筒和量杯

量筒（图 4-9）以所能量取的最大容积（mL）表示。量筒用来量取液体的体积（准确度不高），读数时应使眼睛的视线和量筒内凹液面的最低点保持水平。量杯与量筒使用方法相同，一般化学实验较少使用。

在进行某些实验时，如果不需要很准确地量取试剂，可以不必每次都用量筒，但需要掌握估量液体体积的方法。例如，普通小试管是 5 mL，1 mL 液体占试管总容量的 1/5；滴瓶里的滴管每滴出 14 滴左右的体积为 1 mL（定性分析中要求滴管每滴出 20 滴为 1 mL）。量筒不能作反应容器用，也不能加热。

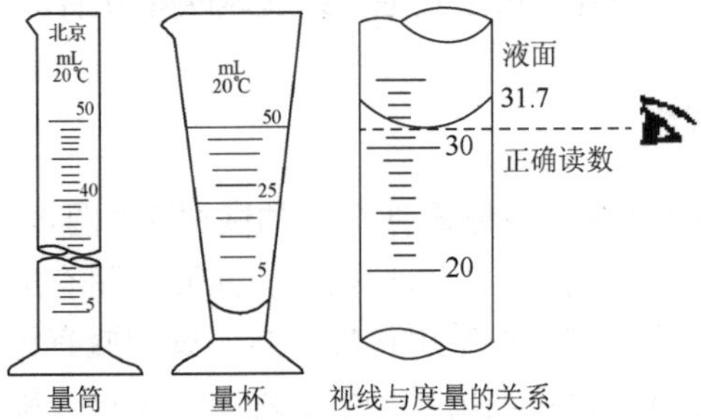

图 4-9　量筒和量杯

4.1.11　容量瓶

容量瓶是一种细长颈、梨形的平底玻璃瓶，配有磨口塞。容量瓶的容积表示在所指温度下（一般为 20℃）液体充满至标线时的容积，这种容量瓶一般是“量入”式容量瓶。容量瓶不能加热，瓶塞是磨口的，不能互换，以防漏水。容量瓶有无色和棕色之分，棕色瓶用于配制需要避光的溶液。

容量瓶主要用于把精确称量的物质配成精确的溶液或将准确容积及浓度的浓溶液稀释到准确浓度的稀溶液。常用的容量瓶有 25 mL、50 mL、100 mL、250 mL、500 mL、1000 mL 等多种规格。

使用容量瓶配制溶液的方法如下。

（1）检漏。使用前检查瓶塞处是否漏水。具体操作方法是：注入自来水至标线附近，塞紧瓶塞，用右手食指顶住瓶塞，左手五指托住容量瓶底，将其倒立（瓶口朝下 2 min），观察容量瓶是否漏水。若不漏水，将瓶正立且将瓶塞旋转 180°后，塞紧、倒置，检查是否漏水，若无水漏出，即表明容量瓶不漏水。经检查不漏水的容量瓶才能使用。

（2）配制溶液的具体方法：将准确称量的试剂放在小烧杯中，加入适量的水，搅拌使其溶解（若难溶，可盖上表面皿，稍加热，但须放冷后才能转移），沿玻璃棒把溶液转移至容量瓶中，如图 4-10 所示，烧杯中的溶液倒尽后烧杯不要直接离开玻璃棒，而应在烧杯扶正的同时使烧杯嘴沿玻璃棒上移 1～2 cm，随后烧杯即离开玻璃棒，这样可以避免烧杯嘴与玻璃棒之间的一滴溶液流到烧杯外面。然后再用少量水刷洗烧杯壁三四次，每次的刷洗液按同样操作转移至容量瓶中。当溶液达到容量瓶容积的 2/3 时，

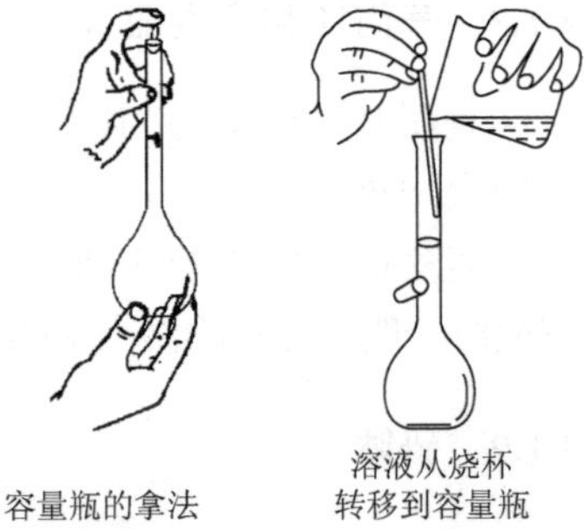

图 4-10　容量瓶的使用

将容量瓶沿水平方向摇晃使溶液初步混匀，再加水至接近标线，最后用滴管从标线以上 1 cm 处沿颈壁缓慢滴加纯水至液面与标线相切。盖紧瓶塞，用右手食指压住瓶塞，左手拖住容量瓶底部，倒转容量瓶，使瓶内气泡上升到顶部，边倒转边摇晃，重复几次使瓶内溶液混合均匀。

（3）容量瓶是量器而不是容器，不宜长期存放溶液，如果溶液需使用一段时间，应将溶液转移到试剂瓶中储存，试剂瓶应当用该溶液刷洗两三次，以确保浓度不变。

4.1.12　漏斗

漏斗主要用于过滤操作和向小口容器倾倒液体。常见的有 60°短颈漏斗、60°长颈漏斗、筋纹漏斗和圆筒形漏斗。筋纹漏斗内壁有若干凹筋，可以提高过滤速度。分液漏斗主要用于互不相溶的两种液体的分层和分离，常见的有厚料球形、球形、梨形和梨形刻度、筒形和筒形刻度等规格。球形分液漏斗适用于萃取分离操作；梨形分液漏斗除用于分离互不相溶的液体外，在合成反应中常用来随时加入反应试液。有刻度的梨形和筒形漏斗常用于控制加液速度。

4.1.13　移液管和吸量管

如图 4-11 所示的移液管是用来准确量取并转移一定体积、一定浓度的溶液，实质是量取和转移一定量（质量或物质的量）的溶质。移液管是一根细长而中部膨大（称为球部）的玻璃管，上下均为较细较窄的管径，下径末端是尖嘴，上颈末端是平口，上颈中部刻有环形标线，中间膨大部分标有它的容积和标定时的温度。在标明的温度下，使溶液的凹液面与移液管标线相切，让溶液按一定的方式自由流出，则流出的溶液体积与管上标明的体积相同。常用的移液管有 5 mL、10 mL、25 mL、50 mL 等规格。例如，A 级 25 mL 移液管在 20℃时由标线放出的溶液的体积为 25.00 mL，最后残留的液体不得吹出，一级品最大可能的误差按国家标准规定不得超过±0.02 mL。

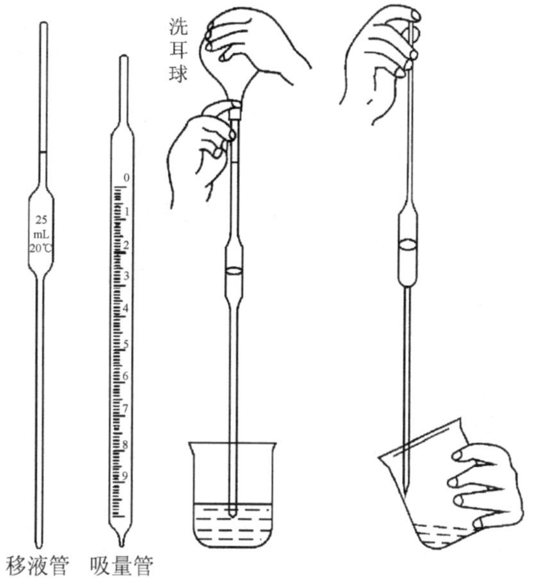

图 4-11　移液管与吸量管

吸量管是具有分刻度的玻璃管，一般只用于准确量取小体积的溶液。有些吸量管的分刻度不到管尖，而是离管尖 1～2 cm。吸量管的精确度不如移液管高，常用的吸量管有 1 mL、2 mL、5 mL、10 mL 等规格。

1. 洗涤和润洗

移液管（或吸量管）在使用前要洗至内壁不挂水珠。先用自来水洗涤，在烧杯中盛自来水，将移液管（或吸量管）下部伸入水中，右手拿住管颈上部，用洗耳球轻轻地将水吸入管内至容积的一半左右，用右手食指按住管口，取出管后横放，左右两手的拇指和食指分别拿住管的上、下两端，转动管使水布满全管，然后直立将水放出。如果未洗涤干净，则用洗耳球吸取铬酸洗液洗涤。也可以将移液管放入有大量洗液的量筒内浸泡数分钟，取出后用自来水洗净，再用蒸馏水冲洗，方法同上。吸取试液前要用滤纸将管尖端内外的水吸去，然后用试液润洗两三次，方法同上，以保证浓度不变。

2. 溶液的移取

移液管的用法：用润洗过的移液管移取试剂时，右手大拇指和中指拿住管颈标线上方靠近平口处，将管下端的尖端插入溶液中，左手拿洗耳球，先把洗耳球中的空气排出，然后将洗耳球插在管口上，慢慢松开左手使溶液吸入管内。待溶液的液面上升到比标线高时，迅速移去洗耳球，用右手稍微润湿的食指压紧管口，大拇指和中指垂直拿住移液管，管尖离开液面，用干净的滤纸擦去管下端和外端的溶液。将移液管靠在盛溶液器皿的内壁上，稍微放松食指，用拇指和食指轻轻捏住管身，使液面缓缓下降，至溶液凹液面与标线相切时立即用食指压紧管口，使溶液不再流出。然后取出移液管，插入事先准备好的承接溶液的器皿中，使管的下端靠近器皿内壁，此时移液管应垂直，而承接的器皿倾斜，松开食指让溶液自然流出，待溶液流完后 15 s，取出移液管。如果移液管未注明“吹”，则残留在管尖的溶液不能吹入承接器皿中。

吸量管的使用和移液管基本相同。使用吸量管时，通常是使液面从它的最高刻度线降至另一刻度线，使两刻度之间的体积恰为所需的体积。在同一实验中应尽可能使用同一吸量管，以避免带来误差。如果吸量管的分刻度一直刻到管尖，而且又要用到末端收缩部分时，则要把残留在管尖的溶液吹出；若用非吹出式的吸量管，则不能吹出管尖的残留液。但吸量管上标有“吹”字，特别是 1 cm 以下的吸量管，管尖的液体必须吹出，不得保留。

移液管和吸量管用完立即用水洗净，放在管架上。

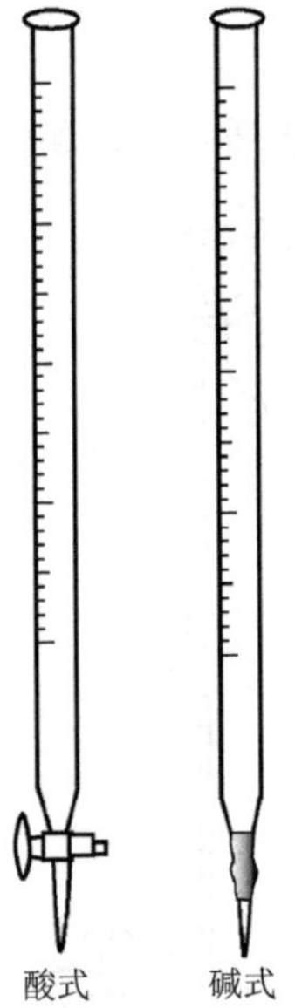

图 4-12　滴定管

4.1.14　滴定管

滴定管如图 4-12 所示，是滴定时使用的精密仪器，用来测量自管内流出溶液的体积，有常量和微量滴定管之分。常量滴定管有酸式和碱式两种，酸式滴定管用来盛盐酸、氧化剂、还原剂等溶液，碱式滴定管用来盛碱溶液。滴定管有无色和棕色之分，无色的滴定管又有带蓝线和不带蓝线两种。

1. 滴定管的洗涤

当滴定管没有明显污染时，可以直接用自来水冲洗，或用滴定管刷蘸上肥皂水或洗涤剂刷洗，不能用去污粉。如果用肥皂或洗涤剂不能洗干净，可用 5～10 mL 洗液清洗。洗涤酸管时，要预先关闭活塞，倒入洗液后，一手拿住滴定管上端无刻度部分，另一手拿住活塞上部无刻度部分，边转动边将管口倾斜，使洗液流经全管内壁，然后将滴定管竖起，打开活塞使洗液从下端放回原洗液瓶中。洗涤碱管时，应先去掉下端的橡胶管和细嘴玻璃管，接上一小段塞有玻璃管的橡胶管，再按上述方法洗涤。

用肥皂、洗涤剂或洗液洗涤后都需用自来水充分洗涤，然后检查滴定管是否洗净。滴定管的外壁也应保持清洁。

用自来水洗涤后，应检查滴定管是否漏水。对于酸管，先关闭活塞，装水至“0”线以上，直立约 2 min，仔细观察有无水滴滴下，然后将活塞转 180°，再直立 2 min，观察有无水滴滴下。对于碱管，装水后直立 2 min，观察是否漏水即可。如果发现有漏水或酸管活塞转动不灵活的现象，酸管需将活塞拆下重涂凡士林，碱管则需要更换玻璃珠和橡胶管。

活塞涂凡士林的方法是将滴定管平放在桌面上，取下活塞，将活塞和活塞槽用滤纸擦干，用手指沾上少量凡士林，在活塞孔的两边沿圆周涂上薄薄的一层（图 4-13），凡士林不宜涂得太多，尤其是在孔的两边，以免堵塞小孔。然后将活塞插入槽中，向同一方向转动活塞，直到从外面观察时全部透明为止。如果发现旋转不灵活或出现纹路，表示凡士林涂得不够；如果有凡士林从活塞缝隙溢出或被挤入活塞孔，表示凡士林涂得太多。凡出现上述情况，都必须重新涂凡士林，最后还应检查活塞是否漏水。

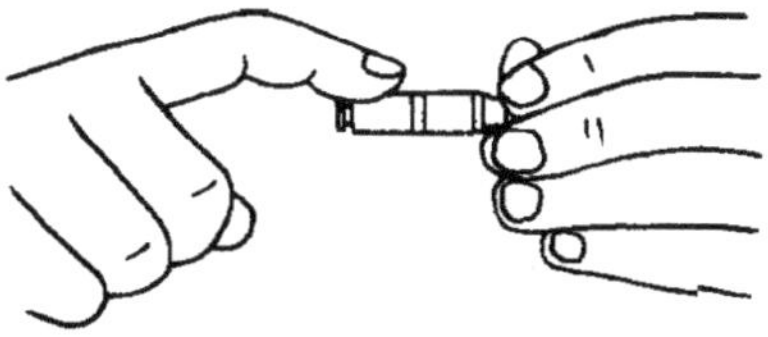
图 4-13　活塞涂凡士林

用自来水冲洗以后，再用蒸馏水洗涤 3 次，每次 10 mL。每次加入蒸馏水后，要边转动边将管口倾斜，使水布满全管内壁，然后将酸管竖起，打开活塞，使水流出一部分以冲洗滴定管的下端，关闭活塞，将其余的水从管口倒出。对碱管，从下面放水洗涤时，要用拇指和食指轻轻往一边挤压玻璃球外面的橡胶管，并边放边转，将残留的自来水全部洗出。最后用操作溶液洗涤 3 次，每次用量为 10 mL，其洗法同蒸馏水荡洗。

图 4-14　碱管赶气泡的方法

2. 滴定管下端气泡的清除

当操作溶液装入滴定管后，如果下端留有气泡或有未充满的部分，用右手拿住酸管上部无刻度处，将滴定管倾斜 30°，左手迅速打开活塞使溶液冲出（下面接一个烧杯），从而使溶液布满滴定管下端。如果使用碱管，则把橡胶管向上弯曲（图 4-14），用两指挤压玻璃球侧上方，使溶液从管尖喷出，这时一边挤压橡胶管，一边把橡胶管放直，等到橡胶管放直后，再松开手指，否则末端仍会有气泡。

3. 读数

把滴定管夹在滴定管架上使其保持垂直，或用右手拿住滴定管上部无刻度处，让其自然下垂，否则会造成读数误差。把一小烧杯放在滴定管下，按操作法用左手轻轻打开酸管的活塞，使液面下降到 0.00～1.00 mL 范围内的某一刻度为止，等 1～2 min 后再检查液面有无改变，如果没有改变，则记下读数作为滴定管的“初读”。滴定操作最好是在零或接近零的任一刻度开始，并每次都从上端开始，以消除因管上下刻度不匀所造成的误差。

读数时应遵守下列规则。

（1）装满溶液或放出溶液后，必须等 1～2 min，使附着在管内壁上的溶液流下后再读数。当放出溶液相当慢时，如滴定到最后阶段，标准溶液每次只加 1 滴，则等 0.5～1 min 即可。

（2）读数时，对无色或浅色溶液，视线应在凹液面的最低点处，而且要与液面呈水平。若溶液颜色太深，不能观察到凹液面时，可读两侧最高点。初读数与终读数应取同一标准。

（3）读数必须读到小数点后第二位，而且要求估计到 0.01。

（4）为更好地读数，可在滴定管后面衬一读数卡。读数卡可用黑纸或涂有黑长方形的白纸，手持读数卡放在滴定管背后，使黑色部分在凹液面下 1 mm 左右，即看到凹液面的反射层成为黑色，读此黑色凹液面的最低点。

4. 滴定

滴定操作如图 4-15 所示，通常将酸管夹在滴定管架的右边，活塞柄向外。开始滴定前，先将悬挂在滴定管尖端处的液滴除去，读出初读数。将滴定管下端伸入烧杯内，左手操纵活塞，使滴定液逐滴滴入，右手用玻璃棒轻轻搅拌溶液。如果在锥形瓶内进行滴定，滴定管下端伸入瓶口约 1 cm，瓶底离下面白的或黑的瓷板 2～3 cm。左手操作滴定管，右手前三指拿住瓶颈，随滴随摇（沿同一方向做圆周运动）。在整个滴定过程中，左手一直不能离开活塞。在滴定时必须熟练掌握旋转活塞的方法，能根据需要控制旋转活塞的速度和程度，既能使溶液逐滴滴入，也能只滴加 1 滴就立即关闭活塞或使液滴悬而未落。

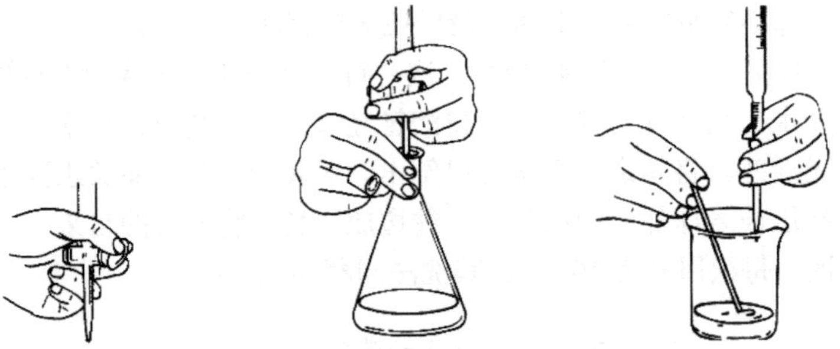

图 4-15　滴定操作

使用碱管时，左手拇指和食指拿住橡胶管中玻璃珠所在部位稍上一些的地方，向外或向里挤橡胶管，使玻璃珠旁边形成空隙，溶液从空隙中流出。但要注意，不能使玻璃珠上下移动，更不要按玻璃珠以下的地方，那样会把下部橡胶管按宽，待放开手时，就会有空气进入管内形成气泡。

无论用哪种滴定管，都必须熟练掌握三种加液方法：逐滴滴加、加 1 滴、加半滴。

在滴定过程中，须注意观察滴定的滴落点，一般在滴定开始时，由于离终点很远，滴下时无明显变化，但滴到后来，滴落点周围会出现暂时性的颜色变化。在离终点比较远时，颜色变化一般立即消失；随着终点越来越近，颜色消失渐慢，快到终点时，颜色甚至可以暂时扩散到全部溶液，搅拌或转动一两次后才完全消失，此时应改为滴 1 滴，搅拌或摇几下。接近终点时，用洗瓶冲洗烧杯或锥形瓶内壁，把壁上的溶液洗下。最后仅微微转动活塞，使溶液悬在管尖上形成半滴但未落下，用玻璃棒靠下（或用洗瓶洗下），并搅拌溶液或摇动锥形瓶。如此重复，直到出现达到终点时应有的颜色不再消失为止。

实验完毕后，倒出滴定管内剩余溶液，用自来水冲洗干净，放入柜子。

4.1.15　标准磨口仪器

标准磨口仪器是指标准磨塞和标准磨口的直径都采用国际通用的统一尺寸，其锥度比例均为 1/10，由硬质玻璃制成。同类规格的标准磨口仪器可任意互换。这类仪器的品种有烧瓶、过滤瓶、冷凝管、接管、蒸馏头、分液漏斗等，使用时可查阅有关资料。

使用标准磨口仪器时，口与塞对合后，不要在干态下转动摩擦，以免损伤磨面。

4.1.16　酒精灯

酒精灯是常用的加热器具，带磨口的玻璃罩或塑料罩，由灯壶、灯帽和灯芯构成，如图 4-16 所示。酒精灯适用于温度不需太高的实验，其正常火焰分为三层：内层为焰心，温度最低；中层为内焰（还原焰），由于酒精蒸气燃烧不完全，并分解为含碳的产物，因此这部分火焰具有还原性，称为“还原焰”，温度较高；外层为外焰（氧化焰），酒精蒸气完全燃烧，温度最高。实验时一般用外焰加热。酒精灯的温度一般可达 400～500℃。

酒精灯的使用方法及注意事项如下。

（1）检查并修整灯芯：新购置的酒精灯应首先配置灯芯，检查灯芯的松紧长短，若灯芯太紧则应装得松些，灯芯不齐或烧焦应用剪刀修整为平头等长。灯芯一般浸入酒精后还要长 4～5 cm。

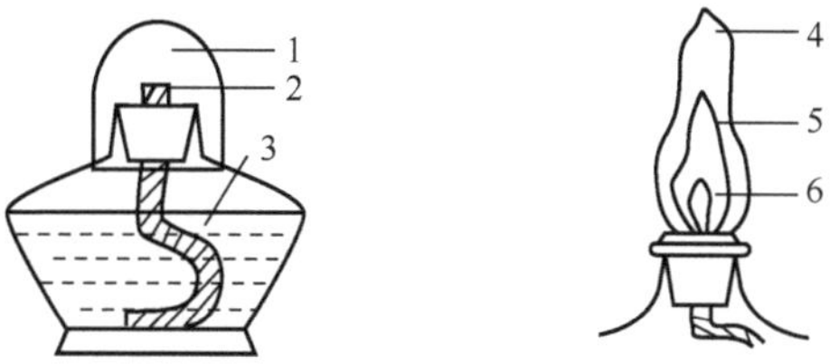

图 4-16 酒精灯的构造及灯焰

1. 灯帽；2. 灯芯；3. 灯壶；4. 外焰；5. 内焰；6. 焰心

（2）检查酒精容积：灯壶内酒精应为其容积的 1/2～2/3 为宜。添加酒精时一定要使用漏斗添加，以免将酒精洒出。燃着的酒精灯，若需添加酒精，必须熄灭火焰。不允许燃着时加酒精，否则很容易着火，造成事故。

（3）点燃：取下灯帽，直放在台面上，用燃着的火柴从侧面点燃酒精灯。不能用一盏酒精灯去点燃另一盏酒精灯。

（4）加热：一般用酒精灯的外焰来加热器具。加热的器具与灯焰的距离要合适，通常用灯的垫木或铁环的高低来调节距离。被加热的器具必须放在支撑物（三脚架、铁环等）上或用坩埚钳、试管夹夹持，不允许手拿仪器加热。

（5）熄灭：加热完毕或要添加酒精需熄灭灯焰时，要用灯帽将其盖灭。不允许用嘴吹灭酒精灯。

（6）酒精灯不用时，应盖上灯帽以免酒精挥发。如果长期不用，灯内的酒精应倒出，以免挥发，同时在灯帽与灯颈之间应夹小纸条，以防粘连。

因为酒精易挥发、易燃，使用酒精灯时必须注意安全。若洒出的酒精在灯外燃烧，不要慌张，可以用湿抹布或砂土扑灭。

4.1.17 酒精喷灯

1）类型和构造

酒精喷灯的类型和构造如图 4-17 所示。

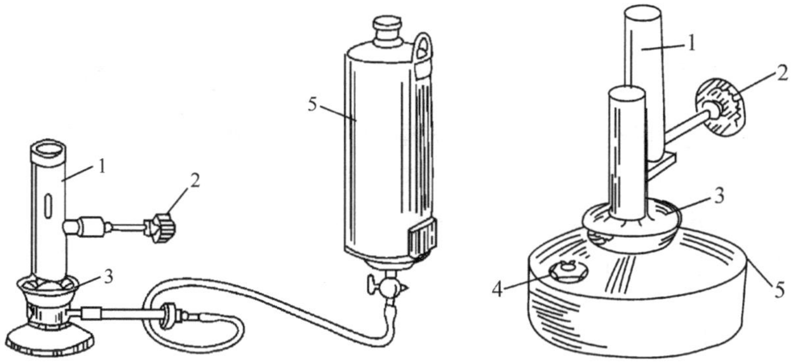

图 4-17 酒精喷灯的类型和构造

1. 灯管；2. 空气调节器；3. 预热盘；4. 铜帽；5. 酒精壶

2）使用方法

（1）添加酒精：用烧杯取适量酒精，拧下铜帽，用漏斗向酒精壶内添加酒精，酒精量不超过其容积的2/3，然后拧紧铜帽。

（2）预热：预热盘中加适量酒精（盛酒精的烧杯应远离火源）并点燃，充分预热，保证酒精全部气化，并适时调节空气调节器。

图 4-18　酒精喷灯的火焰

1. 氧化焰（温度 800～900℃）；2. 还原焰；3. 焰心；4. 最高温度点

（3）当灯管中冒出的火焰呈浅蓝色，并发出“哧哧”的响声时，拧紧空气调节器，此时为正常火焰。正常的火焰分为三层，如图 4-18 所示。

（4）若一次预热后不能点燃喷灯，可在火焰熄火后重新向预热盘添加酒精（用石棉网或湿抹布盖在灯管上端即可熄灭酒精喷灯），重复上述操作点燃。如果连续两次预热后仍不能点燃，则需用探针疏通酒精蒸气出口后，方可再预热。

（5）熄灭喷灯，可用事先准备的废木板平压灯管上口，火焰即可熄灭，然后垫着布旋松螺旋盖（以免烫伤），使罐内温度较高的酒精蒸气逸出。

3）使用注意事项

（1）当罐内酒精耗剩 20 mL 左右时，应停止使用，如需继续工作，要将喷灯熄灭后再添加酒精，不能在喷灯燃着时向罐内加入酒精，以免引燃罐内的酒精蒸气。

（2）使用喷灯时如果发现罐底凸起，要立即停止使用，检查喷口有无堵塞，酒精有无溢出等，待查明原因，排除故障后再使用。

（3）座式喷灯连续使用时间不可过长，如果超过半个小时，必须先暂时熄灭喷灯，冷却并添加酒精后继续使用。在使用过程中，要特别注意安全，手尽量不要碰到酒精喷灯的金属部位。

4）排除故障

（1）喷灯喷火一开始火焰正常，预热盘里的酒精烧完以后，火焰渐渐变小，最后熄灭。这是由于喷管尾端没有火焰喷出到预热盘，可在重新预热前将空气调节阀降低。

（2）壶内酒精暴沸，喷口无气体喷出，原因为喷孔堵塞。这种情况比较危险，处理时首先用湿抹布盖住壶体，或用冷水泼洒，使壶体降温。然后检查壶体，确认无损坏后，用探针疏通喷孔。

（3）喷出气体无法燃烧，原因为酒精浓度太低，解决方法是换用高浓度酒精。

4.1.18　电炉和电加热套

图 4-19 所示的电炉和电加热套能代替酒精灯进行加热。但用电炉加热时，在电炉和加热容器间需再垫一块石棉网，使加热均匀。电炉和电加热套均可通过外接变压器来调节加热温度。

电炉　　电加热套

图 4-19　电炉和加热套

4.1.19　干燥箱及其使用

干燥箱全称是电热鼓风干燥箱，俗称烘箱，是化学实验室常用设备（图 4-20）。常用于烘干玻璃仪器和固体试剂，其工作温度可由室温调至设计的最高温度。早期的干燥箱通常使用温度计显示温度，现在较先进的干燥箱具有自动控温系统。

图 4-20　电热鼓风干燥箱

使用时的注意事项如下。

（1）易燃、易挥发的物品不能放入烘箱内，以免发生爆炸。

（2）仪器应洗净、沥干后，口朝下放入烘箱内。

（3）工作室内搁板的平均负荷为 15 kg，放置物品切勿过密或超载。

（4）升温时，要关严箱门。

4.2　称量仪器

4.2.1　托盘天平

托盘天平用于粗略称量。最大载荷为 200 g 的托盘天平能称准至 0.1 g（感量 0.1 g），最大载荷为 500 g 的托盘天平可称准至 0.5 g（感量 0.5 g）。

如图 4-21 所示，托盘天平的横梁在托盘天平座上，横梁左右有两个秤盘。横梁中部的上面有指针（有的托盘天平指针在下面）。根据指针在刻度盘前摆动的情况，可以看出托盘天平的平衡状态。称量前，要先测定托盘天平的零点（未放物体时，托盘天平的指针在刻度盘上指示的位置）。零点最好在刻度盘的中央，如果不在，可用调零螺丝来调节。称量时，将称量物放在左盘上，砝码放在右盘上，添加 10 g 以下的砝码时，可移动标尺上的游码。当最后的停点（左右两盘上分别放上称量物和砝码后，达到平衡时指针在刻度上指示的位置）与零点符合时（可以偏差 1 小格以内），砝码的质量就是称量物的质量。

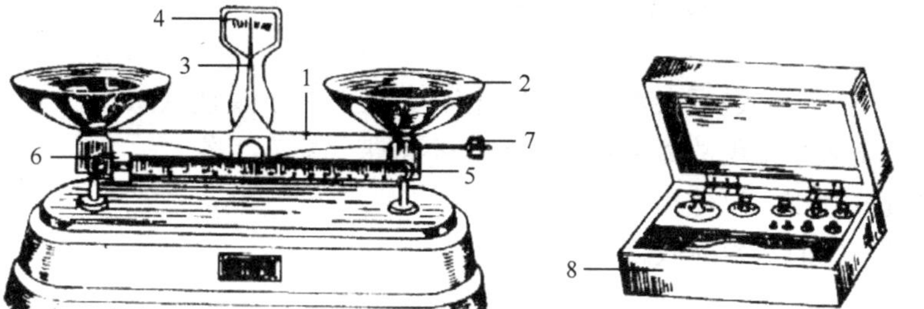

图 4-21　托盘天平

1. 横梁；2. 秤盘；3. 指针；4. 刻度盘；5. 游码标尺；6. 游码；7. 调零螺丝；8. 砝码盒

称量时，必须注意以下几点。

（1）称量物要放在称量用纸或表面皿上，不能直接放在托盘上，潮湿的或具有腐蚀性的药品，要放在玻璃容器内。

（2）不能称量热的物质。

（3）称量完毕后，应把砝码放回砝码盒中，将标尺上的游码移至刻度“0”处，使托盘天平的各部位恢复原状。

（4）应经常保持托盘天平的整洁。

图 4-22　电子天平

4.2.2　电子天平

电子天平如图 4-22 所示，是利用电子装置完成电磁力补偿的调节，或通过电磁力矩的调节，使物体在重力场中实现力矩的平衡。

电子天平最基本的功能是自动调零、自动校准、自动扣除空白和自动显示称量结果。电子天平按精度可分为以下几类。

（1）超微量电子天平：最大称量值是2～5 g，其标尺分度值小于（最大）称量的10^{-6}。

（2）微量天平：称量值一般在3～50 g，其分度值小于（最大）称量的10^{-5}。

（3）半微量天平：称量值一般在20～100 g，其分度值小于（最大）称量的10^{-5}。

（4）常量电子天平：最大称量值一般在100～200 g，其分度值小于（最大）称量的10^{-5}。

分析天平多指电子分析天平，是常量天平、半微量天平、微量天平和超微量天平的总称。

1）分析天平的使用方法

（1）调节水平：调节两个水平调节螺丝，将水平仪气泡调至中央时，天平完全水平。

（2）接通电源，天平自检，出现“OFF”时，自检结束；单击“ON”键，天平处于可操作状态。

（3）调整校准：放上校准砝码，天平自动进行校正。

（4）称量：让秤盘空载，点击“ON”键，天平进行自检，当天平回零时，就可以称量了；将空容器放在天平的秤盘上，点击[O/T]键去皮，给容器装满称量样品，则显示净重；再点击[O/T]键清零，天平关机。

2）使用规则和维护

（1）将天平置于稳定的工作台上，避免振动、气流及阳光照射。

（2）在使用前调整水平仪气泡至中间位置。

（3）电子天平应按说明书的要求进行预热。

（4）称量易挥发和具有腐蚀性的物品时，要盛放在密闭的容器中，以免腐蚀和损坏电子天平。

（5）经常对电子天平进行自校或定期外校，保证其处于最佳状态。

（6）如果电子天平出现故障应及时检修，不可带“病”工作。

（7）不可过载使用，以免损坏天平。

（8）若长期不用时应暂时收藏。

4.3 酸 度 计

酸度计也称为pH计，是一种常用的仪器设备，主要用来精密测量液体介质的酸碱度值，配上相应的离子选择电极也可以测量离子电极电位MV值，广泛应用于工业、农业、科研、环保等领域。酸度计也是食品厂、饮用水厂办理QS、HACCP认证中的必备检验设备。

4.3.1 酸度计的分类

人们根据生产与生活的需要，研究生产了许多型号的酸度计。

（1）按测量精度可分为0.2级、0.1级、0.01级或更高精度。

（2）按仪器体积分，有笔式（迷你型）、便携式、台式，还有在线连续监控测量的在线式。笔式pH计一般制成单一量程，测量范围小，是专用简便仪器。便携式和台式pH计测量范围较广，不同点是便携式采用直流供电，可携带到现场。

（3）按用途分为实验室pH计、工业在线pH计等。实验室pH计测量范围广、功能多、测量精度高，而工业pH计的特点是要求稳定性好、工作可靠、有一定的测量精度、环境适应能力强、抗干扰能力强，具有模拟里量输出、数字通讯、上下限报警和控制功能等。

（4）按先进程度分为经济型 pH 计、智能型 pH 计、精密型 pH 计，或分为指针式 pH 计、数显式 pH 计。

4.3.2　酸度计的基本原理

酸度计都是由测量电极（玻璃电极）、参比电极（甘汞电极）和精密电位计三部分组成。

（1）甘汞电极：甘汞电极是由金属汞、Hg_2Cl_2 和一定浓度的 KCl 溶液（如饱和 KCl 溶液）组成的电极。其结构如图 4-23（a）所示，内玻璃管中封接一根铂丝插入纯汞中，下置一层甘汞和汞的糊状物，外玻璃管中装入一定浓度的 KCl 溶液，即构成甘汞电极。电极下端与被测溶液接触部分是由多孔玻璃砂芯构成通道（可使离子通过），其电极反应是

$$Hg_2Cl_2 + 2e^- \Longrightarrow 2Hg + 2Cl^- \qquad (4\text{-}1)$$

$$E_{甘汞} = E^{\ominus}_{甘汞} - 0.0591\lg a(Cl^-)\ (25℃) \qquad (4\text{-}2)$$

式中：$E^{\ominus}_{甘汞}$ 在一定温度下为一定值，所以甘汞电极的电极电势取决于 Cl^-的活度值 $a(Cl^-)$，而与溶液的 pH 无关。

（2）玻璃电极：玻璃电极的结构如图 4-23（b）所示。其主要部分是头部的玻璃泡，它是由特殊的敏感玻璃薄膜构成（膜厚约 0.2 mm）的，对 H^+有敏感作用。在玻璃泡中装有 0.1 $mol·L^{-1}$ HCl 和 Ag-AgCl 电极作为内参比电极。将玻璃电极插入待测溶液中，组成下述电极：

Ag，AgCl(s)|0.1 $mol·L^{-1}$ HCl|玻璃|待测溶液

玻璃薄膜将两个不同 H^+浓度的溶液隔开，在玻璃-溶液的接触界面之间产生一定的电势差。由于玻璃电极中参比电极的电势是恒定的，因此在玻璃-溶液的接触界面之间所形成的电势差只与待测溶液的 pH 有关

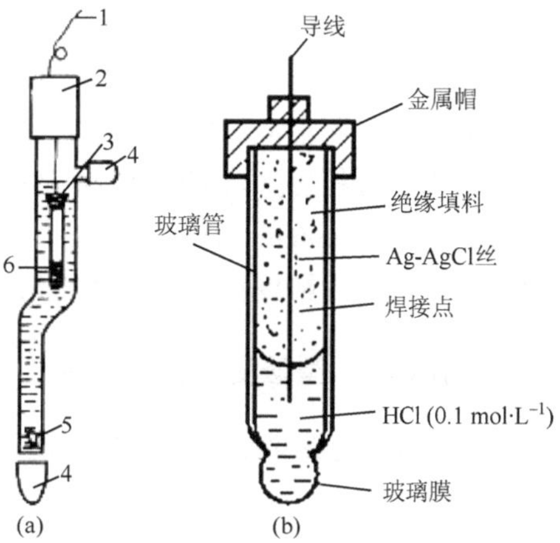

图 4-23　甘汞电极（a）和玻璃电极（b）
1. 导线；2. 绝缘体；3. 内部电极；4. 橡胶帽；5. 多孔物质；6. KCl 溶液

$$E_{玻璃} = E^{\ominus}_{玻璃} - \frac{RT}{F}2.303\text{pH} \qquad (4\text{-}3)$$

式中：R 为摩尔气体常量（8.314 $J·K^{-1}·mol^{-1}$）；T 为热力学温度（K）；F 为法拉第常量（96500 $C·mol^{-1}$）；$E^{\ominus}_{玻璃}$ 为玻璃电极的标准电极电势（V）。

在 25℃时

$$E_{玻璃} = E^{\ominus}_{玻璃} - 0.0591\text{pH} \qquad (4\text{-}4)$$

因此，玻璃膜只有浸泡在水中（或水溶液中）才能显示测量电极的作用，未吸湿的玻璃膜不能响应 pH 的变化。所以在使用玻璃电极前一定要在蒸馏水中浸泡 24 h。每次测量完毕后仍需把它浸泡在蒸馏水中。

玻璃电极的优点：测量结果准确（pH 在 1～9），使用方便；所用试剂量较少，测定时不

破坏试液，且不受溶液中氧化剂或还原剂的影响；可以用于测量有颜色的、混浊的或胶态溶液的 pH。

玻璃电极的缺点：头部玻璃膜非常薄，容易破损。使用时应注意：切忌与硬物接触；尽量避免在强碱溶液中使用玻璃电极，若必须使用，操作必须迅速，测后立即用蒸馏水冲洗干净，并浸泡于蒸馏水中，以免强碱液腐蚀玻璃；玻璃电极球泡存放时间过长（两年以上）后，容易有裂纹或老化，因此需及时检查，更换新电极。

4.3.3 测量原理

将测量电极（玻璃电极）和参比电极（甘汞电极）一起浸入待测溶液中组成原电池，并接上精密电位计，即可测得该电池的电动势。在 25℃时

$$E_x = E_{负} - E_{正} = E_{甘汞} - E_{玻璃} = E_{甘汞} - E^{\ominus}_{玻璃} + 0.0591\text{pH} \tag{4-5}$$

$$\text{pH} = (E_x - E_{甘汞} + E^{\ominus}_{玻璃}) / 0.0591 \tag{4-6}$$

甘汞电极的电极电势在一定的温度下为一定值。例如，常用的饱和甘汞电极，在 25℃时，$E_{甘汞} = 0.2415$ V。对于一个给定的玻璃电极，其 $E^{\ominus}_{玻璃}$ 也为定值，其值可以用一个已知 pH 的缓冲溶液代替待测溶液而求得。

由以上分析可知，酸度计的主体是精密电位计，用它可测量电池的电动势 E_x，根据式(4-6)即可求得待测溶液的 pH。为了省去计算手续，酸度计把测得的电池的电动势直接用 pH 刻度值表示，因此用酸度计可直接测得溶液的 pH。

4.3.4 pHS-3C 型酸度计使用说明

pHS-3C 型酸度计见图 4-24，使用方法如下所述。

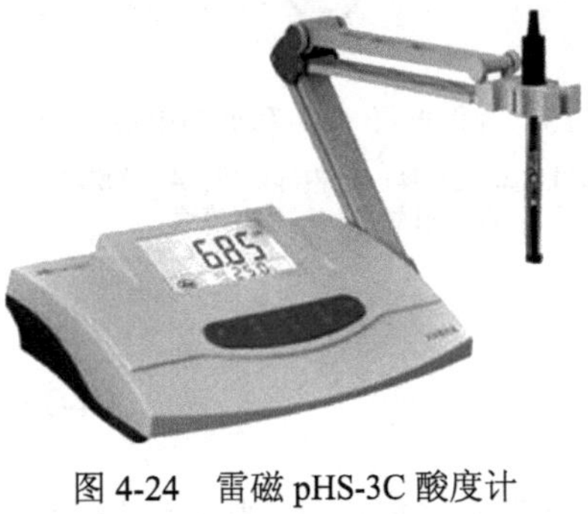

图 4-24　雷磁 pHS-3C 酸度计

1）开机

（1）电极梗旋入电极梗插座，调节电极夹到适当位置。

（2）复合电极夹在电极夹上，取下电极前端的电极套。

（3）用蒸馏水清洗电极头部。

（4）电源线插入电源插座。

（5）按下电源开关，接通电源后，预热 30 min，然后进行标定。

2）pH 标定

仪器在使用前，即测未知溶液 pH 前，先要标定，但并不是每次使用前都要标定，一般每天标定一次已能达到要求。

两点法标定可按如下步骤进行。

（1）开机等待→测量状态→按“pH/mV”键进入 pH 测量状态。

（2）将蒸馏水清洗过的电极用滤纸擦干后插入已知 pH 的标准缓冲溶液中（如 pH=6.88），设置温度→按“▽”键或“△”键使温度显示为溶液的实际温度，按“确认”键。

（3）待读数稳定，按“定位”旋钮→显示提醒是否进行标定（stb yes），按“确认”键→仪器自动标定并显示当前温度下的标准 pH，按“确认”键。

（4）清洗电极插入已知 pH 的标准缓冲溶液中，如（2）设定温度，待读数稳定，按“斜

率”旋钮→按“确认”键→仪器自动标定并显示当前温度下的标准 pH，按“确认”键。

（5）完成标定。

在一般情况下，24 h 之内无论电源是连续开还是间断开，仪器不需要再标定，但遇下列情况，仪器最好重新标定：①溶液温度与标定时的缓冲溶液温度有较大变化；②干燥过久的电极；③换过了新的电极；④“定位”旋钮有变动，或可能有变动；⑤测量过 pH 较大（大于 12）或较小（小于 2）的溶液；⑥测量过含有氟化物且 pH 小于 7 的溶液，或测量过较浓的有机溶剂之后。

3）pH 测量

经过 pH 标定的仪器，可以用来测样品的 pH，其步骤如下。

（1）被测液与标定溶液温度相同：①用蒸馏水清洗电极后，再用被测溶液清洗两次以上；②将电极置于被测溶液中，用玻璃棒搅拌溶液使之均匀，待读数稳定后，显示值即为被测样品的 pH。

（2）被测液与标定溶液温度不相同：①用蒸馏水清洗电极后，再用被测溶液清洗两次以上；②按温度设定方法进行温度设定，使温度值为被测样品此时的温度；③将电极置于被测溶液中，用玻璃棒将溶液搅拌均匀，待读数稳定后，显示值即为被测样品的 pH。

4.4　分光光度计的使用

实验室常用的有 721 型、722 型分光光度计。其原理基本相同，只是结构、测量精度和测量范围有所差异。

1. 基本原理

当一束波长一定的单色光通过有色溶液时，光的一部分被溶液吸收，一部分透过溶液。如果入射光的强度为 I_0，吸收光的强度为 I_a，透过光的强度为 I_t，则

$$I_0=I_a+I_t \tag{4-7}$$

透过光的强度 I_t 与入射光的强度 I_0 之比称为透光率，用 T 表示，即

$$T=I_t/I_0 \tag{4-8}$$

当 I_0 一定时，T 越大，说明有色溶液的透光程度越大，对光的吸收程度越小。

有色溶液对光的吸收程度除了可用透光率 T 表示外，通常还用透光率的负对数吸光度（A）来表示（又称消光度 F），即

$$A=-\lg T=\lg(I_0/I_t) \tag{4-9}$$

若 A 大，则光被吸收的程度大；若 A 小，则光被吸收的程度小。

实验结果表明：有色溶液对光的吸收程度与溶液的浓度 c 和液层厚度 L 的乘积成比例。这一规律称为朗伯-比尔定律，即

$$A=\varepsilon c L \tag{4-10}$$

式中：ε 是比例常数，称为吸收系数，它是有色物质的一个特征常数，当入射光波长一定时，对某一吸收物质是一个定值。所以当溶液厚度一定时，其光密度只与溶液的浓度成正比。因此，利用分光光度计测量的溶液吸光度值，就可以推算出溶液的浓度。

2. 722 型分光光度计的使用

1）使用方法

722 型分光光度计如图 4-25 所示，使用方法如下所述。

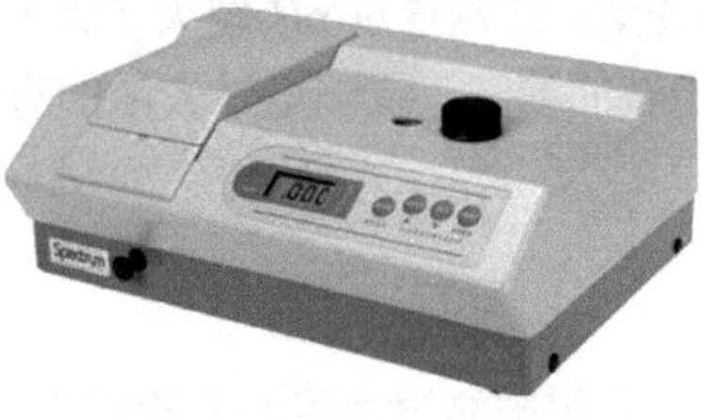

图 4-25　722 型分光光度计

（1）预热：打开仪器开关，使仪器预热 20 min。

（2）设波长：用波长设置旋钮将波长设置在将要使用的分析波长位置上。

（3）校准：按方式设定键（“MODE”键）选择透光率，使仪器样品室 1.5 槽位处在光路中，按“0%”键，显示屏显示“000.0”；将参比溶液推或拉入光路中，按“100%”键调 100%透射比，显示屏显示“BLA”；当 100.0%调整完成后，显示屏显示“100.0”。

（4）反复校准：直至 1.5 槽位处在光路中时显示屏自动显示“000.0”，参比溶液处在光路中时显示屏自动显示“100.0”，即可进行测定。

（5）测定：按方式设定键（“MODE”键）选择吸光度（A）方式，显示屏显示“000.0”，将被测溶液推或拉入光路中，此时，显示屏上显示被测样品的吸光度。

2）注意事项

（1）开机后必须预热 20 min。

（2）每次调整波长后应重新校准。

（3）比色皿的透光部分表面不能有指印、溶液痕迹，内部溶液液面高度不应低于 25 mm，不能有气泡和悬浮物，否则会影响测试参数的精确度。

（4）仪器一般只能工作 2 h。

（5）测定值在 0.200～0.700 范围内时仪器误差最小。

4.5　气压计的使用

测量大气压的仪器称为气压计。气压计的种类很多，实验室常用的是福丁水银气压计（动槽式水银气压计）。它们都是以水银柱平衡大气压力，用水银柱高度表示大气压力的大小。

福丁水银气压计的单位采用毫米汞柱（mmHg），读数游标尺上最小分度值为 0.05 mmHg。也有些水银气压计的单位采用毫巴（mbar），读数游标尺上最小分度值为 0.1 mbar。

两读数之间换算为：760.00 mmHg =1013.25 mbar。

与国际单位帕斯卡（Pa）之间的换算为：1 bar=10^5 Pa，1 mmHg=133.322 Pa。

1. 气压计的结构

如图 4-26 所示，气压计的主要结构是一根一端封闭的玻璃管，里面装着水银。开口的一端插在水银槽内，玻璃管顶部水银面以上是真空。水银槽底为一皮囊，皮囊下面被一调节螺旋托住。转动调节螺旋可以调节水银面的高低。水银槽顶有一竖置的象牙针，其针尖是黄铜管上标尺刻度的零点。玻璃管外面套有黄铜管，黄铜管的上部除标有刻度外，还开有长方形小窗，用来观察水银柱的高度。窗前有游标尺，旋转游标尺调节螺丝可使游标尺上下移动。黄铜管下部镶嵌着一支温度计。

2. 气压计的使用

（1）气压计必须垂直安装。常压下，若与铅直方向相差 1°，就会使水银柱高度的读数引起 0.1 mm 的误差。

（2）慢慢旋转底部的调节螺旋，使水银面与象牙针尖刚好接触。

（3）转动游标尺调节螺丝，使游标尺略高于玻璃管内水银面，然后缓缓下降，直到游标尺下沿与游标尺后面金属片的下沿重合，且与水银柱凸面相切（此时视线与游标尺下沿、水银柱凸面的切线处于同一水平线上）。

（4）读数：游标尺“0”度标线所对黄铜管标尺上最近的一个下刻度读出大气压的整数部分（mm 或 kPa），再从游标尺上找出一根正好与黄铜管标尺上某一刻度线相吻合的刻线，此游标刻度线上的刻度值即为大气压力的小数部分（图 4-27）。

记下温度计的读数，必要时对大气压读数作温度校正。

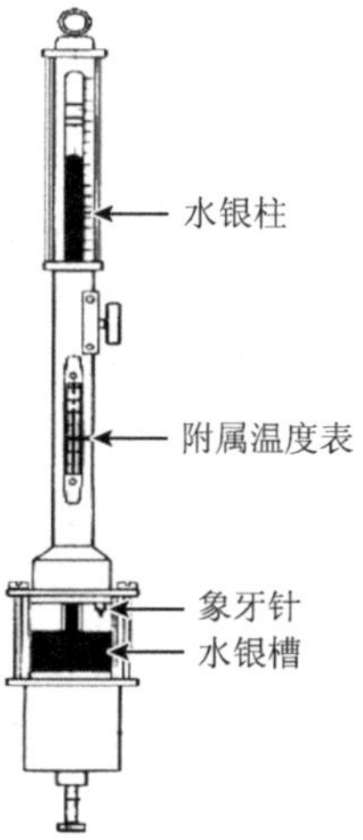

图 4-26　福丁气压计的构造

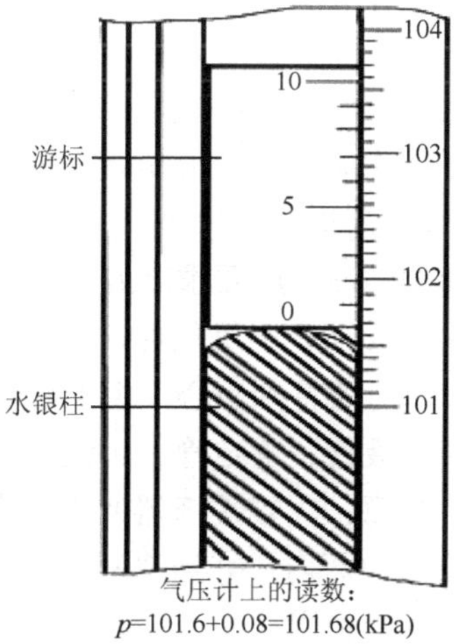

图 4-27　福丁气压计的读数

第5章　实验基本操作

5.1　常用仪器的洗涤与干燥

5.1.1　常用仪器的洗涤

化学实验中使用的玻璃仪器和瓷器上如果存在污物和杂质，则往往得不到正确的结果，因此必须注意仪器的清洁。

玻璃仪器的洗涤方法很多，要根据实验的要求、污物的性质、沾污的程度来选用不同的洗涤方法。常用的洗涤方法有以下几种。

1）刷洗

用水和毛刷刷洗，除去仪器上的尘土、其他不溶性和可溶性杂质。

2）用去污粉、肥皂或合成洗涤剂（洗衣粉）洗

洗去油污和有机物质，若油污和有机物仍洗不干净，可用热的碱液洗。

3）用铬酸洗液（简称洗液）洗

在进行对仪器的洁净程度要求高或所用仪器形状特殊的实验时，可选用洗液洗涤仪器。

注意洗液具有强酸性、强氧化性，能把仪器洗干净，但对衣服、皮肤、桌面、橡胶等的腐蚀性也很强，使用时要特别小心。由于Cr(Ⅵ)有毒，故洗液要尽量少用，在本书的实验中，洗液只用于容量瓶、吸管、滴定管、比色管、称量瓶的洗涤。

使用洗液时应注意：①被洗涤器皿不宜有水，以免洗液被稀释而失效；②洗液可以反复使用，用后立即倒回原瓶内；③当洗液的颜色由深棕色变为绿色，即重铬酸钾被还原为硫酸铬时，洗液失效而不能使用；④洗液瓶的瓶塞要塞紧，以防洗液吸水而失效。

4）用浓盐酸（粗）洗

浓盐酸用于洗去附着在器壁上的氧化剂，如二氧化锰。大多数不溶于水的无机物都可以用它洗去，如灼烧过沉淀物的瓷坩埚，先用热盐酸（1∶1）洗涤，再用洗液洗。

5）用氢氧化钠-高锰酸钾洗液洗

易于洗去油污和有机物，洗后在器壁上留下的二氧化锰沉淀可再用盐酸洗。

除以上洗涤方法外，还可以根据污物的性质选用适当的试剂进行洗涤，如AgCl沉淀可以选用氨水洗涤，硫化物沉淀可选用硝酸加盐酸洗涤。

洗涤后，用自来水冲洗干净的仪器上往往还留有Ca^{2+}、Mg^{2+}、Cl^-等离子。如果实验中不允许这些离子存在，应该再用蒸馏水进行冲洗。使用蒸馏水的目的是洗去附在仪器壁上的自来水，应该尽量符合少量多次（每次用量少，一般洗3次）的原则。

洗净的仪器壁上不应附着不溶物、油污。检验时，可把仪器倒转过来，如果水顺器壁流下，器壁上只留下一层薄且均匀的水膜，不挂水珠，则表示仪器已经洗干净。洗净的仪器不能再用布或纸抹擦，因为布和纸的纤维会留在器壁上弄脏仪器。

工作中应根据实际情况决定洗涤的程度。在定性、定量实验中，杂质的引入会影响实验的准确性，所以对仪器洁净程度的要求较高。但有些情况下，如一般的无机制备、性质实验或者药品本身很脏，这时对仪器洁净程度的要求不高，仪器只要刷洗干净，不必要求不挂水

珠，也不必用蒸馏水荡洗。

5.1.2　常用洗液的配制

1）铬酸洗液

将 4 g 粗重铬酸钾研细，溶解在 100 mL 温热的浓硫酸中即配制完成。

2）氢氧化钠-高锰酸钾洗液

将 4 g 粗高锰酸钾溶于水中，再加入 100 mL 10%氢氧化钠溶液即配制完成。

5.1.3　仪器的干燥

洗净的仪器可用以下方法干燥。

1）晾干

仪器洗净后，倒置在干净的实验柜内或仪器架上自然干燥。

2）烘箱烘干

将洗净的仪器尽量倒干水后，使仪器口朝下放进烘箱内烘干。

3）烤干

常用的烧杯、蒸发皿等可放在石棉网上用小火烤干。试管可用试管夹夹住后，在火焰上来回移动，直至烤干。但必须使管口低于管底，以免水珠倒流至灼热部位，使试管炸裂，待烤到不见水珠后，将管口朝上赶尽水气。

4）用有机溶剂干燥

加一些易挥发的有机溶剂（常用乙醇和丙酮）到洗净的仪器中，把仪器倾斜并转动，使器壁上的水和有机溶剂互相溶解、混合，然后倒出有机溶剂，少量残留在仪器中的混合物很快挥发而干燥。若用电吹风向仪器中吹风，则干得更快。

5）干燥有刻度的计量仪器

带有刻度的计量仪器不能用加热的方法进行干燥，因为加热会影响这些仪器的准确性。

5.2　常用仪器的加热与冷却

5.2.1　加热方法

1. 直接加热

1）直接加热液体

适用于在较高温度下不分解的溶液或纯液体。少量的液体可装在试管中加热，用试管夹夹住试管的中上部（不能用手拿，以免烫伤），试管口向上，微微倾斜（图 5-1），管口不能对着自己和其他人，以免溶液沸腾时溅出。管内所装液体的量不能超过试管高度的 1/3。加热时，先加热液体的中上部，再慢慢往下移动，然后不时地上下移动，使溶液受热均匀。不能集中加热某一部分，否则会引起暴沸。

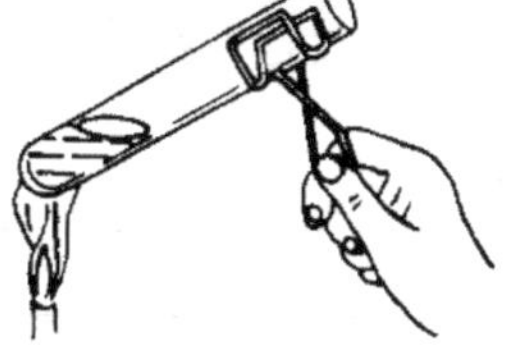

图 5-1　加热试管内的液体

若需要加热的液体较多，则可以放在烧杯或其他器皿中。待溶液沸腾后，再把火焰调小，使溶液保持微沸，以免溅出。

若需浓缩溶液，则将溶液放入蒸发皿（放在泥三角上）内加热，待溶液沸腾后改用小火慢慢地蒸发、浓缩。

2）直接加热固体

少量固体药品可装在试管中加热，加热方法与直接加热液体的方法稍有不同，此时试管口略向下倾斜，使冷凝在管口的水珠不倒流到试管的灼烧处，而导致试管炸裂。

较多固体加热应在蒸发皿中进行。先用小火预热，再慢慢加大火焰，但火也不能太大，以免溅出，造成损失。要充分搅拌，使固体受热均匀。需高温灼烧时，则将固体放在坩埚中，用小火预热后慢慢加大火焰，直至坩埚红热（图 5-2）。维持一段时间后停止加热，稍冷，用预热过的坩埚钳将坩埚夹持到干燥器中冷却。

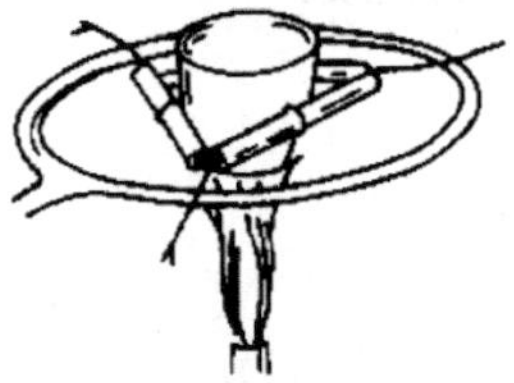

图 5-2 灼烧坩埚内的固体

2. 水浴加热

当被加热物质要求受热均匀，而温度又不能超过 373 K 时，可采用水浴加热。若把水浴锅中的水煮沸，用水蒸气来加热，即称蒸汽浴。水浴锅上放置一组铜质或铝质的大小不等的同心圈，以承受各种器皿。根据器皿的大小选用铜圈，尽可能使器皿底部的受热面积最大。水浴锅内盛放水量不超过其总容量的 2/3，在加热过程中要随时补充水以保持原体积，不能烧干。不能把烧杯直接放在水浴中加热，这样烧杯底会碰到高温的锅底，由于受热不均匀而使烧杯破裂，同时烧杯也容易翻掉。

还可以选用大小合适的烧杯代替水浴锅，可自行设计。

在蒸发皿中蒸发、浓缩时，也可以在水浴中进行，这样比较安全。

3. 沙浴和油浴加热

当被加热物质要求受热均匀，而温度又需要高于 373 K 时，可用沙浴或油浴。沙浴是将细沙均匀地铺在铁盘内，被加热的器皿放在沙上，底部插入沙中，用酒精灯加热铁盘。用油代替水浴中的水即为油浴。

5.2.2 冷却方法

1）流水冷却

需冷却到室温的溶液可用流水冷却法。将需冷却的物品直接用流动的自来水冷却。

2）冰水冷却

将需冷却的物品直接放在冰水中。

3）冰盐浴冷却

冰盐浴由容器和冷却剂（冰盐或水盐混合物）组成，可冷至 273 K 以下。所能达到的温度由冰盐的比例和盐的品种决定，干冰和有机溶剂混合时，其温度更低。为了保持冰盐浴的效率，要选择绝热性较好的容器，如杜瓦瓶等。表 5-1 是常用的制冷剂及其达到的温度。

表 5-1 制冷剂及其达到的温度

制冷剂	*T*/K	制冷剂	*T*/K
30份 NH_4Cl+100份水	270	125份 $CaCl_2·6H_2O$+100份碎冰	233
4份 $CaCl_2·6H_2O$+100份碎冰	264	150份 $CaCl_2·6H_2O$+100份碎冰	224
29 g NH_4Cl+18 g KNO_3+冰水	263	5份 $CaCl_2·6H_2O$+4份冰块	218
100份 NH_4NO_3+100份水	261	干冰+二氯乙烯	213

续表

制冷剂	T/K	制冷剂	T/K
75 g NH_4SCN+15 g KNO_3+冰水	253	干冰+乙醇	201
1份 NaCl（细）+3份冰水	252	干冰+乙醚	196
100份 NH_4NO_3+100份 $NaNO_3$+冰水	238	干冰+丙酮	195

5.3　试剂的取用

5.3.1　固体试剂的取用

实验室用的固体试剂有市售原包装的，也有分装的，一般装在广口试剂瓶中。取用时注意：①不能沾污试剂瓶中的试剂；②按需取用，杜绝浪费；③不能腐蚀称量工具；④注意安全。固体试剂的取用方法如下。

（1）取用前，应看清标签。取用时，先打开瓶盖瓶塞，倒放在实验台上，然后使用清洁、干燥的药匙伸入瓶内移取。注意药匙不能交叉使用，也不得用使用过而未经洗涤干燥的药匙伸入其他试剂瓶中，更不能用手直接抓取试剂。应养成用毕后即盖好瓶塞瓶盖，恢复原来位置的好习惯，特别是在多人共用多种试剂时。

（2）按规定的量取用。不小心多取时，多取的试剂不能倒回原瓶（为什么？），可放在指定的容器中供他人使用。称取准确质量的试剂时，要做好质量估计，宁少勿过，慢慢增添。

（3）固体试剂称量时，一般试剂可放在干净的纸上称量；具有腐蚀性或易潮解的固体应放在表面皿上或其他玻璃容器内称量；强氧化剂（如 Na_2O_2 等）在任何条件下都不能放在纸上称量。禁用滤纸称量固体试剂。

（4）向试管（特别是湿试管）中加入固体试剂时，可用药匙或对折的纸片，将其伸进试管约 2/3 处然后竖起试管，倒入药品。加入块状固体时，应将试管倾斜，使其沿管壁慢慢滑下（为什么？）。

（5）固体的颗粒较大时，可在清洁而干燥的研钵中研碎。研钵中所盛固体的量不要超过研钵容量的 1/3。

（6）有毒的药品要在教师的指导下取用。

5.3.2　液体试剂的取用

1. 滴瓶中液体试剂的取用

从滴瓶中取用少量试剂用的是附配于滴瓶的滴管，取液操作包括吸液、滴液和滴管正确的拿法。吸液时，先从滴瓶中提起滴管，使管口离开液面，然后用手指（拇指和食指）捏扁滴管上部的橡胶头，赶走滴管中的空气；再将滴管伸入液体中，放松手指便可吸入试剂。滴液时，将吸有试剂的滴管提起，垂直地移到试管口或烧杯口的上方，稍捏橡胶头，悬空地将试剂逐滴滴入试管或烧杯中。滴液时一要注意滴管不能伸入试管中，以免沾污滴管而使滴瓶中的试剂变质；二要保持滴管垂直滴液，以保证滴加液体体积的准确性。滴完液后，应将滴管中剩余的试剂挤回原滴瓶，然后放松胶头将滴管插回原滴瓶（不得插错），以免滴管中充有试剂。吸有试剂的滴管的正确拿法是必须保持橡胶头在上，不能平放、斜放，更不能放在桌面上或胶头向下倒置，以防滴管中试剂流入橡胶头而使其腐蚀、损坏。

可通过计算滴下的滴数来估计取用量，一般滴出 20～25 滴为 1 mL。

2. 细口瓶中液体试剂的取用

从细口瓶中取用液体试剂时，用倾注法。先取下瓶塞，倒放在实验台上，右手握住试剂瓶，使试剂瓶标签朝向手心，以瓶口靠住容器壁，逐渐倾斜瓶子，缓缓倾出所需液体，让试剂沿着洁净的器壁往下流。若所用容器为烧杯，则倾注液体时可用玻璃棒引流。注出所需量后，将试剂瓶口在容器上靠一下，再逐渐竖起试剂瓶，以免遗留在瓶口的液滴流到瓶的外壁。用完后，及时盖好瓶盖并将试剂瓶放回原处。加入反应容器中的所有液体的总量不能超过总容量的 2/3，如果用试管则不能超过总容量的 1/2。

定量取用液体时，用量筒或移液管（或滴定管）。

5.4 称量方法

5.4.1 直接称量法

直接称量法用于称取不易吸水、在空气中性质稳定的物质，如称量金属或合金试样。称量时先称出称量瓶（或称量纸）的质量（m_1），加上试样后再称出称量瓶（或称量纸）与试样的总质量（m_2），则

$$称出的试样质量=m_2-m_1$$

也可以按“调零/去皮”键，去皮后称得的质量即为称出的试样质量。

5.4.2 固定称量法

固定称量法又称增量法，用于称量某一固定质量的试剂或试样（如基准物质）。要求被称物在空气中稳定、不吸潮、不吸湿，试样为粉末状、小颗粒（最小颗粒应小于 0.1 mg，以便容易调节其质量）、丝状或片状。称取一定质量试样时，在称量容器或称量纸上方稍倾斜盛有试样的药匙，食指轻敲药匙柄的上部，使样品慢慢落入称量容器中或称量纸上。重复上述操作，直至试样质量符合指定要求为止。

注意：若不慎加入试样超过指定质量，可取出多余试样，但不能放回原试剂瓶中。操作时不能将试样散落于容器以外的地方，如果有洒落应及时清理。称好的试剂必须定量地完全转入接收容器中，此即“定量转移”。

5.4.3 递减称量法

递减称量法称出的试样质量不要求固定的数值，只需在要求的称量范围内即可。常用于称取易吸湿、易氧化或易与 CO_2 发生反应的物质。称取固体试剂时，将适量的试样装入干燥洁净的称量瓶中，用洁净的小纸条套在称量瓶上，在天平上称得质量为 m_1（g）。取出称量瓶，放在盛试样容器的上方，打开瓶盖，将称量瓶倾斜，用瓶盖轻轻敲击瓶的上部，使试样慢慢落入容器中，当倾出的试样接近所需的质量时，慢慢地将瓶竖起，再用瓶盖敲击瓶口上部，使沾在瓶口的试样落回瓶中，盖好瓶塞，再将称量瓶放回到秤盘上称量，称得质量为 m_2（g），两次质量之差 m_1-m_2 即为倒入容器中的第一份试样的质量。按上述方

法连续称取多份试样（图 5-3）。

5.5　溶液的配制

5.5.1　由固体试剂配制溶液

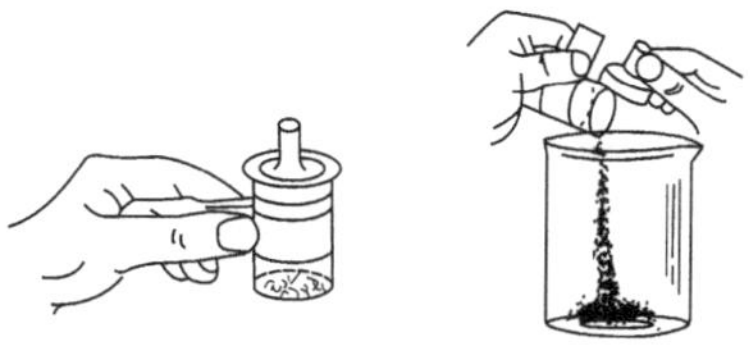

图 5-3　递减称量法

当粗略配制时，需计算出配制一定体积溶液所需的固体试剂质量，用托盘天平称取，倒入带刻度的烧杯中，加入少量蒸馏水搅拌使其溶解，再用蒸馏水稀释至刻度，即得到所需溶液，然后将溶液移入试剂瓶中，贴上标签，备用。

当准确配制时，需计算出配制一定体积准确浓度溶液所需固体试剂的质量，并在分析天平上准确称量，放在干净的烧杯中，加适量蒸馏水使其溶解；通过玻璃棒引流的方式将溶液转移到容量瓶中，引流时玻璃棒不能紧贴容量瓶瓶口，玻璃棒底应靠在容量瓶瓶壁刻度线下；用少量蒸馏水洗涤烧杯两三次，将洗涤液移入容量瓶中；轻轻摇动容量瓶，使溶液混合均匀；向容量瓶中加入蒸馏水，液面离容量瓶颈刻度线下 1～2 cm 时，改用胶头滴管滴加蒸馏水至液面与刻度线相切；盖上瓶塞将溶液摇匀即得所配溶液，如果液面下降也不可再加水定容；最后将溶液移入试剂瓶中，贴上标签，备用。其流程如下，示意图如图 5-4 所示。

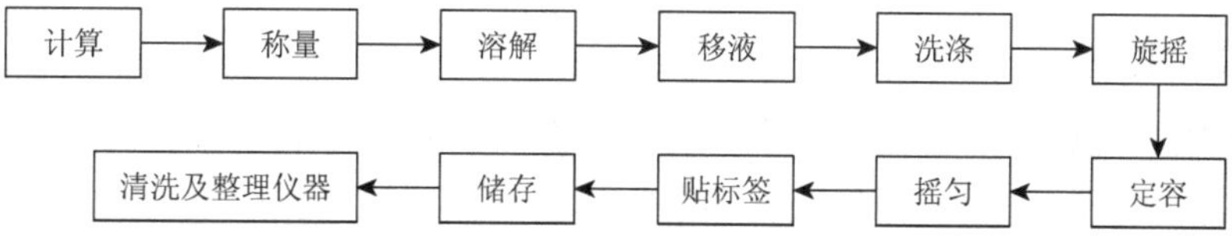

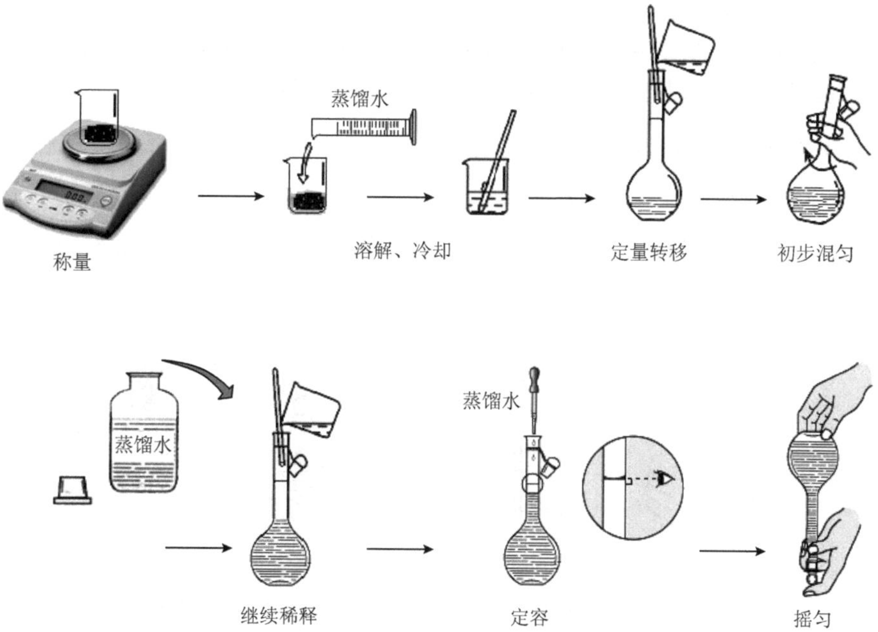

图 5-4　用固体试剂精确配制溶液

5.5.2　由液体试剂配制溶液

（1）质量浓度溶液的配制，根据稀释前后溶质质量相等原理：

$$w_1\rho_1V_1 = w_2\rho_2V_2$$

式中：w_1 为稀释浓度；ρ_1 为欲配溶液密度；V_1 为欲配溶液体积；w_2 为浓溶液浓度；ρ_2 为浓溶液密度；V_2 为需用浓溶液体积。

（2）物质的量浓度溶液的配制，根据稀释前后溶质物质的量相等原则：

$$c_1V_1 = c_2V_2$$

式中：c_1 为稀释前的浓度；V_1 为稀释前体积；c_2 为稀释后的浓度；V_2 为稀释后体积。

当粗略配制时，先用密度计测量液体（或浓溶液）试剂的相对密度，从有关表中查出其相应的质量分数，算出配制一定浓度溶液所需液体（或浓溶液）的用量，用量筒量取所需液体（或浓溶液），倒入装有少量水的有刻度的烧杯中混合。如果溶液放热，需冷却至室温，用水稀释至刻度，搅拌均匀，移入试剂瓶中，贴上标签，备用。

当精确配制时，需先计算出由较浓准确浓度的溶液配制较稀准确浓度的溶液所需的体积数，然后由处理好的移液管吸取所需溶液注入给定体积的洁净容量瓶中，再加蒸馏水至标线处，摇匀后，倒入试剂瓶，贴上标签，备用。

5.6 气体的产生、收集、净化与干燥

5.6.1 气体的产生

实验室在制备气体前，首先要检查装置是否漏气。将实验装置导管的一端浸入水中，用手掌紧贴烧瓶或试管的外壁，如果装置不漏气，则烧瓶或试管里空气受热膨胀，导管口就有气泡冒出（图 5-5）。将手移开，过一会烧瓶或试管冷却，水就会沿管上升，形成一段水柱。若此法现象不明显，可改用热水浸湿的毛巾温热烧瓶或试管的外壁，检查装置是否漏气。检查完装置的气密性后，可进行少量气体的制备，常用的制备方法如下。

1. 加热试管中的固体制备气体

用于制备少量氧气、氨气、氮气等气体。在制备中要先检查装置的气密性，另外将试管口略向下倾斜，以免管口冷凝的水珠倒流回试管的灼烧处使试管炸裂（图 5-6）。

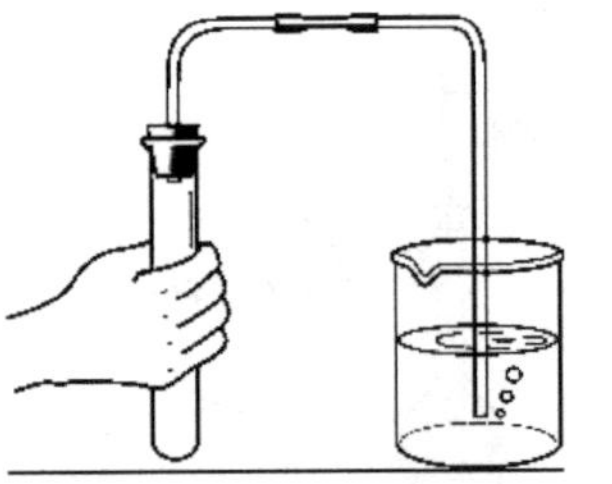

图 5-5 检查装置气密性

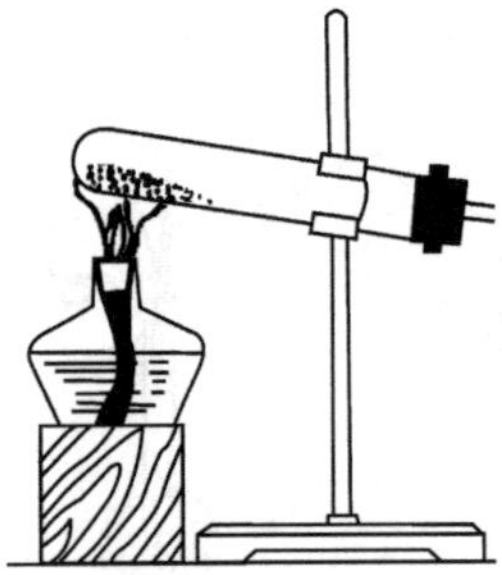

图 5-6 试管加热

2. 利用启普气体发生器制备气体

在实验室中常常利用启普气体发生器制备氢气、二氧化碳、硫化氢等气体。启普气体发生器（图 5-7）是由一个葫芦状的玻璃容器和球形漏斗组成的葫芦状的容器（由球体和半球体构成），底部有一液体出口，平时用玻璃塞（有的用橡胶塞）塞紧。球体的上部有一气体出口，与带有玻璃旋塞的导气管相连。移动启普气体发生器时，应用双手握住球体下部，切勿只握

住球形漏斗，以免葫芦状容器落下而打碎。

启普气体发生器不能受热，发生器内盛装的必须是颗粒较大的或块状的固体。启普气体发生器的使用一般有以下几个步骤。

1）装配

在球形漏斗颈和玻璃旋塞磨口处涂一薄层凡士林，插好球形漏斗和玻璃旋塞，转动几下，使其严密。

2）检查气密性

开启旋塞，从球形漏斗口注水至充满半球体时，关闭旋塞。继续加水，待水从漏斗管上升到漏斗球体内，停止加水。在水面处做一记号，静置片刻，若水面不下降，证明不漏气，可以使用。

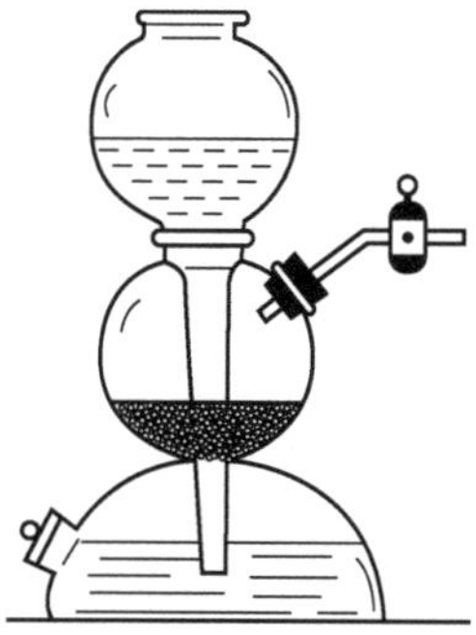

图 5-7　启普气体发生器

3）加试剂

在葫芦状容器的球体下部先放些玻璃棉（或橡胶垫圈），然后由气体出口加入固体药品。玻璃棉（或橡胶垫圈）的作用是避免固体掉入半球体底部。加入固体的量不宜过多，以不超过中间球体容积的 1/3 为宜，否则固液反应激烈，酸液很容易被气体从导管带出。再从球形漏斗加入适量稀酸。

4）发生气体

使用时打开旋塞，由于中间球体内压力降低，酸液从底部通过狭缝进入中间球体与固体接触而产生气体。停止使用时，关闭旋塞，由于中间球体内产生的气体压力增大，会将酸液压回到球形漏斗中，使固体与酸液不再接触而停止反应。下次再用时，只要打开旋塞即可，使用非常方便，还可以通过调节旋塞来控制气体的流速。

5）添加或更换试剂

启普气体发生器中的酸液长久使用会变稀。换酸液时，可先用塞子将球形漏斗上口塞紧，然后把液体出口的塞子拔下，让废酸缓缓流出，将葫芦状容器洗净，再塞紧塞子，向球形漏斗中加入酸液。需要更换或添加固体时，可先把导气管旋塞关好，让酸液压入半球体后，用塞子将球形漏斗上口塞紧，再把装有玻璃旋塞的橡胶塞取下，更换或添加固体。

实验结束后，将废液倒入废液缸内（或回收），剩余固体（如锌粒）倒出并洗净回收。仪器洗涤后，在球形漏斗与球形容器连接处及在液体出口和玻璃塞之间夹一纸条，以免时间过久磨口黏结在一起而拔不出来。

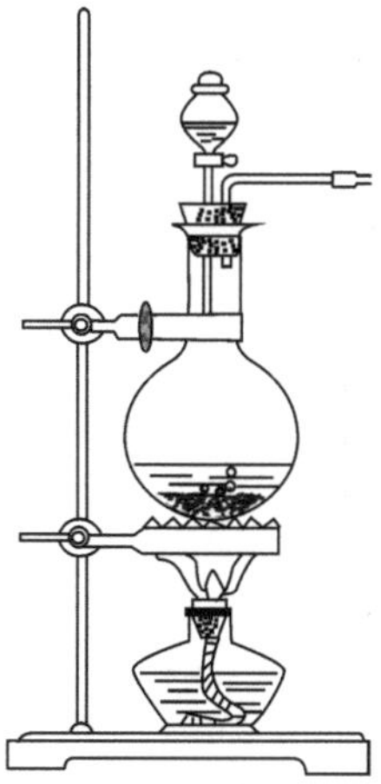

图 5-8　蒸馏瓶法装置图

3. 利用蒸馏烧瓶和分液漏斗的装置制备气体

一般在实验室可用于制备少量一氧化碳、二氧化硫、氯气、氯化氢等气体（图 5-8）。制备时要注意：①分液漏斗应插入液体内，否则漏斗中的液体不易留下来；②必要时可微微加热；③必要时可用三通玻璃管将蒸馏烧瓶支管与分液漏斗上口相通，防止蒸馏烧瓶内气体压力太大。

4. 从钢瓶直接获得气体

如果需要大量气体或者经常使用气体时，可以从压缩气体钢瓶中直接获得氮气、氧气、氢气、氨、二氧化碳、氯气、乙炔、空气等气体。高压钢瓶容积一般为 40～60 L，最高工作压力为 15 MPa，最低也在 0.6 MPa 以上。为了避免各种钢瓶使用时发生混淆，常将钢瓶漆上不同颜色，并写明瓶内气体的名称（表 5-2）。

表 5-2　我国高压气体钢瓶常用的标记

气体类型	瓶身颜色	标字颜色	腰带颜色
氮气	黑色	黄色	棕色
氧气	天蓝色	黑色	—
氢气	深绿色	红色	红色
空气	黑色	白色	—
氨气	黄色	黑色	—
二氧化碳	黑色	黄色	黄色
氯气	草绿色	白色	—
乙炔	白色	红色	绿色
其他一切非可燃气体	黑色	黄色	—
其他一切可燃气体	红色	白色	—

高压钢瓶若使用不当，会发生极危险的爆炸事件，所以使用时必须注意以下事项。

（1）钢瓶应存放在干燥、阴凉、远离热源（如阳光、暖气、炉火）的地方。盛有可燃性气体的钢瓶必须与氧气钢瓶分开存放。

（2）绝不可使油或其他易燃物、有机物沾在气体钢瓶上（特别是气门嘴和减压器处），也不得用棉、麻等物堵漏，以防燃烧引起事故。

（3）使用钢瓶中的气体时，要用减压器（气压表）。可燃性气体钢瓶的气门是逆时针拧紧的，即螺纹式反扣的（如氢气、乙炔气）。非可燃或助燃性气体钢瓶的气门是顺时针拧紧的，即螺纹是正扣的。各种气体的气压表不得混用。

（4）钢瓶内的气体不能全部用完，一定要保留 0.05 MPa 以上的残留压力（表压）。可燃性气体如乙炔应剩余 0.2～0.3 MPa，H_2 应保留 2 MPa，以防重新充气时发生危险。

5.6.2　气体的收集

实验室常用的气体收集方法有排水集气法（图 5-9）和排气集气法（图 5-10）。

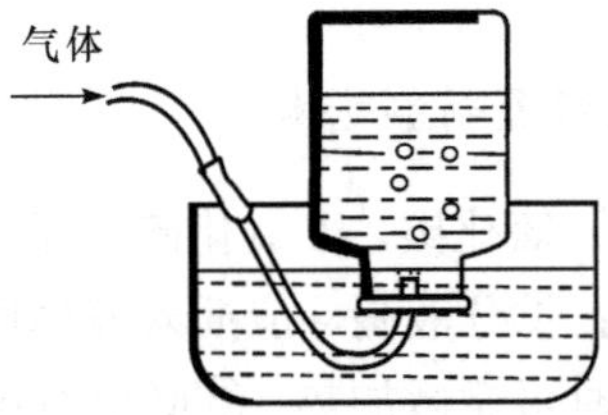

图 5-9　排水集气法

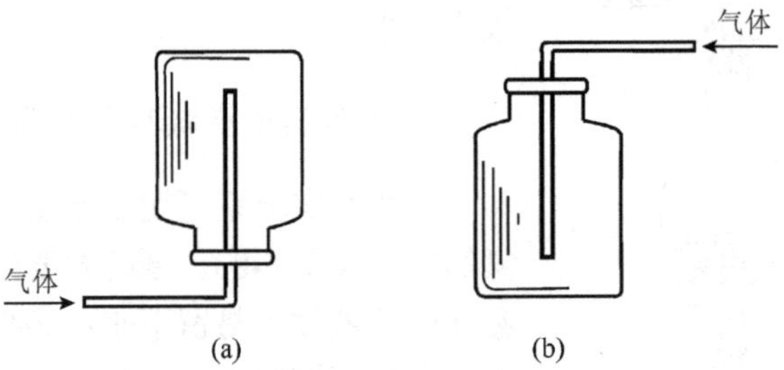

图 5-10　向下排气集气法（a）和向上排气集气法（b）

排水集气法通常用于一些难溶于水的气体，如氢气、氧气、氮气、一氧化氮、一氧化碳、甲烷、乙烯、乙炔等的收集。在收集气体前，一定要将集气瓶装满水，不应有气泡。在停止收集时，应先拔出导管（或移走水槽）后，才能移开灯具。

排气集气法通常分为向下排气集气法和向上排气集气法。当要收集比空气轻的气体，如氨气等时，要使用向下排气集气法；当要收集比空气重的气体，如氯化氢、氯气、二氧化碳、二氧化硫等时，要使用向上排气集气法。使用排气集气法收集气体时，导气管应尽量接近集气瓶底。密度和空气接近或在空气中易氧化的气体不宜用排气法，如一氧化氮等。

5.6.3 气体的净化与干燥

实验室制备的气体常常带有酸雾和水气，为了得到比较纯净的气体，要对其进行净化和干燥。酸雾可用水或玻璃棉除去；水气可用浓硫酸、无水氯化钙或硅胶吸收。一般情况下，纯化和干燥的仪器主要是洗气瓶、干燥塔、U 形管或干燥管等（图 5-11）。液体（如水、浓硫酸等）装在洗气瓶内，无水氯化钙和硅胶装在干燥塔或 U 形管内，玻璃棉装在 U 形管或干燥管内。

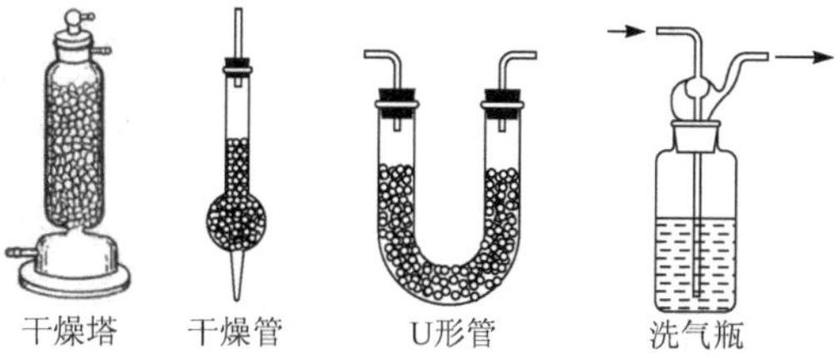

图 5-11 常用的纯化和干燥仪器

实验室的气体制备中，除了含有酸雾和水气，还可能含有其他杂质气体，也必须对其进行处理。例如，用锌粒与酸作用制备氢气时，由于制备氢气的锌粒中常含有硫、砷等杂质，因此在气体发生过程中常夹杂有硫化氢、砷化氢等气体。硫化氢、砷化氢和酸雾可通过高锰酸钾溶液、乙酸铅溶液除去。再通过装有无水氯化钙的干燥管进行干燥。其化学反应式为

$$H_2S+Pb(Ac)_2 = PbS\downarrow+2HAc$$

$$AsH_3+2KMnO_4 = K_2HAsO_4+Mn_2O_3+H_2O$$

不同性质的气体应根据具体情况，分别采用不同的洗涤液和干燥剂进行处理。常用的气体干燥剂见表 5-3。

表 5-3 常用的气体干燥剂

气体	干燥剂	气体	干燥剂
H_2	$CaCl_2$、P_2O_5、H_2SO_4（浓）	H_2S	$CaCl_2$
O_2	$CaCl_2$、P_2O_5、H_2SO_4（浓）	NH_3	CaO 或 CaO 与 KOH 的混合物
Cl_2	$CaCl_2$	NO	$Ca(NO_3)_2$
N_2	$CaCl_2$、P_2O_5、H_2SO_4（浓）	HCl	$CaCl_2$
O_3	$CaCl_2$	HBr	$CaBr_2$
CO	$CaCl_2$、P_2O_5、H_2SO_4（浓）	HI	CaI_2
CO_2	$CaCl_2$、P_2O_5、H_2SO_4（浓）	SO_2	$CaCl_2$、P_2O_5、H_2SO_4（浓）

5.7 物质的分离与提纯

5.7.1 固体的溶解、固液分离、蒸发和结晶

在无机制备、固体物质提纯过程中，经常会涉及溶解、蒸发、结晶和固液分离等基本操作。

1. 固体的溶解

1）溶剂的用量

根据固体物质的溶解度及实际需要取用适量溶剂。

2）溶解操作

（1）常温溶解。用玻璃棒搅拌，搅拌过程中利用腕力使玻璃棒在液体中均匀转圈，不要使其碰在玻璃器壁上，以免损坏仪器。

（2）加热溶解。可促进溶解，根据物质对热的稳定性选择合适的加热方法（直接加热或水浴加热）。

（3）研细。若固体颗粒太大不易溶解时，可先在研钵中研细，注意固体量不能超过研钵容量的 1/3。

图 5-12　倾析法

2. 固液分离

实验室常用的固液分离方法有三种：倾析法（图 5-12）、过滤法和离心分离法。

1）倾析法

（1）适用对象：结晶颗粒较大或沉淀相对密度较大，静置后能快速彻底沉降。

（2）操作方法：①静置使溶液和沉淀彻底分层；②倾倒操作如图 5-12 所示，倾斜器皿，将上部清液慢慢倾入另一容器，达到固液分离的目的；③沉淀洗涤，向沉淀中加入少量蒸馏水（或其他洗涤液），用玻璃棒充分搅拌，再静置沉降，倾去上层清液。

2）过滤法

过滤法为实验室分离沉淀和溶液最常用的操作，可分为常压过滤、减压过滤和热过滤。

过滤操作中要使用滤纸。滤纸的分类及选择如下所述。按灼烧后的灰分质量不同划分：①定性滤纸，灼烧后灰分较大，用于无机定性分析和分离；②定量滤纸，灼烧后灰分很小，适用于定量分析。按滤纸直径大小可分为 11 cm、9 cm、7 cm 等几种。要求沉淀的总体积不得超过滤纸锥体高度的 1/3，滤纸的大小还应与漏斗的大小相适应，一般滤纸上沿应低于漏斗上沿 0.5～1 cm。按照滤纸空隙大小可分为：①快速滤纸，适用于过滤胶状沉淀；②中速滤纸，适用于过滤粗晶形沉淀；③慢速滤纸，适用于过滤细晶型沉淀。

（1）常压过滤。

（a）滤纸的折叠。如图 5-13 所示，先将滤纸对折，再对折，第二次不要折死。打开圆锥形滤纸调节折叠的角度，使其能与漏斗密合。将三层滤纸的外层折角撕下一块，使内层滤纸可以紧贴在漏斗内壁上。被撕下的滤纸角可保留作擦拭烧杯内残留的沉淀用。

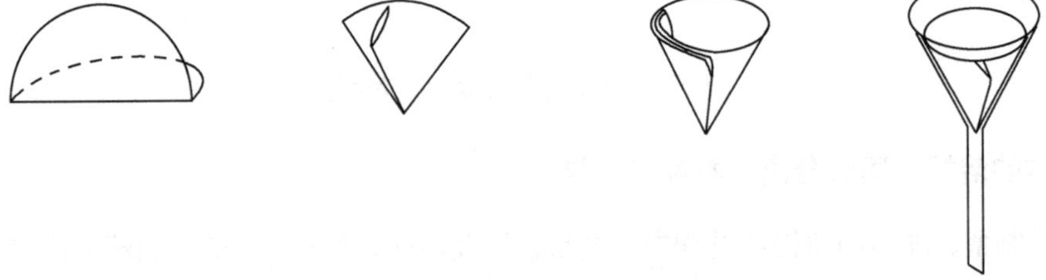

对折　　折成合适角度并撕去一角　　展开成锥形　　放进漏斗

图 5-13　滤纸的折叠与放置

注意：滤纸边缘应低于漏斗边缘 0.5～1 cm。

做水柱：将折好的滤纸放入漏斗，加水润湿，用手轻压赶去滤纸与漏斗壁间的气泡，然后加水至滤纸边缘，此时漏斗颈内应全部充满水而形成水柱。待水全部流尽后，漏斗颈内的水柱仍能保持住，这样由于液体的重力所引起的抽滤作用可加快过滤速率。若不能形成水柱，可用手指堵住漏斗下口，稍掀起滤纸的一边，用洗瓶向滤纸和漏斗的空隙处加水，使漏斗充满水，再压紧滤纸边，慢慢松开堵住下口的手指，此时应形成水柱，若仍不能形成水柱，可能是漏斗颈不干净影响形成水柱或是漏斗的形状不规范，这时则应重新清洗漏斗或更换新漏斗。

（b）过滤。沉淀的过滤一般采用倾析法。其操作方法如图 5-14（a）所示，先使上层清液沿玻璃棒流入漏斗中，以避免沉淀过早地堵塞滤纸空隙，影响过滤速率；暂停倾注时，应沿玻璃棒将烧杯嘴向上提，逐渐使烧杯直立，以避免留在玻璃棒端及烧杯嘴上的液滴流到烧杯外壁。倾析完成后，将烧杯中的沉淀作初步洗涤，再按上法倾注过滤，按此方法洗涤沉淀四五次。

(a) 过滤操作　(b) 沉淀的转移　(c) 沉淀的洗涤

图 5-14 过滤

（c）沉淀的转移。在盛有沉淀的烧杯中加入少量洗涤液，搅拌混合，全部倾入漏斗中，反复操作两三次。最后用洗瓶冲洗烧杯壁上附着的沉淀，将其全部转入漏斗中［图 5-14（b）］。

（d）沉淀的洗涤。沉淀转入漏斗后，可进行最后的洗涤，如图 5-14（c）所示，用洗瓶从滤纸边缘稍下一些的地方螺旋形向下移动冲洗沉淀，这样可使沉淀集中到滤纸锥体的底部。不能将洗涤液直接冲到滤纸中央的沉淀上，以免沉淀外溅。洗涤次数按要求决定。

注意：“一贴、二低、三靠”，一贴为滤纸紧贴漏斗内壁；二低为滤纸边缘应低于漏斗边缘 0.5～1 cm，漏斗中的液面低于滤纸边缘，不要超过滤纸高度的 2/3；三靠为烧杯紧靠玻璃棒，玻璃棒靠近三层滤纸一边，漏斗颈出口斜口长的一侧紧靠烧杯内壁。

（2）减压过滤。

减压过滤也称吸滤或抽滤。此方法过滤速度快，沉淀抽得较干，适合大量溶液与沉淀的分离，但不宜过滤颗粒太小的沉淀和胶体沉淀。因为颗粒太小的沉淀易堵滤纸或滤板口，而胶体沉淀易透滤。减压过滤的原理是通过真空泵使吸滤瓶内的压力减小，内外压力差可加快过滤速度。减压过滤操作如下。

（a）连接装置。如图 5-15 所示，将布氏漏斗、抽滤瓶及真空泵连接好，注意将布氏漏斗插入吸滤瓶时，漏斗下端的斜面要对着滤瓶侧面的支管，以便吸滤。

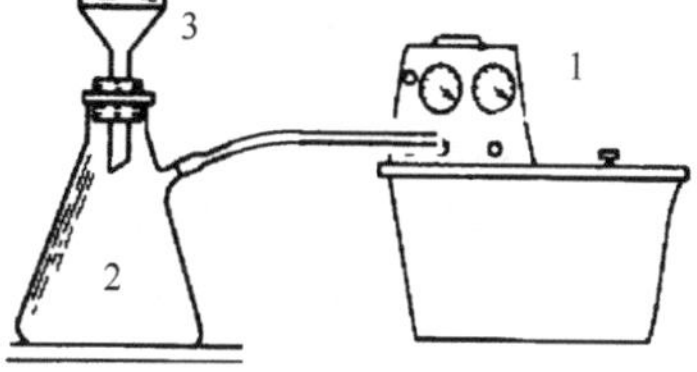

图 5-15 减压过滤装置

1. 真空泵；2. 吸滤瓶；3. 布氏漏斗

（b）滤纸放置。将滤纸放入布氏漏斗内，滤纸比布氏漏斗内径略小，以能把全部瓷孔盖住为宜，用少量水润湿滤纸，打开真空泵开关，将滤纸吸紧在漏斗上。

（c）溶液转移。先用倾析法转移溶液到布氏漏斗中，注意加入的溶液量不能超过漏斗总容量的 2/3。快流尽时再转移沉淀，抽吸至沉淀比较干燥为止。不得突然关闭水泵，若欲停止抽滤，应先将吸滤瓶支管上的橡胶管拔下，再关水泵，否则水将倒吸。

（d）沉淀洗涤。洗涤沉淀时，拔掉橡胶管，加入洗涤液润湿沉淀，让洗涤液慢慢透过全部沉淀。然后再接上橡胶管，抽吸干燥。如果沉淀需洗涤多次，则重复以上操作。

（e）沉淀转移。过滤结束后，取下漏斗倒扣在清洁的滤纸或表面皿上，轻轻敲打漏斗边缘，或用洗耳球吹漏斗下口，使滤饼脱离漏斗倾入滤纸或表面皿上。

（f）滤液转移。将滤液从吸滤瓶上口倒入洁净的容器中，不可从侧面的支管倒出，以免污染滤液。

具有强酸性、强碱性或强氧化性的溶液易破坏滤纸，因此，对于这些溶液，若过滤后只需要滤液，则可以用石棉纤维代替滤纸；若过滤后要留用的是沉淀，则用玻璃砂芯漏斗代替布氏漏斗（强碱不适用）。具体的过滤操作同减压过滤。

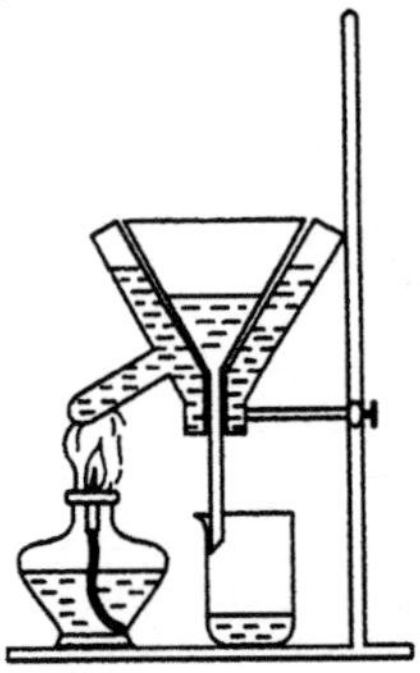

图 5-16　热过滤装置

（3）热过滤。

有时需要除去热、浓溶液中的不溶性杂质，又要避免溶质因冷却而过早析出，一般采用热过滤。热过滤在图 5-16 所示的热过滤装置中进行，将一大小合适的短颈漏斗与一个金属夹套式漏斗配合完成，过滤方法类似常压过滤，不同的是要保证整个系统的温度。

3）离心分离法

少量的沉淀和溶液分离时不能用过滤法，因为沉淀会沾在滤纸上难以取下，此时用离心分离法。离心分离在离心机中进行。

（1）离心机的使用。离心机与离心试管配套使用。离心试管装入位置要对称以维持平衡，否则易损坏离心机的轴；打开旋钮，转速逐渐由小调大。结束时等其转动自行停止后再开盖取出离心管。离心时间和转速应根据沉淀的性质决定。结晶形的紧密沉淀，约 1000 r/min，1～2 min；无定形疏松沉淀，沉降时间稍长些，转速一般为 2000 r/min。若经 3～4 min 离心后沉淀仍不能分离，则应通过加入电解质或加热的方法促使沉淀沉降，然后离心分离。

（2）沉淀分离。离心分离后，用滴管将清液和沉淀分开。注意切勿在插入溶液以后再捏橡胶头，滴管末端接近沉淀时要特别小心，勿使滴管触及沉淀。

（3）洗涤沉淀。洗涤沉淀时，沿试管内壁滴加数滴蒸馏水，当沉淀刚好浸没在水中，用玻璃棒充分搅拌，再离心分离，溶液用滴管吸出，一般洗涤两三次即可。

3. 蒸发（浓缩）

用加热的方法使水分不断蒸发，溶液不断浓缩而析出晶体的方法称为蒸发。蒸发所用的仪器为蒸发皿，操作时需注意：①加入蒸发皿中液体的量不得超过其容量的 2/3，若液体过多，可随溶剂的蒸发续添溶液；②根据需要选择不同的加热方式；③蒸发皿不可骤冷。

4. 结晶

结晶是提纯固态物质的重要方法之一，通常有两种方法，即蒸发法和冷却法。

1）蒸发法

通过蒸发或气化减少一部分溶剂使溶液达到饱和而析出晶体，主要适用于溶解度随温度变化不大的物质（如氯化钠）。

2）冷却法

通过降低温度使溶液冷却达到饱和而析出晶体，主要用于溶解度随温度下降而明显减少的物质（如硝酸钾）。

晶体颗粒的大小与结晶条件有关。如果溶质的溶解度小，或溶液的浓度高，或溶剂的蒸发速度快，或溶液冷却得快，析出的晶粒就细小；反之，可以得到颗粒较大的晶体。

如果第一次得到的晶体纯度不符合要求，可将所得晶体溶解后再进行蒸发或冷却、结晶、分离，如此反复的操作称为重结晶。

注意：重结晶所用的溶剂应根据物质的溶解度适量取用。

5.7.2　液液分离

常用的液液分离的方法有两种，即萃取和蒸馏。

1. 萃取

萃取是利用物质在互不相溶的溶剂中的溶解度差异使物质分离的方法。物质在互不相溶的两种溶剂 A 和 B 中的分配情况，由分配定律决定：

$$K=c_A/c_B$$

式中：c_A 为物质在溶剂 A 中的浓度；c_B 为物质在溶剂 B 中的浓度；K 为分配系数，温度一定时，K 为一常数，近似地等于物质在溶剂 A 与溶剂 B 中的溶解度之比。根据分配定律，一定量的萃取剂分几次萃取要比用等量萃取剂一次萃取的效果好，即萃取要把握少量多次的原则。

与水互不相溶的有机相与含有多种金属离子的水溶液在一起振荡，加入试剂使某些金属离子由亲水性转化为疏水性，同时转移到有机相中，而另一些金属离子仍旧留在水相中，从而达到分离目的。

萃取操作的主要仪器为分液漏斗。分液漏斗分为球形分液漏斗、柱形分液漏斗和梨形分液漏斗三种。漏斗越细，分层需要的时间越多，分层效果越好。分液漏斗的使用方法如下。

（1）检漏：检查玻璃塞和旋塞芯是否漏水。先检查旋塞芯处是否漏水，再将漏斗倒转过来，检查玻璃塞是否漏水，待确认不漏水后方可使用。

（2）涂凡士林：在旋塞芯上涂上薄薄的一层凡士林，将塞芯塞进旋塞内，旋转数圈使凡士林均匀分布后将旋塞关闭。再在旋塞芯的凹槽上套一合适的橡胶圈，以防在操作过程中旋塞芯滑动而漏液。

（3）盛有液体的分液漏斗应正确地放在支架上。漏斗内的液体量不超过漏斗容量的 3/4。

萃取操作方法：加液→振摇→排超压→静置分层→分液。

（1）加液：如图 5-17（a）所示安装好装置，在分液漏斗中加入溶液和一定量的萃取溶剂后，塞上玻璃塞（注意玻璃塞上的侧槽必须与分液漏斗上面的小孔错开）。

（2）振摇：如图 5-17（b）所示，用左手食指末节顶住玻璃塞，再用大拇指和中指夹住漏斗上端颈部；右手的大拇指、食指和中指固定住玻璃旋塞，以防止旋转。将漏斗由外向里或由里向外旋转振摇，使两种不相混溶的液体尽可能充分混合（也可以将漏斗反复倒转、缓慢振摇）。

（3）排超压：如图 5-17（c）所示，将漏斗倒置，使漏斗下颈导管向上，不要对着自己和他人。慢慢开启旋塞，排放可能产生的气体以解除超压。待压力减小后，关闭旋塞。振摇和放气应重复几次。

（4）静置分层：将漏斗放置在铁架台的铁圈上，待两相液体分层明显、界面清晰时，打开上口玻璃塞，开启活塞，放出下层液体，收集在适当的容器中。当界面层接近放完时要放慢速度，一旦放完，迅速关闭旋塞。

（5）取下漏斗，打开玻璃塞，将上层液体由上口倒出，收集到指定容器中。

（6）假如一次萃取不能满足分离的要求，可以采取多次萃取的方法（但最多不超过 5 次）。将每次的萃取液都收集到一个容器中。

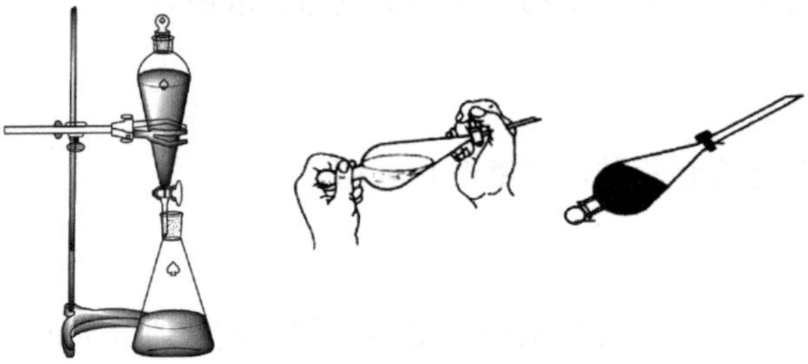

(a)　　(b)　　(c)

图 5-17　液液萃取分离

2. 蒸馏

蒸馏是液体物质最重要的分离和纯化方法。蒸馏是将液体加热至沸点使其变成蒸气，再使蒸气通过冷却装置冷凝为液体而收集在另外的容器中的过程。蒸馏分离液体是根据液体的沸点不同，加热时低沸点物质先馏出，而高沸点液体不能馏出，从而实现液液分离或纯化的目的。

1）所需仪器

（1）蒸馏烧瓶：通过所蒸馏的液体体积选择蒸馏烧瓶，通常所装入的液体体积不能超过烧瓶容积的 2/3，也不能少于 1/3。

（2）冷凝管：从烧瓶馏出的蒸气在冷凝管中冷凝为液体，液体的沸点高于 130℃时用空气冷凝管，低于 130℃时用直形水冷凝管。冷凝管中冷凝水的流向是下进上出，即下端进水口用橡胶管接自来水龙头，上端的出水口套上橡胶管导入水槽中。

（3）接收器：常用尾接管和三角烧瓶或圆底烧瓶组成，应与外界大气相通。若馏出液有毒、易挥发、易燃、易吸潮或有刺激性气味时，应根据具体情况，安装接收器时采取相应措施，妥善处理。

2）组装蒸馏装置

（1）仪器设备的选择：根据液体的沸点选择热源、冷凝器及温度计；根据液体的体积选择蒸馏烧瓶和接收器。

注意：烧瓶口配一个塞子，并将其钻一个孔，以便插入温度计。调整温度计的位置，通常使水银球的上缘恰好位于蒸馏烧瓶支管接口的下缘，使它们在同一水平线上。

（2）组装仪器：如图 5-18 所示，根据热源的高度调整铁架台上铁夹的位置，使蒸馏烧瓶固定在合适的位置；根据蒸馏烧瓶支管的位置确定冷凝管的高度，并用另一铁架台上的铁夹在冷凝管中间位置加以固定，冷凝管的中心应与蒸馏烧瓶的支管在一条直线上；最后将接液管接上，并在接液管下口端安放好接收器。

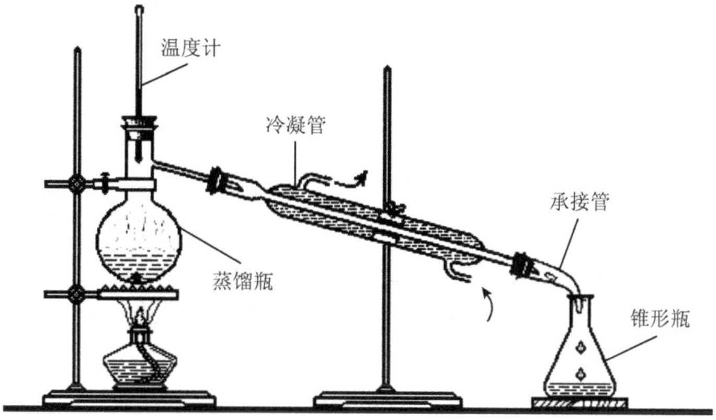

图 5-18　蒸馏装置图

注意：接液管口应伸进接收器，不能高悬在接收器上方，但也不能在接液管下口套上橡胶塞而使整套装置形成封闭体系，这样容易造成危险。

（3）蒸馏装置装配顺序：由下而上，由头至尾，即热源→烧瓶→冷凝管→承接管→接收器。

3）蒸馏操作

（1）加液：用长颈漏斗将待蒸馏的液体加入蒸馏烧瓶，漏斗颈须伸到蒸馏烧瓶支管口以下，或者沿着面对支管的瓶颈壁小心地加入，防止液体从支管流出，切记加入蒸馏烧瓶的液体不得超过烧瓶容积的 2/3。然后加入几粒沸石防止暴沸，再仔细检查一遍装置连接气密性是否良好，装置是否稳妥。

（2）加热：加热前，先接通冷凝水，即下端侧管的进水口用橡胶管接自来水龙头，上端的出水口套上橡胶管导入水槽中。接着加热，最初宜用小火，以免蒸馏烧瓶因局部受热而破裂；慢慢增大火力使之沸腾，进行蒸馏。然后调节火焰或调整加热电炉的电压，使蒸馏以每秒 1～2 滴的速度自接液管滴下为宜。在蒸馏过程中，应保持温度计水银球被冷凝的液滴润湿，此时温度计的读数就是馏出液的沸点。收集所需温度范围的馏出液。

（3）如果维持原来的加热程度，不再有馏出液蒸出而温度又突然下降时，应该停止蒸馏，即使杂质量很少，也不能蒸干。否则，可能会发生意外事故。

（4）蒸馏完毕，先停止加热，后停止通水。拆卸仪器，其程序与装配时相反，即按次序取下接收器、承接管、冷凝管和蒸馏烧瓶。

5.8　试纸的应用

1. 试纸的种类及性能

1）石蕊（红色、蓝色）试纸

用来定性检验气体或溶液的酸碱性。pH＜5 的溶液或酸性气体能使蓝色石蕊试纸变红色；

pH＞8 的溶液或碱性气体能使红色石蕊试纸变蓝色。

2）pH 试纸

用来粗略测量溶液 pH 大小（或酸碱性强弱）。pH 试纸遇到酸碱性强弱不同的溶液时，显示出不同的颜色，可与标准比色卡对照确定溶液的 pH。pH 试纸包括广泛 pH 试纸和精密 pH 试纸两类，广泛 pH 试纸的变色范围为 pH=1～14，精密 pH 试纸可以较精确地测量溶液的 pH，根据其变色范围可分为多种，如变色范围为 pH=3.8～5.4、pH=8.2～10.0 等。

3）淀粉碘化钾试纸

用来定性地检验氧化性物质的存在，如 Cl_2、Br_2 等。当氧化性物质遇到湿的试纸后，会将试纸上的 I^- 氧化成 I_2，与淀粉作用而使试纸显蓝色。

若气体氧化性强，而且浓度大时，还可以进一步将 I_2 氧化成无色的 IO_3^-，使蓝色褪去：

$$I_2+5Cl_2+6H_2O \xlongequal{} 2HIO_3+10HCl$$

因此，使用时必须仔细观察试纸颜色的变化，否则会得出错误的结论。

4）乙酸铅（或硝酸）试纸

用来定性检验 H_2S 和含硫离子的溶液。遇 H_2S 气体或硫离子时因生成黑色的 PbS 而使试纸变黑。

5）品红试纸

用来定性地检验某些具有漂白性的物质。遇到 SO_2 等有漂白性的物质时会褪色（变白）。

2. 试纸的使用方法

1）检验溶液的性质

取一小块试纸在表面皿或玻璃片上，用沾有待测液的玻璃棒或胶头滴管点于试纸的中部，观察颜色的变化，判断溶液的性质。

2）检验气体的性质

先用蒸馏水将试纸润湿，沾在玻璃棒的一端，使试纸靠近气体，观察试纸颜色的变化，判断气体的性质。

注意：①试纸不可以直接伸入溶液；②试纸不可以接触试管口、瓶口、导管口等；③测定溶液的 pH 时，试纸不可以事先用蒸馏水润湿，因为润湿试纸相当于稀释被检验的溶液，这会导致测量不准确，正确的方法是用沾有待测溶液的玻璃棒点在试纸的中部，待试纸变色后，再与标准比色卡比较来确定溶液的 pH；④取出试纸后，应将盛放试纸的容器盖严，以免被实验室的一些气体污染。

5.9　水的纯化与水质鉴定

不同的化学实验对水的质量要求不同。应根据实验要求，选用自来水及蒸馏水，或选用适当级别的纯水。在本书的实验中，无机制备实验应根据实验要求与进展，决定在哪些步骤用自来水，哪些步骤用蒸馏水；在化学分析、常数测定、定性分析等实验中则都用蒸馏水或去离子水。

1. 实验室用水的规格

我国已建立了实验室用水规格的国家标准（GB/T 6682—2008），规定了实验室用水的技术指标、制备方法及检验方法。实验用水的级别及主要指标见表 5-4。

表 5-4　实验室用水的级别及主要指标

指标名称	一级	二级	三级
pH 范围（298 K）	—	—	5.0～7.5
电导率（298 K）/（$mS·m^{-1}$）	≤0.01	≤0.10	≤0.50
吸光度（254nm，1 cm 光程）	≤0.001	≤0.01	—
二氧化硅含量/（$mg·L^{-1}$）	≤0.01	≤0.02	—

2. 纯水的制备

1）蒸馏水

将自来水在蒸馏装置中加热汽化，再将蒸汽冷却，即得到蒸馏水。蒸馏过程中能除去水中的非挥发性杂质，但不能完全除去水中溶解的气体杂质。此外，一般蒸馏装置所用材料是不锈钢、纯铝或玻璃，可能会带入金属离子。

2）去离子水

将自来水依次通过阳离子树脂交换柱、阴离子树脂交换柱、阴阳离子树脂混合交换柱后所得的水即为去离子水。其去离子的效果好，纯度比蒸馏水高，但不能除去非离子型杂质，常含有微量的有机物。

3）电导水

在蒸馏器（最好是石英制的，其次是硬质玻璃）中装入蒸馏水，加入少量高锰酸钾固体，经蒸馏除去水中的有机物，得重蒸馏水。再将重蒸馏水注入另一蒸馏器中（最好也是石英制的），加入少许硫酸钡和硫酸氢钾固体，进行蒸馏。弃去馏头、馏后各 10 mL，收取中间馏分即为电导水。电导水应收集保存在带有碱石灰吸收管的硬质玻璃瓶内，时间不能太长，一般在两周以内。

3. 水的硬度及水纯度的检验

水的硬度主要是指水中可溶性钙盐和镁盐含量。含这两种盐多的为硬水，少的为软水。测定钙盐和镁盐的含量时，称为总硬度的测定；分别测定钙、镁含量时，称为钙、镁硬度的测定。

我国水硬度的表示：1 度（1°DH）相当于氧化钙含量为 10 $g·mL^{-1}$，或是氧化钙浓度为 0.178 $mmol·L^{-1}$ 时所引起的硬度。水的硬度按度可分为五种类型（表 5-5）。常用的自来水要求硬度不超过 25°DH。

表 5-5　水硬度分类表（°DH）

极软水	软水	微硬水	硬水	极硬水
0～4	4～8	8～16	16～30	＞30

纯水质量的主要衡量指标是电导率，可选用电导率仪（最小量程为 0.02 $\mu S·cm^{-1}$）来测定，也可以根据具体实验需要测定纯水的某些杂质含量。

5.10　无机合成的基本操作

无机合成是研究无机物质及其不同物态的合成原理、合成技术、合成方法及对合成产物进行分离提纯、鉴定和表征的一门科学，包括低温合成、高温合成、高压合成、低压合成、水热-溶剂热合成、无水无氧合成、电解合成、等离子体合成、化学气相沉积、溶胶-凝胶合成。

5.10.1　低温合成

将物质的温度降到低于环境温度的操作称为制冷或冷冻，室温以下的合成为低温合成。制冷原理主要是等焓冷却和等熵冷却，在−100℃左右称为普通冷冻，在−100～−269℃称为深度冷冻，−269℃以下称为极冷。

1. 低温的获得

（1）制冷浴：冰盐共熔体系、干冰浴、液氮等。

（2）相变制冷浴：CS_2（−111.6℃）、液氨（−33.4℃）。低温的测量一般使用低温温度计，可以分为水银温度计、碳氢化合物温度计、热电阻温度计、热电偶、蒸气压温度计。其中水银温度计测量比较准确，但测温范围小（室温～−30℃）；碳氢化合物温度计可测量−30～−200℃，但需经常校订，准确度只能控制在±5℃；后三种低温计都可准确测定温度，其测温原理是根据位置的某些物理参量与温度之间存在的关系，通过测定这些物理参量就可以获得欲测的温度值。

2. 低温合成的应用

1）稀有气体化合物的合成

例如，KrF_2的低温放电合成；XeO_4的低温水解合成；XeF_2、RnF_2的低温光化学合成。

2）金属、非金属同液氨的反应

碱金属、碱土金属及其化合物同液氨的反应；某些化合物在液氨中的反应；非金属同液氨的反应；液氨中配合物的生成。

3）低温下挥发性化合物的合成

二氮化三碳的合成；氯化氰的合成；磷化氢的合成；甲硅烷的制备；甲锗烷的制备；乙硼烷的制备。

4）低温下气体的分离

低温下的分级冷凝；低温下的分级减压蒸发；低温吸附分离；低温化学分离。

低温技术不仅与人们高质量的生活息息相关，同时与当今许多尖端科学研究（如超导技术、航天与航空技术、高能物理、受控热核聚变、远红外探测、精密电磁计量、生物学和生命科学等）密不可分。在超低温条件下，物质的特性会出现奇妙的变化：空气变成了液体或固体；生物细胞或组织可以长期储存而不死亡；导体的电阻消失（超导电现象），而磁力线不能穿过超导体（完全抗磁现象）；液体氦的黏滞性几乎为零（超流现象），而导热性能比高纯铜还好。

5.10.2　高温合成

高温合成是无机合成的一个重要方法，高温无机合成需要一些符合高温的设备和方法。

这些手段和它们所能达到的温度见表 5-6。

表 5-6　获得高温的方法

获得高温的方法	温度/K
各种高温电阻炉	1273～3273
聚焦炉	4000～6000
闪光放电	＞4273
等离子体电弧	20000
激光	10^5～10^6
原子核的分离和聚变	10^6～10^9
高温粒子	10^{10}～10^{14}

1. 实验室中常用的几种获得高温的方法

1）电阻炉

电阻炉是实验室和工业中最常用的加热炉，它的优点是设备简单、使用方便、温度可精确地控制在很窄的范围内。应用不同的电阻发热材料可以达到不同的高温限度。炉内工作室的温度将稍低于这个温度。应该注意的是，一般使用温度应低于电阻材料最高工作温度，这样就可以延长电阻材料的使用寿命。以下为几类重要的电阻发热材料。

（1）石墨发热体。用石墨作为电阻发热材料，在真空下可以达到相当高的温度，但必须注意使用的条件，如果在氧化或还原的气氛下，很难去除石墨上吸附的气体，而使真空度不易提高，并且石墨常能与周围的气体结合形成挥发性的物质，使需要加热的物质污染，而石墨本身也在使用中逐渐损耗。

（2）金属发热体。在高真空和还原气氛下，金属发热材料（如钽、钨、钼等）已被证明是适用于产生高温的。通常都采用在高真空和还原气氛的条件下进行加热。如果采用惰性气氛，则必须使惰性气氛预先经过高度纯化。有些惰性气氛在高温下也能与物料反应，如氮气在高温下能与很多物质反应而形成氮化物。在合成纯化合物时，这些影响纯度的因素都应该注意。

（3）氧化物发热体。在氧化气氛中，氧化物电阻发热体是最为理想的加热材料。高温发热体通常存在一个不易解决的问题，即发热体和通电导线如何连接。在连接点上常由于接触不良产生电弧而使导线被烧断，或者由于发热体的温度超过导线的熔点而使之熔断。接触体解决了这一问题，并可以得到均匀的电导率。常用接触体的组成为氧化物型，如高纯度的 95% ThO_2 和 5% La_2O_3（或 Y_2O_3），其工作温度可达 1950℃；此外，接触体的组成也可以是 85% ZrO_2 和 15% La_2O_3（或 Y_2O_3）。

接触体的用法是把 60% Pt 和 40% Rh 组成的导线镶入还未完全烧结的接触体中。在继续加热的过程中，接触体收缩，从而与导线形成良好的接触。接触体的电导率比电阻体高，而且截面积也大，因此接触体中每单位质量的发热量就比电阻体低。适当地选择接触体的长度和导线镶入的深度，可以在电阻体和导线间得到一个合适的温度梯度。这个梯度可以使电阻体的温度大大超过导线的熔点而不会导致导线被烧断。

2）感应炉

感应炉的主要部件是一个载有交流电的螺旋形线圈，它像一个变压器的初级线圈，放在线圈内的被加热的导体就像变压器的次级线圈，它们之间没有电路连接。当线圈上通有交流电时，在被加热体内会产生闭合的感应电流，称为涡流。由于导体电阻小，涡流很大。又由于交流的线圈产生的磁力线不断改变方向，因此，感应涡流也不断改变方向，新感应的涡流受到反向涡流的阻滞，导致电能转换为热能，使被加热物很快发热并达到高温。这个加热效应主要发生在被加热物体的表面层内，交流电的频率越高，磁场的穿透深度越低，被加热体受热部分的深度也越低。

感应加热主要用于粉末热压烧结和真空熔炼等。

3）电弧炉

电弧炉常用于熔炼金属，如钛、锆等，也可以用于制备高熔点化合物，如碳化物、硼化物及低价的氧化物等。电流电由直流发电机或整流器供应。起弧熔炼之前，先将系统抽至真空，然后通入惰性气体，以免空气渗入炉内，正压也不宜过高，以减少损失。

在熔化过程中，只要注意调节电极的下降速度和电流、电压等，就可以使待熔的金属全部熔化并得到均匀无孔的金属锭。尽可能地使电极底部和金属锭的上部保持较短的距离，以减少热量的损失，但电弧需要维持一定的长度，以免电极与金属锭之间发生短路。

此外，还有高温箱形电阻炉、碳化硅电炉、碳管炉、钨管炉等设备可用来获得高温。

2. 高温的测量

测温仪表的主要类型：①接触式有膨胀温度计、压力表式温度计、热电阻温度计、热电偶；②非接触式有光学高温计、辐射高温计、比色高温计。

3. 高温合成的应用

（1）高温下的固相合成反应。例如，合成 C、N、B、Si 等二元陶瓷化合物、多种类型的复合氧化物、陶瓷和玻璃态物质，都是高温下的固相反应。

（2）高温下的固-气反应：①锂还原 YCl_3；②制备金属钾；③制备无水氯化稀土。

（3）高温下的化学转移反应。

（4）高温下的冶炼和合金制备。粉末高温合金的制备工艺流程大致如下：预合金粉末的制造→压实（热压、热等静压）→热加工变形（模锻、轧制、挤压、等温锻等）→机加工→无损检测→热处理。

（5）高温下的相变合成。这类反应往往同时要求高压条件。例如，在压力为 2.8 GPa、温度为 850℃时，稀土 La 在 $BaTiO_3$ 中的替代导致结构从立方到四方再到正交的结构转变。典型的例子是人造金刚石的制备。

（6）高温熔盐电解。

（7）等离子体激光、聚焦等作用下的超高温合成，等离子体激光、聚焦等作用可以产生极高的温度用来进行超高温合成。等离子体是物质的第四态，是由大量带电粒子和中性粒子组成的系统。等离子体物理不仅是物理学中一个重要的分支，同时与材料学、化学等学科相互交叉。等离子体技术在微电子、新材料、环境、能源、空间等高新技术领域具有广阔的应用前景。

（8）高温下的单晶生长和区域熔融提纯。高温往往伴随着高压，高温下的单晶生长又往往开启新材料的先河。

（9）高温下的还原反应。

（10）自蔓延高温合成。

5.10.3　高压合成

利用外加高压使物质产生多型相转变或发生不同物质间的化合，得到新相、新化合物或新材料。

通常需要高压手段进行合成的有以下几种情况：在常压下不能生长出满意的晶体；要求有特殊的晶形结构；晶体生长需要有高的蒸气压；生长或合成的物质在大气压下或在熔点以下会发生分解；常压下不能发生反应而在高压条件下才能发生反应；要求有高压条件下才能出现的高价态（或低价态）及其他的特殊电子态。

1. 高压的产生

1）静压法

静压法是指利用外界机械加载压力的方式，通过缓慢逐渐施加负荷，挤压所研究的物体或试样，当其体积缩小时，就在物体或试样内部产生高压强。常见的静高压产生装置有：六面顶压力机和年轮式两面顶压力机，以及利用天然金刚石作顶锤（压砧）制成的微型金刚石对顶砧高压装置（diamond anvil cell，DAC）。

2）动高压

利用爆炸（核爆炸、火药爆炸等）、强放电等产生的冲击波，在微秒至皮秒的瞬间以很高的速度作用到物体上，可使物体内部压力达到几十吉帕（GPa）以上，甚至几千吉帕，同时伴随着骤然升温。

2. 高压的测量

高压合成要测量的物理量首先是作用在试样单位面积上的压力，即压强。在高压研究的文献中，一般都习惯地把压强称为压力，它不等于外加的负荷。在实验室和工业生产中，经常采用物质相变点定标测压法。利用国际公认的某些物质的相变压力作为定标点，把一些定标点和与之对应的外加负荷联系起来，给出压力定标曲线，就可以对高压腔内试样所受到的压力进行定标。

1）相变电阻

现在通用的是利用纯金属 Bi（Ⅰ→Ⅱ）（2.5 GPa）、Tl（Ⅰ→Ⅱ）（3.67 GPa）、Cs（Ⅱ→Ⅲ）（4.2 GPa）、Ba（Ⅰ→Ⅱ）（5.3 GPa）、Bi（Ⅲ→Ⅳ）（7.4 GPa）等相变时电阻发生跃变的压力值作为定标点。

有时也使用一维有机金属络合物 $Pt(DMG)_2$（6.9 GPa）和聚苯胺有机高分子 $PAn—H^+$（3.5 GPa）材料的电阻-压力极小值作为定标。

2）荧光 R 线

对顶锤静高压装置往往利用红宝石的荧光 R 线随压力红移的效应来测量。

3）晶格常数

压力也可以利用 NaCl 晶体高压下晶格常数的变化来测量。

3. 高压合成法

1）动态高压合成法

利用爆炸等方法产生的冲击波，在物质中引起瞬间的高压高温来合成新材料的动态高压合成法，也称为冲击波合成法或爆炸合成法。至今，利用这种方法已合成出人造金刚石和闪锌矿型氮化硼（c-BN），以及纤锌矿型氮化硼（w-BN）微粉，还有一些其他的新相、新化合物。

2）静高压高温合成法

（1）高压激光加热合成法。微型金刚石对顶砧高压装置，配合激光直接加热方法，压力可达 100 GPa 以上，温度可达 2×10^3～5×10^3 K 以上。合成温度和压力范围很宽，加上 DAC 可同时与多种测试装置联用进行原位测试，对新物质合成的研究和探索有重要的作用，值得重视。

（2）静高压高温（大腔体）合成法。实验室和工业生产中常用的静高压高温合成，是利用具有较大尺寸的高压腔体和试样的两面顶和六面顶高压设备来进行的。按照合成路线和合成组装的不同，这类方法还可以细分为许多种。

（3）静高压高温直接转变合成法。在合成中，除了所需的合成起始材料外，不加其他催化剂，而让起始材料在高压高温作用下直接转变（或化合）成新物质。

（4）静高压高温催化剂合成法。在起始材料中加入催化剂，可以大大降低合成的压力、温度和缩短合成时间。

（5）非晶晶化合成法。以非晶材料为起始材料，在高压高温作用下，使之晶化为结晶良好的新材料。与此相反，也可将结晶良好的起始材料经高压高温作用压制转变为非晶材料。

（6）前驱物高压转变合成法。对一些不易转变或不适于转变成所需的合成物质，可以通过其他方法将起始材料预先制成前驱物，然后进行高压高温合成，这种方法十分有效。与此类似，将起始材料进行预处理，如常压高温处理，其他的极端条件处理，包括高压条件，然后再进行高温高压合成的混合型合成法。

（7）高压熔态淬火方法。将起始材料施加高压，然后加高温，直至全部熔化，保温保压，最后在固定压力下实行淬火，迅速冻结高压高温状态的结构。通过这种方法可以获得准晶、非晶、纳米晶，特别是可以截获各种中间亚稳相，是研究和获取中间亚稳相的有效方法。

4. 高压合成的应用

金刚石和立方氮化硼的合成；柯石英和斯石英的合成；复合双稀土氧化物的合成；高价态和低价态氧化物的合成；高 Tc 稀土氧化物超导体的合成；翡翠宝石的合成；高硼氧化物 B_7O 的合成；准晶等中间介稳相的高压熔态淬火截获；FeMoSiB 的高压晶化合成；若干材料的冷压合成；新材料的超高压超高温合成。

5.10.4 低压合成

在“真空”状态下的合成称为低压合成。“真空”是指在给定空间内低于一个大气压的气体状态，也就是该空间内气体分子密度低于该地区大气压的气体分子密度。不同的真空状态意味着该空间具有不同的分子密度。

产生真空的过程称为抽真空、排气或抽气。通常用于产生真空的工具称为真空泵，常用的有水泵、机械泵和油扩散泵。此外，也采用多种特殊的吸气剂和冷凝捕集器等。

真空的测量：真空计（规）。

主要应用：$TiCl_3$ 的合成、还原反应。

5.10.5　水热-溶剂热合成

水热-溶剂热合成是指温度为 100～1000℃、压力为 1 MPa～1 GPa 条件下利用水溶液中物质化学反应所进行的合成。在亚临界和超临界水热-溶剂热条件下，由于反应处于分子水平，反应性提高，因而水热-溶剂热反应可以说扩充了高温固相反应。又由于水热-溶剂热反应的均相成核及非均相成核机理与固相反应的扩散机制不同，因此可以创造出其他方法无法制备的新化合物和新材料。

1）水热-溶剂热合成的特点

（1）水热-溶剂热条件下，由于反应物处于临界状态，反应活性会大大提高，有可能代替固相反应及难于进行的合成反应。

（2）在水热-溶剂热条件下，中间态、介稳态及特殊物相易于生成，可用于特种介稳结构、特种凝聚态的新合成产物。

（3）能够使低熔点化合物、高蒸气压且不能在融体中生成的物质、高温分解相在此条件下晶化生成。

（4）有利于生长极少缺陷、取向好、完美的晶体，且合成产物结晶度高及易于控制产物晶体粒度。

（5）环境气氛易于反应，有利于低价态、中间价态与特殊价态化合物的生成，并能均匀地进行掺杂。

不足：由于反应在密闭容器中进行，无法观察生长过程，不直观，难以说明反应机理；设备要求高（耐高温高压的钢材，耐腐蚀的内衬）、技术难度大（温压控制严格）、成本高；安全性能差。

2）水热-溶剂热合成主要应用

（1）合成反应，是指通过数种组分在水热-溶剂热条件下直接化合或经中间态发生的化合反应。利用此类反应可合成各种多晶或单晶材料。

（2）热处理反应，是指利用水热-溶剂热条件处理一般晶体而得到具有特定性能晶体的反应。

（3）转晶反应，是指利用水热-溶剂热条件下物质热力学和动力学稳定性差异进行的反应。

（4）离子交换反应，是指一些沸石阳离子交换、硬水的软化、长石中的离子交换反应，如高岭石、白云母、温石棉的 OH^- 交换为 F^- 的反应。

（5）单晶培育，是指在高温高压水热-溶剂热条件下，从籽晶培养到单晶粒的反应。

（6）脱水反应，是指在一定温度、一定压力下，物质脱水结晶的反应。

（7）分解反应，是指在水热-溶剂热条件下，分解化合物得到结晶的反应。

（8）提取反应，是指在水热-溶剂热条件下，从化合物（或矿物）中提取金属的反应，如钾矿石中钾的水热提取、重灰石中钨的水热提取。

（9）沉淀反应，是指水热-溶剂热条件下，因生成沉淀得到新化合物的反应。

（10）氧化反应，是指金属和高温高压的纯水或水溶液或有机溶剂反应得到新氧化物、配合物、金属有机化合物的反应，以及超临界有机物种的全氧化反应。

（11）晶化反应，是指在水热-溶剂热条件下，使溶胶（sol）、凝胶（gel）等非晶态物质晶化的反应。

（12）烧结反应，是指在水热-溶剂热条件下实现烧结的反应，如制备含有 OH^-、F^-、S^{2-} 等挥发性物质的陶瓷材料。

（13）反应烧结，是指在水热-溶剂热条件下同时进行化学反应和烧结的反应，如氧化铬、单斜氧化锆、氧化铝-氧化锆复合体的制备。

（14）水热热压反应，是指在水热热压条件下材料固化与复合材料的生成反应，如放射性废料处理、特殊材料的固化成型、特种复合材料的制备。

3）水热-溶剂热合成实验操作程序

选择反应物料→确定合成配方→配料序摸索、混料搅拌→装釜、封釜→摸索反应温度、时间、状态（常指晶化）→取釜、冷却→开釜取样→过滤、干燥→光学显微镜下观察晶貌和粒度分布→粉末射线物相分析→挑适合测定大小的晶粒做单晶衍射分析。

5.10.6　无水无氧合成

在实验研究工作中经常会遇到一些特殊的化合物，有许多是对空气敏感的物质——怕空气中的水和氧，为了研究这类化合物的合成、分离、纯化和分析鉴定，必须使用特殊的仪器和无水无氧操作技术。

1. 无水无氧合成的分类

目前采用的无水无氧操作分为三种：双排管（schlenk）操作，高真空线（vacuum-line）操作，手套箱（glove-box）操作。

1）双排管操作

双排管操作的特点是在不活泼气体气氛下（将体系反复抽真空、充不活泼气体）使用特殊的玻璃仪器进行操作（图 5-19）。此方法排除空气比手套箱好，对真空度要求不太高（由于反复抽真空、充不活泼气体），更安全，更有效。其操作量从几克到几百克，一般的化学反应（回流、搅拌、滴加液体及固体投料等）和分离纯化（蒸馏、过滤、重结晶、升华、提取等），以及样品的储藏、转移都可用此操作，因此已被广泛运用。

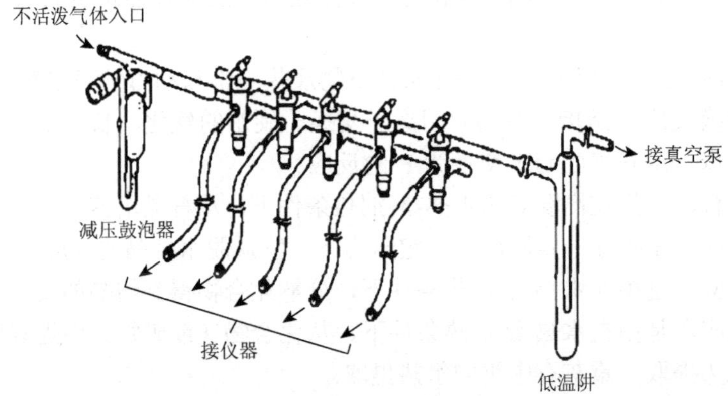

图 5-19　抽真空、充不活泼气体分配管

双排管是进行无水无氧反应操作的一套非常有用的实验仪器，其工作原理是：两根分别具有 5～8 个支管口的平行玻璃管，通过控制它们连接处的双斜三通活塞，对体系进行抽真空和充不活泼气体两种互不影响的实验操作，从而使体系得到实验所需要的无水无氧的环境要求。

安装反应装置并与双排管连接好，然后小火加热烘烤器壁，抽真空、充不活泼气体置换（至少重复三次以上），把吸附在器壁上的微量水和氧移走。加热一般用酒精灯火焰来回烘烤器壁，除去吸附的微量水分。不活泼气体一般用氮气或氩气，由于氮气便宜，所以实验室常用高纯氮（99.99%）。

加料时，如果是固体药品可以在抽真空前先加，也可以后加（但一定要在不活泼气体保护下进行）；液体试剂可以用注射器加入，一般在抽真空后加入。

反应过程中，注意观察记泡器，保持双排管内始终要有一定的正压（但要注意起泡速度，避免不活泼气体的浪费）直到反应得到稳定的化合物。

实验完成后应及时关闭不活泼气体钢瓶的阀门。先顺时针方向关闭总阀，指针归零；再逆时针松开减压阀，同样让指针归零，关闭节制阀。

2）高真空线操作

在不接触空气的条件下操作，为气体和挥发性液体提供了方便的方法，广泛用于空气敏感化合物的制备与表征。化学真空线由高真空泵系统抽空，即可通过低温冷凝的方法使可凝气体由装置的一个部位转移到另一个部位（图 5-20）。

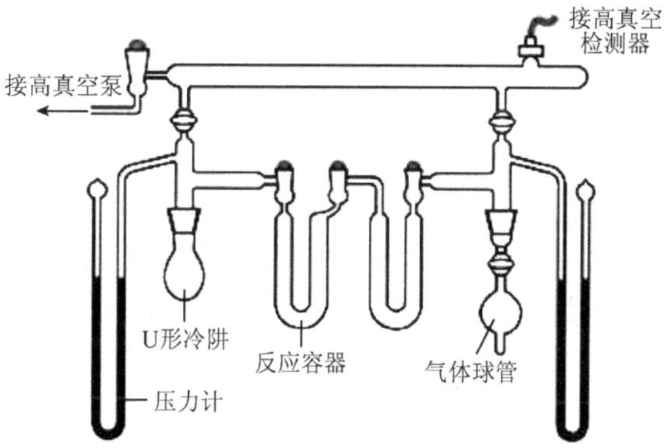

图 5-20　化学真空线装置示意图

3）手套箱操作

手套箱是一种精密设备，它是将高纯惰性气体充入密闭的箱体内，通过净化系统循环过滤掉其中的活性物质［水、氧均能达到 1 ppm 以下，（1 ppm=10^{-6}）］。适用于无水、无氧、无尘的超纯环境。手套箱系统主要由箱体、机架、过渡舱、气体净化系统、PLC 自动控制系统等组成（图 5-21）。

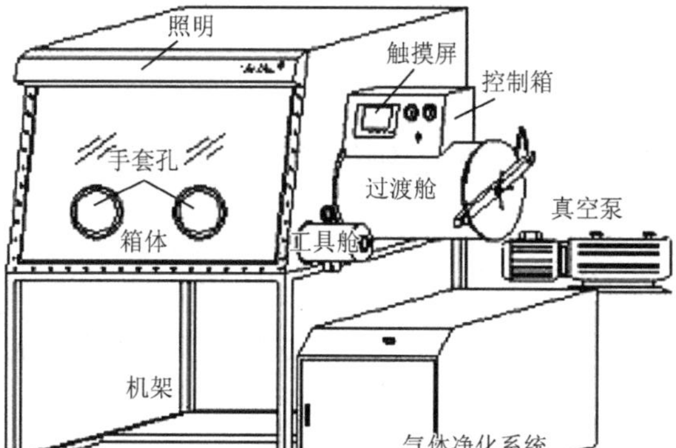

图 5-21　手套箱系统结构示意图

2. 无水无氧操作的主要应用

（1）金属有机化合物的制备：钛、锆的金属有机化合物；二茂铁的电解合成。

（2）无机化合物的制备或脱水。

5.10.7　电解合成

电解合成指通过电氧化或电还原过程，在水溶液、熔盐和非水溶液中的合成。电解合成有其他合成方法所不及的优点：在电解中能提供高电子转移的功能，可以使之达到一般化学试剂所不具有的氧化还原能力；合成反应体系及其产物不会被还原剂（或氧化剂）及其相应的氧化产物（或还原产物）所污染；

能方便地控制电极电势和电极的材质，因此可选择性地进行氧化或还原，从而制备出许多特定价态的化合物；由于电氧化还原过程具有特殊性，能制备出其他方法不能制备的许多物质和聚集态。

1. 电解合成的主要装置

1）阳极

在水溶液中电解提纯时，阳极为提纯金属的粗制品。可以将阳极根据电解条件做成适当的大小和形状。导线宜用同种金属，难以用同种金属时，应将阳极与导线接触部分覆盖，不使其与电解液接触。电解提取时的阳极必须是在该环境下几乎不溶的，如铂、人造石墨、铅、镍、钢等。

2）阴极

只要能高效率地回收析出的金属，无论金属的种类、质量、形状如何，都可以用作阴极。设计阴极时，一般要使其面积比阳极面积多一圈（10%～20%）。这是为了防止电流的分布集中在电极边缘，并使阴极的电流分布均衡。

3）隔膜

电解时，有时必须将阳极和阴极用隔膜隔开。例如，用含有较多量硫化物的粗原料电解提纯 Ni 时，为了使阳极顺利溶解，阳极电解液应为酸性，而 Ni 的电极电位为负，为了尽可能地使$[H^+]$减小，阴极液应保持在 pH≈6。因此，电解时阴、阳极溶液必须能分别注入或排出。再如，生产 Cl_2 时，都必须用隔膜将其与产生的另一种气体分开。

4）对电解液的要求

电解液和电解条件会影响到电解析出金属的形态，好的电解液应含有性质稳定的一定浓度的欲得金属的离子，电解液的电导性要好，具有适于在阴极析出金属的 pH，能出现金属收率好的电沉积状态和尽可能少地产生有毒或有害气体。

2. 电解合成的主要应用

（1）电解盐的水溶液或熔融盐以制备金属、某些合金和镀层。

（2）通过电化学氧化过程制备最高价和特殊高价的化合物。

（3）含中间价态或特殊低价元素化合物的合成。

（4）C、B、Si、P、S、Se 等二元或多元金属陶瓷型化合物的合成。

（5）非金属元素间化合物的合成。

（6）混合价态化合物、簇合物、嵌插型化合物，非计量氧化物等难于用其他方法合成的化合物。

5.10.8　等离子体合成

等离子体（plasma）是由部分电子被剥夺后的原子及原子被电离后产生的正负电子组成的离子化气体状物质，是物质存在的第四态。

1）等离子体的主要特点

等离子体具有正、负离子，可作为中间反应介质，特别是处于激发状态的高能离子或原子，可促使许多化学反应的发生；由于任何气态物质均能形成等离子体，因此很容易调整反应系统气氛，通过对等离子介质的选择可获得氧化气氛、还原气氛或中性气氛；等离子体本身是一种良导体，它能利用磁场控制其分布和运动，有利于化工过程的控制；热等离子体提供了一个能量集中、温度很高的反应环境，温度为 10^4～10^5℃的热等离子体是目前地球上温度最高的可用热源，不仅可以用来大幅度地提高反应速率，而且可借以产生常温条件下不可能发生的化学反应。

2）等离子体的获得方法

获得等离子体的方法有气体放电法、光电离法和激光辐射电离法、射线辐照法、燃烧法、冲击波法、微波诱导法。

3）等离子合成技术的应用

等离子体冶炼、等离子体喷涂、等离子体焊接及在特殊材料的合成，在纳米材料、陶瓷材料、有机物及催化合成等方面有着广泛的应用。

5.10.9　化学气相沉积

化学气相沉积（chemical vaper deposition，CVD）是利用气态或蒸气态的物质在气相或气固界面上发生化学反应，生成固态沉积物的技术。它可以分为高压化学气相沉积（HP-CVD）、低压化学气相沉积（LP-CVD）、等离子化学气相沉积（P-CVD）、激光化学气相沉积（L-CVD）、金属有机化学气相沉积（MO-CVD）、高温化学气相沉积（HT-CVD）、低温化学气相沉积（LT-CVD）等。

1. 化学气相沉积技术的工作原理

CVD 装置通常由气源控制部件、沉积反应室、沉积温控部件、真空排气和压强控制部件等构成，按形状可以分为水平型、垂直型、圆筒型、连绕型、管状炉型。

其热动力学原理主要由图 5-22 中的五个主要步骤构成。因为进行这五个步骤的发生顺序是串联关系，所以 CVD 反应的速率取决于这五个步骤里面最慢的一个。

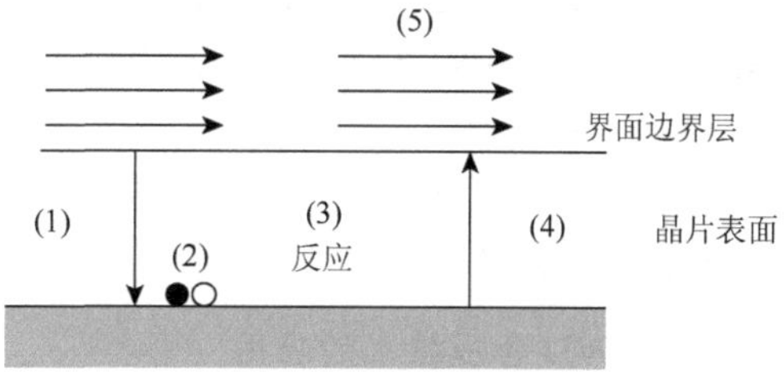

图 5-22　化学气相沉积的五个主要步骤

（1）反应物已扩散通过界面边界层；（2）反应物吸附在基片的表面；（3）化学沉积反应发生；（4）部分生成物已扩散通过界面边界层；（5）生成物与反应物进入主气流里，并离开系统

2. 原料的要求

（1）易获得高纯品。

（2）反应易于生成所需要的沉积物，而其他副产物保留在气相排出或易于分离。

（3）沉积装置简单，操作方便易于控制。工艺上具有重现性，适于批量生产。

3. 化学气相沉积技术的特点

化学气相沉积法之所以得以迅速发展，与它本身的特点分不开。与其他沉积方法相比，CVD 技术除了具有设备简单、操作维护方便、灵活性强的优点外，还具有以下优势：①沉积物众多，可以沉积金属、碳化物、氮化物、氧化物和硼化物等；②能均匀涂覆几何形状复杂的零件，这是因为化学气相沉积过程有高度的分散性；③涂层和基体结合牢固；④镀层的化学成分可以改变，从而获得梯度沉积物或者得到混合镀层；⑤可以控制镀层的密度和纯度。

随着工业生产要求的不断提高，CVD 的工艺及设备得到不断改进，但是在实际生产过程中，CVD 技术也存在一些缺陷：①反应温度较高，沉积速率较低，难以局部沉积；②参与沉积反应的气源和反应后的余气都有一定的毒性；③镀层很薄，已镀金属不能再磨削加工。另外，如何防止热处理畸变是一个很大的难题，这也限制了 CVD 技术在钢铁材料上的应用，而多用于硬质合金。

4. CVD 的反应类型

1）热分解反应

加热底物至所需温度，通入反应物气体使之发生分解，在底物上沉积出固体材料。关键因素为反应源物质和热解温度。

2）化学反应合成

还原反应：元素的卤化物、羰基卤化物或含氧化合物在还原性气体氢气的存在下，还原得到金属单质。

氧化反应：元素的氢化物或有机烷基化合物常常是气态或易于挥发的液体或固体，同时通入氧气，反应后沉积出相应于该元素的氧化物薄膜。

3）化学输运反应

把所需要的物质当作源物质，借助于适当气体介质与之反应而形成一种气态化合物，这种气态化合物经化学迁移或物理载带（用载气）输送到与源区温度不同的淀积区，再发生逆向反应，使得源物质重新淀积出来，这样的反应过程称为化学输运反应。上述气体介质称为输运剂，所形成的气态化合物称为输运形式。其实质还是化学转移反应。

4）增强反应

等离子增强反应沉积是由于等离子体中正离子、电子和中性反应分子相互碰撞，可以大大降低沉积温度。

5. CVD 合成技术的应用

沉积生成碳化物或氮化物；沉积生成金属或合金；沉积 SiO_2；沉积陶瓷薄膜；沉积硅薄膜；金刚石薄膜；纳米管、线、绳、带。

5.10.10　溶胶-凝胶合成

溶胶-凝胶合成是用含高化学活性组分的化合物作前驱体，在液相下将这些原料均匀混合，并进行水解、缩合反应，在溶液中形成稳定的透明溶胶体系，溶胶经陈化，胶粒间缓慢聚合，形成三维空间网络结构的凝胶，凝胶网络充满了失去流动性的溶剂，形成凝胶。凝胶经过干燥、烧结固化制备出分子乃至纳米亚结构的材料。在制备玻璃、陶瓷、薄膜、纤维、复合材料等方面获得重要应用，更广泛用于制备纳米粒子。

1. 基本原理和工艺

溶剂化：

$$M(H_2O)_n^{z+} = M(H_2O)_{n-1}(OH)^{(z-1)+} + H^+$$

水解反应：

$$M(OR)_n + xH_2O = M(OH)_x(OR)_{n-x} + xROH \text{ [直至生成 } M(OH)_n]$$

缩聚反应：

失水缩聚：　$—M—OH + HO—M— = —M—O—M— + H_2O$

失醇缩聚：　$—M—OR + HO—M— = —M—O—M— + ROH$

2. 溶胶-凝胶法的工艺和应用

在溶胶-凝胶的全过程中，金属醇盐、溶剂、水及催化剂组成均相溶液，由水解缩聚而形成均相溶胶，进一步陈化为湿凝胶，经过蒸发除去溶剂或蒸发分别得到气凝胶或干凝胶，后者经烧结得到致密的陶瓷体。同时，均相溶胶可以在不同衬底上涂膜，经过焙烧等热处理得到均匀致密的薄膜，也可以拉丝得到玻璃纤维，以及均相溶胶经不同方式处理得到粉体（图 5-23）。

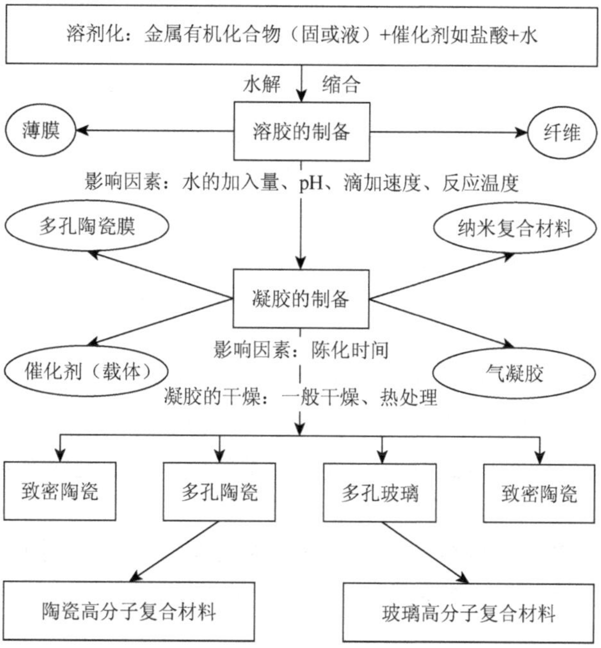

图 5-23　溶胶-凝胶法的工艺和应用

3. 溶胶-凝胶法的独特优点和缺点

1）优点

（1）起始原料是分子级的较均匀的材料。

（2）由于经过溶液反应步骤，因此很容易均匀定量地掺入一些微量元素，实现分子水平上的均匀掺杂。

（3）与固相反应相比，化学反应将容易进行，而且仅需要较低的合成温度，一般认为溶胶-凝胶体系中组分的扩散在纳米范围内，而固相反应时组分扩散是在微米范围内，因此反应容易进行，温度较低。

（4）具有流变特性，可用于不同用途产品的制备，可以控制孔隙度，容易制备各种形状的材料。

2）缺点

溶胶-凝胶的缺点有原料成本较高、存在残留小孔洞、存在残留的碳、较长的反应时间、有机溶剂对人体有一定的危害性。

5.11　离子交换技术

离子交换技术是利用离子交换剂与溶液中的离子发生交换反应进行分离的方法。该技术具有分离效率高、设备简单、操作不复杂，树脂又具有再生能力、可反复使用、应用广泛、经济环保的特点。但是分离周期过长、耗时过多。

离子交换法中起核心作用的物质就是离子交换剂。离子交换剂是指具有离子交换能力的所有物质，通常指固体离子交换剂，可以分为无机离子交换剂和有机离子交换剂。无机离子交换剂由天然的（黏土、沸石类矿物）和合成的（合成沸石、分子筛、杂多酸盐、水合金属氧化物、多价金属酸性盐类等）化合物构成。有机离子交换剂是由人工合成的带有离子交换基团的高分子聚合物，其中应用最广泛的是离子交换树脂。离子交换树脂是一种具有多孔网状结构的有机高分子聚合物，由母体和交换基团两部分组成，其中母体起载体作用，而母体上附着的交换基团是活性成分。根据活性基团类型的不同，可以将离子交换树脂分为阳离子交换树脂和阴离子交换树脂；按照结构可以分为凝胶型、大孔型、等孔型离子交换树脂；按活性基团酸性（碱性）的强弱，可分为强酸（碱）性、弱酸（碱）性阳（阴）离子交换树脂。常用的是强酸性磺酸型（$R\text{-}SO_3H$）阳离子交换树脂和强碱性季胺型[$R\text{-}N(CH_3)_3OH$]阴离子交换树脂。

离子交换树脂上进行的交换反应是可逆的。杂质离子可以交换出树脂中的H^+和OH^-，而H^+或OH^-又可以交换出树脂上的杂质离子。因此，当树脂交换达到饱和，即树脂失效时，可使用5%～10%的HCl和5%的NaOH进行处理后重新使用，该过程称为树脂再生。树脂可以反复循环再生使用。

另外，由于树脂是多孔网状结构的，具有很强的吸附力，可以同时除去部分中性有机物杂质，又由于装有树脂的交换柱本身就是一个很好的过滤器，因此颗粒状杂质也能一同除去。离子交换反应如下

阳离子交换树脂：　$nR—H+M^{n+} \Longrightarrow R_n—M+nH^+$

阴离子交换树脂：　$nR—OH+M^{n-} \Longrightarrow R_n—M+nOH^-$

第 6 章　基本操作实验

实验一　常用仪器的认领、洗涤和干燥

一、实验目的

（1）熟悉化学实验室的规则和要求。

（2）熟悉实验室常用仪器的名称、规格、主要用途和使用注意事项。

（3）练习并掌握常用玻璃仪器的洗涤和干燥方法。

二、实验原理

（1）玻璃仪器的洗涤：参见 5.1 节。

（2）玻璃仪器的干燥：参见 5.1 节。

三、仪器与试剂

（1）仪器：烧杯（100 mL、250 mL、500 mL），离心试管，硬质试管（30 mL），普通试管，漏斗，三脚架，石棉网，试管架，洗瓶，铁架台，表面皿，蒸发皿（60 mL），洗耳球，量筒（10 mL、25 mL、50 mL），铁圈，铁夹，酒精灯，锥形瓶（50 mL、100 mL、250 mL），蝴蝶夹。

（2）试剂：去离子水，去污粉，洗衣粉，铬酸洗液。

四、实验内容和步骤

（1）化学实验室规则和安全守则教育。

（2）认领仪器。按照仪器单逐一检查，并认识实验室常用仪器，了解其主要用途、使用方法和注意事项。

（3）洗涤练习：

（a）用自来水洗涤一套烧杯。

（b）用去污粉洗涤一个锥形瓶和试管，然后用自来水冲洗干净，察看是否符合要求，若符合则用蒸馏水冲洗三遍。

（c）用洗液洗涤一支移液管和容量瓶（注意洗液用后倒回原瓶），然后用自来水冲洗干净，察看是否符合要求，若符合则用蒸馏水冲洗三遍。

（4）用合适的方法干燥玻璃仪器。

（5）将自用仪器放入实验柜。

五、注意事项

（1）使用铬酸洗液洗涤玻璃仪器时，要注意规范操作，安全使用。

（2）口小、管细的仪器，不便用刷子洗，可用少量王水或铬酸洗液洗涤。

（3）带有刻度的度量仪器，如移液管、容量瓶等，不能用加热的方法进行干燥，否则会影响仪器的精度。

（4）铬酸洗液具有很强的腐蚀性，切勿使其溅到衣服、皮肤或桌子上，也不能使用刷子刷洗。使用铬酸洗液前，玻璃仪器不要用水洗涤或润湿。使用过的铬酸洗液如果未变为绿色，倒回原瓶下次再用；如果变为绿色，表明不能再用，应倒入回收容器中回收。

六、思考题

（1）比较玻璃仪器不同洗涤方法的适用范围和优缺点。玻璃仪器洗净的标准是什么？

（2）玻璃仪器上有些污物如 MnO_2、$Fe(OH)_3$，用水、洗衣粉等洗不掉时怎么办？

（3）铬酸洗液是如何配制的？玻璃仪器是否都必须用铬酸洗液才能洗干净？

七、参考文献

李雁冰，赵长富. 2001. 玻璃仪器洗涤干燥及化学试剂的管理[J]. 辽宁教育行政学院学报，18（2）：94-96.

毛海荣. 2006. 无机化学实验[M]. 南京：东南大学出版社.

梅迎华，黄惠敏. 2011. 浅析玻璃仪器的使用注意事项[J]. 中国城市经济，（5）：327.

饶长全. 2007. 化学实验中玻璃仪器的洗涤[J]. 轻工科技，23（10）：33.

史苏华. 2010. 无机化学实验[M]. 武汉：华中科技大学出版社.

王洪艳. 2010. 如何洗涤玻璃仪器[J]. 实验教学与仪器，27（4）：31.

吴建中. 2008. 基础化学实验. 无机化学实验[M]. 北京：化学工业出版社.

赵新华. 2014. 无机化学实验[M]. 4 版. 北京：高等教育出版社.

实验二　灯的使用、玻璃管加工和塞子钻孔

一、实验目的

（1）了解酒精灯、酒精喷灯的构造和原理并掌握正确的使用方法。

（2）了解酒精灯、酒精喷灯的加热温度。

（3）学会截、弯、拉、熔烧玻璃管（棒）的基本操作。

（4）练习塞子钻孔的基本操作。

二、仪器与试剂

（1）仪器：酒精喷灯，酒精灯，石棉网，锉刀，打孔器，玻璃管，乳胶头（胶帽），橡胶塞，火柴。

（2）试剂：无水乙醇。

三、实验内容和步骤

1. 玻璃管的简单加工（弯制 60°、90°、120°弯管各一支，制作 10 cm 滴管两支）

1）玻璃管的截断和熔光

（1）锉痕：如图 6-1 所示，左手按紧玻璃管（平放在实验台边缘处，防止锉痕时弄坏实验

台），右手持锉刀，用锉刀的棱沿着拇指指甲在需截断处用力向前锉一下（注意不允许来回锉，以免磨损锉刀和锉痕不平整）并锉出一道凹痕。锉痕范围是玻璃管周长的 1/6～1/3，锉痕应与玻璃管垂直，以能保证玻璃管截断后截面平整。

（2）截断：如图 6-2 所示，双手持玻璃管锉痕两端，双手大拇指抵住划痕背后向前推压，同时食指向外拉，折断玻璃管（折断时要注意安全，最好戴一副手套）。

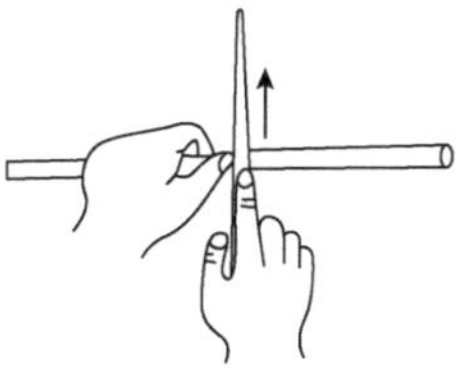

图 6-1　锉痕

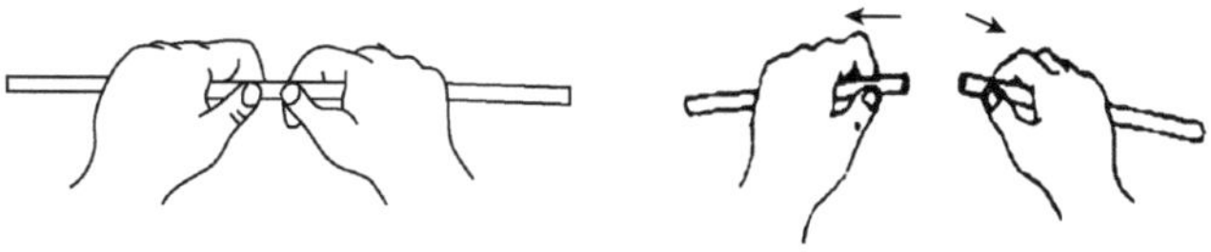

图 6-2　玻璃管的截断

（3）熔光：玻璃管的截断面很锋利，容易将手划破，而且难以插入塞子的圆孔内，因此需将其断面在酒精喷灯的氧化焰中熔烧光滑。操作方法如图 6-3 所示，可将截面斜插入氧化焰中，同时缓慢地转动玻璃管使之熔烧均匀，直至光滑为止。熔烧的时间不可太长，以免管口收缩；若截断面不够平整，此时可将加热端在石棉网上轻轻按一下。

（4）按上述操作截割 15 cm、10 cm 玻璃管各一支并熔光。

2）弯曲玻璃管

（1）烧管：加热前，先用干抹布将玻璃管擦净。如图 6-4 所示，将欲弯曲的部位放在氧化焰中加热，左右手心向上，用拇指、食指和中指夹住玻璃管，均匀转动玻璃管，左右移动用力均匀，稍向中间渐推，以保证玻璃管始终在一条轴线上转动。当玻璃管加热到适当软化但又不会自动变形时（玻璃管颜色变黄），迅速离开火焰。

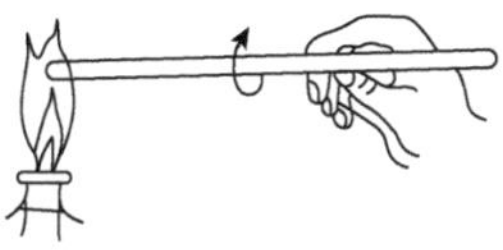

图 6-3　玻璃管的熔光

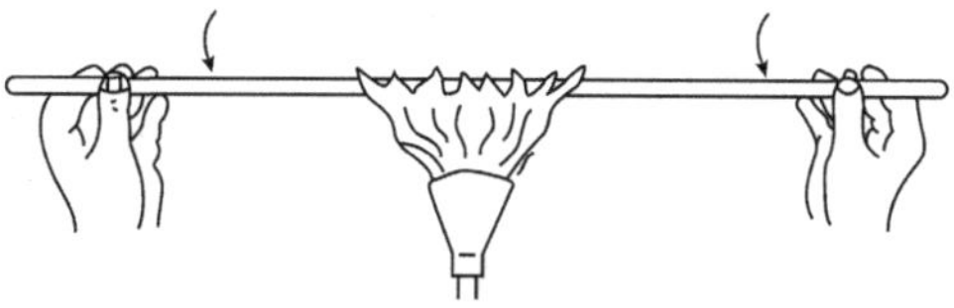

图 6-4　烧管

（2）弯管。

不吹气法：待玻璃管发黄变软后（不自动弯曲时）自火焰中取出玻璃管，拇指和食指垂直夹住玻璃管两端，1～2 s 后，用 V 字形手法将它准确地弯成所需的角度。弯管方法：两手在上边，玻璃管的弯曲部分在两手中间的正下方，拇指水平用力于玻璃管，使玻璃管弯曲成约 120°。弯小角管时可多次弯成，如图 6-5（a）所示，先弯成 M 部分的形状，再弯成 N 部分的形状。

吹气法：如图 6-5（b）所示，当玻璃管加热到适当软化但又不会自动变形时（玻璃管颜色变黄），迅速离开火焰。用棉花堵住一端，从另一端吹气（加热前可在玻璃管中放少量的食盐以保持玻璃管受热弯管时不变形）。

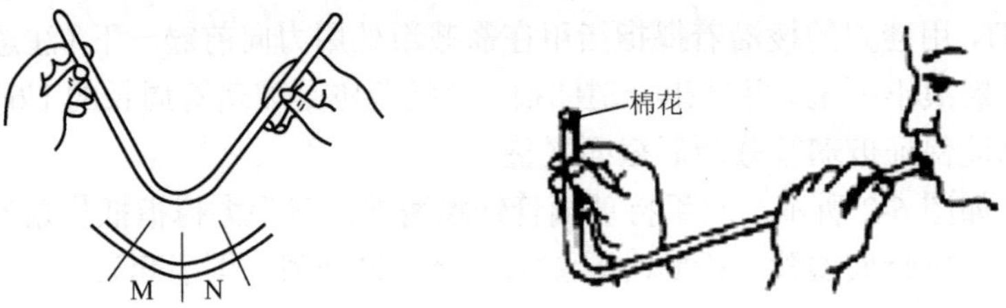

(a)　　　　(b)

图 6-5　弯管

弯曲要求：弯管内外侧均匀平滑，而且弯曲后的玻璃管要在同一平面上（不能有扭曲现象），图 6-6 为弯管好坏的比较分析。

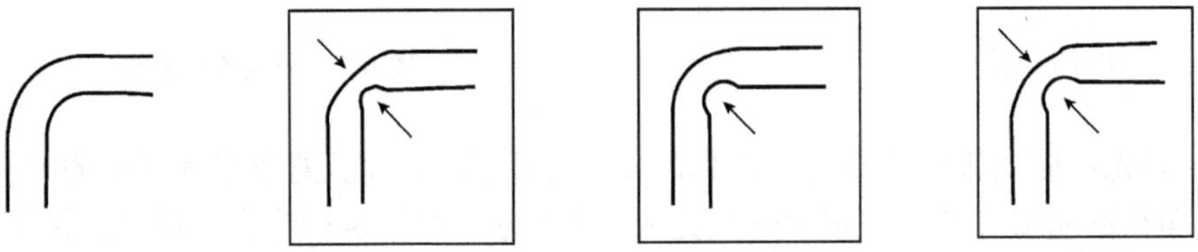

(a) 弯角均匀平滑（正确）　　(b) 弯角外扁平（弯时加热温度不够）　　(c) 里面扁平（弯时吹气不够）　　(d) 中间细（烧时两手外拉）

图 6-6　弯管要求

3）制备滴管

（1）烧管：将两端已熔光的 10 cm 长的玻璃管，按上文中的要求在火焰上加热，但烧管的时间要长些，软化程度要大些，玻璃管受热面积应小些。

注意：玻璃管加热时间与其厚度有很大关系。

（2）拉管：待玻璃管软化好后，自火焰中取出，沿水平方向向两边边旋转边转动，使中间细管长约 8 cm 为止，并使细管口径约为 1.5 mm。

（3）扩口：待拉管截断后，细端熔光，粗端灼烧至红热后，用灼热的锉刀柄斜放在管口内迅速而均匀地转动。将拉好的玻璃管放在石棉网上让其自然冷却，然后用锉刀轻轻从中间割断。

玻璃管操作应注意：

（1）灼热的玻璃制品应放在石棉网上冷却，不要放在桌面上，以免烧焦桌面；也不要用手去摸，以免烫伤；未用完的酒精应远离火源；在实验过程中要谨慎小心，防止烫伤、割伤、火灾。

（2）实验完毕后，应清理台面，玻璃碎渣、未用完的玻璃管应放在指定的容器中，保证台面整洁。待成品冷却后，交给教师评分。

（3）遇到任何问题应及时请教老师。

2. 塞子的钻孔

实验室所用的塞子有软木塞、橡胶塞和玻璃磨口塞。前两者常用于钻孔，以配插温度计或玻璃导管等。玻璃磨口塞能与带有磨口的瓶口很好地密合，密封性好，但这种瓶子不适于装碱性物质。不用时，洗净后应在塞子与瓶口间夹一纸条，防止久置后塞子与瓶口粘住打不开。橡胶塞弹性好，可将瓶子塞得很严密，并且耐强碱物质腐蚀，但它易被酸、氧化剂和某些有机物质（如汽油、苯、丙酮、二氧化硫等）所侵蚀。无机化学实验装配仪器时常用橡胶塞。

1）选择塞子

塞子的大小应与配备的仪器口径相适合，塞子进入仪器口内的高度应不少于塞子本身高度的 1/2，也不能多于 2/3。

2）选择打孔器

选好塞子后，选择口径大小合适的钻孔器打孔。如图 6-7 所示，钻孔器由一组直径不同的金属管组成，一端有柄，另一端的管口很锋利，可用于钻孔。另外，每组还配有一个带柄的细铁棒，用于捅出钻孔时进入钻孔器内的橡胶。

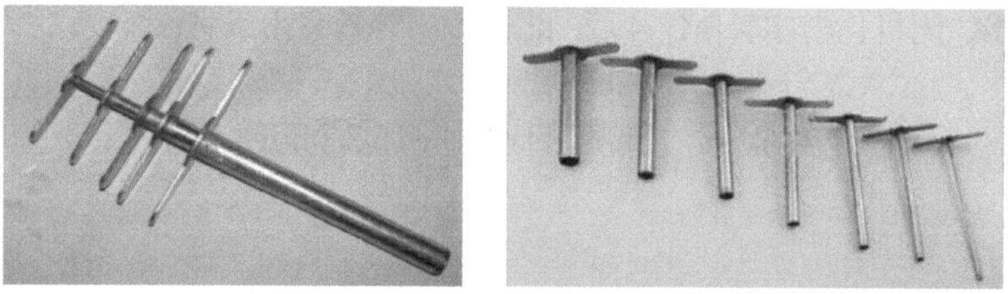

图 6-7　钻孔器

钻孔前，根据所要插入塞子的管直径大小来选择钻孔器。由于橡胶具有弹性，应选比欲插管外径略粗的钻孔器（孔道钻成后会收缩使孔径变小），这样可以保证导管插入塞子后能很好地密封。对于软木塞，应选用比管径稍小的钻孔器。因为软木质软而疏松，导管稍稍用力就可挤插进去且密封性好。

3）钻孔方法

选好钻孔位置，将塞子的小端朝上并平放于下面垫有木板的桌面上，左手持塞子，右手握钻孔器的柄，同时在钻孔器的管口处涂点水或甘油，将钻孔器按在选定的位置上，以顺时针方向一边旋转一边用力向下压钻。

钻孔器必须垂直于塞子的上表面，不能左右摆动，更不能倾斜，以免将孔钻斜。钻至塞子的一半时，以逆时针方向边旋转、边用力向外拔出钻孔器。按同样的方式从塞子的大端钻孔，并注意对准小端的孔位向下钻，直至两端的圆孔贯穿为止。然后逆时针拔出钻孔器，并用细铁棒将钻孔器中的橡胶捅出。

钻孔后，检查孔道是否合用，如果玻璃管可以毫不费力地插入圆塞孔，说明塞孔太大，塞孔和玻璃之间不够严密，塞子不能使用；若塞孔稍小或孔道不光滑，可用圆锉修整，直至符合要求为止。

4）玻璃管插入塞子

将玻璃管插入塞子的操作可分为三部分：①湿润管口；②插入塞孔；③旋入塞孔。操作方法如图 6-8 所示，用甘油或水将玻璃管的前端湿润，先用布包住玻璃管，之后右手握玻璃管的前半部，左手拿塞子的侧面，将玻璃管插入塞孔并慢慢旋入塞孔内至合适位置。在旋入时用力必须轻，且右手不能离塞子太远，否则容易将玻璃管折断并刺伤手。

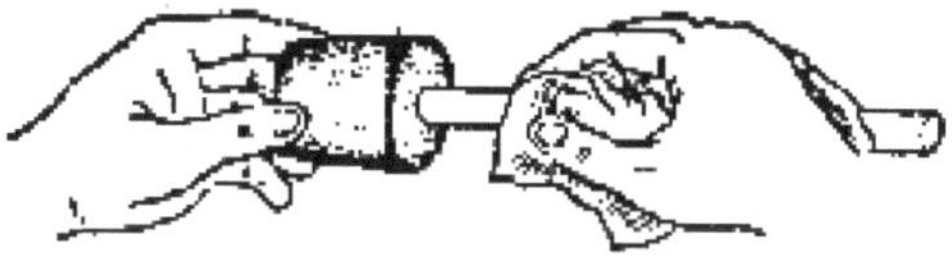

图 6-8　玻璃管插入塞子

四、思考题

（1）在切割玻璃时，怎样防止割伤手？

（2）灼热的玻璃管和冷的玻璃管外表往往很难分辨，怎样防止烫伤？

（3）制作滴管时应注意什么？

（4）酒精喷灯的火焰分几层？各层的温度和性质是怎样的？

五、参考文献

史苏华. 2010. 无机化学实验[M]. 武汉：华中科技大学出版社.
赵新华. 2014. 无机化学实验[M]. 4 版. 北京：高等教育出版社.

实验三　试剂的取用和试管的操作

一、实验目的

（1）学习并掌握固体和液体试剂的取用方法。

（2）练习并掌握振荡试管和加热试管中固体和液体的基本操作。

（3）学会选择塞子。

二、仪器与试剂

（1）仪器：试管，试管夹，研钵，量筒，石棉网，滴管，药匙，酒精灯，纸槽，蒸发皿，表面皿，水槽。

（2）试剂：碘，碘化钾，氢氧化钠，葡萄糖，五水硫酸铜，红磷，Al 粉，四氯化碳，异戊醇，亚甲蓝（1%）。

三、实验内容和步骤

1. 三色杯实验

取一支试管沿管壁注入 2 mL 四氯化碳，再向里注入 4 mL 蒸馏水，再加入 2 mL 异戊醇溶液。用药匙取一些碘化钾固体于洁净的表面皿上，再取一些在研钵中研细的碘置于表面皿上混合均匀。用一支水润湿的玻璃棒沾起表面皿上少量的混合物，插入装有上述溶液的试管中，不断搅动，观察试管溶液中的三层颜色，在实验预习本上记录实验现象。

注意：

（1）放入试管中的液体是有顺序的，三种液体要慢慢注入试管中，能看到明显的分层现象。最底层是四氯化碳，中间层是蒸馏水，最上层是异戊醇。

（2）取 KI 和 I_2 的混合物时依据少量多次的原则，不要一下取太多量，浓度太大，效果不明显。

2. “蓝瓶子”实验

在 25 mL 比色管中加 10 mL 水，溶入 0.2 g 氢氧化钠和 0.2 g 葡萄糖，再加入 1 滴亚甲蓝水溶液。摇匀后，塞住管口，溶液由蓝色逐渐转为无色。但是，打开瓶塞摇动瓶子，溶液很快变成蓝色，再放置又转为无色，可反复进行。说明亚甲蓝不仅是氧化还原反应的指示剂，而且还是氧的输送者，起着催化作用，在实验预习本上记录实验现象。

3. $CuSO_4$ 固体试剂实验

在试管内放入少量 $CuSO_4·5H_2O$ 晶体，按前述固体试剂的加热方法进行实验，待所有晶体变为白色时，停止加热。当试管冷却至室温后加入 3～5 滴水，注意观察颜色的变化，用手摸一下试管有什么感觉，在实验预习本上记录实验现象。

注意：

（1）加热时，试管口要略向下倾斜，待试管冷却到室温后再加水。

（2）在滴加水的时候，用滴管滴两三滴，不可多加。

4. 测定空气中的氧含量

取红磷（黄豆大小）放入试管中，用橡胶塞塞紧（塞入试管 2/3），用试管夹夹住试管加热直到白烟不再增加。冷却到室温，在水槽中拔下塞子观察到水面上升，不再上升的时候塞上塞子，观察试管中水面的高度。

注意：

（1）加热试管时，一定要选择合适大小的塞子塞紧，一般塞子要塞到试管的 2/3。取红磷量不要太多。

（2）加热时，试管口不要对着自己或他人。

（3）塞子要在水下面拔掉，试管垂直放到水面下，不要太深。

5. 滴水生烟

研钵中加入一药匙 I_2 片、Al 粉共同研磨到混合均匀，取少量混合物倒入蒸发皿中央，加入一两滴水，立即用大烧杯盖住蒸发皿。在实验预习本上记录实验现象。

注意：仪器和药品必须干燥，水不要滴加太多。

四、注意事项

每个固体瓶子必须用一个指定的专用药匙，加样过程中不得将样品拿到自己的实验桌上，以免影响他人。实验过程中，试管、玻璃棒、滴管必须放在大烧杯中。保证实验前研钵、表面皿、大试管是干净、干燥的。

五、思考题

描述以上五个实验的实验现象、反应方程式及原因。

六、参考文献

陆军. 2000. 关于“滴水生烟”实验原理的探讨[J]. 化学教育，21（7）：84-85.

实验四　分析天平的使用和溶液的配制

一、实验目的

（1）掌握托盘天平和分析天平的使用方法和基本称量方法。

（2）学习移液管、容量瓶的使用方法。

（3）掌握溶液的配制方法和基本操作。

（4）了解特殊溶剂的配制方法。

二、实验原理

在化学实验中，常常需要配制各种溶液来满足不同实验的要求。如果实验对溶液浓度的准确性要求不高，一般利用托盘天平、量筒、带刻度烧杯等低准确度的仪器配制就能满足需要。如果实验对溶液浓度的准确性要求较高，如定量分析实验，就需要使用分析天平、移液管（吸量管）、容量瓶等高准确度的仪器配制溶液。而对于易水解的物质，在配制溶液时还要考虑先以相应的酸溶解易水解的物质，再加水稀释。无论是粗配还是准确配制一定体积、一定浓度的溶液，首先要计算所需试剂的用量，包括固体试剂的质量或液体试剂的体积，然后再进行配制。

通常溶液浓度的表示方式有质量分数、质量摩尔浓度和物质的量浓度三种，其关系式如下所述。

（1）质量分数（w）：

$$w = m_{溶质} / m_{溶液} = m_{溶质} / (m_{溶质} + m_{溶剂}) = m_{溶质} / (m_{溶质} + \rho_{溶剂} \cdot V_{溶剂})$$

式中：w 为溶质质量分数；$m_{溶质}$ 为固体试剂的质量（g）；$m_{溶剂}$ 为溶剂质量（g）；$\rho_{溶剂}$ 为溶剂的密度（对于水，ρ=1.0000 g·mL^{-1}）；$V_{溶剂}$ 为溶剂的体积。

（2）质量摩尔浓度（b）：

$$b = (m_{溶质} \cdot 1000) / (M_{溶质} \cdot m_{溶剂}) = (m_{溶质} \cdot 1000) / (M_{溶质} \cdot \rho_{溶剂} \cdot V_{溶剂})$$

式中：b 为质量摩尔浓度（mol·kg^{-1}）；M 为固体试剂的摩尔质量（g·mol^{-1}）；其他符号说明同上。

（3）物质的量浓度（c）：

$$c = m_{溶质} / (M_{溶质} \cdot V_{溶液})$$

式中：c 为物质的量浓度（mol·L^{-1}）；V 为溶液的体积（L）；其他符号说明同上。

三、仪器与试剂

（1）仪器：烧杯（50 mL、100 mL），移液管（20 mL），吸量管（10 mL），容量瓶（50 mL、100 mL），密度计，量筒，试剂瓶，称量瓶，台秤，分析天平，药匙，玻璃棒，胶头滴管。

（2）试剂：$CuSO_4 \cdot 5H_2O$，草酸，浓硫酸，浓盐酸，乙酸（2.00 mol·L^{-1}）。

四、基本操作（见第 4 章）

（1）分析天平的使用（4.2）。

（2）移液管和吸量管的使用（4.1.13）。

（3）容量瓶的使用（4.1.11）。

五、实验内容和步骤

（1）用硫酸铜晶体粗略配制 50 mL 0.2 mol·L^{-1} 的 $CuSO_4$ 溶液。

（2）粗略配制 50 mL 3 mol·L^{-1} H_2SO_4 溶液（浓硫酸为 98%，相对密度 1.84）。

（3）由已知准确浓度为 2.00 mol·L^{-1} HAc 溶液配制 50 mL 0.200 mol·L^{-1} HAc 溶液。

（4）用固体草酸精确配制 100 mL 0.0500 mol·L^{-1} 草酸溶液（相对分子质量 126.07）。

（5）粗略配制 50 mL 0.1 mol·L^{-1} $SbCl_3$ 溶液。

六、注意事项

（1）氢氧化钠为碱性化学物质，浓盐酸为酸性化学物质，注意不要溅到手上及身上，以免腐蚀，实验时最好戴上防护眼镜；一旦不慎将氢氧化钠溅到手上和身上，要用较多的水冲洗，再涂上硼酸溶液；使用时需用烧杯称量。

（2）稀释浓硫酸时将酸沿器壁慢慢注入水中，并用玻璃棒不断搅拌。

（3）配好的溶液要及时装入试剂瓶中，盖好瓶塞并贴上标签（标签中应包括药品名称和溶液中溶质的浓度），放到相应的试剂柜中。

七、思考题

（1）配制硫酸溶液时烧杯中先加水还是先加酸，为什么？

（2）用容量瓶配制标准溶液时，应注意哪些问题？是否可用精度为 0.01 g 的电子天平称取基准物质？

（3）在配制 $SbCl_3$ 溶液时，如何防止水解？

（4）用容量瓶配制溶液时，需不需要干燥容量瓶？需不需要用被稀释溶液洗三遍？为什么？试剂瓶在存放溶液前需要用存放溶液润洗吗？

（5）怎样洗涤移液管？水洗净后的移液管在使用前还需要用吸取的溶液来洗涤，为什么？

（6）某同学在配制硫酸铜溶液时，用分析天平称取硫酸铜晶体，用量筒取水配成溶液，此操作对吗？为什么？

（7）转移溶液时，未用蒸馏水洗涤烧杯内壁和玻璃棒或有部分溶液溅出，会对实验结果有什么影响？应该怎么做？

（8）HCl 和 NaOH 能否用直接配制法配制？为什么？

八、结果记录

$m_{称量瓶}$/g			
$m_{瓶身}$/g			
$m_{瓶盖}$/g			
$m_{倾出前}$/g			
$m_{倾出后}$/g			
$m_{倾出}$/g			

九、特殊溶液的配制（附录 14）

试剂	浓度/($mol·L^{-1}$)	配制方法
三氯化铋（$BiCl_3$）	0.1	溶解 31.6 g $BiCl_3$ 于 330 mL 6 $mol·L^{-1}$ HCl 中，加水稀释至 1 L
三氯化锑（$SbCl_3$）	0.1	溶解 22.8 g $SbCl_3$ 于 330 mL 6 $mol·L^{-1}$ HCl 中，加水稀释至 1 L
氯化亚锡（$SnCl_2$）	0.1	溶解 22.6 g $SnCl_2·2H_2O$ 于 330 mL 6 $mol·L^{-1}$ HCl 中，加水稀释至 1 L，加入数粒纯锡，以防氧化
硝酸汞［$Hg(NO_3)_2$］	0.1	溶解 33.4 g $Hg(NO_3)_2$ 于 0.6 $mol·L^{-1}$ HNO_3 中，加水稀释至 1 L
硝酸亚汞［$Hg_2(NO_3)_2$］	0.1	溶解 56.1 g $Hg_2(NO_3)_2$ 于 0.6 $mol·L^{-1}$ HNO_3 中，加水稀释至 1 L，并加入少量金属汞
硫酸亚铁（$FeSO_4$）	0.5	溶解 69.5 g $FeSO_4·7H_2O$ 于适量水中，加入 5 mL 18 $mol·L^{-1}$ H_2SO_4，再加水稀释至 1 L，置入小铁钉数枚

十、参考文献

北京师范大学无机化学教研室等. 2001. 无机化学实验[M]. 3 版. 北京：高等教育出版社.

黄涛，张明通. 2011. 无机化学实验[M]. 北京：化学工业出版社.

毛海荣. 2006. 无机化学实验[M]. 南京：东南大学出版社.

武汉大学化学与分子科学学院实验中心. 2012. 无机化学实验[M]. 2 版. 武汉：武汉大学出版社.

赵新华. 2014. 无机化学实验[M]. 4 版. 北京：高等教育出版社.

实验五　酸 碱 滴 定

一、实验目的

（1）了解酸碱滴定的原理和基本操作。

（2）初步掌握滴定管及移液管的洗涤和使用方法。

二、实验原理

酸碱滴定是化学分析中应用极为广泛的分析方法之一。酸碱滴定中常用盐酸和氢氧化钠溶液作为滴定剂，由于浓盐酸易挥发，氢氧化钠易吸收空气中的水分和二氧化碳，所以无法直接配制准确浓度，只能先配制近似浓度的溶液，然后用基准物质或另一标准溶液标定其准确浓度。本实验主要以酸碱滴定法中酸碱滴定剂标准溶液的标定和测量滴定剂体积消耗为例，来练习滴定分析的基本操作。

在酸碱滴定中，当酸 A 和碱 B 反应达到化学计量点时

$$a\text{A}+b\text{B}=\!=\!=c\text{C}+d\text{D}$$

$$c_\text{A}V_\text{A}=(a/b)c_\text{B}V_\text{B}$$

式中：c_A、c_B 分别为酸、碱溶液的物质的量浓度；V_A、V_B 分别为酸、碱溶液的体积。

因此，酸碱溶液通过相互滴定，可以求得准确的体积，可进一步确定待测溶液的准确浓度。

酸碱滴定终点的确定可以借助于酸碱指示剂颜色的变化来显示。

用 NaOH 溶液滴定 HCl 溶液，以酚酞为指示剂，当溶液颜色由无色突变为淡粉红色即为终点。

用 HCl 溶液滴定 NaOH 溶液，以甲基橙为指示剂，当溶液的颜色由黄色突变为橙色即为终点。

注意：

（1）滴定终点的判断是本实验的关键，无论是酚酞由无色变成粉红色，还是甲基橙从黄色变成橙色，辨认都不是很清晰。建议在锥形瓶下垫张白纸便于观察颜色变化，并在旁边放一加入等量待测液及指示剂的锥形瓶与终点时作对比。

（2）清楚是谁滴定谁，不要把两个试剂弄混，导致实验失败。

（3）温度和 CO_2 对实验结果的影响。

（4）滴入的指示剂用量不能太多，也不能太少，因为指示剂用量太少，其颜色太浅，不利于对滴定终点的判断，会给滴定带来误差；若酸碱指示剂的用量太大，由于酸碱指示剂本身又是弱有机酸或弱有机碱，过多的酸碱指示剂充当了酸碱中和反应中的酸或碱，而导致滴定误差。

三、仪器与试剂

（1）仪器：移液管（25 mL），滴定管（碱式、酸式），锥形瓶，铁架台，滴定管夹，烧杯，洗瓶，洗耳球。

（2）试剂：草酸标准溶液，盐酸，NaOH，甲基橙水溶液，乙醇-酚酞溶液。

四、实验内容和步骤

1. NaOH 溶液浓度的标定

用已知浓度的草酸标准溶液标定 NaOH 溶液的浓度。

（1）取一支洁净的 50 mL 碱式滴定管，先用蒸馏水淋洗 3 次，再用待标定的 NaOH 溶液淋洗 3 次，注入 NaOH 溶液到“0.00”刻度以上，逐出橡胶管和尖嘴内的气泡，然后将液面调至“0.00”或以下某刻度处，记下数值。

（2）取一支洁净的移液管，先用蒸馏水淋洗 3 次，再用标准草酸溶液淋洗 3 次，吸取 25.00 mL 标准草酸溶液加到洁净的锥形瓶中，再加两三滴酚酞指示剂，摇匀。

（3）按照滴定操作要求，用碱式滴定管中的碱液滴定锥形瓶中的标准草酸溶液。滴定时，先快后慢，稍快时可每秒 3～4 滴，但不可成“流”；当局部指示剂开始变红时要慢滴，随着摇动红色消失；当红色消失速度变慢时，预示着滴定接近终点，此时每加一滴碱液都要将溶液摇匀，看红色是否消失；临近终点要半滴加入（控制液滴悬而不落，用锥形瓶内壁把液滴沾下来），用洗瓶冲洗锥形瓶内壁，摇匀，指示剂在 30 s 内粉红色不消失，即为终点。记下滴定终点时滴定管中 NaOH 溶液的体积，填入下表。

标准草酸溶液的浓度__________ $mol \cdot L^{-1}$

实验序号	第一次滴定		第二次滴定		第三次滴定	
	终读数	始读数	终读数	始读数	终读数	始读数
被测 NaOH 用量/mL						
标准草酸用量/mL						
测得 NaOH 浓度/($mol \cdot L^{-1}$)						
NaOH 平均浓度/($mol \cdot L^{-1}$)						

（4）重复滴定两次。三次所用 NaOH 溶液的体积相差不超过 0.10 mL 时，即可进行数据处理。

注意：

（1）半滴操作很重要，往往实验最终的准确性就取决于这半滴。

（2）操作前一定要先对滴定管进行检漏。

2. 未知盐酸溶液浓度的测定

用已测知准确浓度的 NaOH 溶液测定盐酸溶液的浓度。

（1）酸式滴定管的洗涤（用哪些液体洗？），装入盐酸溶液，逐出尖嘴内的气泡，然后将液面调至“0.00”或以下某刻度处，记下数值。

（2）用移液管吸取 25.00 mL 已标定的 NaOH 溶液，置于洁净的锥形瓶中。同时滴入两滴甲基橙指示剂。

（3）用酸式滴定管中的盐酸滴定锥形瓶中的 NaOH 溶液，当溶液恰好由黄色变为橙色时即达滴定终点，记录读数，填入下表。

（4）重复滴定两次。三次所用盐酸溶液体积相差不超过 0.10 mL 时，即可取平均值，计算盐酸溶液的浓度。

实验序号	第一次滴定		第二次滴定		第三次滴定	
被测盐酸用量/mL	终读数	始读数	终读数	始读数	终读数	始读数
标准 NaOH 溶液用量/mL						
测得盐酸浓度/$(mol\cdot L^{-1})$						
盐酸平均浓度/$(mol\cdot L^{-1})$						

五、注意事项

（1）实验前一定要对滴定管进行检漏，否则会引起实验误差。

（2）滴定操作时不要过于心急，不要快速滴定后立即读数。快速滴定后，尚有一些标准液附着于滴定管内壁，而此时立即读数，读出的标准液体积 $V_{标}$偏大，导致待测液的测定值也偏大。

（3）每一步操作尽量都做到心中有数，操作时要仔细、耐心。

（4）酸式滴定管在检漏时注重凡士林的涂抹方法，否则会对后面的实验造成阻碍。

六、思考题

（1）在滴定分析实验中，滴定管、移液管为什么需要用滴定剂和要移取的溶液润洗几次？滴定中使用的锥形瓶是否也要用滴定剂润洗？为什么？

（2）盐酸和 NaOH 溶液能否直接配制准确？为什么？

（3）用碱液滴定酸用酚酞作指示剂时，到达终点的溶液放置一段时间后会不会褪色？为什么？

七、参考文献

容学德. 2013. 酸碱滴定实验的教学实践与思考[J]. 广西民族大学学报（自然科学版），19（2）：97-99.

徐海军. 2009. 酸碱中和滴定操作误差分析[J]. 内蒙古石油化工，34（6）：12-23.

实验六　Fe^{3+}、Al^{3+}的分离

一、实验目的

（1）了解 Fe^{3+}、Al^{3+}的分离原理。

（2）掌握萃取分离、蒸馏分离的基本操作。

（3）学习实验室使用乙醚的安全知识。

（4）了解检验 Fe^{3+}、Al^{3+}的分离是否完全的方法。

二、实验原理

在 6 $mol\cdot L^{-1}$ 盐酸中，Fe^{3+}与 Cl^-生成配离子$[FeCl_4]^-$。在强酸-乙醚萃取体系中，乙醚（Et_2O）与 H^+结合，生成离子（$Et_2O\cdot H^+$）。由于$[FeCl_4]^-$与 $Et_2O\cdot H^+$都有较大的体积和较低的电荷，因此，容易形成离子缔合物 $Et_2O\cdot H^+\cdot[FeCl_4]^-$，在这种离子缔合物中，$Cl^-$和 Et_2O 分别取代了 Fe^{3+}和 H^+的配位水分子，并且中和了电荷，具有疏水性，能够溶于乙醚。因此，Fe^{3+}就从水相转移到有机相了。Al^{3+}在 6 $mol\cdot L^{-1}$ 盐酸中与 Cl^-生成配离子的能力很弱，因此，仍然留在水相中。将 Fe^{3+}由有机相中再转移到水相中的过程称为反萃取。将含有 Fe^{3+}的乙醚相与水相混合，这时体系中的 H^+浓度和 Cl^-浓度明显降低。离子 $Et_2O\cdot H^+$和配离子$[FeCl_4]^-$解离趋势增加，Fe^{3+}又生成了水合铁离子，被反萃取到水相中。由于乙醚沸点较低（35.6℃），因此，采用普通蒸馏的方法就可以实现醚水的分离。这样 Fe^{3+}又恢复了初始的状态，达到了 Fe^{3+}、Al^{3+}分离的目的。原理流程图如下

$$\text{萃取：} Al^{3+} + Fe^{3+} + H_2O \xrightarrow[\text{乙醚}]{\text{浓盐酸}} Et_2O\cdot H^+\cdot[FeCl_4]^- + Al^{3+} + H_2O$$

$$\text{反萃取：}\longrightarrow\left[\begin{array}{l} Al^{3+} + H_2O \\ Et_2O\cdot H^+\cdot[FeCl_4]^- \xrightarrow{+H_2O} Fe^{3+} + H^+ + 4Cl^- + Et_2O \end{array}\right.$$

三、仪器与试剂

（1）仪器：圆底烧瓶（250 mL），直形冷凝器，烧杯，梨形分液漏斗（100 mL），量筒（100 mL），铁架台，万能夹，电热水浴锅，乳胶管，橡胶塞，玻璃弯管，滤纸，pH 试纸。

（2）试剂：$FeCl_3$（5%），$AlCl_3$（5%），浓盐酸（化学纯），乙醚（化学纯），$K_4Fe(CN)_6$（5%），NaOH（2 $mol\cdot L^{-1}$、6 $mol\cdot L^{-1}$），茜素 S 乙醇溶液，冰水，热水。

四、实验内容和步骤

1. 制备混合液

取 5 mL 5% $FeCl_3$ 溶液和 5 mL 5% $AlCl_3$ 溶液混入烧杯中。

2. 萃取

将 5 mL 混合溶液和 5 mL 浓盐酸先后倒入分液漏斗中，再加入 10 mL 乙醚溶液，按照萃取的操作步骤进行萃取，如图 5-17 所示。

注意：乙醚易挥发，所以要及时排除超压（排除超压的方法：①用拇指、食指慢慢旋开旋塞；②用食指顶住玻璃塞）；尽可能使劲振荡，使其混合均匀。

3. 检查

萃取分离后，若水相呈黄色，则表明 Fe^{3+}与 Al^{3+}未完全分离，可再次用 10 mL 乙醚重复萃取，直至水相无色为止。每次分离后的有机相都合并到一起。但总萃取次数不宜超过 5 次，且将 *n* 次的有机物倒在一起。

4. 安装

安装遵循的规则是：安装时由下至上、由左至右；拆除时由上至下、由右至左。如图 6-9 所示，安装好蒸馏装置。向有机相中加入 30 mL 水，并转移至圆底烧瓶中。整个装置的高度以热源高度为基准，首先固定好蒸馏烧瓶的位置，以后在装配其他仪器时，不宜再调整烧瓶的位置。

调整铁架台铁夹的位置，使冷凝器的中心线和烧瓶支管的中心线成一直线后，方可将烧瓶与冷凝管连接起来。最后再接上尾接管和接收器，接收器放在水中或冷水中冷却。

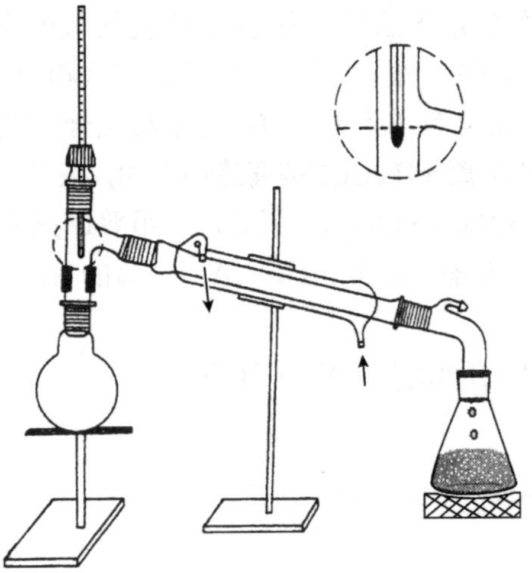

图 6-9　蒸馏装置示意图

5. 蒸馏

打开冷却水，把 80℃的热水倒入水槽中，按普通蒸馏操作步骤，用热水将乙醚蒸出。蒸出的乙醚要测量体积并且回收。

6. 离子分离鉴定

（1）混合液中，Fe^{3+}和 Al^{3+}的鉴定：①将待测液调至 pH=4；②向滤纸中心滴上一滴 5% $K_4[Fe(CN)_6]$溶液，再将滤纸晾干；③将一滴待测试液滴到滤纸中心，再向滤纸中心滴上一滴水，然后滴上一滴茜素 S 乙醇溶液，$Fe_4[Fe(CN)_6]_3$被固定在滤纸中心，生成蓝斑（图 6-10），Al^{3+}被水洗到斑点外围，并与茜素 S 生成茜素铝色淀的红色环，利用此方法可以分别鉴定 Fe^{3+}和 Al^{3+}；④滴加茜素 S 后，用 NH_3 气体熏一下，使现象明显。

（2）分离完成后，Fe^{3+}的鉴定：①将待测液调至 pH=4；②向滤纸中心滴上一滴 5% $K_4[Fe(CN)_6]$溶液，再将滤纸晾干；③将一滴分离后的待测试液（Fe^{3+}）滴到滤纸中心，再向滤纸中心滴上一滴水，然后滴上一滴茜素 S 乙醇溶液，$Fe_4[Fe(CN)_6]_3$被固定在滤纸中心，生成蓝斑。而外围没有红色环，说明分离完全。

五、注意事项

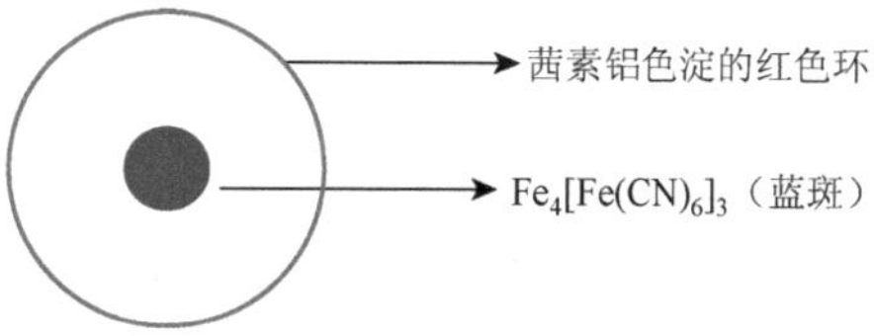

图 6-10　鉴定 Fe^{3+}、Al^{3+}的方法

（1）萃取操作中要及时排除超压。

（2）乙醚沸点低（35.6℃），燃点也低（343℃），并且与空气混合有较宽的爆炸区间（1.8%～40%）。因此，实验室内严禁明火。

（3）为了防止乙醚蒸气在实验室大量弥散，接收器和冷凝管之间必须通过尾接管紧密相连，并且把接收器的出气口导入下水管道中。整个蒸馏体系绝不可封闭，应保持空气流通。

（4）乙醚在光的作用下容易生成过氧化物。蒸馏时，若乙醚中有过氧化物，则可能发生爆炸。因此，每次实验前，实验教师要检验乙醚中是否有过氧化物生成，必须在确保不含有过氧化物的前提下进行蒸馏。

六、思考题

（1）萃取操作中如何注意安全？

（2）实验室中为什么严禁明火？

（3）蒸馏乙醚时，为了防止中毒，应该采取什么措施？

（4）此实验用了哪两种分离方法？其原理分别是什么？

（5）Fe^{3+}和 Al^{3+}的鉴定条件是什么？鉴定 Al^{3+}时排除 Fe^{3+}的干扰用反萃取方法，简述实验过程。

（6）在分离鉴定时，蒸馏后的液体仍鉴定不出 Al^{3+}的原因是什么？

（7）乙醚相和水相分开时，哪个在上层？为什么？

（8）蒸馏完毕的标志是什么？

附注：

（1）检验过氧化物的方法：向试管中加入新配制的 2% $(NH_4)_2Fe(SO_4)_2$ 溶液和两三滴 NH_4SCN 溶液，摇匀后，再加入 1 mL 实验所需要的醚，用力振荡。如果醚中有过氧化物存在，溶液即变成红色。

（2）如果无法判断 Fe^{3+}分离液中是否真正含有 Al^{3+}，即分离是否完全。滤纸斑点试验现象为蓝斑外围出现红色环，则认为二者分离不完全。在对含 Fe^{3+}分离液进行多次反复萃取后，鉴定结果仍然是蓝斑外围呈红色环。用空白试验（用蒸馏水代替 Fe^{3+}分离液）作对比，其现象与蓝斑外围的现象基本一致，呈红色环。鉴于此，无法判断 Fe^{3+}分离液中是否残留 Al^{3+}。因此有必要对此鉴定方法进行改进。

实验步骤：取 5 支试管按 1、2、3、4、5 编号，并分别加入 2 mL 5% $FeCl_3$ 溶液（1 号）、2 mL 5% $AlCl_3$ 溶液（2 号）、1 mL 5% $FeCl_3$ 和 1 mL 5% $AlCl_3$ 溶液（3 号）、2 mL 5% $FeCl_3$ 和 0.05 mL $AlCl_3$ 溶液（4 号）、蒸馏水（5 号），然后分别调至 pH=4。

取 5 张滤纸分别放在表面皿上，并按 1、2、3、4、5 编号。在滤纸中心各滴一滴 5% $K_4[Fe(CN)_6]$ 溶液，待晾干后再分别在其中心滴上一滴与上述编号对应的溶液，晾干后再各滴一滴水，晾干，然后分别滴上一滴 0.1%茜素 S 溶液。最后在小烧杯中倒入适量的浓氨水，将上述 5 张滤纸依次放在杯口上熏蒸。

（3）结果与讨论：若蓝斑外围有红色环存在，则 Fe^{3+}溶液中存在 Al^{3+}；若蓝斑外围没有红色环而全是紫色，则 Fe^{3+}溶液中不存在 Al^{3+}。蓝斑是 Fe^{3+}和 $K_4[Fe(CN)_6]$反应生成沉淀而被固定在滤纸中心导致的，红色环是 Al^{3+}被水洗到蓝斑外围并与茜素 S 生成的红色沉淀，经氨气熏蒸不褪色。紫色表示不含 Al^{3+}，该现象是茜素 S 遇氨气变紫所致。

如果滤纸不经氨气熏蒸，Fe^{3+}溶液中无论是否含有 Al^{3+}，其现象都是蓝斑外围有红色环。在二者没有对比的情况下很容易误判。而改进后的鉴定方法能很好地鉴定出 Fe^{3+}分离液中是否残留 Al^{3+}，在实际教学中可以取得很好的效果。

（4）Tl^{3+}在高酸性条件下能够与 Cl^-结合生成配离子$[TlCl_4]^-$。根据这个性质，选择一个离子缔合物体系，将 Al^{3+}和 Tl^{3+}混合液分离，并设计实验步骤。

七、参考文献

陈晓燕. 2015. 基于罗丹明 B 特异性检测 Al^{3+}和 Fe^{3+}荧光探针的制备研究[D]. 南京：南京理工大学硕士学位论文.

王誉蓉，王树荣，王相宇，等. 2013. 不同蒸馏压力下的生物油分子蒸馏分离特性研究[J]. 燃料化学学报，41（2）：177-182.

张春燕，郭文革，刘亚玲. 2004. 采用萃取-反萃取技术回收废水中的醋酸[J]. 石油化工环境保护，27（3）：30-33.

周毅，侯芳. 2007. 溶剂萃取法分离 Fe^{3+}、Al^{3+}实验中离子鉴定方法的改进[J]. 大学化学，（3）：46-47.

第 7 章　基本原理及常数的测定实验

实验七　二氧化碳相对分子质量的测定

一、实验目的

（1）学习气体相对密度法测定相对分子质量的原理和方法，加深理解理想气体状态方程和阿伏伽德罗定律。

（2）了解启普气体发生器的构造和原理，掌握启普气体发生器的使用方法，熟悉洗涤、干燥气体的装置。

（3）巩固分析天平的使用。

二、实验原理

根据阿伏伽德罗定律，在同温同压下，同体积的任何气体含有相同数目的分子。

对于 p、V、T 相同的 A、B 两种气体。若以 m_A、m_B 分别代表 A、B 两种气体的质量，M_A、M_B 分别代表 A、B 两种气体的相对分子质量。其理想气体状态方程式分别为

$$\text{气体 A：}\quad pV=\frac{m_A}{M_A}RT \tag{7-1}$$

$$\text{气体 B：}\quad pV=\frac{m_B}{M_B}RT \tag{7-2}$$

由式（7-1）、式（7-2）整理得

$$\frac{m_A}{m_B}=\frac{M_A}{M_B} \tag{7-3}$$

由此得出结论：在同温同压下，同体积的两种气体的质量比等于其相对分子质量比。

根据上述结论，在同温同压下，同体积二氧化碳与空气相比较。已知空气的平均分子质量为 29.0，因此只要测得二氧化碳与空气在相同条件下的质量，便可根据式（7-3）求出二氧化碳的相对分子质量，即

$$M_{CO_2}=\frac{m_{CO_2}}{m_{\text{空气}}}\times 29.0 \tag{7-4}$$

式中：29.0 为空气的平均相对分子质量；二氧化碳质量 m_{CO_2} 可以直接从分析天平上称出。同体积空气的质量可根据实验时测得的大气压（p）和温度（T），利用理想气体状态方程式计算得到。

三、仪器与试剂

（1）仪器：电子天平，烧杯，分析天平，启普气体发生器，洗气瓶，锥形瓶，干燥管，玻璃棒，玻璃导管，橡胶塞（3、6、8～12 号），玻璃棉。

（2）试剂：，无水 $CaCl_2$，6 $mol \cdot L^{-1}$ HCl 溶液，1 $mol \cdot L^{-1}$ $NaHCO_3$ 溶液，1 $mol \cdot L^{-1}$ $CuSO_4$ 溶液石灰石。

四、实验内容和步骤

1. 启普气体发生器的构造与使用

参见 5.6 节内容（2. 利用启普气体发生器制备气体）。

2. CO_2 的制备及称量

制备反应：

$$CaCO_3+2HCl \xlongequal{} CO_2\uparrow+CaCl_2+H_2O \tag{7-5}$$

杂质：石灰石中含硫，导致所制得的 CO_2 中混有 H_2S，可利用硫酸铜溶液除去；盐酸易挥发，导致所制得的 CO_2 中混有 HCl，可利用饱和碳酸氢钠溶液除去水分，用无水 $CaCl_2$ 干燥。

（1）按图 7-1 安装好制取 CO_2 的装置，检查气密性。

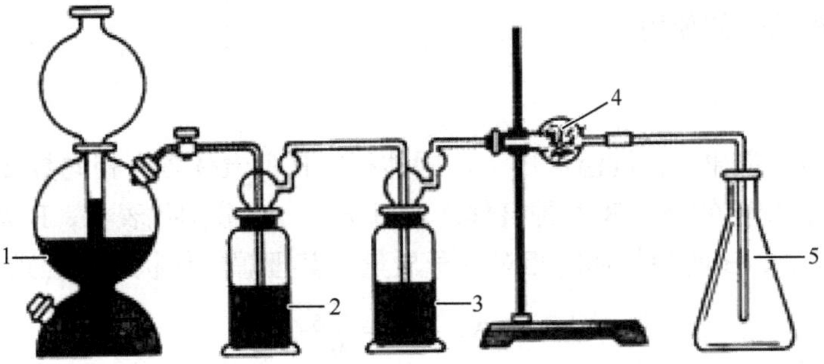

图 7-1　二氧化碳的制取、净化、收集装置图

1. 石灰石+稀盐酸；2. 硫酸铜溶液；3. 碳酸氢钠溶液；4. 无水氯化钙；5. 锥形瓶

（2）称量：锥形瓶+橡胶塞+空气（用笔在胶塞上做记号）的质量先用电子天平粗称，再用分析天平准确称量（称准至 0.1 mg），记为 m_1。

（3）制备 CO_2 气体并收集 3～5 min。

（4）称量：锥形瓶+橡胶塞+CO_2 的质量用分析天平准确称量（重复通二氧化碳气体和称量的操作，直到前后两次称量的质量相符为止，两次质量可相差 1～2 mg），记为 m_2（两次取平均值）。

（5）称量：锥形瓶+橡胶塞+H_2O 的质量用电子天平称量（称准至 0.1 g），记为 m_3。

3. 新型启普气体发生器的构造与使用

（1）构造：玻璃容器，旋塞导管。

（2）使用：与旧式启普气体发生器的使用方法类似。

（3）优点：与旧式相比，新式体积明显变小，且操作更加方便。

五、注意事项

（1）盛装空气、CO_2 的锥形瓶应干燥。

（2）实验过程中应使用拇指和食指拿住锥形瓶瓶口的上部。

（3）CO_2 的气流不宜太快，也不宜太慢，否则气体不易收集满。

六、数据记录与处理

项目	数据
室温 T/℃	
气压 p/Pa	
质量 m_1（空气+瓶+塞子）	
第一次的总质量（二氧化碳气体+瓶+塞子）	
第二次的总质量（二氧化碳气体+瓶+塞子）	
总质量 m_2（二氧化碳气体+瓶+塞子）	
质量 m_3（水+瓶+塞子）	
瓶的容积 $V=\dfrac{m_3-m_1}{1.00}$	
瓶内空气的质量 $m_{空气}=\dfrac{29.0pV}{RT}$	
瓶和塞子的质量 $m_4=m_1-m_{空气}$	
二氧化碳气体的质量 $m_{CO_2}=m_2-m_4$	
二氧化碳的相对分子质量 M_{CO_2}	
绝对误差	
相对误差	

七、思考题

（1）为什么二氧化碳气体、瓶、塞子的总质量要在分析天平上称量，而水+瓶+塞子的质量在电子天平上称量？两者的要求有什么不同？

（2）为什么橡胶塞塞入的位置要用笔做记号？

（3）分析误差产生的原因。

（4）哪些物质可用此法测定相对分子质量？哪些不可以？为什么？

八、参考文献

北京师范大学，东北师范大学，华中师范大学，等. 2014. 无机化学实验[M]. 4 版. 北京：高等教育出版社.

赵新华. 2014. 无机化学实验[M]. 北京：高等教育出版社.

中山大学等校. 2015. 无机化学实验[M]. 3 版. 北京：高等教育出版社.

实验八　硫酸铜结晶水的测定

一、实验目的

（1）掌握结晶水合物中结晶水含量的测定原理和方法。

（2）练习研钵、干燥器等仪器的使用。

（3）掌握间接加热、恒量等基本操作。

二、实验原理

很多离子型的盐类从水溶液中析出时，常含有一定量的结晶水（或称水合水）。结晶水与盐类结合得比较牢固，但受热到一定温度时，可以脱去结晶水的一部分或全部。$CuSO_4{\cdot}5H_2O$ 晶体在不同温度下按下列反应逐步脱水：

$$CuSO_4{\cdot}5H_2O \xrightarrow{335\sim375\ K} CuSO_4{\cdot}3H_2O + 2H_2O \tag{7-6}$$

$$CuSO_4{\cdot}3H_2O \xrightarrow{375\sim385\ K} CuSO_4{\cdot}H_2O + 2H_2O \tag{7-7}$$

$$CuSO_4{\cdot}H_2O \xrightarrow{491\sim530\ K} CuSO_4 + H_2O \tag{7-8}$$

因此对于经过加热能脱去结晶水，又不会发生分解的结晶水合物中结晶水的测定，通常把一定量的结晶水合物（不含吸附水）置于已灼烧至恒量的坩埚中，加热至较高温度（以不超过被测定物质的分解温度为限）脱水，然后把坩埚移入干燥器中，冷却至室温，再取出用电子天平称量。由结晶水合物经高温加热后的失重值可算出该结晶水合物所含结晶水的质量分数，以及单位物质的量的该盐所含结晶水的物质的量，从而可以确定结晶水合物的化学式。由于压力不同、粒度不同、升温速率不同，有时可以得到不同的脱水温度及脱水过程。

三、仪器与试剂

（1）仪器：分析天平，电子天平，坩埚，研钵，酒精灯，干燥器，温度计，石棉网，坩埚钳，药匙，泥三角，吸水纸或滤纸。

（2）试剂：五水合硫酸铜，细沙，无水氯化钙，工业酒精。

四、实验内容和步骤

1. 恒量坩埚

将一洗净的坩埚置于 110℃烘箱中烘干。将坩埚冷却至略高于室温，再用干净的坩埚钳将其移入干燥器中，冷却至室温（注意：热坩埚放入干燥器后，一定要在短时间内将干燥器的盖子打开一两次，以免内部压力降低，难以打开）。取出，用分析天平称量。重复加热至脱水温度以上，冷却、称量，直至恒量。

2. 水合硫酸铜脱水

（1）在已恒量的坩埚中加入 0.8 g 研细的水合硫酸铜晶体，铺成均匀的一层，再在分析天平上准确称量坩埚及水合硫酸铜的总质量，减去已恒量坩埚的质量即为水合硫酸铜的质量。

（2）将已称量的、内装有水合硫酸铜晶体的坩埚体积的 3/4 埋入沙浴中，再在靠近坩埚的沙浴中插入一支水银温度计（300℃），其末端应与坩埚底部大致处于同一水平。控制沙浴温度在 260～280℃。当坩埚内粉末由蓝色变为白色时停止加热。用干净的坩埚钳将坩埚移入干燥器内，冷却至室温。将坩埚外壁用吸水纸擦干净，在分析天平上称量坩埚和脱水硫酸铜的总质量。计算脱水硫酸铜的质量。重复沙浴加热，冷却、称量，直到恒量（两次称量之差≤1 mg）。实验后将无水硫酸铜倒入回收瓶中（注意：根据条件，可选用微波干燥进行对比实验）。

五、注意事项

（1）实验中沙浴的温度控制在 260～280℃，在测沙浴的温度时，水银温度计的底部水银球切勿碰到沙浴的底部。

（2）坩埚必须冷却至室温才能从干燥器中取出称量，否则坩埚吸湿变重。

（3）坩埚外壁黏附的沙粒要用吸水纸或滤纸擦干净，热坩埚必须稍冷后才能放入干燥器中冷却。

（4）$CuSO_4·5H_2O$ 的用量不要超太多，否则粉末层太厚，影响水汽散失，会延长脱水时间。

（5）晶体要在坩埚底上摊开加热，有利于失去全部结晶水，以免引起测得值偏低。

（6）加热过程中，应慢慢加热（可改垫石棉网），以防局部过热而造成晶体溅失，引起测量值偏高。

六、数据记录与处理

质量（坩埚+水合硫酸铜）/g			加热后质量（坩埚+无水硫酸铜）/g		
第一次称量	第二次称量	平均值	第一次称量	第二次称量	平均值

水合硫酸铜的质量 m_1=__________

无水硫酸铜的质量 m_2=__________

$CuSO_4$ 的物质的量=m_2/159.6=__________

结晶水的质量 m_3=__________

结晶水的物质的量=m_3/18.0=__________

单位物质的量的 $CuSO_4$ 的结合水__________

水合硫酸铜的化学式__________

七、思考题

（1）在水合硫酸铜结晶水的测定中，为什么要用沙浴加热并控制温度在 280℃左右？

（2）什么是恒量？其作用是什么？

（3）加热后的坩埚能否未冷却至室温就去称量？

（4）加热后的热坩埚为什么要放在干燥器内冷却？

（5）为什么要对坩埚进行重复的灼烧操作？

（6）实验中水合硫酸铜的用量为什么最好不要太多？

（7）讨论题解答：分析实验中产生误差的原因。

设硫酸铜晶体组成 $CuSO_4·xH_2O$，水合硫酸铜晶体质量为 m_1，无水硫酸铜质量为 m_2，结晶水质量为 m_3，则

$$w_{结晶水}=\frac{m_3}{m_1}=\frac{18x}{160+18x} \tag{7-9}$$

或

$$\frac{m_2}{160}:\frac{m_3}{18}=1:x \tag{7-10}$$

八、参考文献

陈动. 2014. 五水硫酸铜结晶水的热失重分析[J]. 辽宁化工，（12）：1472-1474.

林敏. 2010. 硫酸铜晶体结晶水含量的测定实验的改进[J]. 化学教学，(1)：13-14.
鲁彬，于化江，武克忠. 2001. 五水硫酸铜脱水机理的热力学求算[J]. 河北师范大学学报（自然科学版），25（2）：211-213.

实验九　乙酸电离度和电离常数的测定

一、实验目的

（1）掌握标定乙酸溶液的浓度并测定不同浓度乙酸的 pH。
（2）测定乙酸的电离度和电离常数 K_a。
（3）进一步掌握滴定的原理、滴定操作及正确判断滴定终点。
（4）学习使用精密 pH 计。

二、实验原理

乙酸（CH_3COOH，简写成 HAc）是一元弱电解质，在水溶液中存在下列平衡：

$$HAc(aq)+H_2O(l) \rightleftharpoons 0\,H_3O^+(aq)+Ac^-(aq) \quad (7\text{-}11)$$

起始浓度：	c	0	0
平衡浓度：	$c-c\alpha$	$c\alpha$	$c\alpha$

忽略水的电离，其电离平衡常数表达式：

$$K_a^\ominus = \frac{[H_3O^+][Ac^-]}{[HAc]} = \frac{c\alpha^2}{1-\alpha} \quad (7\text{-}12)$$

式中：$K_a^\ominus$ 为电离平衡常数；c 为 HAc 溶液的起始浓度；α 为乙酸的电离度。

当 $\alpha<5\%$时，$1-\alpha\approx1$，于是可以运用近似计算：

$$K_a^\ominus \approx c\alpha^2 \quad (7\text{-}13)$$

用 pH 计测得已知浓度的 HAc 的 pH，由 $pH=-\lg[H_3O^+]$，算出

$$[H_3O^+]=10^{-pH} \quad (7\text{-}14)$$

将$[H_3O^+]$代入上式即可算出 α 和 $K_a^\ominus$。

三、仪器与试剂

（1）仪器：酸度计，碱式滴定管，铁架台，移液管，吸量管，烧杯，锥形瓶，容量瓶，滤纸。

（2）试剂：乙酸（36%），NaOH 标准溶液（$0.1000\ mol\cdot L^{-1}$），酚酞指示剂（1%），标准缓冲溶液（pH=6.86），标准缓冲溶液（pH=4.01）。

四、基本操作（参见第 4 章）

（1）pHS-3C 型酸度计的使用（4.3.4 节）。
（2）滴定管的使用（4.1.14 节）。

五、实验内容和步骤

1. 配制 250 mL 浓度为 $0.1\ mol\cdot L^{-1}$ 的乙酸溶液

用量筒量取 4 mL 36%的乙酸溶液（约 $6.2\ mol\cdot L^{-1}$）置于烧杯中，加入 250 mL 蒸馏水

稀释，混匀即得 250 mL 浓度约为 0.1 mol·L^{-1} 的乙酸溶液，将其储存于试剂瓶中，贴上标签备用。

2. 乙酸溶液的标定

用移液管准确移取 25.00 mL 乙酸溶液（V_1）于锥形瓶中，加入 1 滴酚酞指示剂，用标准 NaOH 溶液（c_2）滴定，边滴边摇，待溶液呈浅红色，且半分钟内不褪色即为终点。由滴定管读出所消耗的 NaOH 溶液的体积 V_2，根据公式 $c_1V_1=c_2V_2$ 计算出乙酸溶液的浓度 c_1。平行三次实验，计算出乙酸溶液浓度的平均值。

滴定序号		I	II	III
NaOH 溶液的浓度/(mol·L^{-1})				
HAc 溶液的用量/mL				
NaOH 溶液用量/mL				
HAc 溶液的浓度/(mol·L^{-1})	测定值			
	平均值			

3. pH 的测定

用移液管和吸量管分别准确量取 2.50 mL、5.00 mL、10.00 mL、25.00 mL、50.00mL 上述乙酸溶液于四个 50 mL 的容量瓶中，用蒸馏水稀释至刻度，摇匀，得到一系列不同浓度的乙酸溶液。计算这四个容量瓶中 HAc 溶液的准确浓度，将四份溶液及 0.1 mol·L^{-1} 原溶液加入五个洁净、干燥的 50 mL 烧杯中，按浓度由低到高的顺序，分别用 pH 计测定它们的 pH。

4. 数据记录

由测得的乙酸溶液 pH 计算乙酸电离度、电离平衡常数，并记录室温，将有关数据填入下表。

室温：____℃

编号	V_{HAc}/mL	c_{HAc}/(mol·L^{-1})	pH	[H_3O^+]/(mol·L^{-1})	α	电离平衡常数 K_a	
						测定值	平均值
1	2.50						
2	5.00						
3	10.00						
4	25.00						
5	50.00						

六、注意事项

（1）测定乙酸溶液 pH 用的小烧杯必须洁净、干燥，否则会影响乙酸起始浓度及所测得的 pH。三次测定指示剂的用量要一致。

（2）滴定接近终点时，注意控制终点前的半滴操作。

（3）吸量管的使用与移液管类似，但如果所需液体的量小于吸量管体积时，溶液仍需吸至刻度线，然后放出所需量的液体。不可只吸取所需量的液体，然后完全放出。

（4）按浓度由低到高的顺序测定 pH，每次测定完毕，都必须用蒸馏水将 pH 计电极头清洗干净，并用滤纸擦干。

（5）测定结束后，关闭电源，将复合电极浸泡在蒸馏水中。

七、思考题

（1）用 pH 计测定乙酸溶液的 pH 时，为什么要按浓度由低到高的顺序进行？

（2）本实验中各乙酸溶液的$[H^+]$测定可否改用酸碱滴定法进行？

（3）做好本实验的操作关键是什么？

（4）改变所测乙酸溶液浓度或温度，则电离度和电离常数有无变化？若有变化，有怎样的变化？

（5）若所用乙酸溶液的浓度极稀，是否可用公式$K_a=\dfrac{[H_3O^+]^2}{c}$计算电离常数？

八、参考文献

李铭岫. 2002. 无机化学实验[M]. 北京：北京理工大学出版社.

王新芳. 2014. 无机化学实验[M]. 北京：化学工业出版社.

赵新华. 2014. 无机化学实验[M]. 4 版. 北京：高等教育出版社.

实验十　化学反应速率和活化能的测定

一、实验目的

（1）掌握浓度、温度和催化剂对化学反应速率的影响。

（2）测定过二硫酸铵与碘化钾反应的反应速率，并计算其反应级数、反应速率常数和表观活化能。

（3）练习在水浴中保持恒温操作并掌握温度计、秒表的正确使用方法。

二、实验原理

在水溶液中，过二硫酸铵与碘化钾发生如下反应：

$$(NH_4)_2S_2O_8+3KI = (NH_4)_2SO_4+K_2SO_4+KI_3 \tag{7-15}$$

$$S_2O_8^{2-}+3I^- = 2SO_4^{2-}+I_3^- \tag{7-16}$$

根据速率方程，可用式（7-17）近似地表示该反应的反应速率：

$$v=k\cdot c_{S_2O_8^{2-}}^m\cdot c_{I^-}^n \tag{7-17}$$

式中：v 是在此条件下反应的瞬时速率；若 c 是初始浓度，则 v 表示初速度（v_0）；k 是速率常数；m 与 n 之和是反应级数。

实验能测定的速率是在一段时间间隔（Δt）内反应的平均速率$\bar{v}$。如果在Δt 时间内 $S_2O_8^{2-}$浓度的改变量为$\Delta c_{S_2O_8^{2-}}$，则平均速率为

$$\bar{v}=\frac{-\Delta c_{S_2O_8^{2-}}}{\Delta t} \tag{7-18}$$

为了测定一定时间间隔 Δt 内离子浓度的改变值，混合$(NH_4)_2S_2O_8$溶液和 KI 溶液时，同时加入一定体积已知浓度的 $Na_2S_2O_3$ 溶液和作为指示剂的淀粉溶液。这样，在反应式（7-16）进行的同时，还会进行以下反应：

$$2S_2O_3^{2-} + I_3^- \longrightarrow S_4O_6^{2-} + 3I^- \tag{7-19}$$

反应式（7-19）进行得非常快，几乎瞬间即可完成；而反应式（7-16）比反应式（7-19）慢得多，所以由反应式（7-16）生成的碘将立即与离子作用，生成无色的 I^-。因此在反应初始阶段，看不到碘与淀粉作用而显示出的特征蓝色，但是一旦 $Na_2S_2O_3$ 耗尽，反应式（7-16）生成的碘就立即与淀粉作用，使溶液显蓝色。因此，蓝色的出现标志着反应式（7-19）的完成，即 $Na_2S_2O_3$ 全部耗尽。

从反应式（7-16）和反应式（7-19）可以看出，$S_2O_8^{2-}$ 浓度减少量恰为 $S_2O_3^{2-}$ 浓度减少量的一半，即

$$\Delta c_{S_2O_8^{2-}} = \frac{\Delta c_{S_2O_3^{2-}}}{2} \tag{7-20}$$

而从反应开始到蓝色出现这段时间 Δt 内，离子浓度的改变量实际上就是 $Na_2S_2O_3$ 的起始浓度。

在本实验中，每份混合溶液中 $Na_2S_2O_3$ 的起始浓度是相同的，因此到蓝色出现时已耗去的 $Na_2S_2O_3$ 是相同的。这样只要记下从反应开始到蓝色出现所需要的时间（Δt），即可求出在各种不同反应物浓度下的反应速度 v，进而求出反应级数 m 和 n，以及反应速率常数 k，即

$$v = -\frac{\Delta[S_2O_3^{2-}]}{2\Delta t} = k \cdot [S_2O_8^{2-}]^m \cdot [I^-]^n$$

进而推出

$$\lg v = \lg k + m\lg[S_2O_8^{2-}] + n\lg[I^-]$$

通过改变反应物 $S_2O_8^{2-}$ 和 I^- 的初始浓度，测定一系列反应物不同初始浓度时的初速率。当 c_{I^-} 不变时，以 $\lg v$ 对 $\lg[S_2O_8^{2-}]$ 作图，得一条直线，斜率为 m；当 $c_{S_2O_8^{2-}}$ 不变时，以 $\lg v$ 对 $\lg[I^-]$ 作图，斜率为 n；此反应的级数为 $m+n$。

根据阿伦尼乌斯公式 $\lg k = \dfrac{-E_a}{2.303RT} + C$ 可知，以不同温度的 $\lg k$ 对 $\dfrac{1}{T}$ 作图，所得直线的斜率为 $-\dfrac{E_a}{2.303R}$。因此，由斜率可求得反应的活化能 E_a。

注意：计算时一定要看清公式中的正负号和方程式中涉及的系数。

三、仪器与试剂

（1）仪器：温度计（0～100℃），计时器（秒表），冰水浴（装置），烧杯，量筒（5 mL、10 mL、20 mL），烧杯（150 mL），玻璃棒。

（2）试剂：KI（0.20 $mol \cdot L^{-1}$），$(NH_4)_2S_2O_8$（0.20 $mol \cdot L^{-1}$），$Na_2S_2O_3$（0.10 $mol \cdot L^{-1}$），KNO_3（0.20 $mol \cdot L^{-1}$），$(NH_4)_2SO_4$（0.20 $mol \cdot L^{-1}$），$Cu(NO_3)_2$（0.02 $mol \cdot L^{-1}$），0.2%淀粉溶液，冰。

四、实验内容和步骤

1. 浓度对化学反应速率的影响，并求反应级数

室温下按表 7-1 编号Ⅰ、Ⅱ、Ⅲ的用量，用量筒分别量取 KI、$Na_2S_2O_3$ 和淀粉溶液，加到

150 mL 烧杯中，混合均匀；然后用量筒准确量取$(NH_4)_2S_2O_8$溶液迅速加到烧杯中，并同时按动秒表；不断搅拌，当溶液刚出现蓝色时，再按动秒表，记录时间，并记下溶液的温度。

表 7-1　浓度对化学反应速率的影响

实验编号		Ⅰ	Ⅱ	Ⅲ	Ⅳ	Ⅴ
试剂用量	0.20 $mol \cdot L^{-1}(NH_4)_2S_2O_8$	20	10	5	20	20
	0.20 $mol \cdot L^{-1}$ KI	20	20	20	10	5
	0.10 $mol \cdot L^{-1}$ $Na_2S_2O_3$	8	8	8	8	8
	0.4%淀粉溶液	2	2	2	2	2
	0.20 $mol \cdot L^{-1}$ KNO_3	0	0	0	10	15
	0.20 $mol \cdot L^{-1}(NH_4)_2SO_4$	0	10	15	0	0
混合液中反应物起始浓度/($mol \cdot L^{-1}$)	$(NH_4)_2S_2O_8$					
	KI					
	$Na_2S_2O_3$					
反应时间 Δt/s						
$\Delta c_{S_2O_8^{2-}}$						
反应速率 v						

用同样的方法按照表 7-1 所列试剂用量进行Ⅰ、Ⅳ、Ⅴ的实验，为了使每次实验中溶液的离子强度和总体积保持不变，KI 或$(NH_4)_2S_2O_8$所减少的量分别用 KNO_3 溶液和$(NH_4)_2SO_4$溶液补足。

注意：准确添加药品的操作步骤。

2. 温度对化学反应速率的影响

如表 7-2 所示，实验Ⅳ中的用量将 KI、$Na_2S_2O_3$、KNO_3 和淀粉溶液加到 150 mL 烧杯中，把$(NH_4)_2S_2O_8$溶液加到另一个 50 mL 烧杯中，将它们同时放在冰水浴中冷却，待两烧杯中的溶液均冷却到室温以下 10℃时，将$(NH_4)_2S_2O_8$迅速加到 KI 等混合液中，同时计时并不断搅拌；当溶液刚出现蓝色时，记录反应时间，此为实验Ⅵ。

表 7-2　温度对化学反应速率的影响

实验编号		Ⅳ	Ⅵ	Ⅶ	Ⅷ
温度/K		室温	室温−10℃	室温+10℃	室温+15℃
试剂用量	0.20 $mol \cdot L^{-1}(NH_4)_2S_2O_8$	20	20	20	20
	0.20 $mol \cdot L^{-1}$ KI	10	10	10	10
	0.10 $mol \cdot L^{-1}$ $Na_2S_2O_3$	8	8	8	8
	0.4%淀粉溶液	2	2	2	2
	0.20 $mol \cdot L^{-1}$ KNO_3	10	10	10	10
	0.20 $mol \cdot L^{-1}(NH_4)_2S_2O_4$	0	0	0	0
混合液中反应物起始浓度/($mol \cdot L^{-1}$)	$(NH_4)_2S_2O_8$				
	KI				
	$Na_2S_2O_3$				

续表

实验编号	Ⅳ	Ⅵ	Ⅶ	Ⅷ
反应时间 Δt/s				
$\Delta c_{S_2O_8^{2-}}$				
反应速率 v				

在比室温高 10℃和高 15℃的条件下，重复上述实验操作，记录反应时间。此依次为实验Ⅶ和实验Ⅷ。

3. 催化剂对化学反应速率的影响

按表 7-3 实验Ⅳ中的用量，把 KI、$Na_2S_2O_3$、KNO_3和淀粉溶液加到 150 mL 烧杯中，再加入 1 滴 0.02 $mol·L^{-1}$ $Cu(NO_3)_2$溶液，搅匀；然后迅速加入$(NH_4)_2S_2O_8$溶液，搅拌、计时。此为实验Ⅸ。

表 7-3　催化剂对化学反应速率的影响

实验编号		Ⅳ
试剂用量	0.20 $mol·L^{-1}(NH_4)_2S_2O_8$	20
	0.20 $mol·L^{-1}$ KI	10
	0.10 $mol·L^{-1}$ $Na_2S_2O_3$	8
	0.4%淀粉溶液	2
	0.20 $mol·L^{-1}$ KNO_3	10
	0.20 $mol·L^{-1}(NH_4)_2SO_4$	0
混合液中反应物起始浓度/($mol·L^{-1}$)	$(NH_4)_2S_2O_8$	
	KI	
	$Na_2S_2O_3$	
反应时间 Δt/s		
$\Delta c_{S_2O_8^{2-}}$		
反应速率 v		

将 1 滴 0.020 $mol·L^{-1}$ $Cu(NO_3)_2$溶液改成 2 滴和 3 滴分别重复上述实验，并计时。此依次为实验Ⅹ和实验Ⅺ。

五、思考题

（1）向 KI、淀粉和 $Na_2S_2O_3$混合溶液中加入$(NH_4)_2S_2O_8$时，为什么越快越好？

（2）在加入$(NH_4)_2S_2O_8$时，先计时后搅拌或者先搅拌后计时，对实验结果各有什么影响？

（3）本实验都是用溶液体积来表示各反应用量的，为什么加入各试剂时不用移液管或滴定管，而用量筒？

附注：

（1）碘易溶于 KI、HI 或其他碘化物溶液形成I_3^-，I^-接近 I_2时易极化产生诱导偶极，进一步形成络离子。

（2）高于室温温度条件的选择要适当，不要过高（一般不超过 70℃），否则由于实验装置的原因，溶液蒸发加快，反应不准（特别是影响活化能的测定）。

（3）过二硫酸铵易分解，往往导致实验的主要测量参数反应时间 $\Delta t=0$，意味着实验彻底失败。

$$4(NH_4)_2S_2O_8+3H_2O = 7(NH_4)HSO_4+H_2SO_4+HNO_3$$

$$(NH_4)_2S_2O_8+H_2O = (NH_4)_2SO_4+H_2SO_5$$

$$H_2SO_5+H_2O = H_2SO_4+H_2O_2$$

六、参考文献

陈广，杨晓丽，万照. 2013. 化学反应速率和活化能的测定实验的微型化研究[J]. 曲靖师范学院学报，32（3）：34-38.

刘小忠. 2008. 化学反应速率实验的优化[J]. 实验科学与技术，6（3）：39-41.

实验十一　$I_3^- \rightleftharpoons I^- + I_2$ 平衡常数的测定

一、实验目的

（1）测定 $I_3^- \rightleftharpoons I^- + I_2$ 的平衡常数。

（2）加深对化学平衡和平衡常数的理解。

（3）巩固滴定操作及分光光度计的使用。

二、实验原理

碘溶于 KI 溶液中形成 I_3^-，并建立平衡：

$$I_3^- \rightleftharpoons I^- + I_2$$

其平衡常数是

$$K_a = \frac{a_{I_2} \cdot a_{I^-}}{a_{I_3^-}} = \frac{[I_2]\cdot[I^-]}{[I_3^-]}\cdot\frac{\gamma_{I_2}\cdot\gamma_{I^-}}{\gamma_{I_3^-}}$$

式中：a 为活度；γ 为活度系数；$[I_2]$、$[I^-]$ 和 $[I_3^-]$ 为平衡时 I_2、I^- 和 I_3^- 的浓度。在浓度不大的溶液中，有

$$\frac{\gamma_{I_2}\cdot\gamma_{I^-}}{\gamma_{I_3^-}} \approx 1$$

$$K_a \approx \frac{[I_2]\cdot[I^-]}{[I_3^-]} = K_c$$

因此，通过测定平衡时 I_2、I^- 和 I_3^- 的浓度，可以计算平衡常数 K_a。

为测定平衡时的 $[I_2]$、$[I^-]$ 和 $[I_3^-]$，可用过量的固体碘与已知浓度的 KI 溶液一起振荡，达到平衡后，取上层清液，用 $Na_2S_2O_3$ 标准溶液滴定。发生的离子反应式如下

$$2S_2O_3^{2-}+I_2 = 2I^-+S_4O_6^{2-}$$

用 $Na_2S_2O_3$ 标准溶液滴定的是 I_2 和 I_3^- 的总浓度，设该浓度为 c，则

$$c=[I_2]+[I_3^-]$$

I_3^-的浓度可通过分光光度法测定，在 350 nm 处，I_3^-的摩尔吸光系数 $\varepsilon=2.3\times10^4\ L\cdot mol^{-1}\cdot cm^{-1}$，而 I_2 和 I^-在这一波长处没有吸收，测定溶液在 350 nm 处的吸光度 A，利用 $A=\varepsilon[I_3^-]$可以求得$[I_3^-]$，则

$$[I_3^-]=A/\varepsilon$$

$$[I_2]=c-[I_3^-]$$

从平衡反应式可以看出，形成一个I_3^-，需要一个I^-，所以平衡时I^-的浓度为

$$[I^-]=c_0(I^-)-[I_3^-]$$

式中：$c_0(I^-)$为 KI 的起始浓度。将$[I_2]$、$[I^-]$和$[I_3^-]$代入平衡常数表达式即可求得在此温度下的平衡常数 K_a。

三、仪器与试剂

（1）仪器：分光光度计，量筒（10 mL、100 mL），恒温振荡器，移液管（10 mL），锥形瓶（250 mL），碘量瓶（100 mL、250 mL），碱式滴定管（50 mL），洗耳球。

（2）试剂：I_2（s），KI（0.0100 $mol\cdot L^{-1}$、0.0200 $mol\cdot L^{-1}$），$Na_2S_2O_3$ 标准溶液（0.0050 $mol\cdot L^{-1}$），淀粉溶液（0.2%）。

四、实验内容和步骤

（1）取两个干燥的 100 mL 碘量瓶，分别标上 1 号、2 号。按下表所列的量配好溶液。

瓶号	$c(KI)/(mol\cdot L^{-1})$	$V(KI)/mL$	$m(I_2)/g$
1	0.0100	80.00	0.5
2	0.0200	80.00	0.5

（2）将上述配好的溶液在室温下振荡 30 min，然后静置 10 min，取上层清液进行滴定及吸光度测定。

（3）在 1 号瓶中吸取 5 mL 上层清液于锥形瓶中，再各注入 40 mL 蒸馏水，用标准 $Na_2S_2O_3$ 溶液滴定至呈淡黄色时（注意不要滴过量）注入 2.0 mL 0.2%淀粉溶液，此时溶液应呈蓝色，继续滴定至蓝色刚好消失，记下所消耗的 $Na_2S_2O_3$ 溶液的体积。用同样的方法滴定 2 号瓶的上层清液。

将数据记入表中，由于碘容易升华，吸取清液后应尽快滴定，不要放置太久。另外，滴定时不要过于剧烈地摇动溶液。

室温______℃

瓶号		1	2
取样体积 V/mL		5.00	5.00
$Na_2S_2O_3$溶液用量/mL	I		
	II		
	平均值		

续表

瓶号	1	2
$Na_2S_2O_3$ 溶液的浓度 $c/(mol \cdot L^{-1})$		
$[I_2]$和$[I_3^-]$的总浓度 $c/(mol \cdot L^{-1})$		
$[I_3^-]/(mol \cdot L^{-1})$		
$[I_2]/(mol \cdot L^{-1})$		
$[I^-]/(mol \cdot L^{-1})$		
K		
K 的平均值		

（4）数据记录和处理：用 $Na_2S_2O_3$ 溶液滴定 I_2 时，相应的 I_2 浓度计算方法如下

1 号、2 号瓶：$c = \dfrac{c_{Na_2S_2O_3} \cdot V_{Na_2S_2O_3}}{2V_{KI\text{-}I_2}}$

本实验测定 K 值在 1.0×10^{-3}～2.0×10^{-3} 范围内为合格（文献值 K=1.5×10^{-3}）。

五、注意事项

（1）碘易升华、挥发，有毒性和腐蚀性，要小心使用。

（2）移取碘量瓶中上层溶液时，要防止将下层的固体碘吸出。

（3）碘化钾的初始浓度要准确。

（4）碘易挥发，碘离子易被空气氧化，滴定碘时滴定速度可适当快些。

（5）实验结束后，碘应回收，其他废液倒入碱性废液桶内。

六、思考题

（1）由于碘易挥发，在取溶液和滴定操作上要注意什么？

（2）为什么本实验中量取标准溶液时可使用量筒？

（3）在实验中以固体碘与水的平衡浓度代替固体碘与 I^-平衡时的浓度，会引起怎样的误差？为什么可以代替？

（4）实验中加入固体碘的量是否要与加入 KI 溶液一样准确？

（5）用硫代硫酸钠溶液滴定碘时，能否在滴定前加入淀粉指示剂？

（6）出现下列情况，将会对本实验产生什么影响？①所取的碘不够；②三个碘量瓶没有充分振荡；③在吸取清液时，不注意将沉在溶液底部或悬浮在溶液表面的少量碘吸入移液管。

七、参考文献

刘翠格，默丽萍. 2003. 分光光度法测定 I_3^-的稳定常数[J]. 化学通报，(3)：213-214.

张一兵，祝路. 2014. 改革实验教学，培养大学生创新能力[J]. 上饶师范学院学报，34(3)：43-46.

张志红. 2009. 无机化学实验教学方法探讨——思路教学[J]. 昌吉学院学报，(2)：95-98.

赵桂荣，赵玉清，洪莉. 1992. 用分配比法测 $I_3^- \rightleftharpoons I^- + I_2$ 平衡常数[J]. 松辽学刊（自然科学版），(3)：66-68.

实验十二　碘化铅溶度积常数的测定

一、实验目的

（1）了解用分光光度计测定溶度积常数的原理和方法。

（2）学习分光光度计的使用方法。

二、实验原理

碘化铅是难溶电解质，在其饱和溶液中存在下列沉淀-溶解平衡：

$$PbI_2(s) \rightleftharpoons Pb^{2+}(aq)+2I^-(aq)$$

PbI_2 的溶度积常数表达式为

$$K_{sp}^{\ominus}=\left[\frac{c(Pb^{2+})}{c^{\ominus}}\right]\cdot\left[\frac{c(I^-)}{c^{\ominus}}\right]^2$$

在一定温度下，如果测定出 PbI_2 饱和溶液中的 $c(I^-)$和 $c(Pb^{2+})$，则可以求得 $K_{sp}^{\ominus}(PbI_2)$。

若将已知浓度的 $Pb(NO_3)_2$ 溶液和 KI 溶液按不同体积混合，生成的 PbI_2 沉淀与溶液达到平衡，通过测定溶液中的 $c(I^-)$，再根据系统的初始组成及测定反应中的 Pb^{2+}与 I^-的化学计量关系可以计算出溶液中的 $c(Pb^{2+})$。由此可求得 PbI_2 的溶度积。

实验先用分光光度法测定溶液中的 $c(I^-)$。尽管 I^-是无色的，但可在酸性条件下用 KNO_2 将I^-氧化为 I_2（保持 I_2 浓度在其饱和浓度以下）。I_2 在水溶液中呈橙黄色。用分光光度计在 525nm 波长下，测定由各饱和溶液配制的 I_2 溶液的吸光度 A，然后由标准吸收曲线查出 $c(I^-)$，则可计算出饱和溶液中的 $c(I^-)$。

三、仪器与试剂

（1）仪器：分光光度计，比色管（10 mL），比色皿（2 cm），烧杯，试管，吸量管（1 mL、5 mL、10 mL），漏斗，镜头纸，滤纸，橡胶塞等。

（2）试剂：HCl（6.0 $mol\cdot L^{-1}$），$Pb(NO_3)_2$（0.015 $mol\cdot L^{-1}$），KI（0.035 $mol\cdot L^{-1}$、0.0035 $mol\cdot L^{-1}$），KNO_2（0.010 $mol\cdot L^{-1}$、0.020 $mol\cdot L^{-1}$）。

四、实验内容和步骤

1. A-$c(I^-)$标准曲线的绘制

取 5 支干燥洁净的 10.00 mL 比色管，分别向其中加入 1.00 mL、1.50 mL、2.00 mL、2.50 mL、3.00 mL 的 0.0035 $mol\cdot L^{-1}$ KI 溶液，再分别加入 2.00 mL 0.020 $mol\cdot L^{-1}$ 的 KNO_2 溶液及 1 滴 6.0 $mol\cdot L^{-1}$ HCl 溶液，摇匀后用蒸馏水定容。以水作参比溶液，在 525 nm 波长下测定吸光度 A。以测得的吸光度 A 为纵坐标，以相应 I^-的浓度为横坐标，绘出 A-$c(I^-)$标准曲线。

注意：氧化后得到的 I_2 浓度应小于室温下 I_2 的溶解度。不同温度下，I_2 的溶解度列于表 7-4。

表 7-4　I_2 的溶解度

温度/℃	20	30	40
溶解度/[$g\cdot(100\ g\ H_2O)^{-1}$]	0.029	0.039	0.056

2. PbI_2饱和溶液的制备

（1）取 3 支干燥洁净的小试管，按表 7-5 中数据用吸量管加入 0.015 mol·L^{-1} 的 $Pb(NO_3)_2$ 溶液、0.035 mol·L^{-1} KI 溶液和去离子水，使每支试管的总体积为 10.00 mL。

表 7-5　溶液配制

试管编号	$V[Pb(NO_3)_2]$/mL	V(KI)/mL	$V(H_2O)$/mL
1	5.00	3.00	2.00
2	5.00	4.00	1.00
3	5.00	5.00	0.00

（2）用橡胶塞塞紧试管，充分振荡，约振荡 20 min 后将试管静置 3～5 min。

（3）在装有干燥滤纸的干燥漏斗上将制得的含有 PbI_2 固体的饱和溶液过滤，同时用干燥洁净的试管接取滤液。弃去沉淀，保留滤液。

（4）在 3 支干燥洁净的小试管中注入 1 号、2 号、3 号 PbI_2 的饱和溶液 2.00 mL，再分别注入 4.00 mL 0.010 mol·L^{-1} 的 KNO_2 溶液及 6.0 mol·L^{-1} 的 HCl 溶液 1 滴。摇匀后，分别倒入 2 cm 比色皿中，以水作为参比溶液，在 525 nm 波长下测定溶液的吸光度 A，记录数据。

五、实验结果与分析

（1）实验记录及处理（表 7-6）。

表 7-6　样品吸光度测定及数据处理

试管编号	1	2	3
$V[Pb(NO_3)_2]$/mL	5.00	5.00	5.00
V(KI)/mL	3.00	4.00	5.00
$V(H_2O)$/mL	2.00	1.00	0.00
$V_{总}$/mL	10.00	10.00	10.00
稀释后溶液的吸光度 A			
由标准曲线查得 $c(I^-)$/(mol·L^{-1})			
I^-的初始浓度/(mol·L^{-1})			
初始 $n(I^-)$/mol			
平衡时溶液中 $c(I^-)$/(mol·L^{-1})			
初始 $n(Pb^{2+})$/mol			
沉淀中 $n(Pb^{2+})$/mol			
平衡时溶液中 $n(Pb^{2+})$/mol			
平衡时 $c(Pb^{2+})$/(mol·L^{-1})			
$K_{sp}^{\ominus}(PbI_2)$			
$K_{sp}^{\ominus}(PbI_2)$平均值			

（2）将实验测定值与手册数据及理论计算数据作比较。

（3）进行实验误差分析。

六、注意事项

（1）测得的 $K_{sp}^{\ominus}(PbI_2)$比在水中的大，本实验未考虑离子强度的影响。

（2）数据处理过程中要列出反应式及其计量关系，给出计算过程。

（3）由于滤液被稀释，注意要用从标准曲线上查得的 I^-浓度计算 I^-平衡浓度的倍数。

七、思考题

（1）配制 PbI_2 饱和溶液时，为什么要充分振荡？

（2）如果使用湿的小试管配制比色溶液，对实验结果将产生什么影响？

八、参考文献

陈文兴. 2005. 碘化铅溶度积测定实验微型化的探索[J]. 遵义师范学院学报，7（6）：60-61.

杜小旺，孙明雷. 2003. 分光光度法测定 PbI_2 的溶度积常数[J]. 重庆师范大学学报（自然科学版），20（4）：37-39.

贾佩云，陈春霞. 2013. 无机及分析化学实验[M]. 北京：化学工业出版社.

马晓光. 2010. 影响测定碘化铅 $K_{sp}^{\ominus}$ 的几个因素[J]. 赤峰学院学报（自然版），26（2）：14.

宋龄瑛，梁淑芬，蒋笃孝，等. 2006. 离子交换法测定碘化铅溶度积常数的微型实验研究[J]. 广东化工，33（11）：22-25.

俞芸，蔡碧玉，郑礼华，等. 2013. 荧光探针法测定碘化铅溶度积常数[J]. 龙岩学院学报，31（2）：14-16.

实验十三　酸碱反应与缓冲溶液

一、实验目的

（1）理解酸碱反应的有关概念和原理。

（2）学习缓冲溶液的配置及其 pH 的测定，了解缓冲溶液的缓冲性能。

二、实验原理

1. 酸碱反应

1）同离子效应

强电解质在水中全部电离。弱电解质在水中部分电离。在一定温度下，弱酸弱碱的电离平衡如下

$$HA(aq)+H_2O(l)\rightleftharpoons H_3O^+(aq)+A^-(aq)$$

$$B(aq)+H_2O(l)\rightleftharpoons BH^+(aq)+OH^-(aq)$$

在弱电解质溶液中加入与弱电解质有相同离子的强电解质，电离平衡向生成弱电解质的方向移动，使弱电解质的电离度下降。这种现象称为同离子效应。

2）盐的水解

盐的水解一般是指化合物与水反应而产生的作用。强酸强碱盐在水中不水解；强酸弱碱盐（如 NH_4Cl）水解溶液显酸性；强碱弱酸盐（如 NaAc）水解显碱性；弱酸弱碱盐（如 NH_4Ac）水解溶液的酸碱性取决于相应弱酸弱碱的相对强弱。例如

$$Ac^-(aq)+H_2O\rightleftharpoons HAc+OH^-(aq)$$

$$NH_4^+(aq)+H_2O \Longrightarrow NH_3\cdot H_2O+H^+(aq)$$

$$NH_4^+(aq)+Ac^-(aq)+H_2O(l) \Longrightarrow NH_3\cdot H_2O(aq)+HAc(aq)$$

水解反应是酸碱反应的逆反应。中和反应是放热反应，水解反应是吸热反应，因此升高温度有利于盐类的水解。

2. 缓冲溶液

（1）基本概念。由弱酸（或弱碱）与弱酸（或弱碱）盐组成的溶液，具有保持溶液 pH 相对稳定的性质，这类溶液称为缓冲溶液。其特点是加入少量的酸和碱其 pH 基本保持不变。

（2）缓冲溶液组成及计算公式。缓冲溶液一般是由弱酸及其盐、弱碱及其盐、多元弱酸的酸式盐及其次级盐组成。缓冲溶液的 pH 可用下式计算：

$$pH = pK_a - \lg\frac{c_{酸}}{c_{盐}} \quad 或 \quad pOH = pK_b - \lg\frac{c_{碱}}{c_{盐}}$$

（3）缓冲溶液性质。缓冲容量是衡量缓冲溶液缓冲能力大小的尺度。为获得最大的缓冲容量，应控制 $c_{酸}/c_{盐}$ （或 $c_{碱}/c_{盐}$ ）=1，酸（或碱）、盐浓度大的，缓冲容量也大。但实践中酸（或碱）、盐浓度不宜过大。

三、仪器与试剂

（1）仪器：pH 计，试管，烧杯，量筒（10 mL、100 mL），点滴板，试管架，石棉网，离心机、酒精灯，精密 pH 试纸等。

（2）试剂：HCl（$0.1\ mol\cdot L^{-1}$、$2\ mol\cdot L^{-1}$），pH=4 的 HCl 溶液，HAc（$0.10\ mol\cdot L^{-1}$、$1\ mol\cdot L^{-1}$），NaOH（$0.1\ mol\cdot L^{-1}$、$1\ mol\cdot L^{-1}$），pH=10 的 NaOH 溶液，$NH_3\cdot H_2O$（$0.1\ mol\cdot L^{-1}$），NaAc（$0.1\ mol\cdot L^{-1}$、$1\ mol\cdot L^{-1}$），NaCl（$0.1\ mol\cdot L^{-1}$），$CrCl_3$（$0.1\ mol\cdot L^{-1}$），$BiCl_3$（$0.1\ mol\cdot L^{-1}$），$Fe(NO_3)_3$（$0.5\ mol\cdot L^{-1}$），Na_2CO_3（$0.1\ mol\cdot L^{-1}$），NaH_2PO_4（$0.1\ mol\cdot L^{-1}$），Na_2HPO_4（$0.1\ mol\cdot L^{-1}$），NH_4Cl（$0.1\ mol\cdot L^{-1}$），NH_4Ac（s），NaAc（s），甲基红溶液，甲基橙溶液。

四、实验内容和步骤

1. 同离子效应

（1）在试管中加入 5 滴 $0.1\ mol\cdot L^{-1}$ 的 $NH_3\cdot H_2O$ 和 1 滴酚酞，观察溶液的颜色并作记录。再向其中加入少量 NH_4Ac 固体，摇动试管使其溶解，观察溶液颜色变化，解释原因。

（2）在试管中加入 5 滴 $0.1\ mol\cdot L^{-1}$ 的 HAc 和 1 滴甲基橙，观察溶液颜色并作记录。再向其中加入少量 NaAc 固体，摇动试管使其溶解，观察溶液颜色变化，解释原因。

2. 盐类的水解

（1）A、B、C、D 是四种失去标签的盐溶液，只知它们是 $0.1\ mol\cdot L^{-1}$ 的 NaCl、NaAc、NH_4Cl、Na_2CO_3 溶液，试通过测定 pH 并结合理论计算确定 A、B、C、D 各为何物。

（2）在两支试管中，各加入 2.00 mL 蒸馏水和 3 滴 $0.5\ mol\cdot L^{-1}$ $Fe(NO_3)_3$ 混合均匀。将一支试管小火加热至沸腾，两支试管相比较，观察溶液颜色变化，并解释其现象。

（3）取两滴 $0.1\ mol\cdot L^{-1}$ $BiCl_3$ 放入离心试管中，加入少量的蒸馏水溶解，振荡使其充分反应，离心分离，用吸管小心地取上层清液注入盛有蒸馏水的试管里，观察发生的现象，再滴加 $2\ mol\cdot L^{-1}$ HCl 溶液，观察有什么变化，写出反应方程式。

（4）在试管中加入 2 滴 $0.1\ mol\cdot L^{-1}$ $CrCl_3$ 溶液和 3 滴 $0.1\ mol\cdot L^{-1}$ Na_2CO_3 溶液，观察现象，

写出反应方程式。

3. 缓冲溶液

1）缓冲溶液的配制与 pH 的测定

按照表 7-7 中的用量，用量筒配制甲、乙、丙三种缓冲溶液于已标号的 3 支试管中。用 pH 计测定所配制的缓冲溶液的 pH，并填入表中。试比较测定值与计算值是否相符（保留溶液，留作下面的实验用）。

表 7-7　缓冲溶液的配制与 pH 的测定

缓冲溶液	pH（计算值）	溶液	各组分的体积/mL	pH（测定值）
甲		0.1 mol·L^{-1} HAc 0.1 mol·L^{-1} NaAc		
乙		0.1 mol·L^{-1} NaH_2PO_4 0.1 mol·L^{-1} Na_2HPO_4		
丙		0.1 mol·L^{-1} $NH_3·H_2O$ 0.1 mol·L^{-1} NH_4Cl		

2）缓冲溶液的性质

（1）在两支试管中各加入 3 mL 蒸馏水，用 pH 试纸测定其 pH，然后分别加入 3 滴 0.1 mol·L^{-1} HCl 溶液和 0.1 mol·L^{-1} NaOH 溶液，再用 pH 试纸测其 pH。

（2）将上述实验中配制的甲、乙、丙三种溶液依次各取 3 mL，每种取 2 份，共取 6 份，分别加入 3 滴 0.1 mol·L^{-1} HCl 溶液和 0.1 mol·L^{-1} NaOH 溶液，用 pH 试纸测定并填入表 7-8。

表 7-8　缓冲溶液的性质

缓冲溶液	甲		乙		丙	
	加酸	加碱	加酸	加碱	加酸	加碱
pH						

测定分别加入酸和碱后，同一缓冲溶液的 pH 有无变化？与未加酸、碱的缓冲溶液的 pH 比较有无变化？为什么？

（3）按表 7-9，在 3 支试管中，依次加入 1 mL pH=4 的缓冲溶液、pH=4 的 HCl 溶液、pH=10 的缓冲溶液、pH=10 的 NaOH 溶液，然后在各试管中加入 10 mL 蒸馏水，混合后用 pH 计测量其 pH，并解释实验现象。

表 7-9　缓冲溶液的稀释

试管号	溶液	稀释后的 pH
1	pH=4 的缓冲溶液	
2	pH=4 的 HCl 溶液	
3	pH=10 的缓冲溶液	
4	pH=10 的 NaOH 溶液	

3）缓冲溶液的缓冲容量

（1）取 2 支试管，用吸量管在一支试管中加 0.1 mol·L^{-1} HAc 和 0.1 mol·L^{-1} NaAc 溶液各 3 mL，另一支试管中加 1 mol·L^{-1} HAc 和 1 mol·L^{-1} NaAc 溶液各 3 mL，振摇使之混合均匀。

测两试管内溶液的 pH 是否相同。在两试管中分别滴入 2 滴甲基红指示剂，观察溶液呈什么颜色，然后在两试管中分别滴加 2 mol·L^{-1} NaOH 溶液（每加一滴均需充分混合），直到溶液的颜色变成黄色。记录各管所加的滴数。解释所得的结果。

（2）取 2 支试管，用吸量管在一支试管中加入 0.1 mol·L^{-1} Na_2HPO_4 溶液和 0.1 mol·L^{-1} NaH_2PO_4 溶液各 5 mL，另一支试管中加入 9 mL 0.1 mol·L^{-1} Na_2HPO_4 溶液和 1 mL 0.1 mol·L^{-1} NaH_2PO_4 溶液，用精密 pH 试纸或 pH 计测定两溶液的 pH。然后在每支试管中加入 0.9 mL 0.1 mol·L^{-1} NaOH 溶液，再用精密 pH 试纸或 pH 计测定它们的 pH。每支试管加 NaOH 溶液前后两次的 pH 是否相同？两支试管相比情况又如何？解释原因。

五、注意事项

（1）用完标准缓冲溶液一定要放回原处，切不可倒掉。

（2）测得的数据需指导教师查看，签字后方为有效。

六、思考题

（1）如何配制 $SnCl_2$ 溶液和 $FeCl_3$ 溶液？

（2）影响盐类水解的因素有哪些？

（3）缓冲溶液的 pH 由哪些因素决定？

（4）缓冲溶液为什么具有缓冲作用？

七、参考文献

贾佩云，陈春霞. 2013. 无机及分析化学实验[M]. 北京：化学工业出版社.

焦彩娟，焦姣. 2015. 酸碱反应的“序”[J]. 中学化学教学参考，(4)：59.

申扬帆. 2015. 基于酸碱质子理论的酸碱反应及其溶液 pH 的探讨[J]. 课程教育研究，(3)：189-190.

汪乃兴，王彦刚. 1995. 关于酸碱浓度与缓冲溶液 pH 值关系的新探讨[J]. 化学通报，(10)：52-54.

张溯源，尹富玲，李畅. 2011. 两性物质配制缓冲溶液可行性研究[J]. 实验技术与管理，28（3）：59-62.

实验十四　氧化还原反应和氧化还原平衡

一、实验目的

（1）学会装配原电池。

（2）掌握电极的本性、电对的氧化型或还原型。

（3）掌握物质的浓度、介质的酸度对电极电势、氧化还原反应方向、产物及速率的影响。

（4）了解化学电池的电动势。

二、实验原理

氧化还原反应的实质就是反应过程中电子的得失或转移，在离子化合物中是电子的得失，在共价化合物中是电子的转移。氧化、还原能力的强弱可根据电极电势的相对高低来衡量。一个电对的电极电势的值越大，氧化态物质的氧化能力就越强，其还原态物质的还原能力就越弱，反之亦然。因此，根据电极电势值的大小可以判断反应进行的方向，即 $E_{正}-E_{负}>0$ 时，氧化还原反应可以正方向进行。

利用氧化还原反应而产生电流的装置称为原电池。原电池的电动势等于正、负两极的电势之差。

大多数反应都是在非标准状态下进行的，这时需要考虑浓度对电极电势的影响，这种影响可以用能斯特（Nernst）方程来表示：

$$a\,\text{氧化态物质}+ne^- \xlongequal{} b\,\text{还原态物质}$$

$$E = E^{\ominus} + \frac{0.0591}{n}\lg\frac{[\text{氧化态}]^a}{[\text{还原态}]^b}$$

式中：$\frac{[\text{氧化态}]^a}{[\text{还原态}]^b}$ 表示氧化态各物质浓度幂次方的乘积与还原态各物质浓度幂次方乘积之比。

因此，当改变电对氧化态或者还原态的物质的浓度，将使电极电势值发生相应程度的变化，从而影响氧化还原反应的产物。由于沉淀溶解平衡、配位电离平衡及酸碱平衡能够改变氧化态或者还原态物质的浓度，从而引起电动势 E 发生改变。

三、仪器与试剂

（1）仪器：烧杯（50 mL），酸度计，离心管，试管（10 mL），表面皿，U 形管。

（2）试剂：氟化铵，琼脂，HAc（6 mol·L^{-1}），H_2SO_4（1 mol·L^{-1}），NaOH 溶液（6 mol·L^{-1}），$NH_3·H_2O$，Na_2SO_4 溶液（1 mol·L^{-1}），$ZnSO_4$（1 mol·L^{-1}），$CuSO_4$（0.01 mol·L^{-1}、2 mol·L^{-1}），$FeSO_4$（0.1 mol·L^{-1}），$Fe_2(SO_4)_3$（0.1 mol·L^{-1}），Na_2SO_3（0.1 mol·L^{-1}），$FeCl_3$（0.1 mol·L^{-1}），KI（0.1 mol·L^{-1}），KBr（0.1 mol·L^{-1}），KIO_3（0.1 mol·L^{-1}），$KMnO_4$（0.01 mol·L^{-1}），H_2O_2（3%），溴水，碘水（0.1 mol·L^{-1}），CCl_4，饱和 KCl 溶液，饱和氯水溶液，酚酞指示剂，淀粉溶液（0.4%），

（3）材料：回形针，电极（锌片、铜片），导线，红色石蕊试纸，砂纸，滤纸。

四、实验内容和步骤

1. 氧化还原反应和电极电势

操作		实验现象	解释
0.5 mL 0.1 mol·L^{-1} KI 溶液	2 滴 0.1 mol·L^{-1} $FeCl_3$ 溶液，0.5 mL CCl_4		
0.5 mL 0.1 mol·L^{-1} KBr 溶液			
3 滴碘水	0.5 mL 0.1 mol·L^{-1} $FeSO_4$ 溶液，0.5 mL CCl_4		
3 滴溴水			

根据以上实验结果，定性地比较 I_2/I^-、Br_2/Br^-和 Fe^{3+}/Fe^{2+}三个电对的电极电势，并指出哪种物质是最强的氧化剂，哪种是最强的还原剂。

讨论：在上述实验中，KI 溶液与 $FeCl_3$ 溶液反应的水层是 $FeCl_2$，本应为浅绿色，为什么实验现象显示为黄色？若用适量的氯水分别与溴化钾、碘化钾溶液反应并加入 CCl_4，估计 CCl_4 层的颜色。

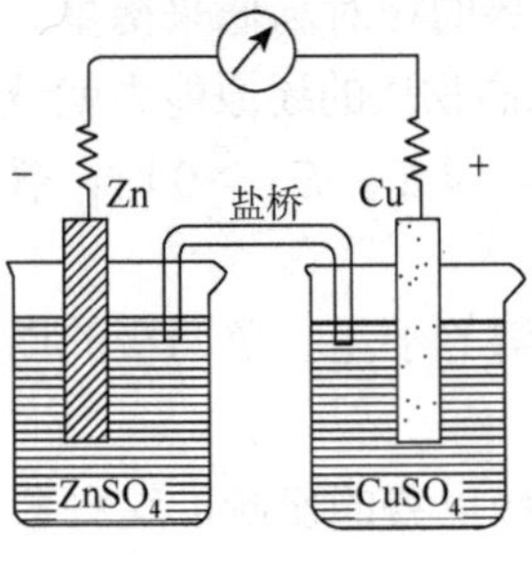

图 7-2　铜锌原电池

2. 浓度对电极电势的影响

（1）向烧杯中加入约 30 mL 1 mol·L^{-1} $ZnSO_4$溶液，在其中插入锌片；向另一个烧杯中加入约 30 mL 1 mol·L^{-1} $CuSO_4$溶液，在其中插入铜片。用盐桥将两个烧杯相连，组成一个原电池。用导线将锌片和铜片分别与伏特计（或酸度计）的负极和正极相连，测量两极之间的电压（图 7-2）。

（2）在 $CuSO_4$溶液中注入浓氨水，搅拌，至生成的沉淀完全溶解，形成深蓝色的溶液：

$$SO_4^{2-}+2Cu^{2+}+2NH_3\cdot H_2O \rightleftharpoons Cu_2(OH)_2SO_4\downarrow+2NH_4^+$$

$$Cu_2(OH)_2SO_4+8NH_3\cdot H_2O \rightleftharpoons 2[Cu(NH_3)_4]^{2+}+2OH^-+SO_4^{2-}+8H_2O$$

测量电压，观察有什么变化。

（3）在 $ZnSO_4$溶液中注入浓氨水，搅拌至生成的沉淀完全溶解：

$$Zn^{2+}+2NH_3\cdot H_2O \rightleftharpoons Zn(OH)_2\downarrow+2NH_4^+$$

$$Zn(OH)_2+4NH_3\cdot H_2O \rightleftharpoons [Zn(NH_3)_4]^{2+}+2OH^-+4H_2O$$

测量电势差，观察其值又有什么变化。利用能斯特方程来解释生成配合物对电极电势的影响。

（4）自行设计并测定下列浓差电池电动势，将实验值与计算值进行比较。

$$Cu|CuSO_4(0.01\ mol\cdot L^{-1})||CuSO_4(2\ mol\cdot L^{-1})|Cu$$

在浓差电池的两极各连一个回形针，在表面皿上放一小块滤纸，滴加 1 mol·L^{-1} Na_2SO_4溶液，使滤纸完全润湿，再加入 2 滴酚酞。将两极的回形针放在纸上，使其相距约 1 mm，稍等片刻，观察所压处哪端出现红色。

3. 浓度和酸度对氧化还原反应的影响

1）浓度的影响

（1）在一支试管中依次加入 H_2O、CCl_4和 0.1 mol·L^{-1} $Fe_2(SO_4)_3$溶液各 0.5 mL，摇匀后，加入 0.5 mL 0.1 mol·L^{-1} KI 溶液，振荡后观察 CCl_4层的颜色。

（2）另取一支试管依次加入 0.1 mol·L^{-1} $FeSO_4$溶液、CCl_4和 0.1 mol·L^{-1} $Fe_2(SO_4)_3$溶液各 0.5 mL，摇匀后，加入 0.5 mL 0.1 mol·L^{-1} KI 溶液，振荡后观察 CCl_4层的颜色。

（3）在实验（1）的试管中，加入少量 NH_4F 固体振荡。观察 CCl_4层颜色的变化。

2）酸度的影响

（1）在 3 支均盛有 0.5 mL 0.1 mol·L^{-1} Na_2SO_3 溶液的试管中，分别加入 0.5 mL 1 mol·L^{-1} H_2SO_4、0.5 mL H_2O、0.5 mL 6 mol·L^{-1} NaOH 溶液，混合均匀后，再各滴加 2 滴 0.01 mol·L^{-1} $KMnO_4$溶液，观察颜色变化有什么不同，写出反应方程式。

实验内容			实验现象	反应方程式
0.5 mL 0.1 mol·mL^{-1} Na_2SO_3	0.5 mL 1 mol·L^{-1} H_2SO_4	2 滴 0.01 mol·L^{-1} $KMnO_4$ 溶液		
	0.5 mL H_2O			
	0.5 mL 6 mol·L^{-1} NaOH			

（2）在试管中加入 0.5 mL 0.1 mol·L^{-1} KI 溶液和 2 滴 0.1 mol·L^{-1} KIO_3 溶液，再滴加几滴淀粉溶液，混合后观察颜色有无变化。然后加 2～3 滴 1 mol·L^{-1} H_2SO_4 溶液酸化混合液，观察有什么变化，最后滴加 2～3 滴 6 mol·L^{-1} NaOH 溶液时混合液呈碱性，又有什么变化。写出有关的反应方程式。

实验内容	实验现象	反应方程式
0.5 mL 0.1 mol·L^{-1} KI、 2 滴 0.1 mol·L^{-1} KIO_3、淀粉溶液		
2～3 滴 1 mol·L^{-1} H_2SO_4		
2～3 滴 6 mol·L^{-1} NaOH		

4. 酸度对氧化还原反应速率的影响

在两支各盛 0.5 mL 0.1 mol·L^{-1} KBr 溶液的试管中，分别加入 0.5 mL 1 mol·L^{-1} H_2SO_4 和 6 mol·L^{-1} HAc 溶液，然后各加入 2 滴 0.01 mol·L^{-1} $KMnO_4$ 溶液，观察两支试管中紫红色褪去的速度。分别写出有关的反应方程式。

实验内容			实验现象	反应方程式
0.5 mL 0.1 mol·L^{-1} KBr	0.5 mL 1 mol·L^{-1} H_2SO_4	2 滴 0.01 mol·L^{-1} $KMnO_4$		
	0.5 mL 6 mol·L^{-1} HAc			

5. 氧化数居中的物质的氧化还原性

（1）在试管中加入 0.5 mL 0.1 mol·L^{-1} KI 和两三滴 1 mol·L^{-1} H_2SO_4，再加入一两滴 3% H_2O_2，观察试管中溶液颜色的变化。

（2）在试管中加入 2 滴 0.01 mol·L^{-1} $KMnO_4$ 溶液，再加入 3 滴 1 mol·L^{-1} H_2SO_4，摇匀后再加入 2 滴 3% H_2O_2，观察试管中溶液颜色的变化。

讨论：为什么 H_2O_2 既具有氧化性，又具有还原性？试从电极电势方面予以说明。

五、注意事项

（1）本实验中氧化剂、还原剂、酸和碱的用量、浓度，以及加入的先后次序都会对氧化还原反应的产物、方向、现象等产生影响，因此必须严格控制用量。

（2）电极的锌片、铜片及导线头等必须用砂纸摩擦干净，以免增大电阻。

（3）$FeSO_4$ 溶液和 Na_2SO_3 溶液必须是新配制的。

六、思考题

（1）根据实验结果讨论氧化还原反应与哪些因素有关。

（2）电解硫酸钠溶液为什么得不到金属钠？

（3）什么是浓差电池？写出 $Cu|CuSO_4$（0.01 $mol\cdot L^{-1}$）$||CuSO_4$（2 $mol\cdot L^{-1}$）$|Cu$ 的电池反应式，并计算电池电动势。

（4）介质对 $KMnO_4$ 的氧化性有什么影响？用本实验及电极电势予以说明。

附注：

盐桥的制法：称取 1 g 琼脂，放在 100 mL KCl 饱和溶液中浸泡一会，在不断搅拌下加热成糊状，趁热倒入 U 形玻璃管中（管内不能留有气泡，否则会增加电阻），冷却即成。更为简便的方法可用 KCl 饱和溶液装满 U 形玻璃管，两管口用小棉花球塞住（管内不留气泡），也可作为盐桥使用。

实验中还可用素烧瓷筒作为盐桥。

七、参考文献

李铭岫. 2012. 无机化学实验[M]. 北京：北京理工大学出版社.
毛海荣. 2006. 无机化学实验[M]. 南京：东南大学出版社.
史苏华. 2011. 无机化学实验[M]. 武汉：华中科技大学出版社.
王新芳. 2014. 无机化学实验[M]. 北京：化学工业出版社.
吴建中. 2010. 无机化学实验[M]. 北京：化学工业出版社.
赵新华. 2014. 无机化学实验[M]. 4 版 北京：高等教育出版社.

实验十五　配合物的生成与性质

一、实验目的

（1）比较并解释配离子的稳定性。

（2）了解配位电离平衡与其他平衡之间的关系。

（3）了解配合物的一些应用。

二、实验原理

配合物是由中心原子或离子与一定数目的中性分子或阴离子以配位键结合而形成的一类化合物。中心离子形成配合物后性质不同于原来的金属离子，具有新的化学特征，其颜色、酸碱性、溶解性及氧化还原性都会发生变化。

$$M+nR \rightleftharpoons MR_n$$

$$K_s = \frac{[MR_n]}{[M][R]^n}$$

配合物的稳定性可由 $K_{稳}$（K_s）表示，数值越大，配合物越稳定。

配位化合物的内、外界之间是靠离子键结合的，在水中完全解离。配位个体在水中是部分、分步的电离，因此同样存在着电离平衡。

（1）配位化合物组成：内界（中心离子+配体）+外界。

（2）配离子的稳定平衡常数。

配位化合物为强电解质，在水溶液中完全电离成内界（配离子）和外界，例如

$$[Cu(NH_3)_4]SO_4 = [Cu(NH_3)_4]^{2+} + SO_4^{2-}$$

配离子是弱电解质，在水溶液中部分电离，例如

$$[Cu(NH_3)_4]^{2+} = Cu^{2+} + 4NH_3$$

平衡常数表达式：

$$K_{\text{不稳}}=\frac{[Cu^{2+}][NH_3]^4}{[Cu(NH_3)_4^{2+}]}$$

（3）配离子的电离平衡。配离子的电离是一种化学平衡，当改变某物质的浓度时，平衡会发生移动。

电离平衡移动的方向：向着生成 $K_{\text{稳}}$更大（更难电离）的配离子方向移动。

（4）螯合物的形成和特性。一个配位体中有两个或多个原子（多基配体）同时与一个中心离子进行配位，所形成的环状结构化合物称为螯合物。常见的多基配体有乙二胺（en）、丁二肟。

配合物有广泛的应用，在分析化学中往往可以利用配合物的形成反应来进行元素的分析鉴定、消除离子的干扰等。

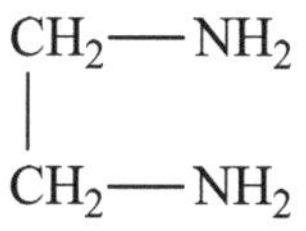
乙二胺

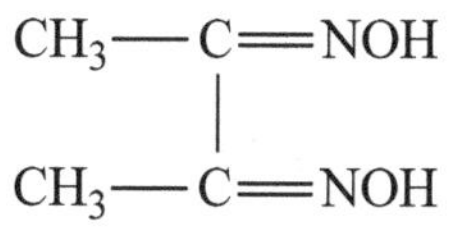
丁二肟

三、仪器与试剂

（1）仪器：试管，离心试管，漏斗，离心机，酒精灯，白瓷点滴板。

（2）试剂：$Na_2S_2O_3$（0.1 mol·L^{-1}），$K_3[Fe(CN)_6]$（0.1 mol·L^{-1}），NH_4SCN（0.1 mol·L^{-1}），$AgNO_3$（0.1 mol·L^{-1}），NaCl（0.1 mol·L^{-1}），氨水（6 mol·L^{-1}），KBr（0.1 mol·L^{-1}），$FeCl_3$（0.1 mol·L^{-1}），$(NH_4)_2C_2O_4$ 饱和溶液。

四、实验内容和步骤

1. 简单离子与配离子的区别

在分别盛有 5 滴 0.1 mol·L^{-1} $FeCl_3$ 溶液和 $K_3[Fe(CN)_6]$溶液的试管中，分别滴入 5 滴 0.1 mol·L^{-1} NH_4SCN 溶液，有什么现象发生？两种溶液中都有 Fe^{3+}，如何解释上述现象？

2. 配离子稳定性的比较

（1）向盛有 2 滴 0.1 mol·L^{-1} $FeCl_3$ 溶液的试管中，加 0.1 mol·L^{-1} NH_4SCN 溶液数滴，观察有什么现象。然后再逐滴加入饱和$(NH_4)_2C_2O_4$ 溶液，观察溶液颜色有什么变化。写出有关的反应方程式，并比较 Fe^{3+}的两种配离子的稳定性大小。

（2）在盛有 10 滴 0.1 mol·L^{-1} $AgNO_3$ 溶液的试管中，加入 10 滴 0.1 mol·L^{-1} NaCl 溶液微热，分离除去上层清液，然后在该试管中按下列的次序进行试验：①滴加 6 mol·L^{-1} 氨水（不断摇动试管）至沉淀刚好溶解；②加 10 滴 0.1 mol·L^{-1} KBr 溶液，观察有什么沉淀生成；③除去上层清液，滴加 1 mL 0.1 mol·L^{-1} $Na_2S_2O_3$ 溶液至沉淀溶解；④滴加 0.1 mol·L^{-1} KI 溶液，观察又有什么沉淀生成。写出以上各反应的方程式。

（3）在 0.5 mL 碘水中，逐滴加入 0.1 mol·L^{-1} $K_4[Fe(CN)_6]$溶液，振荡，有什么现象？

3. 配位电离平衡的移动

首先制备配离子$[Cu(NH_3)_4]^{2+}$的溶液，再破坏该配离子。按下述要求自行设计实验步骤进行实验，并写出有关的反应方程式。

$$2CuSO_4+2NH_3\cdot H_2O \longrightarrow Cu_2(OH)_2SO_4\downarrow+(NH_4)_2SO_4$$

$$Cu_2(OH)_2SO_4\downarrow+8NH_3\cdot H_2O \longrightarrow [Cu(NH_3)_4]SO_4+[Cu(NH_3)_4](OH)_2+8H_2O$$

（1）利用酸碱反应破坏$[Cu(NH_3)_4]^{2+}$：

$$SO_4^{2-}+2[Cu(NH_3)_4]^{2+}+6H^++2H_2O = Cu_2(OH)_2SO_4\downarrow+8NH_4^+$$

（2）利用沉淀反应破坏$[Cu(NH_3)_4]^{2+}$：

$$[Cu(NH_3)_4]^{2+}+S^{2-} \longrightarrow CuS\downarrow+4NH_3$$

（3）利用氧化还原反应破坏$[Cu(NH_3)_4]^{2+}$：

$$[Cu(NH_3)_4]^{2+}+Zn = [Zn(NH_3)_4]^{2+}+Cu$$

（4）利用生成更稳定配合物（螯合物）的方法破坏$[Cu(NH_3)_4]^{2+}$：

$$[Cu(NH_3)_4]^{2+}+EDTA^{4-} \longrightarrow [Cu(EDTA)]^{2-}+4NH_3$$

4. 配合物的应用

1）Ni^{2+}的鉴定

pH 控制为 5～10：

$$Ni^{2+}+NH_3 \cdot H_2O+\text{二乙酰二肟} \longrightarrow \text{鲜红色沉淀}$$

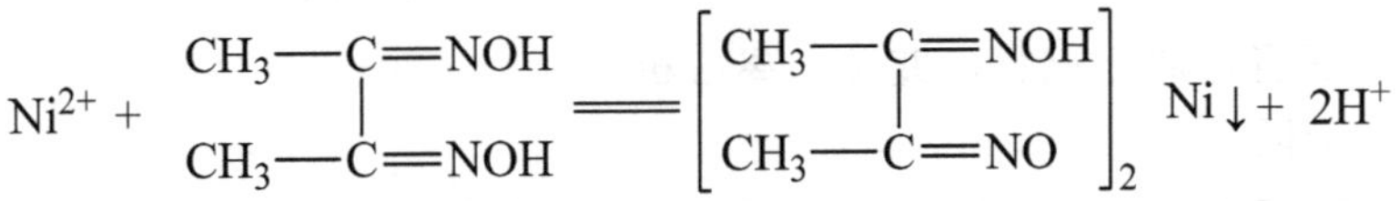

2）掩蔽干扰离子

$$Co^{2+}+4SCN^- \longrightarrow [Co(NCS)_4]^{2-}$$（溶于有机溶剂戊醇显蓝绿色）

$$Fe^{3+}+nSCN^- = [Fe(NCS)_n]^{3-n}$$（血红色）会产生干扰

Fe^{3+}掩蔽方法：　$Fe^{3+}+6F^- \longrightarrow [FeF_6]^{3-}$（无色）

3）硬水软化

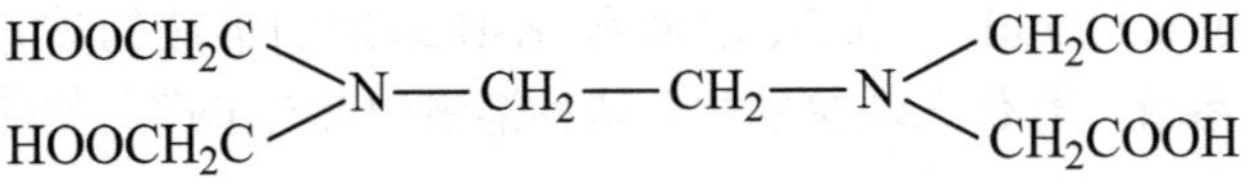

EDTA（简式H_4Y）

问题：为什么加入 EDTA 二钠盐的溶液没有白色悬浮物产生？

$$Ca^{2+}+EDTA^{4-} = [Ca(EDTA)]^{2-}$$

$$Mg^{2+}+EDTA^{4-} = [Mg(EDTA)]^{2-}$$

五、注意事项

（1）使用离心机时要注意安全。

（2）及时记录实验过程中配合物的特征颜色。

（3）节约药品，废液倒入废液缸。

六、思考题

（1）螯合物的结构特征与什么有关？

（2）使用离心机进行离心分离操作时应注意什么？

（3）根据配位电离平衡的移动，你是如何设计实验方法来破坏$[Cu(NH_3)_4]^{2+}$配离子的？

（4）衣服上沾有铁锈时可以用草酸洗去，试说明原理。

（5）可用哪些不同类型的反应使$FeSCN^{2+}$的红色褪去？

（6）指出 AgX（X：Cl、Br、I）的溶解度大小顺序。借助配位效应对沉淀溶解度的影响，分别指出哪些物质能溶解 AgX（X：Cl、Br、I），并指出产物配合物的稳定性大小顺序。

（7）配合物与复盐的区别是什么？

（8）配离子与简单离子有哪些不同？

（9）哪些因素影响配离子的电离平衡？

（10）配离子的电离平衡与难溶电解质溶解平衡之间存在什么样的关系？

实验十六　磺基水杨酸合铁(III)配合物的组成及稳定常数的测定

一、实验目的

（1）了解分光光度法测定溶液中配位化合物的组成及稳定常数的原理和方法。

（2）当 pH＜2.5 时，测定磺基水杨酸合铁的组成及其稳定常数。

（3）掌握分光光度计的操作方法。

二、实验原理

磺基水杨酸（简式为 H_3R）可以与 Fe^{3+}形成稳定的配合物。配合物的组成随溶液 pH 的不同而改变。pH=2～3，生成紫红色配合物；pH=4～9，生成红色配合物；pH=9～11，生成黄色配合物，不同颜色的配离子，其组成也各不相同。磺基水杨酸的结构如下。

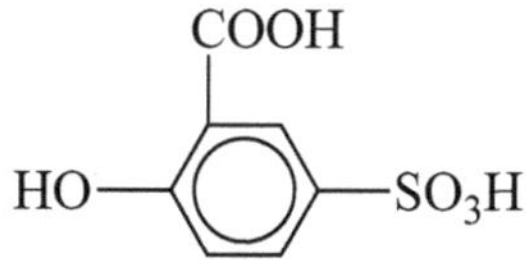

根据朗伯-比尔定律 $A=\varepsilon bc$，当波长 λ、溶液的温度 T 和比色皿的厚度 b 均一定时，溶液的吸光度 A 只与有色配离子的浓度 c 成正比。本实验是测定 pH=2～3 时所形成的红褐色磺基水杨酸合铁(III)配离子的组成及其稳定常数。实验中通过加入一定量的 $HClO_4$ 溶液来控制溶液的 pH。由于所测溶液中磺基水杨酸是无色的，Fe^{3+}溶液的浓度很小，也可以认为是无色的，它们对 500 nm 的单色光几乎不产生吸收，只有它们的配合物磺基水杨酸合铁(III)配离子（MR_n）在此处有很强的吸收，通过对溶液吸光度的测定，可以求出配离子的组成。

本实验采用等摩尔连续变化法，配制一系列中心离子 M 和配体 R 的总浓度保持不变，而 M 和 R 的摩尔分数连续变化的溶液，用一定波长的单色光测定其吸光度。显然，在这一系列的溶液中：有一些溶液中的金属离子是过量的，而另一些溶液中配体是过量的；在这两部分溶液中，配离子的浓度都不可能达到最大值；只有当金属离子与配体的物质的量之比与配离子的组成一致时，配离子的浓度才能最大。由于中心离子和配体基本对所给单色光无吸收，只有配离子有吸收，因此配离子的浓度越大，溶液颜色越深，其吸光度也越大。若以配体的摩尔分数为横坐标，吸光度为纵坐标作图，则从图上最大吸收峰处对应的配体摩尔分数可以求得配合物的组成 n 值，如图 7-3 所示。

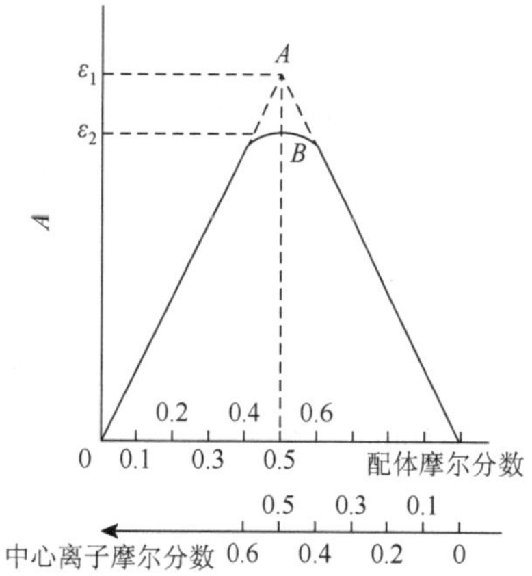

图 7-3　A-$\frac{[R]}{[M]+[R]}$ 曲线

$$n=\frac{\text{配体摩尔分数}}{\text{金属离子摩尔分数}}$$

最大吸光度 A 点可以被认为是 M 和 R 全部形成配合物时的吸光度，其值为 ε_1。由于配离子中有一部分电离，其浓度要稍小一些，因此实验测得的最大吸光度在 B 点，其值为 ε_2，配离子电离度 α 可表示为

$$\alpha=\frac{\varepsilon_1-\varepsilon_2}{\varepsilon_1}$$

配离子的稳定常数 K_f 可由下列平衡式导出：

$$M + nR \rightleftharpoons MR_n$$

	M	R	MR_n
起始浓度	0	0	c
平衡浓度	$c\alpha$	$c\alpha$	$c-c\alpha$

$$K_f=\frac{c-c\alpha}{c\alpha\times(nc\alpha)^n}=\frac{1-\alpha}{n^n c^n \alpha^{n+1}}$$

式中：c 为 A 点所对应的金属离子的浓度；α 为电离度。当 n=1 时，$K_f=\frac{1-\alpha}{c\alpha^2}$。

三、仪器与试剂

（1）仪器：721 型分光光度计，烧杯，容量瓶（100 mL），吸量管（10 mL），洗耳球，锥形瓶，擦镜纸。

（2）试剂：$HClO_4$（0.01 mol·L^{-1}），磺基水杨酸（0.0100 mol·L^{-1}），Fe^{3+}溶液（0.0100 mol·L^{-1}）。

四、基本操作

（1）溶液的配制参见实验三有关内容。

（2）吸量管的使用参见第 4 章。

（3）容量瓶的使用参见第 4 章。

（4）分光光度计的使用参见第 4 章。

五、实验内容和步骤

1. 配制 0.0010 mol·L^{-1} Fe^{3+}和 0.0010 mol·L^{-1} 磺基水杨酸溶液各 100 mL

配制 0.0010 mol·L^{-1} Fe^{3+}溶液：用移液管准确吸取 10.00 mL 0.0100 mol·L^{-1} Fe^{3+}溶液注入 100 mL 容量瓶中，用 0.01 mol·L^{-1} 的 $HClO_4$ 溶液稀释至刻度，摇匀，备用。

配制 0.0010 mol·L^{-1} 磺基水杨酸溶液：用移液管量取 10.00 mL H_3R（0.0100 mol·L^{-1}）溶液注入 100 mL 容量瓶中，用 0.01 mol·L^{-1} 的 $HClO_4$ 溶液稀释至刻度，摇匀，备用。

2. 配制系列摩尔分数溶液

按下表列出的体积，用 3 支吸量管分别移取相应体积的 0.0010 mol·L^{-1} 磺基水杨酸溶液、0.0010 mol·L^{-1} Fe^{3+}溶液及 0.01 mol·L^{-1} $HClO_4$ 溶液，分别注入 11 个已编号的 100 mL 锥形瓶中，摇匀。

序号	0.01 mol·L^{-1} $HClO_4$ 溶液体积/mL	0.0010 mol·L^{-1} Fe^{3+} 溶液体积/mL	0.0010 mol·L^{-1} 磺基水杨酸溶液体积/mL	H_3R 的摩尔分数	吸光度
1	10.0	10.0	0.0		
2	10.0	9.0	1.0		
3	10.0	8.0	2.0		
4	10.0	7.0	3.0		
5	10.0	6.0	4.0		
6	10.0	5.0	5.0		
7	10.0	4.0	6.0		
8	10.0	3.0	7.0		
9	10.0	2.0	8.0		
10	10.0	1.0	9.0		
11	10.0	0.0	10.0		

3. 测定系列摩尔分数溶液的吸光度

用 721 型分光光度计，波长设为 500 nm，以 0.01 mol·L^{-1} 的 $HClO_4$ 溶液作参比溶液，测以上 11 种溶液的吸光度，并记录数据于上表中。

以吸光度为纵坐标，以磺基水杨酸的摩尔分数为横坐标作图，找出最大吸收峰，求出配合物的组成和稳定常数。

六、思考题

（1）使用分光光度计时要注意哪些操作？

（2）实验中，每个溶液的 pH 是否一样？若不一样，对结果有什么影响？

（3）为什么说金属离子与配体的物质的量之比与配离子的组成一致时，配离子的浓度才能最大？

（4）在溶液的配制过程中，为什么要用 $HClO_4$ 溶液定容？换成盐酸行不行？

（5）配制系列溶液所用的锥形瓶需不需要干燥？

第 8 章　无机化合物制备实验

实验十七　粗盐的提纯

一、实验目的

（1）学习粗盐提纯的原理和方法。

（2）掌握溶解、过滤、蒸发、浓缩、结晶、干燥等基本操作。

（3）了解氯化钠纯度检验的方法和 SO_4^{2-}、Ca^{2+}、Mg^{2+}等离子的定性鉴定方法。

二、实验原理

粗盐中的不溶性杂质（如泥沙等）可通过溶解和过滤的方法除去。

粗盐中的可溶性杂质主要是 Ca^{2+}、Mg^{2+}、K^+和 SO_4^{2-} 等，选择适当的试剂使它们生成难溶化合物的沉淀而被过滤除去。

（1）在粗盐溶液中加入过量的 $BaCl_2$ 溶液，过滤，除去难溶化合物 $BaSO_4$ 沉淀。

$$Ba^{2+}+SO_4^{2-} \xlongequal{} BaSO_4\downarrow$$

（2）滤液中加入 NaOH 溶液和 Na_2CO_3 溶液，加入过量 Ba^{2+}除去 Mg^{2+}、Ca^{2+}，同时沉淀 SO_4^{2-}，过滤除去沉淀。

$$Mg^{2+}+2OH^- \xlongequal{} Mg(OH)_2\downarrow$$

$$Ca^{2+}+CO_3^{2-} \xlongequal{} CaCO_3\downarrow$$

$$Ba^{2+}+CO_3^{2-} \xlongequal{} BaCO_3\downarrow$$

（3）用稀盐酸溶液调节 pH 至 3～4，可除去过量的 NaOH 和 Na_2CO_3。

（4）粗盐中的 K^+和上述的沉淀剂都不起作用，仍留在溶液中。由于 KCl 的溶解度大于 NaCl 的溶解度，且含量较少，因此在蒸发和浓缩过程中，NaCl 先结晶出来，而 KCl 则留在溶液中。

三、仪器与试剂

（1）仪器：台秤，烧杯，量筒，普通漏斗，漏斗架，布氏漏斗，吸滤瓶，蒸发皿，石棉网，酒精灯，滤纸，pH 试纸。

（2）试剂：镁试剂，粗盐，HCl（$3.0\ mol\cdot L^{-1}$），HAc（$6.0\ mol\cdot L^{-1}$），NaOH（$2.0\ mol\cdot L^{-1}$），$BaCl_2$（$1.0\ mol\cdot L^{-1}$），Na_2CO_3（$1.0\ mol\cdot L^{-1}$），Na_2SO_4（$2\ mol\cdot L^{-1}$），$(NH_4)_2C_2O_4$（$0.5\ mol\cdot L^{-1}$）。

四、实验内容和步骤

1. 粗盐的提纯

（1）除粗盐中的 SO_4^{2-}。称取 5.0 g 粗盐，放在 100 mL 烧杯中，加入 22 mL 水加热并不断搅拌，至溶液沸腾时，在搅拌下逐滴加入约 1 mL $1.0\ mol\cdot L^{-1}$ $BaCl_2$ 溶液，继续加热 5 min，使 $BaSO_4$ 的颗粒长大以易于沉淀和过滤。然后将烧杯从石棉网上取下静置，待沉淀沉降后，沿烧杯壁滴加几滴 $1\ mol\cdot L^{-1}$ $BaCl_2$ 检验 SO_4^{2-} 是否沉淀完全，若有混浊，则继续滴加 $BaCl_2$ 溶液，

直到 SO_4^{2-} 沉淀完全，用倾析法在普通漏斗上过滤。

（2）除 Ca^{2+}、Mg^{2+}、Ba^{2+}。在（1）的滤液中边搅拌边逐滴加入 0.5 mL 2 mol·L^{-1} NaOH 溶液和 2 mL1.0 mol·L^{-1} Na_2CO_3 溶液，加热至沸，待沉淀沉降后，用几滴 1.0 mol·L^{-1} Na_2CO_3 溶液检查是否沉淀完全，待沉淀完全后过滤。

（3）除过量的 NaOH 和 Na_2CO_3。在滤液中逐滴加入 3 mol·L^{-1} HCl 溶液，直至溶液呈酸性为止（pH 为 3～4）。将滤液倒入蒸发皿中，用小火加热蒸发，浓缩至稀粥状的稠液，切不可将溶液蒸干。

（4）冷却后，用布氏漏斗抽滤（用饱和氯化钠溶液进行沉淀的转移及淋洗），尽量将结晶抽干。将结晶放回蒸发皿中，小火烘干，即得产品，称量并计算产率。

实验流程：

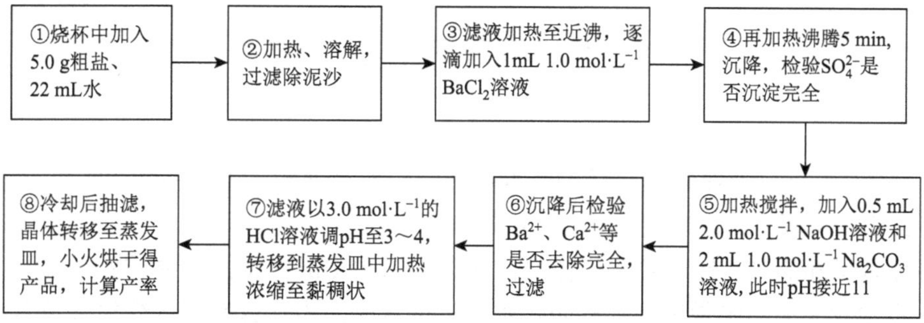

粗盐质量________g，精盐产品质量________g。

2. 产品纯度的检验

分别取粗盐、精盐和试剂级 NaCl 各 1 g，分别溶于 5 mL 蒸馏水中，三种溶液分别盛于三支小试管中，组成三组，对照检验它们的纯度。

1）SO_4^{2-} 的检验

在第一组溶液中分别加入 2 滴 3 mol·L^{-1} HCl 溶液，使溶液呈酸性，再加入 3～5 滴 1 mol·L^{-1} $BaCl_2$ 溶液，若有白色沉淀，证明 SO_4^{2-} 存在（在加入 $BaCl_2$ 之前为什么要先加 HCl？）。

2）Ca^{2+}的检验

在第二组溶液中分别加入 2 滴 6 mol·L^{-1} HAc 溶液，使溶液呈酸性，再加入 3～5 滴饱和 $(NH_4)_2C_2O_4$ 溶液。若有白色沉淀生成，证明 Ca^{2+}存在。

3）Mg^{2+}的检验

在第三组溶液中分别加入 3～5 滴 6 mol·L^{-1} NaOH 溶液，使溶液呈碱性，再加入 1 滴镁试剂。若有天蓝色沉淀生成，证明 Mg^{2+}存在。记录结果，进行比较。

镁试剂是一种有机染料，在碱性溶液中呈红色或紫色，但被 $Mg(OH)_2$ 沉淀吸附后则呈天蓝色。

结果记录并比较：

检验项目	SO_4^{2-}	Ca^{2+}	Mg^{2+}
粗盐			
提纯后的产品			
试剂级 NaCl			

五、注意事项

（1）溶解粗盐时，加水量不要太多，若粗盐中泥沙不是太多，步骤②的过滤可与步骤⑥一并进行。

（2）过滤时不要将反应液摇混浊再过滤，以免降低过滤速度；洗涤沉淀遵从“少量多次”的原则，不要引入太多水分，2 mL 比较合适。

（3）步骤⑦浓缩过程需不断搅拌，随时调整加热强度，避免滤液暴沸溅出；切记不要将溶液蒸干，呈稠粥状时即停止。

（4）步骤⑧抽滤时尽量将晶体抽干，小火烘干时控制好加热温度。

（5）步骤⑧将精盐自然冷却至室温，称量，粗略计算粗盐中 NaCl 的含量：

$$w(\text{NaCl})=\frac{\text{提纯后产品的质量}}{\text{粗盐样品的质量}}\times 100\%$$

六、思考题

（1）加入 22 mL 水溶解 5 g 食盐的依据是什么？加水过多或过少有什么影响？

（2）能否用 $CaCl_2$ 代替毒性大的 $BaCl_2$ 来除去 SO_4^{2-}？

（3）能否用其他可溶性碳酸盐代替 $NaCO_3$ 溶液去除 Ca^{2+}、Mg^{2+}、Ba^{2+}？

（4）步骤④在加热沸腾过程中要防止水分过度流失，为什么？若水分损失较多，会有什么后果？如何补救？

（5）本实验能否先加入 Na_2CO_3 溶液除去 Ca^{2+}、Mg^{2+}，再加入 $BaCl_2$ 溶液除去 SO_4^{2-}？为什么？

（6）分析本实验收率过高或过低的原因。

（7）提纯后的食盐溶液浓缩时为什么不能蒸干？粗盐中的少量 K^+ 在哪一步可以简单除去？

七、参考文献

李菁. 2009. 关于试验《氯化钠提纯》的半微量化[J]. 民族高等教育研究，15（4）：149.

张太平. 2005. 粗食盐提纯中除去 CO_3^{2-} 需要控制 pH 范围[J]. 高等继续教育学报，19（6）：49-50.

张兆麟，任智忠，倪风林，等. 1984. “氯化钠的提纯”实验中反应终了 pH 值的控制[J]. 化学教育，5（6）：40-41.

赵新华. 2014. 无机化学实验[M]. 4 版. 北京：高等教育出版社.

实验十八　硝酸钾的制备与提纯

一、实验目的

（1）利用钾盐、硝酸盐在不同温度时溶解度不同的性质来制备硝酸钾。

（2）学习称量、溶解、冷却、过滤等无机制备的基本操作。练习吸滤（减压过滤）操作，学习滴定管（或移液管）的使用。

（3）掌握重结晶提纯物质的原理和操作方法。

二、实验原理

（1）工业上常采用转化法制备硝酸钾晶体，反应方程式如下

$$NaNO_3+KCl \rightleftharpoons NaCl+KNO_3$$

该反应是可逆的。

根据氯化钠的溶解度随温度变化不大，而氯化钾、硝酸钠和硝酸钾在高温时具有较大或很大的溶解度而温度降低时溶解度明显减小（如氯化钾、硝酸钠）或急剧下降（如硝酸钾）的这种差别，将一定浓度的硝酸钠和氯化钾混合液加热浓缩，工业上常采用转化法制备硝酸钾晶体。

当温度达 118～120℃时，硝酸钾溶解度增加很多，达不到饱和，不析出；而氯化钠的溶解度增加甚少，随着浓缩、溶剂的减少，氯化钠析出。通过热过滤除去氯化钠，将此溶液冷却至室温，即有大量硝酸钾析出，氯化钠仅有少量析出，从而得到硝酸钾粗产品。再经过重结晶提纯，可得到纯晶。

（2）下表为几种盐在不同温度下的溶解度［单位：$g·(100\ g\ H_2O)^{-1}$］。

盐 \ 温度/℃	0	10	20	30	40	60	80	100
KNO_3	13.3	20.9	31.6	45.8	63.0	110.0	169	346
KCl	27.6	31.0	34.0	37.0	40.0	45.5	51.1	56.7
$NaNO_3$	73	80	88	96	104	124	148	180
NaCl	35	35.8	36.0	36.3	36.6	37.3	38.4	39.8

三、仪器与试剂

（1）仪器：量筒（20 mL），烧杯（50 mL），台秤，石棉网，三脚架，铁架台，玻璃漏斗，温度计（200℃），布氏漏斗，单孔橡胶塞，吸滤瓶，SHB-Ⅱ循环水多用真空泵，橡胶管，滤纸。

（2）试剂：硝酸钠（工业级），氯化钾（工业级），$AgNO_3$（$0.1\ mol·L^{-1}$），硝酸（$5\ mol·L^{-1}$），氯化钠标准溶液，饱和 KNO_3 溶液。

四、实验内容和步骤

1. 硝酸钾的制备及溶解度的测定

1）溶解蒸发

在台秤上称取 17 g $NaNO_3$ 和 5 g KCl，放入 50 mL 小烧杯中，加 17.5 mL 蒸馏水，放在石棉网上，用酒精灯直接加热，在加热的同时不断搅拌，并用温度计测量溶液的温度。加热至沸，使固体溶解（记下烧杯中液面的高度）。继续加热并不断搅动溶液，氯化钠逐渐析出，溶液体积减小至原有体积的 2/3（或热至 118℃）。

思考：

（1）溶解时为什么要加热和搅拌？

（2）为什么要使溶液体积减少至原来的 2/3（或热至 118℃）？

2）常压热过滤

在进行溶解蒸发的同时将短颈漏斗浸在大烧杯中用水浴加热，并将一毛巾浸于水中，等小烧杯中温度接近 120℃或加热到原有体积的一半时，安装好漏斗，并用毛巾包住漏斗，趁热进行过滤（装好滤纸的漏斗要先在水浴上预热），动作要快。承接滤液的小烧杯预先加 2 mL 蒸馏水，以防降温时氯化钠达饱和而析出。

注意：硝酸钾的制备第一步过滤一定要趁热快速减压过滤，并且要求布氏漏斗要预热。

思考：

（1）短颈漏斗（布氏漏斗）为什么要进行水浴加热？

（2）为什么要趁热过滤？

3）减压过滤

将过滤后的滤液静置，等滤液中析出大量晶体时，温度降到 5～10℃，用减压过滤法将硝酸钾晶体尽量抽干，得到的晶体为粗产品。称量，计算产率。

4）粗产品的重结晶

（1）除保留少量（0.1～0.2 g）粗产品供纯度检验外，按粗产品∶水=2∶1（质量比）的比例，将粗产品溶于蒸馏水中。

（2）加热、搅拌，待晶体全部溶解后停止加热。若溶液沸腾时晶体还未全部溶解，可再加极少量的蒸馏水使其溶解。

（3）待溶液冷却至室温后抽滤，得到纯度较高的硝酸钾晶体，称量。

思考：溶解粗产品时为什么要按粗产品∶水=2∶1（质量比）的比例进行溶解？

实验流程：

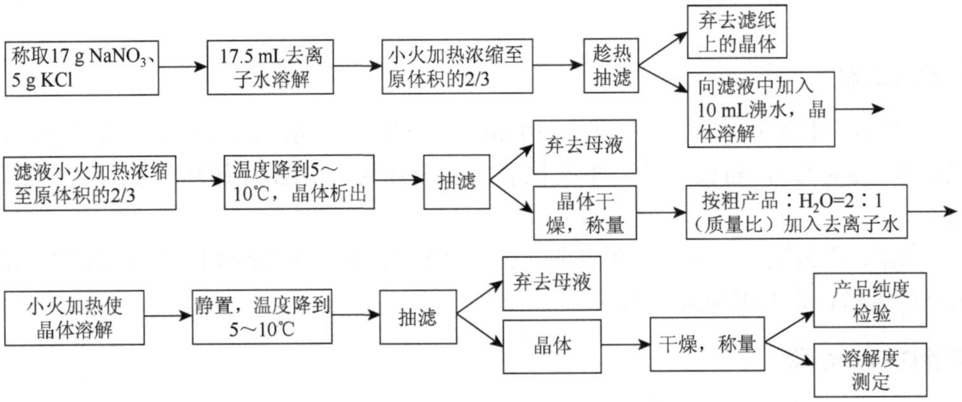

2. 纯度检验

1）定性检验

分别取绿豆粒大小的粗产品和重结晶得到的产品放入两支小试管中，各加入 2 mL 蒸馏水使其溶解。在上述溶液中分别滴入 1 滴 5 $mol·L^{-1}$ 硝酸酸化，再各滴入 2 滴 0.1 $mol·L^{-1}$ 硝酸银溶液，观察现象，进行对比。若重结晶后的产品中仍然检验出含氯离子，即有沉淀生成，则产品应再次重结晶。

2）产品中氯含量的测定

（1）氯化物标准溶液的配制。称取 0.165 g 在 500～600℃灼烧至恒量的分析纯氯化钠溶解于水，转入 1000 mL 容量瓶中，稀释至刻度，即得 1 mL 含 0.1 mg Cl^-的氯化物标准溶液。

（2）试剂级氯化物浊度的测定。分别量取 0.15 mL、0.30 mL、0.70 mL 的氯化物标准溶液，稀释至 25 mL，即得优级纯、分析纯和化学纯级别的氯化物标准溶液，分别加入 2 mL 5 $mol·L^{-1}$ HNO_3 溶液和 0.1 $mol·L^{-1}$ $AgNO_3$ 溶液，摇匀，放置 10 min，然后与产品试样中总氯量的测定进行对照。

（3）产品氯化物浊度的测定。称取 1 g 产品试样（称准至 0.01 g），加热至 400℃使其分解，然后在马弗炉中于 700℃下灼烧 15 min，冷却，使其溶于少量蒸馏水中，如果有不溶物，则需过滤。然后将溶液稀释至 25 mL，分别加 2 mL 5 $mol·L^{-1}$ HNO_3 溶液和 0.1 $mol·L^{-1}$ $AgNO_3$ 溶液，摇匀，放置 10 min。与试剂级氯化物浊度的测定结果进行对照，即可得到产品含氯量的标准级别。本实验要求重结晶后的硝酸钾晶体含氯量达化学纯为合格，否则应再次重结晶，直至合格为止。

注意：在马弗炉中灼烧试样时要防止烧伤。当灼烧物质达到灼烧要求时，必须先关闭电源，待温度降至 200℃以下时，再打开马弗炉，然后用长柄坩埚钳取出装样品的坩埚，放在石棉网上，切忌用手直接拿取坩埚（防止烫伤）。

五、数据记录与处理

（1）产品外观。

（2）实际产量。

（3）理论产量

$$KCl+NaNO_3 \rightleftharpoons KNO_3+NaCl$$

$$KNO_3\text{的质量 } m=8.5\times 101.1/85=10.1(g)$$

（4）产率

$$\eta=（实际产量/理论产量）\times 100\%$$

六、思考题

（1）什么是重结晶？本实验涉及哪些基本操作？应注意什么？

（2）本实验的关键步骤有哪些？怎样提高 KNO_3 的产率？

（3）设计从母液提取较高纯度的硝酸钾晶体的实验方案，并进行实验。

实验十九　硫酸亚铁铵的制备

一、实验目的

（1）制备复盐硫酸亚铁铵，了解复盐的特性。

（2）掌握蒸发浓缩等基本操作。

二、实验原理

复盐的定义：两种或两种以上简单盐类组成的晶态化合物，如$(NH_4)_2SO_4\cdot FeSO_4\cdot 6H_2O$（莫尔盐）。

形成条件：体积较大的一价阳离子（如 K^+、NH_4^+）和半径较小的二、三价阳离子（如 Fe^{2+}、Fe^{3+}、Al^{3+}等）易形成复盐。热力学角度：晶格能增加；结构角度：大球空隙中装小球。

复盐特点：①溶液性质与组成它的简单盐的混合溶液没有区别；②比组成它的组分的简单盐稳定；③溶解度比组成它的组分的简单盐小。

过量的硫酸与铁反应制备硫酸亚铁 $Fe+H_2SO_4 = FeSO_4+H_2\uparrow$，利用等物质的量的硫酸铵与硫酸亚铁作用生成$(NH_4)_2SO_4\cdot FeSO_4\cdot 6H_2O$，而它的溶解度比$(NH_4)_2SO_4$ 和 $FeSO_4\cdot 6H_2O$ 的溶解度都小，会先结晶析出。

三、仪器与试剂

（1）仪器：台秤，布氏漏斗，吸滤瓶，水泵，锥形瓶，蒸发皿，滤纸等。

（2）试剂：H_2SO_4 溶液（2 mol·L^{-1}、3 mol·L^{-1}），KSCN 溶液（1.0 mol·L^{-1}），$(NH_4)_2SO_4$，$NH_4Fe(SO_4)_2\cdot 12H_2O$，铁粉或铁屑。

四、实验内容和步骤

1. 铁屑表面油污的去除（如果用纯铁粉可省去此步）

用台秤称取 2 g 铁屑放入 100 mL 锥形瓶中，加入 15 mL 100 $g \cdot L^{-1}$ 的 Na_2CO_3 溶液，缓慢加热约 10 min，用倾析法倾去碱液，用去离子水将铁屑冲洗干净。

2. 制备硫酸亚铁

向盛有铁屑的锥形瓶中加入 10 mL 3 $mol \cdot L^{-1}$ 的 H_2SO_4 溶液，于通风处水浴加热至不再有气泡放出（注意控制反应速率，以防反应过快导致反应液喷出）。反应过程中应适当补加些水，以保持原体积。趁热减压过滤，用少量热水洗涤锥形瓶及漏斗上的残渣，抽干。将溶液倒入蒸发皿中。

3. 硫酸亚铁铵的制备

根据溶液中 $FeSO_4$ 的量，按关系式 $n[(NH_4)_2SO_4]:n(FeSO_4)=1:1$ 称取所需的固体 $(NH_4)_2SO_4$，配制成 $(NH_4)_2SO_4$ 的饱和溶液。将此饱和溶液加到 $FeSO_4$ 溶液中（此时溶液的 pH 应接近于 1，若 pH 偏大，可加几滴浓硫酸调节），水浴蒸发，浓缩至表面出现结晶薄膜（蒸发过程中切不可搅拌）。静置，缓慢冷却至室温，得硫酸亚铁铵晶体。减压过滤除去母液并尽量吸干。把晶体转移到表面皿上晾干，观察晶体色态，称量，计算产率。

4. Fe^{3+} 的检验

称取 1.0 g 的产品，放入 25 mL 的比色管中，用 15 mL 不含氧的去离子水溶解，加入 2 mL 2 $mol \cdot L^{-1}$ 的 H_2SO_4 溶液和 1 mL 1 $mol \cdot L^{-1}$ KSCN 溶液，再用去离子水稀释到 25 mL，摇匀用目视比色法与 Fe^{3+} 的不同浓度的标准液比较。标准液的配制方法：取 0.5 mL、0.1 mL、2 mL 的 0.1 $mg \cdot L^{-1}$ 的 Fe^{3+} 标准溶液，加入 2 mL 2 $mol \cdot L^{-1}$ H_2SO_4 溶液和 1 mL 1 $mol \cdot L^{-1}$ KSCN 溶液，再用去离子水稀释到 25 mL，摇匀，比色确定等级。

五、注意事项

（1）不必将所有铁屑溶解完全，实验时溶解大部分铁屑即可。若使用铁粉，应用滤纸包裹铁粉投入反应器中反应，避免铁粉被氢气带出。

（2）酸溶时要注意分次补充少量水，以防止 $FeSO_4$ 析出。

（3）注意计算 $(NH_4)_2SO_4$ 的用量。

（4）蒸发浓缩初期要不停搅拌，但要注意观察晶膜，一旦发现晶膜出现即停止搅拌。

（5）最后一次抽滤时注意将滤饼压实，不能用蒸馏水或母液洗晶体。

六、思考题

（1）在制备硫酸亚铁时为什么要使铁过量？

（2）硫酸亚铁溶液和硫酸亚铁铵溶液为什么要保持较强酸性？

（3）在检验产品中的 Fe^{3+} 含量时，为什么要用不含氧的去离子水？

七、参考文献

王嗣祖，韩莉，奂东兰，等. 2011. 改进教材中硫酸亚铁铵的制备方法[J]. 阴山学刊（自然科学版），25（2）：38-40.

钟国清，周齐文，夏安. 2013. 硫酸亚铁铵的制备反应条件与绿色化研究[J]. 实验技术与管理，30（5）：14-16.

实验二十　硫代硫酸钠的制备

一、实验目的

（1）了解硫代硫酸钠的制备。

（2）熟悉蒸发浓缩、减压过滤、结晶等基本操作。

（3）学习产品中硫酸盐和亚硫酸盐的定性分析。

二、实验原理

硫代硫酸钠是最重要的硫代硫酸盐，俗称“海波”，又名“大苏打”，是无色透明的单斜晶体。它易溶于水，不溶于乙醇，具有较强的还原性和配位能力，是冲洗照相底片的定影剂、棉织物漂白后的脱氯剂、定量分析中的还原剂。有关反应如下

$$AgBr+2Na_2S_2O_3 = Na_3[Ag(S_2O_3)_2]+NaBr$$

$$2Ag^++S_2O_3^{2-} = Ag_2S_2O_3$$

$$Ag_2S_2O_3+H_2O = Ag_2S\downarrow+H_2SO_4$$（此反应用作 $S_2O_3^{2-}$ 的定性鉴定）

$$2S_2O_3^{2-}+I_2 = S_4O_6^{2-}+2I^-$$

$Na_2S_2O_3\cdot5H_2O$ 的制备方法有多种，其中亚硫酸钠法是工业和实验室中的主要方法：

$$Na_2SO_3+S+5H_2O = Na_2S_2O_3\cdot5H_2O$$

反应液经脱色、过滤、浓缩结晶、过滤、干燥后得产品。$Na_2S_2O_3\cdot5H_2O$ 于 40～45℃熔化，48℃分解，因此在浓缩过程中要注意不能蒸发过度。

三、仪器与试剂

（1）仪器：烧杯（100 mL），试管，铁架台，石棉网，玻璃棒，泥三角，蒸发皿，减压抽滤装置。

（2）试剂：95%乙醇，Na_2SO_3 溶液（0.04 mol·L^{-1}），KBr（0.1 mol·L^{-1}），$AgNO_3$（0.1 mol·L^{-1}），五水亚硫酸钠（s），硫粉（s），活性炭（s）。

四、实验内容和步骤

1. 制备

（1）称取 5.0 g Na_2SO_3（0.04 mol）于 100 mL 烧杯中，加 50 mL 去离子水搅拌溶解。

（2）称取 1.5 g 硫黄粉于 100 mL 烧杯中，加 3 mL 乙醇充分搅拌均匀，同时加入 Na_2SO_3 溶液，隔石棉网小火加热煮沸，不断搅拌至硫黄粉几乎全部反应，停止加热，待溶液稍冷却后加 1 g 活性炭，加热煮沸 2 min，趁热过滤至蒸发皿中，于泥三角上小火蒸发浓缩至溶液呈微黄色混浊。

（3）冷却、结晶，再减压过滤，回收滤液，所得晶体用乙醇洗涤，滤纸吸干后称量，计算产率。

实验流程：

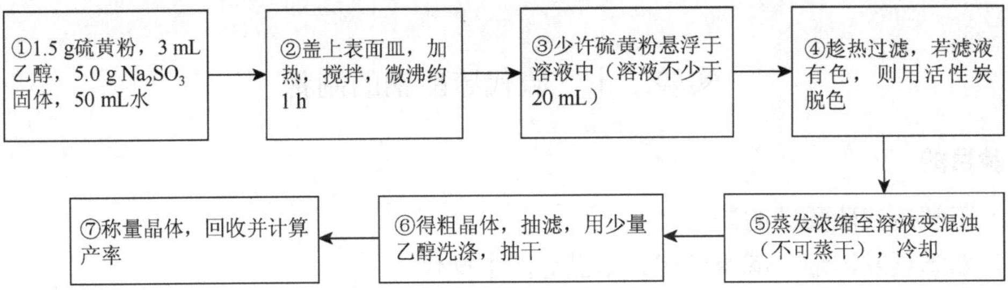

2. 检验

1）$S_2O_3^{2-}$的鉴定

在点滴板上加入$Na_2S_2O_3$溶液，再加2滴0.1 mol·L^{-1} $AgNO_3$溶液，观察现象。如果沉淀由白色变为黄色，然后变为棕色，最后变为黑色，可以证明含有$S_2O_3^{2-}$。

$$2Ag^{+}+S_2O_3^{2-} \xlongequal{\quad} Ag_2S_2O_3$$

$$Ag_2S_2O+H_2O \xlongequal{\quad} Ag_2S+H_2SO_4$$

2）$Na_2S_2O_3·5H_2O$的稳定性

取少量Na_2SO_3溶于试管中，加入3滴6 mol·L^{-1}HCl溶液，振荡片刻，用湿润的蓝色石蕊试纸检验逸出气体，观察现象。观察到蓝色石蕊试纸变为红色，有浅黄色沉淀生成。

$$S_2O_3^{2-}+2H^{+} \xlongequal{\quad} S\downarrow+SO_2+H_2O$$

3）$Na_2S_2O_3·5H_2O$的还原性

滴入少量的碘水和淀粉溶液于试管中，然后再滴入少量Na_2SO_3溶液于试管中，观察现象。观察到溶液由蓝色变为无色。

$$2S_2O_3^{2-}+I_2 \xlongequal{\quad} S_4O_6^{2-}+2I^{-}$$

4）$Na_2S_2O_3·5H_2O$的配位性

在点滴板上滴加2滴0.1 mol·L^{-1} $AgNO_3$溶液和2滴0.1 mol·L^{-1} KBr溶液，再滴入3滴$Na_2S_2O_3$溶液，观察现象。

$$Ag^{+}+Br^{-} \xlongequal{\quad} AgBr\downarrow$$

$$AgBr+2S_2O_3^{2-} \xlongequal{\quad} [Ag(S_2O_3)_2]^{3-}+Br^{-}$$

五、注意事项

（1）蒸发浓缩时，速度太快，产品容易结块；速度太慢，产品不易形成结晶。

（2）反应中的硫黄用量已经是过量的，不需要再多加。

（3）实验过程中，浓缩液终点不易观察，有晶体出现即可。

六、思考题

（1）制备硫代硫酸钠时加入乙醇和活性炭的目的是什么？

（2）制备硫代硫酸钠时硫黄粉稍有过量，为什么？

（3）硫代硫酸钠溶液容易形成过饱和现象，实验过程中如果溶液经过浓缩和冷却仍无晶体析出时，该如何处理？怎样破坏过饱和现象？

七、参考文献

陈英，赖红珍. 2015. 实验室硫代硫酸钠的制备条件的研究及改进[J]. 绵阳师范学院学报，21（2）：121-126.

程春英. 2011. 硫代硫酸钠制备实验的改进[J]. 实验室科学，14（1）：64-65.
于少华，刘亚凤，史昱，等. 2011. 五水硫代硫酸钠的结晶方法[P]. CN 102145879 A.
张坤，刘杰，孙文中. 2010. 硫代硫酸钠实验制备的改进[J]. 宿州学院学报，25（8）：122-124.

实验二十一　硫酸铝钾大晶体的制备

一、实验目的

（1）了解制备硫酸铝钾的原理及过程。

（2）巩固实验室的一些基本操作，如称量、加热、浓缩、过滤（常压、减压等）。

（3）观察和验证盐类的溶解度与温度的关系。

二、实验原理

本实验利用金属铝溶于氢氧化钾溶液，生成可溶性的四羟基铝酸钾：

$$2Al+2KOH+6H_2O \xlongequal{} 2K[Al(OH)_4]+3H_2\uparrow$$

金属铝中其他金属或杂质不溶，可过滤除去杂质，用硫酸溶液中和四羟基铝酸钾可制得微溶于水的复盐明矾——硫酸铝钾 $K_2SO_4 \cdot Al_2(SO_4)_3 \cdot 24H_2O$。

$$2K[Al(OH)_4]+4H_2SO_4+16H_2O \xlongequal{} K_2SO_4 \cdot Al_2(SO_4)_3 \cdot 24H_2O$$

明矾单晶的培养：陈化。

三、仪器与试剂

（1）仪器：烧杯（10 mL、250 mL），锥形瓶（10 mL），玻璃棒，托盘天平，抽滤瓶，布氏漏斗，洗耳球，三脚架，石棉网，酒精灯，半微量漏斗。

（2）试剂：铝屑、KOH（C.P.），H_2SO_4（6 $mol \cdot L^{-1}$），KOH（C.P.），乙醇（95%）。

四、实验内容和步骤

实验流程：

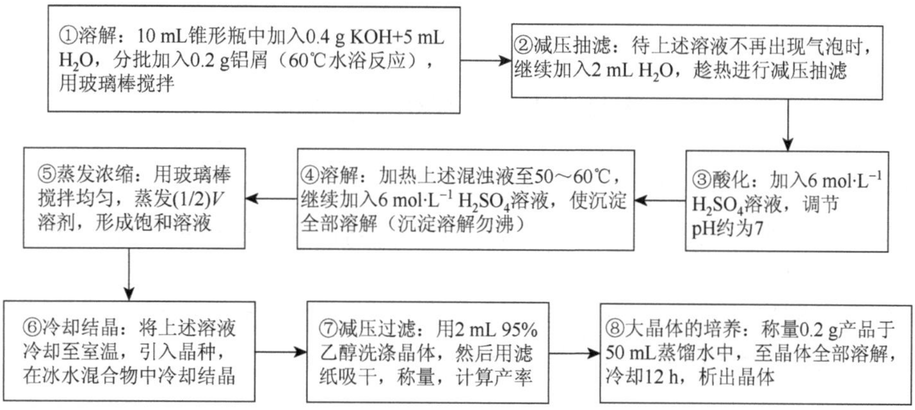

五、数据记录与处理

序号	铝屑质量/g	KOH 质量/g	理论产量/g	实际产量/g	产率/%	常规质量/g
1	0.2	0.4				
2	0.2	0.4				
3	0.2	0.4				

六、注意事项

（1）从水溶液中培养某种盐的大晶体，一般可以先制得籽晶（较透明的小晶体），然后将籽晶植入饱和溶液中培养。籽晶的生长受溶液的饱和度、温度、湿度及时间等因素影响，必须控制好条件，使饱和溶液缓慢蒸发，才能获得大晶体。

（2）溶液饱和度太大，产生不规则小晶体附在原晶种之上，晶体不透明；饱和度太低，成长缓慢或溶解。

七、思考题

（1）如何把籽晶植入饱和溶液？

（2）若在饱和溶液中，籽晶长出一些小晶体或烧杯底部出现少量晶体，对大晶体的培养有什么影响？应该如何处理？

（3）查阅有关资料，根据复盐的性质，从简单盐制备 25 g 理论量的硫酸铝钾。K_2SO_4、$Al_2(SO_4)_3·18H_2O$ 与 $KAl(SO_4)_2·12H_2O$ 在不同温度下的溶解度见表 8-1。

表 8-1 K_2SO_4、$Al_2(SO_4)_3·18H_2O$ 与 $KAl(SO_4)_2·12H_2O$ 的溶解度

物质 \ 温度/℃	0	10	20	30	40	50	60	70	80	90	100
K_2SO_4	7.35	9.22	11.11	12.97	14.76	16.56	18.17	19.75	21.4	22.4	24.1
$Al_2(SO_4)_3·18H_2O$	31.2	33.5	36.4	40.4	45.7	52.2	59.2	66.2	73.1	86.8	89.0
$KAl(SO_4)_2·12H_2O$	3.0	4.0	5.9	8.4	11.7	17.0	24.8	40.0	71.0	109.0	154.0

八、参考文献

冯彦琳，罗锦超，方莉，等. 2004. 用化肥废催化剂制备硫酸铝钾[J]. 化工环保，24（6）：449-451.

史照冰，马传学，奚平如. 1989. 1%硫酸铝钾灌注液的制备及临床应用[J]. 中国医院药学杂志，6：34-35.

王红云，钟四姣. 2009. 硫酸铝钾制备实验的改进研究[J]. 化工设计通讯，35（2）：56-57.

实验二十二　氯化铵的制备

一、实验目的

（1）运用本学科的理论知识，分析、论证 NH_4Cl 制备实验方案的可行性，并提出合理的可行性建议。

（2）掌握巩固实验室的一些基本操作，如称量、加热、浓缩、过滤。

（3）观察和验证盐类的溶解度与温度变化的关系。

二、实验原理

本实验用氯化钠与硫酸铵作用来制备氯化铵：

$$2NaCl+(NH_4)_2SO_4 = Na_2SO_4+2NH_4Cl$$

根据它们的溶解度受温度影响的差别，采取加热、蒸发、冷却等措施，使溶解与结晶实现相互转化，从而达到分离的目的。

如表 8-2 所示，氯化铵、氯化钠、硫酸铵在水中的溶解度均随温度的升高而增加，但是氯化钠溶解度受温度的影响不大；硫酸铵的溶解度无论在低温还是高温时都是最大的；硫酸钠的溶解度有一个转折点。十水硫酸钠的溶解度也随温度的升高而增加，但是在 32.4℃时脱水变成 Na_2SO_4。Na_2SO_4 的溶解度随温度的升高而减小。所以，只要把氯化钠、硫酸铵溶于水，加热蒸发，Na_2SO_4 就会结晶析出，趁热过滤，然后再将滤液冷却，NH_4Cl 晶体随温度的下降逐渐析出，在 35℃左右抽滤，即得 NH_4Cl 产品。

表 8-2　五种盐在不同温度下的溶解度[g·(100 g H_2O)$^{-1}$]

盐＼温度/℃	0	10	20	30	40	50	60	80	100
氯化钠	35.7	35.8	36.0	36.2	36.5	36.8	37.3	38.1	39.2
十水硫酸钠	4.7	9.1	20.4	41.0（32.4℃）		—	—	—	—
硫酸钠	—	—	—	49.7	48.2	46.7	45.2	43.3	42.3
氯化铵	29.7	33.3	37.2	41.4	45.8	50.4	55.2	65.6	77.3
硫酸铵	70.6	73.0	75.4	78.0	81.0	84.8	88.0	95.3	103.3

三、仪器与试剂

（1）仪器：水浴锅，抽滤装置，烧杯，电子天平。

（2）试剂：氯化钠，$(NH_4)_2SO_4$ 固体。

四、实验内容和步骤

实验流程：

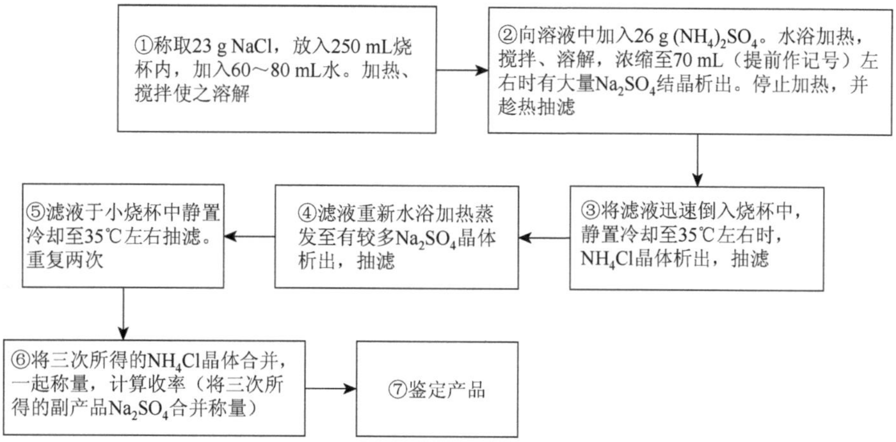

取 1 g NH_4Cl 产品，置于一干燥试管的底部，加热。

$$NH_4Cl\text{ 杂质含量}=(m_{\text{灼烧后}}-m_{\text{空试管}})/1\times 100\%$$

氯化铵质量________ g；总质量________ g。

五、注意事项

（1）用水溶解的溶质量较多时，溶液体积与水的体积不等。

（2）加热法：水量 60～80 mL 即可，浓缩时要提前作记号，浓缩不能过度，以防 NaCl、$(NH_4)_2SO_4$ 析出，趁热抽滤时要预热仪器。需要多次浓缩分离$(NH_4)_2SO_4$ 与 NH_4Cl。

（3）加热浓缩时要不断搅拌。

（4）NH_4Cl 与副产品均需要回收。

六、思考题

（1）加热法制备氯化铵时，为什么浓缩不能过度？

（2）试剂氯化钠中如果有杂质，最好在实验中的哪个步骤中除去？

（3）本实验用氯化钠与硫酸铵作用制备氯化铵是一个复分解反应，其中阴阳离子所形成四种形式的盐会在溶液体系中同时存在。借助四种无机盐的溶解度大小顺序，说明该实验可以顺利进行的原理。

七、参考文献

曹子英，胡敏，王恩东，等. 2015. 常捷副产氯化铵的提纯方法[J]. 科学咨询（科技·管理），（4）：49-50.

李继睿，禹练英. 2008. 小苏打生产废水中热法回收氯化铵工艺参数的选择[J]. 广州化工，36（6）：54-58.

李仁基. 2004. 试剂级氯化铵的研制[J]. 广东化工，31（5）：4.

王延峰，刘吉祥，肖光. 2013. 氯化铵生产工艺的研究[J]. 氮肥技术，34（4）：63-64.

杨玉. 2008. 氯化铵蒸发-冷却结晶过程研究[D]. 天津：天津大学硕士学位论文.

第9章　元素化合物实验

实验二十三　p区非金属元素（一）（卤素、氧、硫）

一、实验目的

（1）学习氯气、次氯酸盐、氯酸盐的制备方法。

（2）掌握次氯酸盐、氯酸盐强氧化性的区别。

（3）掌握 H_2O_2 某些重要性质。

（4）掌握不同氧化态硫的化合物的主要性质。

（5）掌握气体的发生方法和仪器的安装。

（6）了解氯、溴、氯酸钾的安全操作。

二、实验原理

（1）卤素的价电子构型为 ns^2np^5，所以其非金属性从上到下逐渐增强。卤素单质氧化性顺序为 $F_2>Cl_2>Br_2>I_2$，卤素离子还原能力为 $F^-<Cl^-<Br^-<I^-$。

（2）氯、溴、碘的价电子层中都有空 nd 轨道，当它们与电负性更大的元素（如氧）化合时，空的 nd 轨道可以参与成键，从而显示出更高的氧化态。高氧化态物质具有较高的氧化性，其变化规律为（以氯为例）

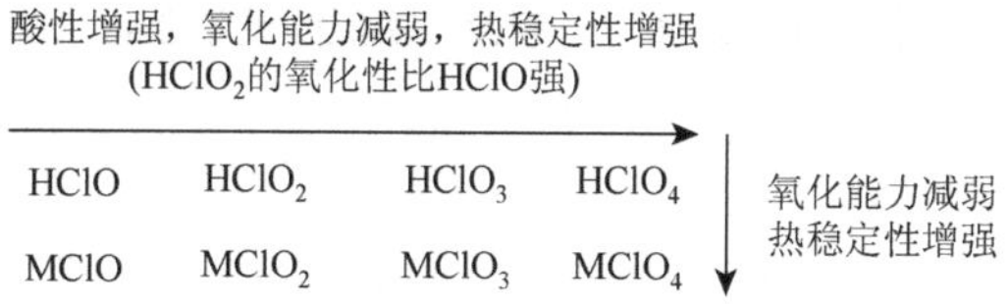

（3）氧族元素价电子构型为 ns^2np^4，其中氧和硫为较活泼的非金属元素。在氧的化合物中 H_2O_2 是一种淡蓝色的液体，不稳定，易分解放出氧气；H_2O_2 中氧的氧化态居中，所以 H_2O_2 既有氧化性又有还原性。在酸性溶液中，能使 $Cr_2O_7^{2-}$ 生成深蓝色的 $CrO(O_2)_2$，$CrO(O_2)_2$ 能与乙醚、戊醇形成稳定的蓝色配合物，此法可用于鉴定 H_2O_2：

$$4H_2O_2+Cr_2O_7^{2-}+2H^+ = 2CrO(O_2)_2+5H_2O$$

（4）硫的化合物中，H_2S、S^{2-}具有强还原性，而浓 H_2SO_4、$H_2S_2O_8$ 及其盐具有强氧化性，氧化数为+6～−2 的硫的化合物既有氧化性又有还原性，但以还原性为主。大多数金属硫化物溶解度小，且具有特征的颜色。

三、仪器与试剂

（1）仪器：铁架台，石棉网，蒸馏烧瓶，分液漏斗，烧杯，大试管，滴管，试管，表面皿，离心机，酒精灯，锥形瓶，温度计，玻璃管，橡胶管，棉花，pH 试纸，淀粉碘化钾试纸。

（2）试剂：冰，烘干的 MnO_2，$K_2S_2O_3$，HCl（浓、6 mol·L^{-1}、2 mol·L^{-1}），H_2SO_4（浓、3 mol·L^{-1}、1 mol·L^{-1}），浓 HNO_3，NaOH（2 mol·L^{-1}），KOH（30%）、KI（0.2 mol·L^{-1}），饱和 NaCl 溶液，KBr（0.2 mol·L^{-1}），$KMnO_4$（0.2 mol·L^{-1}），$K_2Cr_2O_7$（0.5 mol·L^{-1}），Na_2S（0.2 mol·L^{-1}），$Na_2S_2O_3$

（0.2 mol·L^{-1}），Na_2SO_3（0.5 mol·L^{-1}），$CuSO_4$（0.5 mol·L^{-1}），$MnSO_4$（0.2 mol·L^{-1}），$Pb(NO_3)_2$（0.2 mol·L^{-1}），$AgNO_3$（0.2 mol·L^{-1}），H_2O_2(3%)，氯水，溴水，碘水，CCl_4，乙醚，品红。

四、实验内容和步骤

1. $KClO_3$和 NaClO 的制备

实验装置见图 9-1，将 15 g MnO_2（或 $KMnO_4$）放入圆底烧瓶中，在分液漏斗中加入 30 mL 浓盐酸。A 管中加入 15 mL 饱和 KOH 溶液，并且将 A 管置于 70～80℃的热水浴中；B 管加入 15 mL 2 mol·L^{-1} NaOH 溶液，将 B 管置于冰水浴中；C 管中放入 15 mL 蒸馏水；锥形瓶 D 中装有 2 mol·L^{-1} NaOH 溶液吸收多余的氯气，锥形瓶口覆盖浸过硫代硫酸钠的棉花。

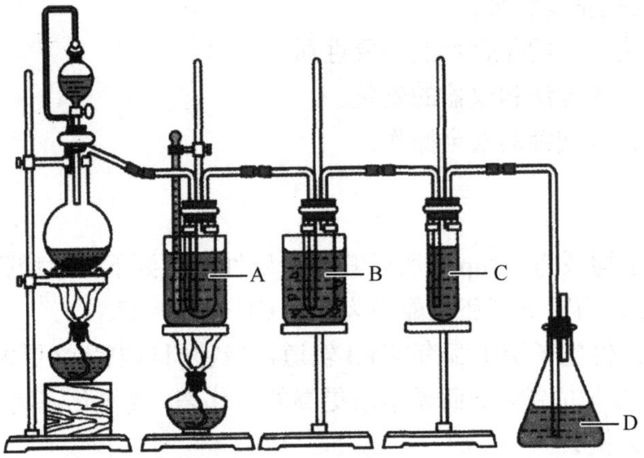

图 9-1　氯气、氯酸钾、次氯酸钠的制备

1）制备 Cl_2

$$MnO_2+4HCl（浓）=\!=\!= MnCl_2+2H_2O+Cl_2\uparrow$$

$$2KMnO_4+16HCl（浓）=\!=\!= 2MnCl_2+8H_2O+2KCl+5Cl_2\uparrow$$

2）制备 $KClO_3$

A 试管：15 mL 30% KOH+Cl_2 水浴加热

$$6KOH+3Cl_2 =\!=\!= KClO_3+5KCl+3H_2O$$

A 试管由无色变为黄色，产生小气泡，当由黄色变为无色后，将 A 试管冷却，即有 $KClO_3$ 晶体析出。

3）制备 NaClO

B 试管：15 mL 2 mol·L^{-1} NaOH+Cl_2

$$2NaOH+Cl_2 =\!=\!= NaCl+NaClO+H_2O$$

4）制备氯水

C 试管：15 mL 蒸馏水+Cl_2。

5）吸收尾气

$$4Cl_2+S_2O_3^{2-}+5H_2O =\!=\!= 2SO_4^{2-}+8Cl^-+10H^+$$

2. Cl_2、Br_2、I_2 的氧化性及 Cl^-、Br^-、I^- 的还原性

1）卤素单质的氧化性顺序

取 0.5 mL CCl_4 溶液加入一支试管中，然后加入 5 滴 KBr 溶液（0.2 mol·L^{-1}）和 2 滴 KI 溶液（0.2 mol·L^{-1}），然后再逐渐滴加氯水，边加边振荡，观察 CCl_4 层颜色的变化。

$$2I^- + Cl_2 = 2Cl^- + I_2$$

$$I_2 + 5Cl_2 + 6H_2O = 2HIO_3 + 10HCl$$

$$2Br^- + Cl_2 = 2Cl^- + Br_2$$

另取一支试管，加入 10 滴 KI 溶液（0.2 mol·L^{-1}），再滴加四五滴溴水，加两三滴 CCl_4 溶液，振荡，观察现象。

$$I^- + Br_2 = I_2 + Br^-$$

通过上述实验总结卤素单质的氧化性顺序。

2）卤素离子的还原性顺序

取 0.5 mL CCl_4 溶液加入一支试管中，然后加入 5 滴 KBr 溶液（0.2 mol·L^{-1}），然后再滴加四五滴氯水，振荡，观察 CCl_4 层颜色的变化。

取 0.5 mL CCl_4 溶液加入一支试管中，然后加入 5 滴 KI 溶液（0.2 mol·L^{-1}），然后再滴加四五滴氯水，振荡，观察 CCl_4 层颜色的变化。

$$2FeCl_3 + 2KI = 2FeCl_2 + 2KCl + I_2$$

通过上述实验分析卤素离子的还原性顺序。

3. 卤素含氧酸盐的性质

1）NaClO 的氧化性

取四支试管，分别加入 0.5 mL NaClO 溶液，然后①试管中加入 5 滴 0.2 mol·L^{-1} KI 溶液和 2 滴 1 mol·L^{-1} H_2SO_4 溶液；②试管中加入 5 滴 0.2 mol·L^{-1} $MnSO_4$ 溶液；③试管中加入 5 滴浓 HCl 溶液；④试管中加入 2 滴品红。

（1）0.5 mL NaClO+5 滴 0.2 mol·L^{-1} KI+2 滴 1 mol·L^{-1} H_2SO_4

$$ClO^- + 2I^- + 3H^+ = HCl + I_2 + H_2O$$

溶液由无色变成黄色，I^-被氧化为 I_2，ClO^-被还原为 Cl^-。

（2）0.5 mL NaClO+5 滴 0.2 mol·L^{-1} $MnSO_4$ 溶液

$$ClO^- + H_2O + Mn^{2+} = Cl^- + 2H^+ + MnO_2$$

产生棕褐色沉淀，ClO^-被还原为 Cl^-，Mn^{2+}被氧化为 MnO_2。

（3）0.5 mL NaClO+5 滴浓 HCl

$$ClO^- + 2HCl = Cl^- + Cl_2 + H_2O$$

有黄绿色气体产生，ClO^-被还原为 Cl^-，HCl 中的 Cl^-被氧化为 Cl_2。

（4）0.5 mL NaClO+2 滴品红，NaClO 具有氧化性，使品红褪色。

2）$KClO_3$ 的氧化性

向盛有 0.1 mol·L^{-1} KI 溶液的试管中滴加 5 滴 $KClO_3$ 溶液，观察到几乎无现象，然后再滴加 10 滴 3 mol·L^{-1} H_2SO_4 溶液，观察现象

$$2ClO_3^- + 10I^- + 12H^+ = 5I_2 + Cl_2 + 6H_2O$$

溶液由无色变为黄色，I^-被氧化为 I_2，有黄绿色的气体生成，ClO_3^- 被还原为 Cl_2。在上述试管

中继续滴加 10 滴 $KClO_3$ 溶液，观察现象

$$2ClO_3^- + I_2 + 2H^+ \xlongequal{} Cl_2 + 2HIO_3$$

溶液由黄色变为无色，I_2 被氧化为 IO_3^-，有黄绿色的气体生成，ClO_3^- 被还原为 Cl_2。

4. 过氧化氢的性质

1）设计实验

（1）H_2O_2 的分解性：取两支试管分别加入 2 mL 的 H_2O_2（3%）溶液，将其中一支试管水浴加热，观察现象，然后把带火星的火柴放在试管口，观察现象；在另一支试管中加入少量的 MnO_2 固体，观察现象，用带火星的火柴检验生成的气体。MnO_2 在分解反应中起到了什么作用？

$$2H_2O_2 \xlongequal{} 2H_2O + O_2$$

在碱性中比在酸性中分解快，Fe^{2+}、Mn^{2+}、Cu^{2+}、Cr^{3+}能加快分解速度。

（2）H_2O_2 的氧化性：取一支试管加入 0.5 mL 0.2 $mol \cdot L^{-1}$ KI 溶液和 2 滴 3 $mol \cdot L^{-1}$ H_2SO_4 溶液摇匀后，加入 2 滴 3%的 H_2O_2 溶液，观察实验现象。写出相关的反应方程式。

$$2I^- + 2H^+ + H_2O_2 \xlongequal{} I_2 + 2H_2O\text{（溶液由无色变为黄色）}$$

取一支试管加入 5 滴 0.2 $mol \cdot L^{-1}$ $Pb(NO_3)_2$ 溶液和 5 滴 0.2 $mol \cdot L^{-1}$ Na_2S 溶液摇匀后，加入 2 滴 3%的 H_2O_2 溶液，观察实验现象。写出相关的反应方程式。

$$Pb^{2+} + S^{2-} \xlongequal{} PbS\downarrow\text{（黑色）}$$

$$PbS + 4H_2O_2 \xlongequal{} PbSO_4\downarrow + 4H_2O\text{（黑色沉淀消失，生成白色沉淀）}$$

（3）H_2O_2 的还原性：取一支试管加入 2 滴 0.01 $mol \cdot L^{-1}$ $KMnO_4$ 溶液和 3 滴 1 $mol \cdot L^{-1}$ H_2SO_4 溶液摇匀后，加入 2 滴 3%的 H_2O_2 溶液，观察实验现象。写出相关的反应方程式。

$$2KMnO_4 + 3H_2SO_4 + 5H_2O_2 \xlongequal{} K_2SO_4 + 2MnSO_4 + 5O_2\uparrow + 8H_2O$$

紫色褪去，并且有气体（O_2）产生。

2）H_2O_2 的鉴定反应

在试管中加入 2 mL 3%的 H_2O_2、0.5 mL 乙醚、1 mL 1 $mol \cdot L^{-1}$ H_2SO_4 溶液和 4 滴 0.5 $mol \cdot L^{-1}$ $K_2Cr_2O_7$ 溶液，振荡试管，观察实验现象。写出相关的反应方程式。

$$4H_2O_2 + 2H^+ + Cr_2O_7^{2-} \xlongequal{} 2CrO(O_2)_2 + 5H_2O$$

$$2CrO(O_2)_2 + 8H^+ \xlongequal{} 2Cr^{3+}\text{（绿色）} + 3O_2\uparrow + 4H_2O$$

溶液层呈现绿色，乙醚层呈现蓝色。

注意：振荡试管过程中力度不要过大，若振荡的力度过大，次数太多，会使乙醚中的蓝色变成无色，因为振荡会使 $CrO(O_2)_2$ 进入水相。

5. 硫的化合物的性质

1）硫化物的溶解性

取 a、b、c 三支试管，a 试管中加入 0.5 mL 0.2 $mol \cdot L^{-1}$ $MnSO_4$ 溶液和 0.2 $mol \cdot L^{-1}$ Na_2S 溶液；b 试管中加入 0.5 mL 0.2 $mol \cdot L^{-1}$ $Pb(NO_3)_2$ 溶液和 0.2 $mo \cdot L^{-1}$ Na_2S 溶液；c 试管中加入 0.5 mL 0.2 $mol \cdot L^{-1}$ $CuSO_4$ 溶液和 0.2 $mol \cdot L^{-1}$ Na_2S 溶液。观察实验现象，离心分离，洗涤沉淀，并考察在 2 $mol \cdot L^{-1}$ HCl 溶液、浓 HCl 溶液和浓 HNO_3 溶液中的溶解情况。

a：　$Mn^{2+} + S^{2-} \xlongequal{} MnS\downarrow$（肉色，溶于 2 $mol \cdot L^{-1}$ HCl 溶液）

b：　$Pb^{2+} + S^{2-} \xlongequal{} PbS\downarrow$（黑色，溶于浓 HCl 溶液）

$$PbS+4HCl（浓）=[PbCl_4]^{2-}+4H^+$$

c：

$$Cu^{2+}+S^{2-}=CuS\downarrow（黑色，溶于浓 HNO_3 溶液）$$

$$3CuS+8HNO_3=3Cu(NO_3)_2+2NO\uparrow+3S\downarrow+4H_2O$$

结论：除碱金属硫化物易溶于水，碱土金属硫化物微溶于水外，其他金属硫化物难溶于水。

2）亚硫酸盐的性质

在试管中，加入 2 mL 0.5 mol·L^{-1} Na_2SO_3 和 5 滴 0.2 mol·L^{-1} H_2SO_4 酸化，观察现象并检验产物。

$$SO_3^{2-}+2H^+=SO_2\uparrow+2H_2O$$

SO_2 气体具有酸性，使湿润的 pH 试纸显酸性，pH＜7。

将上述溶液分成两份，一份加 0.2 mol·L^{-1} Na_2S 溶液，另一份加 0.5 mol·L^{-1} $K_2Cr_2O_7$ 溶液。

$$2S^{2-}+SO_3^{2-}+6H^+=3S\downarrow+3H_2O（有黄色沉淀生成，溶液变混浊）$$

$$Cr_2O_7^{2-}+3SO_3^{2-}+8H^+=3SO_4^{2-}+2Cr^{3+}+4H_2O（溶液由橙红色变为绿色，Cr_2O_7^{2-} 被还原为 Cr^{3+}）$$

由实验可知，SO_3^{2-} 中的 S 为 S(Ⅵ)，既可失去电子作还原剂，又可得到电子作氧化剂。

3）硫代硫酸盐的性质

（1）$Na_2S_2O_3$ 在酸中的稳定性。

在试管中加入 0.5 mL 0.2 mol·L^{-1} $Na_2S_2O_3$ 溶液和 5 滴 3 mol·L^{-1} H_2SO_4 溶液，观察是否有气体生成，并检验气体的酸碱性。

$$Na_2S_2O_3+H_2SO_4=Na_2SO_4+S\downarrow+SO_2\uparrow+H_2O$$

SO_2 使 pH 试纸变红（呈酸性），溶液变混浊。

（2）$Na_2S_2O_3$ 的还原性和氧化剂强弱对产物的影响。

在第一支试管中加入 0.5 mL 0.2 mol·L^{-1} $Na_2S_2O_3$ 溶液和 0.5 mL 氯水，观察实验现象。

$$Na_2S_2O_3+4Cl_2+5H_2O=2NaCl+2H_2SO_4+6HCl$$

在第二支试管中加入 0.5 mL 0.2 mol·L^{-1} $Na_2S_2O_3$ 溶液和 0.5 mL 碘水，观察实验现象。

$$2Na_2S_2O_3+I_2=Na_2S_4O_6+2NaI$$

（3）$Na_2S_2O_3$ 的配位性。

在试管中加入 0.5 mL 0.2 mol·L^{-1} $Na_2S_2O_3$ 溶液和 0.5 mL 0.2 mol·L^{-1} $AgNO_3$ 溶液，观察实验现象。

$$S_2O_3^{2-}+2Ag^+=Ag_2S_2O_3\downarrow（白色）$$

$$Ag_2S_2O_3（不稳定）\longrightarrow Ag_2S\downarrow（黑色）$$

$$2S_2O_3^{2-}+Ag^+=[Ag(S_2O_3)_2]^{3-}（更稳定）$$

结论：硫代硫酸盐在酸中易分解，具有较强的还原性和较强的配位性。

4）过二硫酸盐的氧化性

取一支试管加入 3 mL 1 mol·L^{-1} H_2SO_4 溶液、3 mL 蒸馏水和 3 滴 0.002 mol·L^{-1} $MnSO_4$ 溶液，混合均匀，然后分为两份：一份加少量 $K_2S_2O_8$ 固体；一份加少量 $K_2S_2O_8$ 固体和 1 滴 0.2 mol·L^{-1} $AgNO_3$ 溶液，观察现象。

第一份与第二份相比较，反应速率慢，这是因为在第二份中加入了 $AgNO_3$ 后，银离子具有催化作用，所以第二份反应速率加快，溶液颜色均由无色变为紫红色。

$$5S_2O_8^{2-}+2Mn^{2+}+8H_2O =\!=\!= 2MnO_4^-+10SO_4^{2-}+16H^+$$

五、注意事项

（1）图 9-1 中 A、B、C 可以分步进行。

（2）装置气密性要完好。

（3）浓盐酸要缓慢滴加。

（4）A 管溶液由黄色变为无色时，停止加热氯气发生装置，反应停止先向烧瓶中加入大量水，然后再拆除装置。

（5）冷却 A 管溶液，析出 $KClO_3$ 晶体，采用倾析法去掉溶液，晶体放到表面皿上，用滤纸吸干。

（6）反应开始时要加热，反应开始后，可停止加热。

六、思考题

（1）长久放置的 H_2S、Na_2S、Na_2SO_3 水溶液会发生什么变化？如何判断变化情况？

（2）氯能从含碘离子的溶液中取代碘，碘又能从氯酸钾溶液中取代氯，这两个反应有无矛盾？为什么？

（3）硫代硫酸钠溶液与硝酸银溶液反应时，为什么有时为 Ag_2S 沉淀，有时为 $[Ag(S_2O_3)_2]^{3-}$ 配离子？

（4）如何区别：①次氯酸钠和氯酸钠；②三种酸性气体：氯化氢、二氧化硫、硫化氢；③硫酸钠、亚硫酸钠、硫代硫酸钠和硫化钠。

（5）设计一张硫的各种氧化态转化关系图。

实验二十四　p 区非金属元素（二）（氮族、硅、硼）

一、实验目的

（1）实验并掌握不同氧化态氮化合物的主要性质。

（2）实验磷酸盐的酸碱性和溶解性。

（3）掌握硅酸盐、硼酸及硼砂的主要性质。

（4）练习硼砂珠的有关实验操作。

二、仪器与试剂

（1）仪器：试管（10 mL），烧杯（100 mL），酒精灯，蒸发皿，pH 试纸，木条，石蕊试纸。

（2）试剂：冰，氯化铵，硫酸铵，重铬酸铵，硝酸钠，硝酸铜，硝酸银，氯化钙，硝酸钴，硫酸铜，硫酸镍，硫酸锰，硫酸锌，硫酸亚铁，三氯化铁，三氯化铬，硼酸，硼砂，硫粉，锌片，HCl（浓、6 $mol \cdot L^{-1}$、2 $mol \cdot L^{-1}$），H_2SO_4（浓、3 $mol \cdot L^{-1}$），HNO_3（浓、0.5 $mol \cdot L^{-1}$），NaOH（40%），$NaNO_2$（饱和、0.5 $mol \cdot L^{-1}$），KI（0.1 $mol \cdot L^{-1}$），$KMnO_4$（0.1 $mol \cdot L^{-1}$），H_3PO_4（0.1 $mol \cdot L^{-1}$），Na_3PO_4（0.1 $mol \cdot L^{-1}$），NaH_2PO_4（0.1 $mol \cdot L^{-1}$），$AgNO_3$（0.1 $mol \cdot L^{-1}$），$CaCl_2$

（0.5 mol·L^{-1}），$NH_3·H_2O$（2 mol·L^{-1}），Na_2SiO_3（20%），饱和硼砂溶液，$CuSO_4$（0.2 mol·L^{-1}），HAc（2 mol·L^{-1}），无水乙醇，饱和 NH_4Cl 溶液，甘油。

三、实验内容和步骤

1. 铵盐的热分解

在一支干燥的硬质试管中放入约 1 g 氯化铵，将试管垂直固定、加热，并用润湿的 pH 试纸横放在试管口，观察试纸颜色的变化。在试管壁上部有什么现象发生？解释现象，写出反应方程式。

$$NH_4Cl \xrightarrow{\triangle} NH_3+HCl\uparrow$$

现象：由于 NH_3 气体的密度小于空气，也小于 HCl，生成的 NH_3 气体首先挥发到试管口，用湿润的 pH 试纸检验呈碱性；随着分解反应的进行，有大量的 HCl 气体逸出至试管口，用 pH 试纸检验呈酸性；同时又由于 NH_3 和 HCl 气体具有加合性，且反应速率极快，在试管壁生成一层白色附着物。

分别用硫酸铵和重铬酸铵代替氯化铵重复以上实验，观察并比较其热分解产物，写出反应方程式。

$$(NH_4)_2SO_4 \xrightarrow{\triangle} NH_3\uparrow+NH_4HSO_4$$

$$(NH_4)_2Cr_2O_7 \xrightarrow{\triangle} Cr_2O_3+N_2\uparrow+4H_2O$$

根据实验结果总结铵盐热分解产物与阴离子的关系。

结论：固态的铵盐加热极易分解，一般分解为 NH_3 和相应的酸。如果酸是不挥发的，则生成 NH_3 和酸式盐或酸残留在容器中。如果生成的酸有氧化性，则 NH_3 被氧化为 N_2O。

2. 亚硝酸的性质

1）亚硝酸的生成和分解

将 1 mL 3 mol·L^{-1} H_2SO_4 溶液注入在冰水中冷却的 1 mL 饱和 $NaNO_2$ 溶液中，观察反应情况和产物的颜色。将试管从冰水中取出，放置片刻，观察有什么现象发生。

$$NaNO_2+H_2SO_4 \xlongequal{\quad} HNO_2+NaHSO_4$$

现象：由于生成的 HNO_2 很不稳定，仅能存在于冰的稀溶液中。微热，甚至在冷的情况下，也易分解为 NO、NO_2 和水。NO_2 为稳定气体，试管口有棕色气体。反应方程式：

$$4HNO_2 \xlongequal{\quad} 4NO+2H_2O+O_2 \qquad 2NO+O_2 \xlongequal{\quad} 2NO_2$$

结论：HNO_2 易分解，稳定性差。

2）亚硝酸的氧化性和还原性

在试管中加入一两滴 0.1 mol·L^{-1} KI 溶液，用 3 mol·L^{-1} H_2SO_4 溶液酸化，然后滴加 0.5 mol·L^{-1} 的 $NaNO_2$ 溶液，观察实验现象，写出反应方程式。

$$2NO_2^-+2I^-+4H^+ \xlongequal{\quad} I_2+2NO+2H_2O\text{（氧化性）}$$

现象：溶液变成棕色，有 NO 气体生成。

用 0.1 mol·L^{-1} $KMnO_4$ 溶液代替 KI 溶液重复上述实验，观察溶液颜色的变化，写出反应方程式。

$$2MnO_4^-+5NO_2^-+6H^+ \xlongequal{\quad} 2Mn^{2+}+5NO_3^-+3H_2O\text{（还原性）}$$

现象：溶液的紫红色褪去。

结论：HNO_2中的 N 元素为+3 价，为中间态，因此HNO_2既可以作氧化剂，又可以作还原剂。作氧化剂时，由于还原剂不同，其产物分别有 NO、N_2O、NH_2OH、N_2和NH_3。

总结：HNO_2易分解，既可作氧化剂又可作还原剂，具有弱酸性，其酸性比 HAc 强。

3. 硝酸和硝酸盐

1）硝酸的氧化性

在试管中加入少量硫黄粉，再加入一些浓硝酸，水浴中加热，观察有无气体生成，冷却，检验反应产物。

$$S+6HNO_3（浓） = H_2SO_4+6NO_2\uparrow+2H_2O$$

现象：有红棕色气体生成。

分别向 2 支各盛有少量锌片的试管中加入 1 mL 浓HNO_3溶液、1 mL 0.5 $mol\cdot L^{-1}$ HNO_3溶液，观察两者反应速率和反应产物有什么不同。

气室法检验NH_4^+：将两滴锌与稀硝酸反应的溶液滴到一个表面皿上，再将润湿的红色石蕊试纸贴于另一个表面皿凹处。向装有溶液的表面皿中加一滴 40%的浓碱，迅速将贴有试纸的表面皿倒扣其上并且放在热水上加热。观察红色石蕊试纸是否变为蓝色（或用酚酞试纸，看是否变为红色）。

$$Zn+4HNO_3（浓） = Zn(NO_3)_2+2NO_2\uparrow+2H_2O$$

$$4Zn+10HNO_3（0.5\ mo\cdot L^{-1}） = 4Zn(NO_3)_2+NH_4NO_3+3H_2O$$

现象：与浓硝酸反应时，有棕色气体生成。与 0.5 $mol\cdot L^{-1}$硝酸反应时，用气室法检验，红色石蕊试纸变蓝。

2）硝酸盐的热分解

分别对固体硝酸钠、硝酸铜、硝酸银做热分解实验，观察反应的情况和产物的颜色，检验反应生成的气体，写出反应方程式。

$$2NaNO_3 = 2NaNO_2+O_2\uparrow（有无色气体 O_2 生成）$$

$$2Cu(NO_3)_2 = 2CuO+4NO_2\uparrow+O_2\uparrow（白色固体变为黑色，有 O_2、NO_2 气体放出）$$

$$2Ag(NO_3)_2 = 2Ag+4NO_2\uparrow+2O_2\uparrow（白色固体变为黑色或银白色，有气体 O_2、NO_2 放出）$$

总结：①硝酸易受热分解，其产物取决于盐中的阳离子；②碱金属、碱土金属的硝酸盐分解放出O_2，生成亚硝酸盐；③金属活泼顺序中 Mg 至 Cu 之间的硝酸盐分解生成金属氧化物和O_2、NO_2；④Cu 以后的金属硝酸盐分解生成金属单质和O_2、NO_2。

思考题：为什么一般情况下不用硝酸作为酸性反应介质？硝酸和金属反应与稀硫酸或稀盐酸和金属反应有什么不同？

4. 磷酸盐的性质

1）酸碱性

（1）用 pH 试纸测定 0.1 $mol\cdot L^{-1}$ Na_3PO_4、Na_2HPO_4和NaH_2PO_4溶液的 pH。

0.1 $mol\cdot L^{-1}$ Na_3PO_4溶液的 pH 呈强碱性；

0.1 $mol\cdot L^{-1}$ Na_2HPO_4溶液的 pH 呈弱碱性；

0.1 $mol\cdot L^{-1}$ NaH_2PO_4溶液的 pH 呈弱酸性。

（2）分别向三支试管中注入 0.5 mL 0.1 $mol\cdot L^{-1}$ Na_3PO_4、Na_2HPO_4和NaH_2PO_4溶液，再各加入适量的 0.1 $mol\cdot L^{-1}$ $AgNO_3$溶液，是否有沉淀产生？检验溶液的酸碱性有什么变化并解释原因。写出有关的反应方程式。

$$3Ag^{+}+PO_4^{3-} = Ag_3PO_4\downarrow$$

$$3Ag^{+}+HPO_4^{2-} = Ag_3PO_4\downarrow+H^{+}$$

$$3Ag^{+}+H_2PO_4^{-} = Ag_3PO_4\downarrow+2H^{+}$$

现象：加入 Ag^{+}后，三者溶液的 pH 都减小，酸性增强。

总结：三种盐都水解，前两者水解呈碱性，后者由于电离程度大于水解程度，因此呈弱酸性。

2）溶解性

分别取 0.1 mol·L^{-1} 的 Na_3PO_4、Na_2HPO_4 和 NaH_2PO_4 各 0.5 mL，加入等量的 0.5 mol·L^{-1} $CaCl_2$ 溶液，观察有什么现象，用 pH 试纸测定它们的 pH。然后每个试管滴加 2 mol·L^{-1} 氨水，各有什么变化？再滴加 2 mol·L^{-1} 盐酸，又有什么变化？

$$3Ca^{2+}+2PO_4^{3-} = Ca_3(PO_4)_2\downarrow \quad pH>7$$

$$Ca^{2+}+HPO_4^{2-} = CaHPO_4\downarrow \quad pH>7$$

$$Ca^{2+}+H_2PO_4^{-} \neq \text{不反应} \quad pH<7$$

现象：加氨水后，促进 HPO_4^{2-} 和 $H_2PO_4^{-}$ 的电离，三支试管中均生成 $Ca_3(PO_4)_2$ 白色沉淀。加盐酸后，促进水解，三支试管中的白色沉淀全部溶解。

总结：磷酸盐中，磷酸二氢盐均溶于水，正盐和一氢盐中除钾盐、钠盐、氨盐外，均不溶于水。

3）配位性

取 5 滴 0.2 mol·L^{-1} 的硫酸铜溶液，逐滴加入 0.1 mol·L^{-1} 焦磷酸钠溶液，观察沉淀的生成。继续滴加焦磷酸钠溶液，沉淀是否溶解？写出相应的反应方程式。

$$2Cu^{2+}+P_2O_7^{4-} = Cu_2P_2O_7\downarrow\text{（白色）}$$

加入过量的 $Na_4P_2O_7$ 溶液，白色沉淀消失。

$$Cu_2P_2O_7+3P_2O_7^{4-} = 2[Cu(P_2O_7)_2]^{6-}$$

总结：$P_2O_7^{4-}$ 具有配位性。

5. 硅酸与硅酸盐

1）硅酸水凝胶的生成

向 2 mL 20%硅酸钠溶液中滴加 6 mol·L^{-1} 盐酸，观察反应物的颜色、状态。

现象：该反应生成 H_2SiO_3 胶体，为半凝固状态，是软而透明且具有弹性的硅酸凝胶。

总结：H_2SiO_3 称为偏硅酸，是正硅酸（H_4SiO_4）的脱水产物，单个 H_2SiO_3 分子溶于水，通常情况下，H_2SiO_3 经缩合形成溶胶，将硅酸凝胶洗涤、干燥、脱水后，即成为多孔性固体，称为硅胶。

2）微溶性硅酸盐的生成（水中花园）

在 100 mL 的小烧杯中加入约 50 mL 20%的硅酸钠溶液，然后把氯化钙、硝酸钴、硫酸铜、硫酸镍、硫酸锌、硫酸锰、硫酸亚铁、三氯化铁固体各取一小粒投入杯内（注意：各固体之间保持一定间隔），放置一段时间后观察有什么现象发生。

$$CaCl_2+Na_2SiO_3 = CaSiO_3+2NaCl\text{（白色微溶物）}$$

$$Co(NO_3)_2+Na_2SiO_3 = CoSiO_3+2NaNO_3\text{（紫色微溶物）}$$

$$NiSO_4+Na_2SiO_3 \xlongequal{} NiSiO_3+Na_2SO_4$$（翠绿）

$$ZnSO_4+Na_2SiO_3 \xlongequal{} ZnSiO_3+Na_2SO_4$$（白色）

$$MnSO_4+Na_2SiO_3 \xlongequal{} MnSiO_3+Na_2SO_4$$（肉红）

$$FeSO_4+Na_2SiO_3 \xlongequal{} FeSiO_3+Na_2SO_4$$（淡绿）

$$Fe_2(SO_4)_3+3Na_2SiO_3 \xlongequal{} Fe_2(SiO_3)_3+3Na_2SO_4$$（棕褐色）

现象：在 Na_2SiO_3 溶液中生成五颜六色的向上生长的化学树，俗称“水中花园”。

总结：硅酸盐除碱金属以外，其他金属的硅酸盐都不溶于水。形成“水中花园”的原因是（以 $CoCl_2$ 为例）：将 $CoCl_2$ 固体投入 Na_2SiO_3 溶液时，$CoCl_2$ 晶体表面稍微有些溶解，整个 $CoCl_2$ 晶体被盐溶液包围，此时，Co^{2+} 与 SiO_3^{2-} 反应，在晶体周围形成硅酸钴的薄膜，这些金属的硅酸盐薄膜是难溶于水的，而且具有半透性。在半透膜内是溶解度大的金属盐，外面是 Na_2SiO_3 溶液，因此，膜内易形成盐的浓溶液，由于存在渗透现象，薄膜外的水不断地透过膜而进入膜内，内部产生极大的压力，这种压力在半透膜的任何点都是一样的，但由于外液的水压在膜的上部就比较小，因此水压小的上部半透膜破裂，在破裂的地方金属盐溶液逸出，与薄膜外的 Na_2SiO_3 溶液作用，在上部又形成新的难溶硅酸钴半透膜，如此反复破裂、反复形成，则不断向上生长直至 Na_2SiO_3 液面，最后各晶体形成“水中花园”。

影响“水中花园”实验现象的因素：①温度：温度高，生长快；②浓度：Na_2SiO_3 的浓度大，生长速度快，晶体上芽数目少；③阴离子：同种盐，其阴离子不同，生长速度、芽的形状和数目不同；④溶解度：溶解度过小的盐不长芽，过大的不产生美丽的芽。

6. *硼酸及硼酸的焰色鉴定反应*

1）硼酸的性质

取 1 mL 饱和硼酸溶液，用 pH 试纸测其 pH。在硼酸溶液中滴入三四滴甘油，再测溶液的 pH。

$$H_3BO_3+H_2O \xlongequal{} B(OH)_4^- +H^+$$

$$H_3BO_3+HOCH_2CHOHCH_2OH \xlongequal{} [B(OCH_2CHOHCH_2O)]^-+H^++2H_2O$$

现象：硼酸饱和溶液，其 pH＜7，呈酸性，K_a 为 6×10^{-10}，加入三四滴甘油后，其 pH 降低，酸性增强，K_a 为 7.08×10^{-6}。

总结：硼酸为一元弱酸，其呈酸性是因为硼原子为缺电子原子，加合来自水分子的氢氧根而释出氢离子，加入多羟基化合物，可使硼酸的酸性大为增强。

2）硼酸的鉴定反应

在蒸发皿中放入少量硼酸晶体、1 mL 乙醇和几滴浓硫酸。混合后点燃，观察火焰的颜色有什么特征。

$$H_3BO_3+3CH_3CH_2OH \xlongequal{} B(OCH_2CH_3)_3+3H_2O$$

现象：点燃，BOC_2H_5 放出特殊的绿色火焰。

总结：H_3BO_3 与醇在浓硫酸的作用下，生成硼酸酯。燃烧放出特殊的绿色火焰，该焰色用于硼酸或硼酸根的鉴别。

7. 硼砂珠实验

1）硼砂珠的制备

用 6 $mol \cdot L^{-1}$ 盐酸清洗铂丝，然后将其置于氧化焰中灼烧片刻，取出再浸入酸中，如此重复数次直至铂丝在氧化焰中灼烧不产生离子特征的颜色，表示铂丝已经洗干净了。将这样处理过的铂丝沾上一些硼砂珠固体，在氧化焰中灼烧并熔融成圆珠，观察硼砂的颜色、状态。硼砂为亮白色球体。

2）用硼酸珠鉴定钴盐和铬盐

用烧热的硼砂珠分别沾上少量硝酸钴和三氯化铬固体，熔融。冷却后观察硼砂珠的颜色，写出相应的反应方程式。

$$Na_2B_4O_7+Co(NO_3)_2 = CoB_4O_7+2NaNO_3$$

$$3Na_2B_4O_7+2CrCl_3 = Cr_2(B_4O_7)_3+6NaCl$$

四、思考题

（1）NaH_2PO_4 显酸性，是否酸式盐溶液都呈酸性？为什么？举例说明。

（2）为什么硼酸是一元酸？在硼酸溶液中加入多羟基化合物后，溶液的酸度会怎样变化？为什么？

（3）设计三种区别硝酸钠和亚硝酸钠的方案。

（4）用酸溶解磷酸银沉淀，在盐酸、硫酸、硝酸中选用哪一种最适宜？为什么？

（5）通过实验可以用几种方法将无标签的试剂磷酸钠、磷酸氢钠、磷酸二氢钠一一鉴别出来？

（6）为什么装有水玻璃的试剂瓶长期敞开瓶口后水玻璃会变混浊？反应 $Na_2CO_3+SiO_2 = Na_2SiO_3+CO_2\uparrow$ 能否正向进行？说明理由。

（7）现有一瓶白色粉末状固体，它可能是碳酸钠、硝酸钠、硫酸钠、氯化钠、溴化钠、磷酸钠中的任意一种。试设计鉴别方案。

实验二十五　主族金属（碱金属、碱土金属、铝、锡、铅、锑、铋）

一、实验目的

（1）比较碱金属、碱土金属的活泼性。

（2）实验并比较碱土金属、铝、锡、铅、锑、铋的氢氧化物和盐类的溶解性。

（3）练习焰色反应并熟悉使用金属钠、钾的安全措施。

二、实验原理

主族金属包括ⅠA、ⅡA、p 区位于硼到砹梯形连线的左下方元素。金属元素的金属性表现在：其单质在能量不高时，易参与化学反应，易呈现低的正氧化态，并形成离子键化合物；标准电极电势是有较负的数值，氧化物的水合物显碱性或两性偏碱性。

碱金属和碱土金属位于ⅠA 族和ⅡA 族，在同一族中金属活泼性由上到下逐渐增强；在同一周期中从左到右逐渐减弱。例如，碱金属和碱土金属都易与氧化合。碱金属在室温下能迅速地与空气中的氧反应。钠、钾在空气中稍微加热即可燃烧生成过氧化物和超氧化物。碱土金属活泼性略差，室温下这些金属表面会缓慢地生成氧化膜。加热燃烧时除可生成正常氧化物外，还可生成氮化物。

碱金属盐类最大的特点是易溶于水。少数盐难溶于水：①Li^+的难溶盐有 LiF、Li_2CO_3、Li_3PO_4；②K^+的难溶盐有 $K_2Na[Co(NO_2)_6]$[六亚硝酸根合钴(Ⅲ)酸钠钾（亮黄色）]、$K[B(C_6H_5)_4]$[四苯基硼酸钾（白色）]、$KHC_4H_4O_6$[酒石酸氢钾（白色）]；③Na^+的难溶盐有 $NaAc·ZnAc_2·3UO_2Ac_2·9H_2O$[乙酸铀酰锌钠（淡黄色）]、$Na[Sb(OH)_6]$。

碱土金属盐类的重要特征是它们的难溶性，除氯化物、硝酸盐、硫酸镁、铬酸镁、铬酸钙易溶于水外，其余碳酸盐、硫酸盐、草酸盐、铬酸盐皆难溶。

氢氧化铝是两性氢氧化物，它可溶于过量的碱，生成$[Al(OH)_4]^-$。Al^{3+}还能与一些配体形成稳定的配合物，如$[AlF_6]^{3-}$、$[Al(C_2O_4)_3]^{3-}$和$[Al(EDTA)]^-$等。

锡、铅的氢氧化物都是两性的。它们的酸碱性递变规律如下。

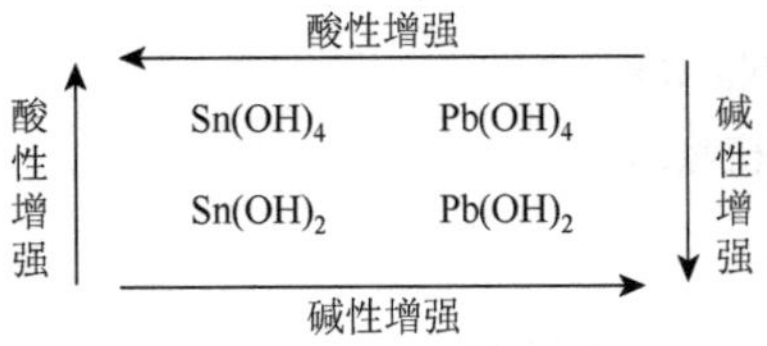

砷、锑、铋的氧化值为+3 的氢氧化物有 H_3AsO_3、$Sb(OH)_3$ 和 $Bi(OH)_3$，它们的酸性依次减弱，碱性依次增强。H_3AsO_3 和 $Sb(OH)_3$ 是两性氢氧化物，而 $Bi(OH)_3$ 的碱性大大强于酸性，$Bi(OH)_3$ 只能微溶于浓的强碱溶液。H_3AsO_3 仅存在于溶液中，$Sb(OH)_3$ 和 $Bi(OH)_3$ 都是难溶于水的白色沉淀。

三、仪器与试剂

（1）仪器：烧杯（250 mL），试管（10 mL），小刀，镊子，坩埚，坩埚钳，离心机。

（2）试剂：钠，钾，镁条，铝片，乙酸钠，铋酸钠，二氧化铅，NaCl（1 mol·L^{-1}），KCl（1 mol·L^{-1}），$MgCl_2$（0.5 mol·L^{-1}），LiCl（1 mol·L^{-1}），$SrCl_2$（0.5 mol·L^{-1}），$CaCl_2$（0.5 mol·L^{-1}），新配制的 NaOH（2 mol·L^{-1}），NaOH（6 mol·L^{-1}），氨水（6 mol·L^{-1}），$AlCl_3$（0.5 mol·L^{-1}），$SnCl_2$（0.5 mol·L^{-1}），$Pb(NO_3)_2$（0.5 mol·L^{-1}），$SbCl_3$（0.5 mol·L^{-1}），$Bi(NO_3)_3$（0.5 mol·L^{-1}），NH_4Cl（饱和），$SnCl_4$（0.5 mol·L^{-1}），HCl（2 mol·L^{-1}），HNO_3（2 mo·L^{-1}，6 mol·L^{-1}、浓），$(NH_4)_2S_x$，$(NH_4)_2S$（新配 0.1 mol·L^{-1}），K_2CrO_4（0.5 mol·L^{-1}），KI（1 mol·L^{-1}），Na_2SO_4（0.1 mol·L^{-1}），$KMnO_4$（0.01 mol·L^{-1}），H_2S（aq，饱和），$MnSO_4$（0.002 mol·L^{-1}）。

四、实验内容和步骤

1. 钠、钾、镁、铝的性质

1）钠与空气中氧气的作用

用镊子取一小块（绿豆大小）金属钠，用滤纸吸干其表面的煤油，立即放在坩埚中加热。当开始燃烧时，停止加热。观察反应情况和产物的颜色、状态。冷却后，向坩埚中加入 2 mL 蒸馏水使产物溶解，然后将溶液转移到一支试管中，用 pH 试纸测定溶液的酸碱性。再用 2 mol·L^{-1} H_2SO_4 酸化，滴加一两滴 0.01 mol·L^{-1} $KMnO_4$ 溶液，观察紫色是否褪去。由此说明此溶液中是否有 H_2O_2，从而推知钠在空气中燃烧是否有 Na_2O_2 生成。写出有关的反应方程式。

$$2Na+O_2 = Na_2O_2 \text{（淡黄色粉末）}$$

$$Na_2O_2+2H_2O = 2NaOH+H_2O_2 \text{（pH 呈碱性）}$$

$$5H_2O_2+2MnO_4^-+6H^+ = 2Mn^{2+}+8H_2O+5O_2\uparrow \text{（}KMnO_4\text{溶液褪色）}$$

说明：取出 Na 后用滤纸吸干其表面的煤油，否则煤油的燃烧会影响产物 Na_2O_2 颜色的观察。用 H_2SO_4 酸化时量应大一些，先中和 NaOH 后作酸性介质。加入适量 $KMnO_4$，以免影响颜色的观察。

2）金属钠、钾、镁、铝与水的作用

分别取一小块（绿豆大小）金属钠和钾，用滤纸吸干其表面煤油，把它们分别投入盛有半杯水的烧杯中，观察反应情况。为安全起见，当金属块投入水中时，立即用倒置漏斗覆盖在烧杯口上。反应完后，滴入一两滴酚酞试剂，检验溶液的酸碱性。根据反应进行的剧烈程度，说明钠、钾的金属活泼性。写出反应方程式。

$$2Na+2H_2O = 2NaOH+H_2\uparrow$$

$$2K+2H_2O = 2KOH+H_2\uparrow$$

钠与水反应产生的氢气使钠在水面上不停地浮动，并熔化为金属小球。钾也熔化为金属球，并引起氢气燃烧，钾球在 H_2 作用下在水面上漂移。

分别取一小段镁条和一小片铝片，用砂纸擦去表面的氧化物，分别放入试管中，加入少量冷水，观察反应现象。然后加热煮沸，观察有什么现象发生，用酚酞指示剂检验产物的酸碱性。写出反应方程式。

$$Mg+2H_2O = Mg(OH)_2+H_2\uparrow$$

镁可与冷水反应，但比较缓慢，有气体和白色沉淀生成。反应后的溶液加入无色酚酞后，变成红色。

另取一小片铝片，用砂纸擦去其表面氧化物，然后在其上滴加 2 滴 0.2 $mol\cdot L^{-1}$ $HgCl_2$ 溶液，观察产物的颜色和状态。用棉花或纸将液体擦干后，将此金属置于空气中，观察铝片上长出的白色铝毛。再将铝片置于盛水的试管中，观察氢气的放出，如反应缓慢可将试管加热，观察反应现象。写出有关的反应方程式。

$$2Al+3HgCl_2 = 3Hg+2AlCl_3$$

$$Hg+Al = Al\text{-}Hg$$

$$4Al\text{-}Hg+3O_2 = 2Al_2O_3+4Hg\text{（大量白色铝毛，放出大量的热）}$$

$$Al\text{-}Hg+3H_2O = Al(OH)_3+3/2H_2+Hg$$

生成的铝汞齐阻止了致密 Al_2O_3 的生成，让铝暴露出来，显示出它的活泼性。

2. 镁、钙、钡、铝、锡、铅、锑、铋的氢氧化物的溶解性

（1）在 8 支试管中，分别加入浓度均为 0.5 $mol\cdot L^{-1}$ 的 $MgCl_2$、$CaCl_2$、$BaCl_2$、$AlCl_3$、$SnCl_2$、$Pb(NO_3)_2$、$SbCl_3$、$Bi(NO_3)_3$ 溶液各 0.5 mL，均加入等体积新配制的 2 $mol\cdot L^{-1}$ NaOH 溶液，观察沉淀的生成并写出反应方程式。

$$M^{n+}+OH^- = M(OH)_n\text{（白色沉淀）}$$

把以上沉淀分成两份，分别加入 6 $mol\cdot L^{-1}$ NaOH 溶液和 6 $mol\cdot L^{-1}$ HCl 溶液，观察沉淀是否溶解，写出反应方程式。

$$Pb(OH)_2+2NaOH = Na_2PbO_2+2H_2O \qquad Sn(OH)_2+2NaOH = Na_2SnO_2+2H_2O$$

$$Al(OH)_3+NaOH = NaAlO_2+2H_2O \qquad Sb(OH)_3+NaOH = NaSbO_2+2H_2O$$

$M(OH)_n+nH^+$ 反应式：　$M(OH)_n+nH^+ = M^{n+}+nH_2O$

（2）在 2 支试管中，分别盛有 0.5 mL 0.5 $mol\cdot L^{-1}$ $MgCl_2$、$AlCl_3$，加入等体积 0.5 $mol\cdot L^{-1}$ $NH_3\cdot H_2O$，观察反应生成物的颜色和状态。向有沉淀的试管中加入饱和 NH_4Cl 溶液，又有什么现象？为什么？写出有关的反应方程式。

$$Mg^{2+}+2NH_3\cdot H_2O = Mg(OH)_2+2NH_4^+$$

$$Al^{3+}+3NH_3\cdot H_2O = Al(OH)_3+3NH_4^+$$

$$NH_4^+ + OH^- \longrightarrow NH_3 + H_2O$$

都生成白色沉淀，氢氧化镁溶解。

3. ⅠA、ⅡA 元素的焰色反应

取镶有铂丝（也可用镍铬丝代替）的玻璃棒一根（铂丝的尖端弯成小环状），先按下法清洁：浸铂丝于纯 6 mol·L^{-1} HCl 溶液中（放在小试管内），然后取出在氧化焰中灼烧片刻，再浸入酸中，再灼烧，如此重复两三次，至火焰不再呈现任何离子的特征颜色，表示铂丝洁净。

用洁净的铂丝分别蘸取 1 mol·L^{-1} LiCl、NaCl、KCl、$CaCl_2$、$SrCl_2$、$BaCl_2$ 溶液在氧化焰中灼烧。观察火焰的颜色。在观察钾盐的焰色时要用一块钴玻璃片滤光后观察。

4. 锡、铅、锑和铋的难溶盐

1）硫化物

（1）硫化亚锡、硫化锡的生成和性质。在两支试管中分别注入 0.5 mL 0.5 mol·L^{-1} $SnCl_2$ 溶液和 $SnCl_4$ 溶液，分别注入少许饱和硫化氢水溶液，观察沉淀的颜色有什么不同。分别检验沉淀物与 1 mol·L^{-1} HCl、1 mol·L^{-1} $(NH_4)_2S$ 和$(NH_4)_2S_x$ 溶液的反应。

通过硫化亚锡、硫化锡的实验得出什么结论？写出有关反应方程式。

$$Sn^{2+} + H_2S \longrightarrow SnS\downarrow + 2H^+$$

$$Sn^{4+} + 2H_2S \longrightarrow SnS_2\downarrow + 4H^+$$

$$SnS + 2H^+ + 4Cl^- \longrightarrow SnCl_4^{2-} + H_2S\uparrow$$

硫化亚锡的试管出现棕褐色沉淀；硫化锡的试管出现黄色沉淀。棕褐色沉淀溶解，黄色沉淀不溶。

（2）铅、锑、铋硫化物。在三支试管中分别加入 0.5 mL 0.5 mol·L^{-1} $Pb(NO_3)_2$、$SbCl_3$、$Bi(NO_3)_3$，然后各加入少许 0.1 mol·L^{-1} 饱和硫化氢水溶液，观察沉淀的颜色有什么不同。

$$Pb(NO_3)_2 + H_2S \longrightarrow PbS\downarrow + 2HNO_3$$

$$2SbCl_3 + 3H_2S \longrightarrow Sb_2S_3\downarrow + 6HCl$$

$$2Bi(NO_3)_3 + 3H_2S \longrightarrow Bi_2S_3\downarrow + 6HNO_3$$

第一支试管产生黑色沉淀；第二支试管产生深褐色沉淀；第三支试管产生橙红色沉淀。

分别检验沉淀物与浓盐酸、2 mol·L^{-1}NaOH、0.5 mol·L^{-1} $(NH_4)_2S$、$(NH_4)_2S_x$、浓硝酸溶液的溶解性。

$$Sb_2S_3 + 6OH^- \longrightarrow SbO_3^{3-} + SbS_3^{3-} + 3H_2O$$

$$Sb_2S_3 + 6H^+ + 12Cl^- \longrightarrow 2[SbCl_6]^{3-} + 3H_2S\uparrow$$

$$Sb_2S_3 + 3S^{2-} \longrightarrow 2SbS_3^{3-}$$

$$Sb_2S_3 + 3S_2^{2-} \longrightarrow 2SbS_4^{3-} + S$$

锑的硫化物与 NaOH、Na_2S、$(NH_4)_2S$ 及多硫化物的反应中均有 SbS_3^{3-} 或 SbS_4^{3-} 生成。这些离子仅能在碱性及中性介质中存在，遇酸则生成硫代锑酸 H_3SbS_4 和硫代亚锑酸 H_3SbS_3，它们很不稳定，随之分解：

$$2SbS_4^{3-} + 6H^+ \longrightarrow Sb_2S_5\downarrow + 3H_2S\uparrow$$

$$2SbS_3^{3-} + 6H^+ \longrightarrow Sb_2S_3\downarrow + 3H_2S\uparrow$$

$$Bi_2S_3 + 6H^+ \longrightarrow 2Bi^{3+} + 3H_2S\uparrow$$

Bi(III)稳定，不能被多硫化物氧化。

结论：S^{2-}与 Sb(III)、Bi(III)、Sb(V)间的作用力很强。因此化合物的共价性很强，在水中溶解度很小[$K_{sp}^{\ominus}(Sb_2S_3)=2.0\times10^{-93}$，$K_{sp}^{\ominus}(Bi_2S_3)=1.0\times10^{-97}$]，且都有颜色。

硫化物从锑到铋碱性递增，酸性递减。同一元素+5 价氧化态硫化物的酸性比+3 价的强。

2）铅的难溶盐（选做）

（1）氯化铅。在 0.5 mL 蒸馏水中滴加 5 滴 0.5 mol·L^{-1} $Pb(NO_3)_2$溶液，再滴加 3～5 滴稀盐酸，即有白色氯化铅沉淀生成。

将所得白色沉淀连同溶液一起加热，沉淀是否溶解？再把溶液冷却，又有什么变化？说明氯化铅的溶解度与温度的关系。

取以上白色沉淀少许，加入浓盐酸，观察沉淀溶解情况。

$$PbCl_2+2Cl^- = PbCl_4^{2-}$$

（2）碘化铅。取 5 滴 0.5 mol·L^{-1} $Pb(NO_3)_2$溶液用水稀释至 1 mL 后，滴加 1 mol·L^{-1} KI 溶液，即生成橙黄色碘化铅沉淀，检验它在热水和冷水中的溶解情况。

（3）铬酸铅。取 5 滴 0.5 mol·L^{-1} $Pb(NO_3)_2$溶液，再滴加几滴 0.5 mol·L^{-1} K_2CrO_4溶液。观察 $PbCrO_4$沉淀的生成。检验它在 6 mol·L^{-1} HNO_3溶液和 NaOH 溶液中的溶解情况。写出有关的反应方程式。

$$Pb^{2+}+CrO_4^{2-} = PbCrO_4\downarrow$$

$$PbCrO_4+3OH^- = Pb(OH)_3^-+CrO_4^{2-}$$

$$2PbCrO_4+2H^+ = 2Pb^{2+}+Cr_2O_7^{2-}+H_2O$$

（4）硫酸铅。在 1 mL 蒸馏水中滴加 5 滴 0.5 mol·L^{-1} $Pb(NO_3)_2$溶液，再滴加几滴 0.1 mol·L^{-1} Na_2SO_4溶液，即得白色 $PbSO_4$沉淀。加入少许固体 NaAc，微热，并不断搅拌，沉淀是否溶解？解释上述现象。写出有关的反应方程式。

$$Pb^{2+}+SO_4^{2-} = PbSO_4\downarrow$$

$$PbSO_4+2CH_3COO^- = Pb(CH_3COO)_2+SO_4^{2-}$$

根据实验现象并查阅手册，填写下表：

名称	颜色	溶解性（水或其他试剂）	溶度积（K_{sp}）
$PbCl_2$			
PbI_2			
$PbCrO_4$			
$PbSO_4$			
PbS			
SnS			
SnS_2			

五、思考题

（1）今有未贴标签的无色透明的氯化亚锡、四氯化锡溶液各一瓶，试设法鉴别。

（2）若实验室中发生镁燃烧的事故，可否用水或二氧化碳灭火器扑灭？应用何种方法灭火？

（3）怎样用平衡移动的原理解释 $MgCl_2$ 溶液中加入氨水有沉淀产生，再加入 NH_4Cl 固体沉淀又溶解的现象？

（4）将擦净的镁条投入滴有酚酞的水中，开始见镁条表面有红色，加热后红色消失，这是为什么？

实验二十六　ds 区金属（铜、银、锌、镉、汞）

一、实验目的

（1）实验并了解 ds 区元素的氢氧化物（或氧化物）的酸碱性及热稳定性。

（2）了解铜、银、锌、镉、汞的金属离子形成配合物的特征。

（3）了解 Cu(Ⅱ)与 Cu(Ⅰ)、Hg(Ⅱ)与 Hg(Ⅰ)的相互转化条件。

（4）了解铜、银、锌、镉、汞的离子鉴定。

二、实验原理

ⅠB	ⅡB		
Cu	Zn	Cu(+1, +2)	Zn(+2)
Ag	Cd	Ag(+1)	Cd(+2)
Au	Hg	Au(+1, +3)	Hg(+1, +2)

蓝色的 $Cu(OH)_2$ 呈两性，在加热时易脱水而分解为黑色的 CuO。AgOH 在常温下极易脱水而转化为棕色的 Ag_2O。$Zn(OH)_2$ 呈两性，$Cd(OH)_2$ 显碱性，Hg(Ⅰ, Ⅱ)的氢氧化物极易脱水而转变为黄色的 HgO(Ⅱ)和黑色的 Hg_2O(Ⅰ)。

易形成配合物是这两副族的特性，Cu^{2+}、Ag^{+}、Zn^{2+}、Cd^{2+}与过量的氨水反应时分别生成 $[Cu(NH_3)_4]^{2+}$、$[Ag(NH_3)_2]^{+}$、$[Zn(NH_3)_4]^{2+}$、$[Cd(NH_3)_4]^{2+}$。但是 Hg^{2+}和 Hg_2^{2+} 与过量氨水反应时，如果没有大量的 NH_4^+ 存在，并不生成氨配离子。

$$HgCl_2+2NH_3 = Hg(NH_2)Cl\downarrow\text{（白色）}+NH_4Cl$$

$$Hg_2Cl_2+2NH_3 = Hg(NH_2)Cl\downarrow\text{（白色）}+Hg\downarrow\text{（黑色）}+NH_4Cl\text{（观察为灰色）}$$

Cu^{2+}具有氧化性，与 I^-反应，产物不是 CuI_2，而是白色的 CuI。

$$2Cu^{2+}+4I^- = 2CuI\downarrow\text{（白色）}+I_2$$

将 $CuCl_2$ 溶液与铜屑混合，加入浓盐酸，加热可得黄褐色的$[CuCl_2]^-$溶液。将溶液稀释，得白色 CuCl 沉淀。

$$Cu+Cu^{2+}+4Cl^- = 2[CuCl_2]^-$$

稀释：
$$[CuCl_2]^- \longrightarrow CuCl\downarrow\text{（白色）}+Cl^-$$

卤化银难溶于水，但可利用形成配合物而使之溶解。

$$AgCl+2NH_3 = [Ag(NH_3)_2]^+ +Cl^-$$

红色 HgI_2 难溶于水，但易溶于过量 KI 中，形成四碘合汞(Ⅱ)配离子。

$$HgI_2+2I^- = [HgI_4]^{2-}$$

黄绿色 Hg_2I_2 与过量 KI 反应时，发生歧化反应，生成 $[HgI_4]^{2-}$ 和 Hg。

$$Hg_2I_2+2I^- = [HgI_4]^{2-}+Hg\downarrow \text{（黑色）}$$

三、仪器与试剂

（1）仪器：试管，烧杯，量筒，离心机，抽滤瓶，布氏漏斗。

（2）试剂：碘化钾，铜屑，NaOH[2 $mol\cdot L^{-1}$（新配）、6 $mol\cdot L^{-1}$、40%]，KOH（40%），氨水（2 $mol\cdot L^{-1}$、浓），H_2SO_4（2 $mol\cdot L^{-1}$），HNO_3（2 $mol\cdot L^{-1}$），HCl（2 $mol\cdot L^{-1}$、浓），HAc（2 $mol\cdot L^{-1}$、10%），$CuSO_4$（0.2 $mol\cdot L^{-1}$），$CuCl_2$（0.5 $mol\cdot L^{-1}$），$AgNO_3$（0.1 $mol\cdot L^{-1}$），KI（0.2 $mol\cdot L^{-1}$），$Na_2S_2O_3$（0.5 $mol\cdot L^{-1}$），KSCN（0.1 $mol\cdot L^{-1}$），$ZnSO_4$（0.2 $mol\cdot L^{-1}$），$CdSO_4$（0.2 $mol\cdot L^{-1}$），$Hg(NO_3)_2$（0.2 $mol\cdot L^{-1}$），$HgCl_2$（0.2 $mol\cdot L^{-1}$），$SnCl_2$（0.2 $mol\cdot L^{-1}$），NaCl（0.2 $mol\cdot L^{-1}$），Na_2S（1 $mol\cdot L^{-1}$），金属汞，葡萄糖溶液（10%）。

四、实验内容和步骤

1. 铜、银、锌、镉、汞化合物的生成和性质

1）铜、锌、镉氢氧化物的生成和性质

向三支试管中分别加入 5 滴 0.2 $mol\cdot L^{-1}$ $CuSO_4$、$ZnSO_4$、$CdSO_4$ 溶液，滴加新配制的 2 $mol\cdot L^{-1}$ NaOH 溶液，观察溶液的颜色和状态。将生成的沉淀和溶液摇荡均匀后分为两份，第一份滴加 2 $mol\cdot L^{-1}$ H_2SO_4 溶液，第二份滴入过量的 2 $mol\cdot L^{-1}$ NaOH 溶液，观察现象，写出反应方程式。

$$Cu^{2+}+2OH^- = Cu(OH)_2\downarrow \text{（蓝色絮状）}$$

加酸：

$$Cu(OH)_2+2H^+ = Cu^{2+}+2H_2O$$

加浓碱：

$$Cu(OH)_2+2OH^- \text{（6 mol·L}^{-1}\text{）} = [Cu(OH)_4]^{2-}$$

$Cu(OH)_2$ 两性偏碱，所以需加强碱使之生成配离子。

$$Zn^{2+}+2OH^- = Zn(OH)_2\downarrow \text{（白色）}$$

$$Zn(OH)_2+2H^+ = Zn^{2+}+2\ H_2O$$

$$Zn(OH)_2+2OH^- = Zn(OH)_4^{2-}$$

$$Cd^{2+}+2OH^- = Cd(OH)_2\downarrow \text{（白色）}$$

$$Cd(OH)_2+H_2SO_4 = CdSO_4+2H_2O \text{（沉淀溶解）}$$

$$Cd(OH)_2+NaOH \text{（6mol·L}^{-1}\text{）} \neq \text{不反应}[Cd(OH)_2 \text{ 碱性}]$$

2）银、汞氧化物的生成和性质

（1）氧化银的生成和性质。

取 5 滴 0.1 $mol\cdot L^{-1}$ $AgNO_3$ 溶液，缓慢滴加新配制的 2 $mol\cdot L^{-1}$ NaOH 溶液，振荡，观察 Ag_2O（为什么不是 AgOH？）的颜色和状态。洗涤并离心分离沉淀，将沉淀分成两份，分别与 2 $mol\cdot L^{-1}$ HNO_3 溶液和 2 $mol\cdot L^{-1}$ 氨水反应，观察现象，写出反应方程式。

$$2Ag^++2OH^- = Ag_2O\downarrow \text{（棕色）}+H_2O$$

$$Ag_2O+2HNO_3 = 2AgNO_3+H_2O$$

$$Ag_2O+4NH_3\cdot H_2O = 2[Ag(NH_3)_2]OH+3H_2O$$

（2）氧化汞的生成和性质。

取 0.5 mL 0.2 $mol\cdot L^{-1}$ $Hg(NO_3)_2$ 溶液，缓慢滴入新配制的 2 $mol\cdot L^{-1}$ NaOH 溶液，振荡，观察溶液的颜色和状态。将沉淀分成两份，分别与 2 $mol\cdot L^{-1}$ HNO_3 和 40% NaOH 溶液，观察现

象，写出反应方程式。

$$Hg^{2+}+2OH^{-} = HgO\downarrow\text{（黄色）}+H_2O$$

$$HgO+2HCl = HgCl_2+H_2O$$

$$HgO+NaOH \not= \text{不反应（HgO 碱性）}$$

$$Hg_2^{2+}+2OH^{-} = Hg\downarrow+HgO\downarrow+H_2O\text{（歧化反应）}$$

3）锌、汞硫化物的生成和性质

向盛有 0.5 mL 0.2 mol·L^{-1} 硫酸锌、0.2 mol·L^{-1} 硝酸汞溶液的试管中，分别滴入 1 mol·L^{-1} 硫化钠溶液，观察沉淀的生成和颜色。

将沉淀离心分离、洗涤，然后将每种沉淀分成三份：一份加入 2 mol·L^{-1} 盐酸，一份加入浓盐酸，一份加入王水（自配，HCl∶HNO_3=3∶1），水浴加热，观察沉淀溶解情况。

根据实验现象并查阅有关数据，对铜、银、锌、汞硫化物的溶解情况作出结论。写出反应方程式。

2. 铜、银、锌、汞的配合物

1）氨配合物的生成

向四支分别盛有 5 滴 0.2 mol·L^{-1} $CuSO_4$、$AgNO_3$、$ZnSO_4$、$Hg(NO_3)_2$ 溶液的试管中，分别滴入 2 mol·L^{-1} 氨水，观察沉淀的生成。继续加入过量的 2 mol·L^{-1} 氨水，观察现象，写出反应方程式。比较 Cu^{2+}、Ag^{2+}、Zn^{2+}、Hg^{2+}与氨水反应有什么不同。

2）汞配合物的生成和应用

（1）向盛有 0.5 mL 0.2 mol·L^{-1} $Hg(NO_3)_2$ 溶液的试管中，滴入 0.2 mol·L^{-1} KI 溶液，观察沉淀的生成和颜色。再向该沉淀中加入少量 KI 固体（直至沉淀刚好溶解为止，不要过量），溶液显什么颜色？写出反应方程式。

在所得的溶液中滴入几滴 40% KOH，再与氨水反应，观察沉淀的颜色。

（2）向 5 滴 0.2 mol·L^{-1} $Hg(NO_3)_2$ 溶液中，逐滴加入 0.1 mol·L^{-1} KSCN 溶液，最初生成白色 $Hg(SCN)_2$ 沉淀，继续滴加 KSCN 溶液，沉淀溶解生成$[Hg(SCN)_4]^{2-}$配离子。再在该溶液中滴加几滴 0.2 mol·L^{-1} $ZnSO_4$ 溶液，观察白色 $Zn[Hg(SCN)_4]$沉淀的生成（该反应可定性检验 Zn^{2+}），必要时用玻璃棒磨擦管壁。

3. 铜、汞的氧化还原性

1）氧化亚铜的生成和性质

取 0.5 mL 0.2 mol·L^{-1} 硫酸铜溶液，注入过量的 6 mol·L^{-1} 氢氧化钠溶液，使起初生成的蓝色沉淀全部溶解得深蓝色溶液。再向此澄清的溶液中注入 1 mL 10%葡萄糖溶液，混匀后微热，观察现象（有黄色沉淀产生，进而生成红色沉淀），并写出反应方程式。离心分离并且用蒸馏水洗涤沉淀，将沉淀分成两份：一份沉淀与 1 mL 2 mol·L^{-1} 硫酸作用，静置片刻，注意沉淀的变化，然后加热至沸，观察现象；另一份沉淀中加入 1 mL 浓氨水，振摇后，静置 10 min，观察清液颜色，放置一段时间后，溶液变成深蓝色，为什么？

2）氯化亚铜的生成和性质

取 1.0 mL 0.5 mol·L^{-1} 氯化铜溶液，加 10 滴浓盐酸和少量铜屑，加热直到溶液变成深棕色为止。取出几滴，注入 1 mL 蒸馏水中，若有白色沉淀产生，则迅速将全部溶液倒入 20 mL 蒸馏水中，观察沉淀的生成。等大部分沉淀析出后，静置，倾出上层清液，并用少量蒸馏水洗涤沉淀。取出少许沉淀，分成两份，一份与浓氨水反应，另一份与浓盐酸反应，观察沉淀是否溶解，写出反应方程式。

3）碘化亚铜的生成和性质

取 1 mL 0.2 $mol \cdot L^{-1}$ 硫酸铜溶液，滴入 0.1 $mol \cdot L^{-1}$ 碘化钾溶液，观察现象。再滴入少量 0.5 $mol \cdot L^{-1}$ 硫代硫酸钠溶液，以除去反应中生成的碘（加入硫代硫酸钠不能过量，否则就会使碘化亚铜溶解，为什么？）。观察碘化亚铜的颜色和状态，写出反应方程式。

4）汞(Ⅱ)和汞(Ⅰ)的相互转化

（1）Hg^{2+}的氧化性。向 0.2 $mol \cdot L^{-1}$ $HgCl_2$ 溶液中，滴入 0.2 $mol \cdot L^{-1}$ 氯化亚锡溶液（先适量，后过量），观察现象，写出反应方程式。

（2）Hg^{2+}转化为 Hg_2^{2+} 和 Hg_2^{2+} 的歧化分解。向 0.2 $mol \cdot L^{-1}$ $HgCl_2$ 溶液中，滴入金属汞 1 滴，充分振荡。用滴管把清液转入两支试管中（余下的汞回收），在一支试管中注入 0.2 $mol \cdot L^{-1}$ 氯化钠溶液，观察现象，写出反应方程式。另一支试管中加入 2 $mol \cdot L^{-1}$ 氨水，观察现象，写出反应方程式。

五、注意事项

（1）本实验涉及的化合物种类和颜色较多，需仔细观察。

（2）涉及汞的实验毒性较大，应做好回收工作。

六、思考题

（1）实验中得到的深棕色溶液是什么物质？将它倒入蒸馏水中就有沉淀生成，这是发生了什么反应？Cu(Ⅰ)和 Cu(Ⅱ)稳定存在和转化的条件是什么？

（2）在 $AgNO_3$ 中加入 NaOH 为什么得不到 AgOH？

（3）用平衡移动的原理说明在 $Hg_2(NO_3)_2$ 溶液中通入 H_2S 气体会生成什么沉淀？

（4）使用汞时应注意什么？为什么储存汞时要用水封？

（5）用平衡原理预测在硝酸亚汞溶液中通入硫化氢气体后生成的沉淀物是什么，并加以解释。

实验二十七　第一过渡系元素（铬、锰、铁、钴、镍）

一、实验目的

（1）熟悉 d 区元素主要氢氧化物的酸碱性及氧化还原性。

（2）掌握 d 区元素主要化合物的氧化还原性。

（3）掌握 Fe、Co、Ni 配合物的生成和性质及其在离子鉴定中的应用。

（4）掌握 Cr、Mn、Fe、Co、Ni 混合离子的分离及鉴定方法。

二、实验原理

Cr、Mn 和铁系元素 Fe、Co、Ni 为第四周期的ⅥB、ⅦB、ⅧB 族元素，其重要化合物性质如下。

1）Cr 重要化合物的性质

$Cr(OH)_3$（蓝绿色）是典型的两性氢氧化物，$Cr(OH)_3$ 与 NaOH 反应所得的绿色 $NaCrO_2$ 具有还原性，易被 H_2O_2 氧化生成黄色 Na_2CrO_4。

$$Cr(OH)_3+NaOH \longrightarrow NaCrO_2+2H_2O$$

$$2NaCrO_2+3H_2O_2+2NaOH \longrightarrow 2Na_2CrO_4+4H_2O$$

铬酸盐与重铬酸盐可以互相转化，溶液中存在下列平衡关系：

$$CrO_4^{2-}+2H_2O_2+2H^+ \longrightarrow CrO(O_2)_2+3H_2O$$

蓝色 $CrO(O_2)_2$ 在有机试剂乙醚中比较稳定。利用上述反应，可以鉴定 Cr^{3+}、CrO_4^{2-} 和 $Cr_2O_7^{2-}$。

$BaCrO_4$、Ag_2CrO_4、$PbCrO_4$ 的 K_{sp} 值分别为 1.17×10^{-10}、1.12×10^{-12}、1.8×10^{-14}，均为难溶盐。因 CrO_4^{2-} 与 $Cr_2O_7^{2-}$ 在溶液中存在平衡关系，又 Ba^{2+}、Ag^+、Pb^{2+}重铬酸盐的溶解度比铬酸盐溶解度大，所以向 $Cr_2O_7^{2-}$ 溶液中加入 Ba^{2+}、Ag^+、Pb^{2+}时，根据平衡移动规则，可以得到铬酸盐沉淀，这些难溶盐又可以溶于强酸（为什么？）。

$$2Ba^{2+}+Cr_2O_7^{2-}+H_2O \longrightarrow 2BaCrO_4\downarrow（柠檬黄色）+2H^+$$

$$4Ag^{+}+Cr_2O_7^{2-}+H_2O \longrightarrow 2Ag_2CrO_4\downarrow（砖红色）+2H^+$$

$$2Pb^{2+}+Cr_2O_7^{2-}+H_2O \longrightarrow 2PbCrO_4\downarrow（铬黄色）+2H^+$$

在酸性条件下，$Cr_2O_7^{2-}$ 具有强氧化性，可氧化乙醇，反应式如下

$$2Cr_2O_7^{2-}（橙色）+3C_2H_5OH+16H^+ \longrightarrow 4Cr^{3+}（绿色）+3CH_3COOH+11H_2O$$

根据颜色变化，可定性检查人呼出的气体和血液中是否含有酒精，可判断是否酒后驾车或酒精中毒。

2）Mn 重要化合物的性质

$Mn(OH)_2$（白色）是中强碱，具有还原性，易被空气中的 O_2 氧化：

$$2Mn(OH)_2+O_2 \longrightarrow 2MnO(OH)_2（褐色）$$

$MnO(OH)_2$ 不稳定分解产生 MnO_2 和 H_2O。在酸性溶液中，Mn^{2+}很稳定，与强氧化剂（如 $NaBiO_3$、PbO_2、$S_2O_8^{2-}$ 等）作用时，可生成紫红色 MnO_4^-：

$$2Mn^{2+}+5NaBiO_3+14H^+ \longrightarrow 2MnO_4^-+5Bi^{3+}+5Na^++7H_2O（Mn^{2+}鉴定反应）$$

MnO_4^{2-}（绿色）能稳定存在于强碱溶液中，而在中性或微碱性溶液中易发生歧化反应：

$$3MnO_4^{2-}+2H_2O \longrightarrow 2MnO_4^-+MnO_2\downarrow+4OH^-$$

K_2MnO_4 可被强氧化剂（如 Cl_2）氧化为 $KMnO_4$。MnO_4^- 具有强氧化性，它的还原产物与溶液的酸碱性有关。在酸性、中性或碱性介质中，分别被还原为 Mn^{2+}、MnO_2 和 MnO_4^{2-}。

3）Fe、Co、Ni 重要化合物的性质

$Fe(OH)_2$（白色）和 $Co(OH)_2$（粉色）除具有碱性外，均具有还原性，易被空气中的 O_2 氧化。

$$4Fe(OH)_2+O_2+2H_2O \longrightarrow 4Fe(OH)_3$$

$$4Co(OH)_2+O_2+2H_2O \longrightarrow 4Co(OH)_3$$

$Co(OH)_3$（褐色）和 $Ni(OH)_3$（黑色）具有强氧化性，可将盐酸中的 Cl^- 氧化成 Cl_2。

$$2M(OH)_3+6HCl（浓）=\!=\!=2MCl_2+Cl_2+6H_2O（M 为 Ni、Co）$$

铁系元素是很好的配合物的形成体，能形成多种配合物，常见的有氨的配合物，Fe^{2+}、Co^{2+}、Ni^{2+} 与 NH_3 能形成配离子，它们的稳定性依次递增。

在无水状态下，$FeCl_2$ 与液氨形成 $[Fe(NH_3)_6]Cl_2$，此配合物不稳定，易氧化，遇水即分解：

$$[Fe(NH_3)_6]Cl_3+6H_2O=\!=\!=Fe(OH)_3\downarrow+3NH_3\cdot H_2O+3NH_4Cl$$

Co^{2+} 与过量氨水作用，生成 $[Co(NH_3)_6]^{2+}$ 配离子：

$$Co^{2+}+6NH_3\cdot H_2O=\!=\!=[Co(NH_3)_6]^{2+}+6H_2O$$

$[Co(NH_3)_6]^{2+}$ 配离子不稳定，放置空气中立即被氧化成 $[Co(NH_3)_6]^{3+}$：

$$4[Co(NH_3)_6]^{2+}+O_2+2H_2O=\!=\!=4[Co(NH_3)_6]^{3+}+4OH^-$$

二价 Ni^{2+} 与过量氨水反应，生成浅蓝色 $[Ni(NH_3)_6]^{2+}$ 配离子：

$$Ni^{2+}+6NH_3\cdot H_2O=\!=\!=[Ni(NH_3)_6]^{2+}+6H_2O$$

铁系元素还有一些配合物，不仅很稳定，而且具有特殊颜色，根据这些特性可以鉴定铁系元素离子，如 Fe^{3+} 与黄血盐 $K_4[Fe(CN)_6]$ 溶液反应，生成深蓝色配合物沉淀：

$$4Fe^{3+}+3[Fe(CN)_6]^{4-}=\!=\!=Fe_4[Fe(CN)_6]_3\downarrow（蓝色）$$

Fe^{2+} 与赤血盐 $K_3[Fe(CN)_6]$ 溶液反应，生成深蓝色配合物沉淀：

$$3Fe^{2+}+2[Fe(CN)_6]^{3-}=\!=\!=Fe_3[Fe(CN)_6]_2\downarrow（蓝色）$$

Co^{2+} 与 SCN^- 作用，生成艳蓝色配离子：

$$Co^{2+}+4SCN^-=\!=\!=[Co(SCN)_4]^{2-}（蓝色）$$

当溶液中混有少量 Fe^{3+} 时，Fe^{3+} 与 SCN^- 作用生成血红色配离子：

$$Fe^{3+}+nSCN^-=\!=\!=[Fe(SCN)_n]^{3-n}\ (n=1\sim6)$$

少量 Fe^{3+} 的存在，干扰 Co^{2+} 的检出，可采用加掩蔽剂 NH_4F（或 NaF）的方法，F^- 可与 Fe^{3+} 结合形成更稳定且无色的配离子 $[FeF_6]^{3-}$，将 Fe^{3+} 掩蔽起来，从而消除 Fe^{3+} 的干扰。

$$[Fe(SCN)_n]^{3-n}+6F^-=\!=\!=[FeF_6]^{3-}+nSCN^-$$

Ni^{2+} 在氨性或 NaAc 溶液中，与丁二酮肟反应生成鲜红色螯合物沉淀。

利用铁系元素所形成化合物的特征颜色来鉴定 Fe^{3+}、Fe^{2+}、Co^{2+} 和 Ni^{2+}。

三、仪器与试剂

（1）仪器：试管，离心试管。

（2）试剂：二氧化锰，高锰酸钾，硫酸亚铁铵，硫氰酸钾，H_2SO_4（1 mol mol·L^{-1}、6 mol·L^{-1}），HCl（浓），NaOH（6 mol·L^{-1}、2 mol·L^{-1}、0.2 mol·L^{-1}），氨水（6 mol·L^{-1}、浓），$K_2Cr_2O_7$（0.1 mol·L^{-1}、饱和），K_2CrO_4（0.1 mol·L^{-1}），$KMnO_4$（0.01 mol·L^{-1}），KI（0.1 mol·L^{-1}），$NaNO_2$（0.1 mol·L^{-1}），$MnSO_4$（0.1 mol·L^{-1}），NH_4Cl（2 mol·L^{-1}），Na_2SO_3（0.1 mol·L^{-1}），Na_2S（0.1 mol·L^{-1}），H_2S（饱和），$BaCl_2$（0.1 mol·L^{-1}），$Pb(NO_3)_2$（0.1 mol·L^{-1}），$AgNO_3$（0.1 mol·L^{-1}），$(NH_4)_2Fe(SO_4)_2$（固体、0.1 mol·L^{-1}），$CoCl_2$（0.1 mol·L^{-1}），$NiSO_4$（0.1 mol·L^{-1}），KI（0.5 mol·L^{-1}），$K_4[Fe(CN)_6]$（0.5 mol·L^{-1}），$FeCl_3$（0.2 mol·L^{-1}），KSCN（0.5 mol·L^{-1}），H_2O_2（3%），氯水，碘水，四氯化碳，戊醇，乙醚，乙醇。

四、实验内容和步骤

1. 铬化合物的重要性质

1）铬(Ⅵ)的氧化性

在少量（5 mL）重铬酸钾溶液中，加入少量你所选择的还原剂，观察溶液颜色的变化（如果现象不明显，怎么办？），写出反应方程式。保留溶液供下面实验 3）用。

讨论：

（1）转化反应须在何种介质（酸性或碱性）中进行？为什么？

（2）从电势值和还原剂被氧化后产物的颜色考虑，应选择哪些还原剂为宜？如果选择亚硝酸钠溶液，可以吗？

$$Cr_2O_7^{2-}+2H^++4H_2O_2 = 2CrO_5+5H_2O$$

$$4CrO_5+12H^+ = 4Cr^{3+}+7O_2\uparrow+6H_2O$$

$$Cr_2O_7^{2-}+8H^++3NO_2^- = 2Cr^{3+}+3NO_3^-+4H_2O$$

2）铬(Ⅵ)的缩合平衡

$Cr_2O_7^{2-}$（橙红色）与 CrO_4^{2-}（黄色）的相互转化。

讨论：$Cr_2O_7^{2-}$（橙红色）与 CrO_4^{2-}（黄色）在何种介质中可以相互转化？

（1）取少量重铬酸钾溶液，加入你所选择的试剂使其转变为 CrO_4^{2-}。

（2）在上述 CrO_4^{2-} 溶液中，加入你所选择的试剂使其转变为 $Cr_2O_7^{2-}$。

$$Cr_2O_7^{2-}+H_2O = 2CrO_4^{2-}+2H^+$$

3）氢氧化铬(Ⅲ)的两性

Cr^{3+}转变为 $Cr(OH)_3$（灰绿色）沉淀，并检验 $Cr(OH)_3$ 的两性。

在实验 1）保留的 Cr^{3+}溶液中，逐滴加入 6 $mol\cdot L^{-1}$ 氢氧化钠溶液，观察沉淀物的颜色，写出反应方程式。

$$Cr^{3+}+3OH^- = Cr(OH)_3\downarrow \text{（灰绿色）}$$

将所得沉淀物分成两份，分别检验与酸、碱的反应，观察溶液的颜色，写出反应方程式。

$$Cr(OH)_3+3H^+ = Cr^{3+}+3H_2O$$

$$Cr(OH)_3+OH^- = CrO_2^- \text{（亮绿色）}+2H_2O$$

4）铬(Ⅲ)的还原性

CrO_2^-（亮绿色）转变为 CrO_4^{2-}（黄色）。

在实验 3）得到的 CrO_2^- 溶液中，加入少量所选择的氧化剂，水浴加热，观察溶液颜色的变化，写出反应方程式。

$$3H_2O_2+2CrO_2^-+2OH^- = 2CrO_4^{2-}+4H_2O \text{（绿色 → 黄色）}$$

讨论：

（1）转化反应须在何种介质中进行？为什么？

（2）从电势值和氧化剂被还原后产物的颜色考虑，应选择哪些氧化剂？可否使用 3%过氧化氢溶液？

5）重铬酸盐和铬酸盐的溶解性

分别在 $Cr_2O_7^{2-}$ 与 CrO_4^{2-} 溶液中，各加入少量的硝酸铅、氯化钡和硝酸银，观察产物的颜色和状态，比较并解释实验结果，写出反应方程式。

$$Cr_2O_7^{2-}+2Pb^{2+}+H_2O = 2PbCrO_4\downarrow（铬黄）+2H^+$$

$$Cr_2O_7^{2-}+2Ba^{2+}+H_2O = 2BaCrO_4\downarrow（柠檬黄）+2H^+$$

$$Cr_2O_7^{2-}+4Ag^{+}+H_2O = 2Ag_2CrO_4\downarrow（砖红色）+2H^+$$

试总结 $Cr_2O_7^{2-}$ 与 CrO_4^{2-} 相互转化的条件及它们形成相应盐的溶解性大小。

6）三氧化铬的生成和性质

在试管中加入 4 mL 重铬酸钾饱和溶液，放在冰水中冷却后，缓慢加入 8 mL 用冰水冷却过的浓硫酸，将试管放在冰水中冷却，观察产物的颜色，写出反应方程式。

将沉淀转移至玻璃砂芯漏斗中，抽滤至干，用玻璃棒取三氧化铬固体少许，置于石棉网上，滴入几滴无水乙醇，观察现象，写出反应方程式。

$$K_2Cr_2O_7+H_2SO_4（浓） = K_2SO_4+2CrO_3\downarrow（橙红色）+H_2O$$

$$4CrO_3+C_2H_5OH = 2CO_2\uparrow+3H_2O+2Cr_2O_3$$

2. 锰化合物的重要性质

1）氢氧化锰的生成和性质

用 10 mL 0.2 $mol\cdot L^{-1}$ $MnSO_4$ 溶液分成四份：

第一份：滴加 0.2 $mol\cdot L^{-1}$ NaOH 溶液，观察沉淀的颜色。振荡试管，观察有什么变化。

第二份：滴加 0.2 $mol\cdot L^{-1}$ NaOH 溶液，产生沉淀后加入过量的氢氧化钠，沉淀是否溶解？

第三份：滴加 0.2 $mol\cdot L^{-1}$ NaOH 溶液，产生沉淀后迅速加入 2 $mol\cdot L^{-1}$ 盐酸溶液，观察有什么现象发生。

第四份：滴加 0.2 $mol\cdot L^{-1}$ NaOH 溶液，产生沉淀后迅速加入 2 $mol\cdot L^{-1}$ 氯化铵溶液，沉淀是否溶解？

写出上述有关反应方程式。此实验说明氢氧化锰具有哪些性质？

$$Mn^{2+}+2OH^- = Mn(OH)_2\downarrow（白色）（不稳定）$$

$$Mn(OH)_2+1/2O_2 = MnO(OH)_2\downarrow（棕色）$$

$Mn(OH)_2+2H^+ = Mn^{2+}+2H_2O$（加酸过程中可能有部分被氧化，部分沉淀不溶解）

氢氧化锰不稳定，能被空气中的 O_2 氧化；氢氧化锰溶于酸，不溶于碱。

2）硫化锰的生成和性质

向硫酸锰溶液中滴加饱和硫化氢溶液，有无沉淀产生？若用硫化钠溶液代替硫化氢溶液，又有什么结果？用事实说明硫化锰的性质和生成沉淀的条件。

$$K_{sp}^{\ominus}(MnS)=1.4\times10^{-15}$$

$$[H^+]^2[S^{2-}]=K_1K_2[H_2S]=5.7\times10^{-8}\times1.2\times10^{-15}\times0.1=6.8\times10^{-24}$$

当$[Mn^{2+}][S^{2-}]\geqslant K_{sp}(MnS)=1.4\times10^{-15}$时，便有沉淀产生。

3）二氧化锰的生成和氧化性

（1）向盛有少量 0.01 $mol\cdot L^{-1}$ 高锰酸钾溶液中，逐滴滴入 0.5 $mol\cdot L^{-1}$ 硫酸锰溶液，观察沉淀的颜色，向沉淀中加入 1 $mol\cdot L^{-1}$ 硫酸溶液和 0.1 $mol\cdot L^{-1}$ 亚硫酸钠溶液，沉淀是否溶解？写出有关的反应方程式。

$$2MnO_4^-+3Mn^{2+}+2H_2O = 5MnO_2\downarrow（棕黑色）+4H^+$$

$$MnO_2+2H^++SO_3^{2-} = Mn^{2+}+SO_4^{2-}+H_2O$$

（2）在盛有少量（米粒大小）二氧化锰固体的试管中，加入 2 mL 浓硫酸，加热，观察反应前后的颜色。有什么气体产生？写出反应方程式。

$$2MnO_2+2H_2SO_4 \xlongequal{} 2MnSO_4+O_2\uparrow+2H_2O$$

4）高锰酸钾的性质

分别令高锰酸钾（2 滴 0.01 mol·L^{-1}）溶液与亚硫酸钠（0.5 mL 0.1 mol·L^{-1}）在酸性（0.5 mL 1 mol·L^{-1} H_2SO_4）、近中性（0.5 mL 水）、碱性（0.5 mL 6 mol·L^{-1} NaOH）介质中进行反应，比较它们的产物有什么不同。写出反应方程式。

$$2MnO_4^-+5SO_3^{2-}+6H^+ \xlongequal{} 2Mn^{2+}+5SO_4^{2-}+3H_2O\text{（浅红色）}$$

$$2MnO_4^-+3SO_3^{2-}+H_2O \xlongequal{} 2MnO_2\downarrow+3SO_4^{2-}+2OH^-\text{（棕黑色）}$$

$$2MnO_4^-+SO_3^{2-}+2OH^- \xlongequal{} 2MnO_4^{2-}+SO_4^{2-}+H_2O\text{（绿色）}$$

3. 铁(Ⅱ)、钴(Ⅱ)、镍(Ⅱ)化合物的还原性

1）铁(Ⅱ)的还原性

（1）酸性介质：向盛有 5 滴氯水的试管中加入 2 滴 6 mol·L^{-1} 硫酸溶液，然后滴加一两滴硫酸亚铁铵溶液，观察现象，写出反应方程式（若现象不明显，可加 1 滴 KSCN 溶液，出现红色，证明有 Fe^{3+}生成）。

$$Cl_2+2Fe^{2+}\text{（浅绿色）} \xlongequal{} 2Fe^{3+}\text{（浅黄色）}+2Cl^-$$

（2）碱性介质：在一试管中放入 2 mL 蒸馏水和 3 滴 6 mol·L^{-1} 硫酸溶液，煮沸，以赶尽溶于其中的空气，然后溶入少量硫酸亚铁铵晶体（溶液表面若加三四滴油以隔绝空气，效果更好）。在另一试管中加入 1 mL 6 mol·L^{-1} 氢氧化钠溶液，煮沸（为什么？）。冷却后，用一长滴管吸取氢氧化钠溶液，插入硫酸亚铁铵溶液（直至试管底部）内，慢慢放出氢氧化钠（整个操作都要避免把空气带进溶液中，为什么？），观察产物的颜色和状态。振荡后放置一段时间，观察又有什么变化，写出反应方程式。产物留作下面实验用。

$$Fe^{2+}+2OH^- \xlongequal{} Fe(OH)_2\text{（白色沉淀）}$$

$$4Fe(OH)_2+O_2+2H_2O \xlongequal{} 4Fe(OH)_3\text{（红棕色）（反应迅速）}$$

2）钴(Ⅱ)的还原性

（1）向盛有二氯化钴溶液的试管中注入氯水，观察有什么变化。若无现象，则说明在中性或酸性介质中，钴(Ⅱ)比较稳定。

（2）在盛有 0.5 mL 氯化钴溶液的试管中滴入稀氢氧化钠溶液，观察沉淀的生成。将所得沉淀分为两份，一份置于空气中，一份加入新配制的氯水，观察有什么变化，第二份留作下面实验用。

$$Co^{2+}+2OH^- \xlongequal{} Co(OH)_2\text{（粉红色沉淀）}$$

$$4Co(OH)_2+O_2 \xlongequal{} 4CoO(OH)+2H_2O\text{（棕褐色沉淀）}$$

$$2Co(OH)_2+Cl_2+2NaOH \xlongequal{} 2Co(OH)_3+2NaCl\text{（棕褐色沉淀）}$$

3）镍(Ⅱ)的还原性

用硫酸镍溶液按“2. 锰化合物的重要性质”中 1)、2）实验方法操作，观察现象，第二份沉淀留作下面实验用。

$$Ni^{2+}+2OH^- \xlongequal{} Ni(OH)_2\text{（绿色沉淀）}$$

$$2Ni(OH)_2+Cl_2+2NaOH \xlongequal{} 2Ni(OH)_3+2NaCl\text{（黑色沉淀）}$$

4. 铁(Ⅲ)、钴(Ⅲ)、镍(Ⅲ)化合物的氧化性

（1）在上面实验保留下来的氢氧化铁(Ⅲ)、氢氧化钴(Ⅲ)和氢氧化镍(Ⅲ)沉淀中均加入浓盐酸，振荡后观察各有什么变化，并用碘化钾淀粉试纸检验所放出的气体。

$$Fe(OH)_3+3HCl = FeCl_3+3H_2O$$
$$2Co(OH)_3+6HCl = 2CoCl_2+6H_2O+Cl_2$$
$$2Ni(OH)_3+6HCl = 2NiCl_2+6H_2O+Cl_2$$（遇淀粉 KI 试纸变蓝色）
$$Cl_2+2I^- = 2Cl^-+I_2$$

（2）在上述制得的三氯化铁溶液中注入碘化钾溶液，再注入四氯化碳，振荡后，观察现象，写出反应方程式。

$$2Fe^{3+}+2I^- = 2Fe^{2+}+I_2$$（CCl_4层显紫色）

小结：+2 价氧化态的铁、钴、镍化合物的还原性依次减弱；+3 价氧化态的铁、钴、镍化合物的氧化性依次增强。

5. 配合物的生成和 Fe^{2+}、Fe^{3+}、Co^{2+}的鉴定方法

1）铁的配合物

（1）向盛有 1 mL 亚铁氰化钾溶液的试管中注入约 0.5 mL 碘水，摇动试管后，滴入数滴硫酸亚铁铵溶液，观察有什么现象发生。此为 Fe^{2+}的鉴定反应。

$$2[Fe(CN)_6]^{4-}+I_2 = 2[Fe(CN)_6]^{3-}+2I^-$$
$$3Fe^{2+}+2[Fe(CN)_6]^{3-} = Fe_3[Fe(CN)_6]_2\downarrow$$（蓝色）

（2）向盛有 1 mL 新配制的硫酸亚铁铵溶液的试管中注入碘水，摇动试管后，将溶液分成两份，并各滴入数滴硫氰化钾溶液，然后向其中一支试管中注入约 0.5 mL 3% H_2O_2溶液，观察现象。此为 Fe^{3+}的鉴定反应。

$$Fe^{3+}+nSCN^- = [Fe(NCS)_n]^{3-n}$$

（3）向三氯化铁溶液中注入亚铁氰化钾溶液，观察现象，写出反应方程式。这也是鉴定 Fe^{3+}的一种常用方法。

$$4Fe^{3+}+3[Fe(CN)_6]^{4-} = Fe_4[Fe(CN)_6]_3\downarrow$$（蓝色）

（4）向盛有 0.5 mL 0.2 $mol\cdot L^{-1}$ 三氯化铁的试管中，滴入浓氨水直至过量，观察沉淀是否溶解。

$$Fe^{3+}+3OH^- = Fe(OH)_3(s)$$（红棕色）

2）钴的配合物

（1）向盛有 1 mL 氯化钴溶液的试管里加入少量的固体硫氰化钾，观察固体周围的颜色，再注入 0.5 mL 戊醇和 0.5 mL 乙醚，振荡后，观察水相和有机相的颜色，这个反应可用来鉴定钴(Ⅱ)离子。

$$Co^{2+}+4SCN^- = [Co(NCS)_4]^{2-}$$

（2）向 0.5 mL 氯化钴溶液中滴加浓氨水，至生成的沉淀刚好溶解为止，静置一段时间后，观察溶液的颜色有何变化。

$$CoCl_2+NH_3\cdot H_2O = Co(OH)Cl+NH_4Cl$$
$$Co(OH)Cl+7NH_3+H_2O = [Co(NH_3)_6]_6(OH)_2+NH_4Cl$$
$$2[Co(NH_3)_6]_6(OH)_2+1/2O_2+H_2O = 2[Co(NH_3)_6]_6(OH)_3$$

3）镍的配合物

向盛有 2 mL 0.1 $mol\cdot L^{-1}$ $NiSO_4$溶液中加入过量 6 $mol\cdot L^{-1}$ 氨水，观察现象。静置片刻，再观察现象，写出离子反应方程式。把溶液分成四份：一份加 2 $mol\cdot L^{-1}$ NaOH 溶液，一份加 1 $mol\cdot L^{-1}$ H_2SO_4溶液，一份加水稀释，一份煮沸，观察有什么变化。

$$Ni^{2+}+6NH_3 \longrightarrow [Ni(NH_3)_6]^{2+}\text{（蓝色）}$$

$$[Ni(NH_3)_6]^{2+}+2OH^- \longrightarrow Ni(OH)_2+6NH_3$$

$$[Ni(NH_3)_6]^{2+}+6H^+ \longrightarrow Ni^{2+}+6NH_4^+$$

$$2[Ni(NH_3)_6]SO_4+2H_2O \longrightarrow Ni_2(OH)_2SO_4+10NH_3+(NH_4)_2SO_4$$

总结鉴别 Fe^{2+}、Fe^{3+}、Co^{2+}的方法，根据实验结果比较$[Co(NH_3)_6]^{2+}$配离子和$[Ni(NH_3)_6]^{2+}$配离子氧化还原稳定性的相对大小及溶液的稳定性。

五、思考题

（1）如何实现 $MnO_4^- \rightarrow Mn^{2+}$、$MnO_4^- \rightarrow MnO_2$、$MnO_4^- \rightarrow MnO_4^{2-}$ 的转化。

（2）氧化剂可将锰(Ⅱ)离子氧化为高锰酸根离子？在 $Mn^{2+} \rightarrow MnO_4^{2-}$ 的反应中，应如何控制锰(Ⅱ)离子的用量？为什么 Mn^{2+}不要过量？

（3）以锰酸钾为原料制备氯气时，应加浓盐酸。但实验时误加了浓硫酸，加热时引起了爆炸，试解释原因。

（4）现有一瓶含有 Fe^{3+}、Cr^{3+}和 Ni^{2+}的混合液，如何将它们分离出来？请设计分离示意图。

第 10 章　综合性实验

实验二十八　常见非金属阴离子的分离与鉴定

一、实验目的

（1）熟悉常见阴离子的有关性质和鉴定方法。

（2）学习混合阴离子分离和鉴定方案的设计。

（3）培养综合应用基础知识的能力。

二、实验原理

在无机化合物中，非金属元素通常以阴离子的形式存在。虽然构成阴离子的元素种类并不多，但同一种元素可以形成多种不同形式的阴离子，所以阴离子的数目是相当多的。例如，由 S 元素可以构成 S^{2-}、$S_2O_3^{2-}$、SO_4^{2-}、$S_2O_8^{2-}$ 等。因此，对阴离子的分析，不仅要鉴定样品中是否存在某种元素，而且还要指出其形态。由于酸碱性、氧化还原性等的限制，很多阴离子不能共存于同一溶液中，共存于溶液中的各离子彼此干扰较少，而且许多阴离子有特征反应，因此常采用分别分析法，即利用阴离子的分析特性先对试液进行一系列初步实验，分析并初步确定可能存在的阴离子，然后根据离子性质的差异和特征反应进行分离鉴定。

初步实验包括挥发性实验、沉淀实验、氧化还原实验等。先用 pH 试纸及稀 H_2SO_4 进行挥发性实验；然后利用 1 mol·L^{-1} $BaCl_2$ 溶液及 0.1 mol·L^{-1} $AgNO_3$ 溶液进行沉淀实验；最后利用 0.01 mol·L^{-1} $KMnO_4$、I_2-淀粉、KI-淀粉溶液进行氧化还原实验。每种阴离子与以上试剂反应的情况见表 10-1。根据实验结果，推断可能存在的阴离子，然后做阴离子的个别鉴定。

表 10-1　阴离子的初步实验

阴离子	稀 H_2SO_4	$BaCl_2$（中性或弱碱性）	$AgNO_3$（稀 HNO_3）	I_2-淀粉（稀 H_2SO_4）	$KMnO_4$（稀 H_2SO_4）	KI-淀粉（稀 H_2SO_4）
Cl^-			↓（白色）		褪色①	
Br^-			↓（淡黄色）		褪色	
I^-			↓（黄色）		褪色	
NO_3^-						
NO_2^-	↑				褪色	变蓝
SO_4^{2-}		↓（白色）				
SO_3^{2-}	↑	↓（白色）		褪色	褪色	
$S_2O_3^{2-}$	↑	↓（白色）②	溶液或↓③	褪色	褪色	
S^{2-}	↑		↓（黑色）	褪色	褪色	
PO_4^{3-}		↓（白色）				
CO_3^{2-}	↑	↓（白色）				

注：①当溶液中 Cl^-浓度大时，酸性强的 $KMnO_4$ 溶液才褪色。

② $S_2O_3^{2-}$ 的量大时生成 BaS_2O_3 白色沉淀。

③ $S_2O_3^{2-}$ 的量大时生成$[Ag(S_2O_3)_2]^{3-}$无色溶液，$S_2O_3^{2-}$ 与 Ag^+的量适中时生成白色沉淀，并很快分解，颜色由白色→黄色→棕色→黑色，最后产物为 Ag_2S。

若某些离子在鉴定时发生相互干扰，应先分离，后鉴定。例如，S^{2-}的存在将干扰$S_2O_3^{2-}$和SO_3^{2-}的鉴定，应先将S^{2-}除去。

三、仪器与试剂

（1）仪器：试管，试管架，离心试管，离心机，点滴板，玻璃棒，水浴锅，带塞胶头滴管，pH 试纸。

（2）试剂：锌粉，$FeSO_4$（s），$CdCO_3$（s），NaCl（0.1 mol·L^{-1}），NaBr（0.1 mol·L^{-1}），NaI（0.1 mol·L^{-1}），HNO_3（6 mol·L^{-1}），$AgNO_3$（0.1 mol·L^{-1}），氨水（6 mol·L^{-1}），H_2SO_4（1 mol·L^{-1}、2 mol·L^{-1}、浓），CCl_4，NaClO（稀），Na_2S（0.1 mol·L^{-1}），亚硝酰铁氰化钠（1%），NaOH（2 mol·L^{-1}），$Na_2S_2O_3$（0.1 mol·L^{-1}），Na_2SO_3（0.1 mol·L^{-1}），$KMnO_4$（0.01 mol·L^{-1}），Na_2SO_4（1 mol·L^{-1}），HCl（2 mol·L^{-1}，6 mol·L^{-1}），$BaCl_2$（0.1 mol·L^{-1}），$NaNO_2$（0.1 mol·L^{-1}），HAc（6 mol·L^{-1}），对氨基苯磺酸（1%），*α*-萘胺（0.4%），$NaNO_3$（2 mol·L^{-1}），Na_3PO_4（0.1 mol·L^{-1}），$(NH_4)_2MoO_4$（0.1 mol·L^{-1}），Na_2CO_3（1 mol·L^{-1}），$Ba(OH)_2$（饱和），$SrCl_2$（0.1 mol·L^{-1}），I_2-淀粉。

四、实验内容和步骤

1. 常见阴离子的鉴定

1）Cl^-的鉴定

取 2 滴Cl^-试液于离心试管中，加入 1 滴 6 mol·L^{-1} HNO_3溶液酸化，再加入 2 滴 $AgNO_3$溶液。如果有白色沉淀产生，初步说明试液中可能有Cl^-存在。离心分离，弃去清液，在沉淀上加入 3 滴 6 mol·L^{-1}氨水，用细玻璃棒搅拌，沉淀溶解，用 6 mol·L^{-1} HNO_3溶液酸化，如果白色沉淀又析出，示有Cl^-存在。

2）Br^-的鉴定

取 2 滴Br^-试液于试管中，加入 2 滴 2 mol·L^{-1} H_2SO_4溶液及 5 滴 CCl_4，然后逐滴加入 NaClO 溶液并振荡试管，如果 CCl_4层呈现红棕色或橙红色，示有Br^-存在。

3）I^-的鉴定

取 2 滴I^-试液于试管中，加入 2 滴 2 mol·L^{-1} H_2SO_4溶液及 5 滴 CCl_4，然后逐滴加入 NaClO 溶液并振荡试管，如果 CCl_4层呈现紫红色，示有I^-存在。继续滴加 NaClO 溶液，紫红色褪去。

4）S^{2-}的鉴定

取 1 滴S^{2-}试液于点滴板上，加 1 滴 2 mol·L^{-1} NaOH 溶液和 1 滴 1%亚硝酰铁氰化钠，如果溶液呈现紫红色，示有S^{2-}存在。

5）$S_2O_3^{2-}$的鉴定

取 2 滴$S_2O_3^{2-}$试液于试管中，加入 7 滴 0.1 mol·L^{-1} $AgNO_3$溶液，摇动，如果有白色沉淀生成，并且沉淀迅速变黄、变棕，最后变为黑色，示有$S_2O_3^{2-}$存在。

6）SO_3^{2-}的鉴定

取 3 滴SO_3^{2-}试液于试管中，加入 2 滴 1 mol·L^{-1} H_2SO_4溶液，迅速加入 1 滴 0.01 mol·L^{-1} $KMnO_4$溶液，如果紫色褪去，示有SO_3^{2-}存在。

7）SO_4^{2-}的鉴定

取 2 滴SO_4^{2-}试液于试管中，加入 2 滴 6 mol·L^{-1} HCl 溶液和 1 滴 0.1 mol·L^{-1}的 $BaCl_2$溶液，如果有白色沉淀生成，示有SO_4^{2-}存在。

8）NO_2^- 的鉴定

取 2 滴 0.0001 mol·L^{-1} 的 NO_2^- 试液于点滴板上（用 0.1 mol·L^{-1} $NaNO_2$ 溶液稀释配制），加 2 滴 6 mol·L^{-1} HAc 溶液酸化，再加 1 滴对氨基苯磺酸和 1 滴 α-萘胺。如果溶液呈现粉红色，示有 NO_2^- 存在。

9）NO_3^- 的鉴定

取 2 滴 NO_3^- 试液于点滴板上，在溶液的中央放一小粒 $FeSO_4$ 晶体，然后在晶体上加 1 滴浓 H_2SO_4。如果晶体周围有棕色出现，示有 NO_3^- 存在。

10）PO_4^{3-} 的鉴定

取 2 滴 PO_4^{3-} 试液于离心试管中，加 4 滴 6 mol·L^{-1} HNO_3 溶液，再加 8 滴 0.1 mol·L^{-1} $(NH_4)_2MoO_4$ 溶液，在水浴上温热数分钟，如果有黄色沉淀生成，示有 PO_4^{3-} 存在。

11）CO_3^{2-} 的鉴定

取 10 滴 CO_3^{2-} 试液于试管中，用 pH 试纸测定其 pH，然后加半滴管 6 mol·L^{-1} HCl 溶液，并立即插入吸有饱和 $Ba(OH)_2$ 溶液的带塞滴管，使滴管口悬挂 1 滴溶液，若溶液变混浊，示有 CO_3^{2-} 存在。或者向试管中插入沾有 $Ba(OH)_2$ 溶液的带塞的镍铬丝小圈，观察镍铬丝小圈上的液膜是否变混浊。

2. 混合阴离子的分离

1）Cl^-、Br^-、I^-混合液的分离与鉴定

取 Cl^-、Br^-、I^-三种试液各 2 滴于离心试管中，配成混合液。

（1）生成卤化银沉淀。将上述混合液用 6 mol·L^{-1} HNO_3 溶液酸化，然后滴入 $AgNO_3$ 溶液使其沉淀完全，离心分离，弃去离心液，洗涤沉淀。沉淀按下述步骤分离和鉴定。

（2）AgCl 的溶解及 Cl^-的鉴定。向（1）中卤化银沉淀上加 6 mol·L^{-1} 氨水，充分搅拌，离心分离。将离心液用 6 mol·L^{-1} HNO_3 溶液酸化，如果出现白色沉淀，示有 Cl^-存在。沉淀 AgBr、AgI 留作鉴定 Br^-、I^-。

（3）AgBr 和 AgI 的溶解及 Br^-、I^-的鉴定。在 AgBr、AgI 沉淀上加 5 滴水及少许锌粉搅拌 1 min，微热，离心分离。将离心液用 2 mol·L^{-1} H_2SO_4 溶液酸化，加 5 滴 CCl_4，然后滴加 NaClO 溶液，边加边振荡，观察 CCl_4 层的颜色变化。若呈现红紫色，示有 I^-存在。继续滴加 NaClO 溶液，振荡，若 CCl_4 层由红紫色→无色→红棕色→浅黄色，示有 Br^-存在。

实验方案如图 10-1 所示。

2）S^{2-}、$S_2O_3^{2-}$、SO_3^{2-} 混合液的分离和鉴定

取 S^{2-}、$S_2O_3^{2-}$、SO_3^{2-} 三种试液各 3 滴于离心试管中，配成混合液。

（1）S^{2-}的鉴定。取 1 滴混合液，加 1 滴亚硝酰铁氰化钠，如果溶液呈现紫红色，示有 S^{2-}存在。

（2）$S_2O_3^{2-}$ 和 SO_3^{2-} 的分离。在余下的混合液中加几毫克 $CdCO_3$，充分搅拌，离心分离，并检验 S^{2-}是否除尽。向清液中滴加 0.1 mol·L^{-1} $SrCl_2$ 溶液至 $SrSO_3$ 沉淀完全，离心分离。

（3）SO_3^{2-} 的鉴定。将（2）中所得沉淀用 2 mol·L^{-1} HCl 溶解后，加 1 滴 I_2-淀粉溶液。如果蓝色褪去，示有 SO_3^{2-} 存在。

（4）$S_2O_3^{2-}$ 的鉴定。取（2）中所得离心液，按 $S_2O_3^{2-}$ 的鉴定方法鉴定其存在。

3）鉴定 CO_3^{2-}、S^{2-}、Cl^-混合液

设计合理的方案鉴定 CO_3^{2-}、S^{2-}、Cl^-混合液。

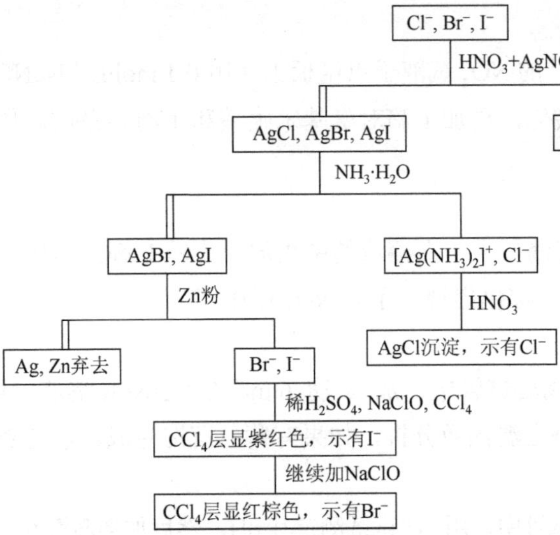

图 10-1　Cl^-、Br^-、I^-混合液的分离鉴定流程图

"‖"表示固相（沉淀或残渣）；"|"表示液相（溶液）

五、思考题

（1）用 $AgNO_3$ 法鉴定 $S_2O_3^{2-}$ 时，应在什么条件下进行？为什么？

（2）鉴定 NO_3^- 时，怎样除去 NO_2^-、Br^-、I^-的干扰？

（3）选用一种试剂区别以下 5 种溶液：$NaNO_3$、Na_2S、$NaCl$、$Na_2S_2O_3$、Na_2HPO_4。

（4）取下列盐之中两种混合，加水溶解时有沉淀生成。将沉淀分成两份，一份溶于 HCl 溶液，另一份溶于 HNO_3 溶液。试指出下列哪两种盐混合时可能有此现象。

$BaCl_2$、$AgNO_3$、Na_2SO_4、$(NH_4)_2CO_3$、KCl

六、参考文献

北京师范大学，东北师范大学，华中师范大学，等. 2014. 无机化学实验[M]. 4 版. 北京：高等教育出版社.

大连理工大学无机化学教研室. 2004. 无机化学实验[M]. 2 版.北京：高等教育出版社.

李生英，白林，徐飞. 2007. 无机化学实验[M]. 北京：化学工业出版社.

徐莉英. 2004. 无机及分析化学实验[M]. 上海：上海交通大学出版社.

钟国清. 2011. 无机及分析化学实验[M]. 北京：科学出版社.

实验二十九　常见阳离子的分离与鉴定

一、实验目的

（1）巩固和进一步掌握一些金属元素及其化合物的化学性质。

（2）了解常见阳离子混合液的分离和检出方法及巩固检出离子的操作。

二、实验原理

离子的分离和鉴定是以各离子对试剂的不同反应为依据的。这种反应常伴随特殊的现象，如沉淀的生成或溶解、特殊颜色的出现、气体的产生等。各离子对试剂作用的相似性和差异性都是构成离子分离与鉴定的基础。

离子的分离和检出是在一定条件下进行时。所谓一定的条件主要是指溶液的酸度、反应物的浓度、反应温度、促进或妨碍反应的物质是否存在等。为使反应向希望的方向进行，就必须选择适当的反应条件。若离子混合液中诸组分对鉴定反应不产生干扰，便可以利用特效反应直接鉴定某种离子；若共存的其他组分彼此干扰，就要选择适当方法消除干扰，通常采用掩蔽剂消除干扰。但在很多情况下没有合适的遮掩剂，这时就需要将彼此干扰的组分分离。沉淀分离是最经典的分离方法，这种方法是向混合溶液中加入沉淀剂，利用形成的化合物溶解度的差异，使被分离组分与干扰组分分离。常用的沉淀剂有 HCl、H_2SO_4、NaOH、$NH_3 \cdot H_2O$、$(NH_4)_2CO_3$ 及$(NH_4)_2S$。元素周期表中的位置相邻元素在化学性质上表现出相似性，因此一种沉淀剂往往可以使具有相似性质的元素同时产生沉淀。这种沉淀剂称为产生沉淀的元素的组试剂。组试剂将元素划分为不同的组，逐渐达到分离的目的，如图 10-2 所示。

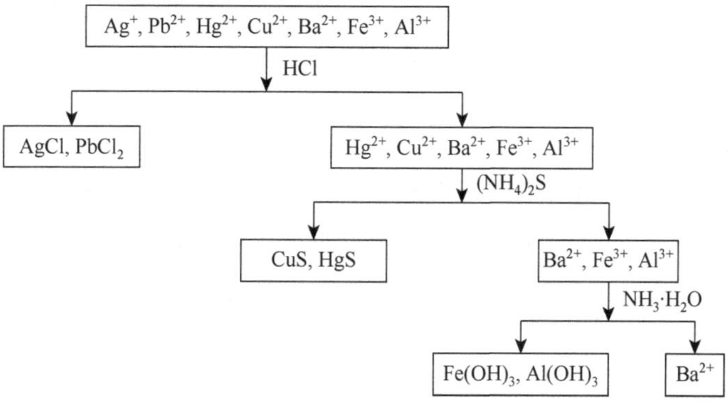

图 10-2　常见阳离子的分离及鉴定

三、仪器与试剂

（1）仪器：试管，烧杯，离心机，离心试管，电热炉，点滴板，试管架，pH 试纸，玻璃棒。

（2）试剂：Ag^+、Hg^{2+}、Pb^{2+}、Cu^{2+}、Fe^{3+}、Al^{3+}、Ba^{2+}混合溶液（7 种离子均为硝酸盐，其浓度都为 10 ng·mL^{-1}），HCl（2 mol·L^{-1}、6 mol·L^{-1}、浓），H_2SO_4（2 mol·L^{-1}、6 mol·L^{-1}），HNO_3（6 mol·L^{-1}），HAc（2 mol·L^{-1}、6 mol·L^{-1}），NaOH（2 mol·L^{-1}、6 mol·L^{-1}），KOH（2 mol·L^{-1}），$NH_3 \cdot H_2O$（6 mol·L^{-1}），NaCl（1 mol·L^{-1}），KCl（1 mol·L^{-1}），KI（1 mol·L^{-1}），$MgCl_2$（0.5 mol·L^{-1}），$CaCl_2$（0.5 mol·L^{-1}），$BaCl_2$（0.5 mol·L^{-1}），$AlCl_3$（0.5 mol·L^{-1}），$SnCl_2$（0.5 mol·L^{-1}），$Pb(NO_3)_2$（0.5 mol·L^{-1}），$HgCl_2$（0.2 mol·L^{-1}），$CuCl_2$（0.5 mol·L^{-1}），$CuSO_4$（0.2 mol·L^{-1}），$AgNO_3$（0.1 mol·L^{-1}），$ZnSO_4$（0.2 mol·L^{-1}），$Al(NO_3)_3$（0.5 mol·L^{-1}），$NaNO_3$（0.5 mol·L^{-1}），$Ba(NO_3)_2$（0.5 mol·L^{-1}），Na_2S（0.5 mol·L^{-1}、1 mol·L^{-1}），H_2S（饱和），$KSb(OH)_6$（饱和），$NaHC_4H_4O_6$（饱和），NaAc（0.2 mol·L^{-1}、1 mol·L^{-1}），K_2CrO_4（1 mol·L^{-1}、2 mol·L^{-1}），Na_2CO_3（12%、饱和），NH_4Cl（饱和），NH_4Ac（2 mol·L^{-1}），$(NH_4)_2C_2O_4$（饱和），$K_4[Fe(CN)_6]$（0.25 mol·L^{-1}、0.5 mol·L^{-1}），硫代乙酰胺（5%），对氨基苯磺酸，镁试剂，0.1%铝试剂，罗丹明 B，苯，2.5%硫脲，$(NH_4)_2[Hg(SCN)_4]$试剂，亚硝酸钠，亚硫酸钠，锌粉，镍丝，碳酸钠。

四、实验内容和步骤

1. 碱金属和碱土金属离子的鉴定

1）Na^+的鉴定

在盛有 0.5 mL 1 mol·L^{-1} NaCl 溶液的试管中，加入 0.5 mL 饱和六羟基锑(V)酸钾溶液，即有白色沉淀生成。如果无沉淀产生，可用玻璃棒摩擦试管内壁，静置片刻。观察现象并写出化学反应方程式。

2）K^+的鉴定

在盛有 0.5 mL 1 mol·L^{-1} KCl 溶液的试管中，加入 0.5 mL 饱和酒石酸氢钠溶液，如果有白色沉淀生成，示有K^+存在。如果无沉淀，可用玻璃棒摩擦试管内壁，静置片刻。观察现象并写出化学反应方程式。

3）Mg^{2+}的鉴定

在盛有 2 滴 0.5 mol·L^{-1} $MgCl_2$溶液的试管中，滴加 6 mol·L^{-1} NaOH 溶液，直到出现白色絮状沉淀为止；然后加入一滴镁试剂，搅拌，生成蓝色沉淀，示有Mg^{2+}存在。

4）Ca^{2+}的鉴定

在盛有 0.5 mL 0.5 mol·L^{-1} $CaCl_2$溶液的离心试管中，滴加 10 滴饱和草酸氨溶液，有白色沉淀生成。离心分离，弃去清液。若白色沉淀不溶于 6 mol·L^{-1} HAc 溶液而溶于 2 mol·L^{-1} HCl，示有Ca^{2+}存在，写出反应方程式。

5）Ba^{2+}的鉴定

加 2 滴 0.5 mol·L^{-1} $BaCl_2$溶液的离心试管中，加 2 mol·L^{-1} HAc 溶液和 2 mol·L^{-1} NaAc 溶液各 2 滴，然后滴加 2 滴 1 mol·L^{-1} K_2CrO_4，有黄色沉淀生成，示有Ba^{2+}存在。写出反应方程式。

2. p 区和 ds 区部分金属离子的鉴定

1）Al^{3+}的鉴定

取 5 滴 0.5 mol·L^{-1} $AlCl_3$溶液于小试管中，加 2 滴水，2 滴 2 mol·L^{-1} HAc 溶液及 2 滴 0.1%铝试剂，搅拌后，置于水浴上加热片刻，再加入一两滴 6 mol·L^{-1}氨水，若生成红色絮状沉淀，示有Al^{3+}存在。

2）Sn^{2+}的鉴定

取 5 滴 0.5 mol·L^{-1} $SnCl_2$溶液于小试管中，逐滴加入 0.2 mol·L^{-1} $HgCl_2$溶液，边加边振荡，若产生的沉淀由白色变为灰色，然后变为黑色，示有Sn^{2+}存在。

3）Pb^{2+}的鉴定

取 5 滴 0.5 mol·L^{-1} $Pb(NO_3)_2$溶液于小试管中，加 2 滴 1 mol·L^{-1} K_2CrO_4溶液，若有黄色的沉淀产生，在沉淀上滴加数滴 2 mol·L^{-1} NaOH 溶液，若沉淀溶解，示有Pb^{2+}存在。

4）Cu^{2+}的鉴定

取 1 滴 0.5 mol·L^{-1} $CuCl_2$溶液于小试管中，加 1 滴 6 mol·L^{-1} HAc 溶液酸化，再加 1 滴 0.5 mol·L^{-1} 铁氰化钾溶液，若产生红棕色的沉淀，示有Cu^{2+}存在。

5）Ag^+的鉴定

取 5 滴 0.1 mol·L^{-1} $AgNO_3$溶液于小试管中，加 5 滴 2 mol·L^{-1} HCl 溶液，产生白色的沉淀，在沉淀上滴加 6 mol·L^{-1}氨水至沉淀完全溶解。此溶液再用 6 mol·L^{-1} HNO_3溶液酸化，若产生白色沉淀，示有Ag^+存在。

6）Zn^{2+}的鉴定

取 3 滴 0.2 mol·L^{-1} $ZnSO_4$溶液于小试管中，加 2 滴 2 mol·L^{-1} HAc 溶液酸化，再加 3 滴硫氰酸汞铵溶液，摩擦试管内壁，若产生白色的沉淀，示有Zn^{2+}存在。

7）Cd^{2+}的鉴定

取 3 滴 0.2 mol·L^{-1} $Cd(NO_3)_2$溶液于小试管中，加 2 滴 2 mol·L^{-1} Na_2S溶液，若产生亮黄色的沉淀，示有Cd^{2+}存在。

8）Hg^{2+}的鉴定

取2滴0.2 mol·L^{-1} $HgCl_2$溶液于小试管中，逐滴加入0.5 mol·L^{-1} $SnCl_2$溶液，边加边振荡，观察沉淀颜色的变化过程，若最后变为灰色，示有Hg^{2+}存在。

3. 部分混合离子的分离和鉴定

1）NO_3^-的鉴定

取3滴混合试液于小试管中，加6 mol·L^{-1} HAc溶液酸化后用玻璃棒取少量锌粉加入试液，振荡，使溶液中的NO_3^-还原为NO_2^-。加对氨基苯磺酸与苯胺溶液各1滴，观察现象。取混合溶液20滴，放入试管中并按以下实验步骤进行分离和鉴定。

2）Fe^{3+}的鉴定

取1滴试液加在白色点滴板的凹穴，加1滴0.25 mol·L^{-1} $K_4Fe(CN)_6$溶液，观察沉淀颜色。

3）Ag^+、Pb^{2+}的分离和鉴定

向溶液中滴加4滴2 mol·L^{-1} HCl，充分振荡，静置片刻，离心沉降，向上层溶液中加2滴2 mol·L^{-1} HCl溶液以检查沉淀是否完全。吸出上层清液，编号为溶液1。用2 mol·L^{-1} HCl溶液洗涤沉淀，编号为沉淀1。观察沉淀的颜色，写出反应方程式。

Pb^{2+}的鉴定：向沉淀1中加入6滴水，在沸水浴中加热3 min以溶解沉淀，并不时搅动。待沉淀沉降后，趁热取清液3滴于黑色点滴板上，加2 mol·L^{-1} K_2CrO_4和2 mol·L^{-1} HAc各1滴，有什么物质生成？加2 mol·L^{-1} NaOH溶液后又有什么现象？再加6 mol·L^{-1} HAc溶液又有什么现象？取上清液后所剩沉淀编号为沉淀2。

Ag^+的鉴定：向沉淀2中加入少量6 mol·L^{-1}氨水，再加入6 mol·L^{-1} HNO_3，沉淀重新生成。观察沉淀的颜色，并写出反应方程式。

4）Pb^{2+}、Hg^{2+}、Cu^{2+}的分离和鉴定

用6 mol·L^{-1}氨水（三四滴）将溶液1的酸度调至中性，再加入体积约为此溶液1/10的2 mol·L^{-1} HCl溶液（三四滴），将溶液的酸度调到0.2 mol·L^{-1}。加15滴2.5%硫脲，混匀后水浴加热15 min。然后稀释一倍再加热数分钟。静置冷却，离心分离沉淀。用饱和NH_4Cl溶液洗涤沉淀，所得溶液编号为溶液2。

Hg^{2+}和Cu^{2+}、Pb^{2+}的分离：在所得沉淀上加5滴1 mol·L^{-1} Na_2S溶液，水浴加热3 min，并不时搅拌。再加三四滴氨水，搅拌均匀后离心分离。沉淀再用Na_2S溶液处理一次，合并清液，并编号为溶液3，沉淀用饱和NH_4Cl溶液洗涤，并编号沉淀3。观察溶液3的颜色，讨论反应过程。

Cu^{2+}的鉴定：向沉淀3中加入浓硝酸（四五滴），加热搅拌，使之完全溶解，所得溶液编号溶液4。用玻璃棒将产物单质S弃去。取1滴溶液4于白色点滴板上，加1 mol·L^{-1} NaAc溶液和0.25 mol·L^{-1} $K_4[Fe(CN)_6]$溶液各1滴，观察现象。

Pb^{2+}的鉴定：取1滴溶液4于黑色点滴板上，加1 mol·L^{-1} NaAc溶液和1 mol·L^{-1} K_2CrO_4溶液各1滴，观察现象。如果没有变化，用玻璃棒摩擦。加入2 mol·L^{-1} NaOH溶液后，再加6 mol·L^{-1} HAc溶液，观察现象。

Hg^{2+}的鉴定：向溶液3中逐滴加入6 mol·L^{-1} H_2SO_4溶液，记下滴数。当滴加至pH=3～5时，再多加一半滴数的H_2SO_4。水浴加热并充分搅拌，离心分离，用少量的水洗涤沉淀。向沉淀中加5滴1 mol·L^{-1} KI溶液和2滴6 mol·L^{-1} HCl溶液，充分搅拌，加热后离心分离。再用KI和HCl重复处理沉淀。合并两次离心液，往离心液中加1滴0.2 mol·L^{-1} $CuSO_4$溶液和少许Na_2CO_3固体，有什么生成？说明哪种离子存在？

5）Al^{3+}、Fe^{3+}、Ba^{2+}的分离和鉴定

向溶液 2 中逐滴加入 6 mol·L^{-1} 氨水溶液至碱性，离心分离。将清液转移到另一试管中并编号为溶液 5。沉淀编号为沉淀 4。

Al^{3+}的鉴定：向沉淀 4 中加入 2 mol·L^{-1} HAc 溶液和 2 mol·L^{-1} NaAc 溶液各 2 滴，再加入 2 滴铝试剂，搅拌后微热，若产生红色沉淀，示有 Al^{3+}存在。

Ba^{2+}的鉴定：向溶液 5 中滴加 6 mol·L^{-1} H_2SO_4溶液至产生白色沉淀，再过量 2 滴，搅拌片刻，离心分离，弃去清液。沉淀用 10 滴热蒸馏水洗涤，离心分离。在沉淀中加入饱和 Na_2CO_3 溶液三四滴，搅拌片刻再加入 2 mol·L^{-1} HAc 溶液和 2 mol·L^{-1} NaAc 溶液各 3 滴，搅拌片刻，然后加入一两滴 1 mol·L^{-1} K_2CrO_4溶液，若产生黄色沉淀，示有 Ba^{2+}存在。

五、思考题

（1）在未知溶液分析中，当由碳酸盐制备铬酸盐沉淀时，为什么须用乙酸溶液去溶解碳酸盐沉淀，而不用强酸（如盐酸）去溶解？

（2）HgS 的沉淀一步中为什么选用 H_2SO_4溶液酸化而不用 HCl？

（3）怎样用两种不同的方法区别锌盐和铜盐、锌盐和镉盐、银盐和汞盐？

六、参考文献

蔡成翔，沈文闻. 2006. 25 种阳离子定性分析实验方案的创新与实践[J]. 高等理科教育，（2）：76-78.

蔡成翔，钟福新. 2004. 20 种阳离子定性分析实验教学方案的改革与创新实践[J]. 理工高教研究，23（6）：94-97.

雷良萍. 2001. 阳离子定性分析实验中学生失误的原因及对策[J]. 井冈山师范学院学报，21（5）：23-24.

实验三十　蛋壳中 Ca、Mg 含量的测定

一、实验目的

（1）训练对实物试样中某组分含量测定的一般思路及方法。

（2）学习蛋壳中 Ca^{2+}、Mg^{2+}、Fe^{3+}、Al^{3+}各组分离子的定性鉴定方法。

（3）练习 Ca^{2+}、Mg^{2+}的定量测定方法。

二、实验原理

随着人们生活水平的不断提高，鸡蛋的消耗量与日俱增，产生了大量的蛋壳。基于蛋壳中主要成分的各种作用，蛋壳可变废为宝，其在医药、日用化工及农业方面都有广泛的应用。蛋壳的主要成分为碳酸钙、碳酸镁、色素及少量的铁、铝、钾等元素。测定蛋壳中钙镁的含量方法包括配位滴定法、酸碱滴定法、高锰酸钾滴定法、原子吸收法等。

1）配位滴定法测定蛋壳中 Ca、Mg 总量

Ca^{2+}、Mg^{2+}可与 EDTA 以 1∶1 的物质的量比定量螯合配位。在适当的 pH 条件下，选用合理的金属离子指示剂，与 EDTA 反应可直接测量 Ca^{2+}、Mg^{2+}总量。在 pH=10 的缓冲溶液中，用铬黑 T 作指示剂，EDTA 可直接测量 Ca^{2+}、Mg^{2+}总量。

2）酸碱滴定法测定蛋壳中的 Ca、Mg 总量

蛋壳中的碳酸盐能与 HCl 发生反应：

$$CaCO_3 + 2H^+ \xlongequal{\quad} Ca^{2+} + CO_2\uparrow + H_2O$$

$$MgCO_3 + 2H^+ \xlongequal{\quad} Mg^{2+} + CO_2\uparrow + H_2O$$

过量的酸可用标准 NaOH 回滴，根据实际与碳酸盐反应的标准盐酸体积求得蛋壳中 Ca 的含量，以 CaO 的含量表示，单位为 $mg\cdot L^{-1}$。

$$w_{CaO} = \frac{(c_{HCl}V_{HCl} - c_{NaOH}V_{NaOH})/2 \times M_{CaO}}{m_{蛋壳试样}} \times 100\%$$

三、仪器与试剂

（1）仪器：分析天平，烧杯，量筒，表面皿，容量瓶，移液管，锥形瓶，酸式滴定管，碱式滴定管，酒精灯。

（2）试剂：HCl（6 $mol\cdot L^{-1}$、0.5 $mol\cdot L^{-1}$），铬黑 T 指示剂，三乙醇胺水溶液（1∶2），NH_4Cl-$NH_3\cdot H_2O$ 缓冲溶液（pH=10），EDTA（0.01 $mol\cdot L^{-1}$）标准溶液，NaOH（0.5 $mol\cdot L^{-1}$），0.1%甲基橙。

（3）材料：鸡蛋壳。

四、实验内容和步骤

1. 蛋壳的预处理

将蛋壳洗干净，在水中煮沸 5～10 min，去除内表层的蛋白质膜，把蛋壳放于烧杯中用小火或置于烘箱中于 105℃烘干（约 40 min）。取出后快速研磨成粉末，储存于称量瓶中，放入干燥器中，备用。

2. 各组分离子的定性鉴定

在试管中取少量蛋壳粉末，滴加 6 $mol\cdot L^{-1}$ HCl 使其溶解（或加热使之溶解），设计实验方案对 Ca^{2+}、Mg^{2+}、Fe^{3+}、Al^{3+}各组分离子进行分离及鉴定。

3. Ca^{2+}、Mg^{2+}的含量测定

蛋壳溶液的配制：用差量法准确称取 0.24～0.26 g 鸡蛋壳粉末于 100 mL 的烧杯中，加入约 5 mL 6 $mol\cdot L^{-1}$ HCl，盖上表面皿，摇动使蛋壳粉末溶解（必要时加热温度控制在 85℃以下），（若产生气泡则滴加少量 95%的乙醇溶液，边滴加边摇动直到只有少量气泡为止，使其充分溶解）待完全溶解后，定量转移到 250 mL 容量瓶中，加去离子水至刻度线，混匀。

1）配位滴定法

Ca^{2+}、Mg^{2+}含量的测定：准确量取蛋壳试液 25 mL 置于 250 mL 锥形瓶中，分别加 20 mL 去离子水、5 mL 三乙醇胺，摇匀。再加入 10 mL NH_4Cl-$NH_3\cdot H_2O$ 缓冲溶液，摇匀。加入少许铬黑 T 指示剂，用 EDTA 标准溶液滴定至溶液由酒红色恰好变为纯蓝色，即达终点，根据 EDTA 消耗的体积计算 Ca^{2+}、Mg^{2+}总量，以 CaO 的含量表示，单位为 $mg\cdot L^{-1}$。将数据记录于表 10-2 中。

$$w_{CaO} = \frac{c_{EDTA}V_{EDTA}M_{CaO}}{m_{蛋壳试样}} \times 100\%$$

表 10-2　配位滴定法测定蛋壳中 Ca、Mg 总量

记录项目＼样品数	1	2	3
$V_{试样}$/mL	25.00	25.00	25.00
$c_{EDTA}/(mol·L^{-1})$			
V_{EDTA}/mL			
$w_{CaO}/(mg·L^{-1})$			
$\overline{w}_{CaO}/(mg·L^{-1})$			

2）酸碱滴定法

CaO 含量测定：准确称取（精确到 0.1 mg）经预处理的蛋壳 0.3 g 左右于 3 个锥形瓶内，用酸式滴定管准确加入已标定好的 HCl 标准溶液 40 mL 左右（需精确读数），小火加热溶解，冷却，加甲基橙指示剂一两滴，以 NaOH 标准溶液回滴至呈橙黄色。将数据记录于表 10-3 中。

表 10-3　酸碱滴定法测定蛋壳中 Ca、Mg 总量

记录项目＼样品数	1	2	3
$M_{试样}$/mg			
$c_{HCl}/(mol·L^{-1})$			
V_{HCl}/mL			
$c_{NaOH}/(mol·L^{-1})$			
V_{NaOH}/mL			
$w_{CaO}/(mol·L^{-1})$			
$\overline{w}_{CaO}/(mol·L^{-1})$			

五、思考题

（1）鸡蛋壳的主要组分有哪些？这些组分用哪些方式可以转变为可溶性离子？

（2）蛋壳为什么要经过预处理？

（3）配位滴定中，为什么要加入三乙醇胺？

（4）称取 3 份蛋壳粉末时是否要控制质量完全相等？为什么？

（5）给三份蛋壳粉末中加入标准 HCl 溶液时，必须完全准确加入 40.00 mL 吗？

（6）Ca^{2+}、Mg^{2+}、Fe^{3+}、Al^{3+}的存在可用什么方法定性鉴定？各个离子的存在是否对其他离子的鉴定有干扰？怎样排除干扰？

（7）Ca^{2+}、Mg^{2+}的含量可用什么方法定量测定？杂质离子有哪些？其存在是否有干扰？怎样排除干扰？

（8）除了文中介绍的两种方法可定量测定 Ca^{2+}、Mg^{2+}的含量外，还有哪些方法可以达到该目的？参阅文献，试设计方案。

六、参考文献

纪萍，朱文红. 2001. 原子吸收法测定鸡蛋壳中的钙、铁、镁和钾[J]. 辽宁高职学报，3（1）：56-58.

焦德权. 2011. ICP-AES 法测定鸡蛋壳中八种金属元素的含量[J]. 天津师范大学学报（自然科学版），31（4）：95-96.

沈兆雷，龙秀茹. 2014. 蛋壳粉在天然儿童牙膏中的应用[J]. 口腔护理用品工业，24（6）：38-40.

夏宁，迟玉杰，孙波，等. 2007. 蛋壳粉的功能与利用[J]. 中国家禽，29（4）：51-53.

杨耐德，赵娟，魏远征，等. 2015. 蛋壳粉对富营养化水中磷吸附特性的研究[J]. 安徽农科，43（24）：101-103.

于一丁. 2015. 蛋壳粉制备苯丙氨基酸螯合钙及其补钙功能特性研究[D]. 长春：吉林大学硕士学位论文.

赵燕，李鑫，李建科，等. 2010. 电感耦合等离子发射光谱法测定铅法皮蛋中的多种无机元素[J]. 食品科学，31（24）：337-340.

实验三十一　一种 Co(III)配合物的制备

一、实验目的

（1）掌握制备金属配合物最常用的方法——水溶液中的取代反应和氧化还原反应，了解其基本原理及方法。

（2）学习化学方法推断配合物组成的原理及方法。

（3）学习使用电导率仪。

二、实验原理

据有关电对的标准电极电势可知，在通常情况下，Co(Ⅱ)盐比 Co(III)盐稳定，但是它们的某些配合物恰好相反，Co(III)比 Co(Ⅱ)配合物稳定。同时，Co(Ⅱ)配合物能很快地进行取代反应（是活性的），而 Co(III)配合物的取代反应则很慢（是惰性的）。因此，Co(III)配合物的制备过程一般是通过 Co(Ⅱ)的水合物和配体之间的一种快速反应生成 Co(Ⅱ)配合物，然后用 H_2O_2 作氧化剂，氧化 Co(Ⅱ)配合物制备 Co(III)的配合物（配位数均为 6）。

$$CoCl_2\cdot 6H_2O \longrightarrow [Co(NH_3)_6]Cl_2 \longrightarrow [Co(NH_3)_5H_2O]Cl_3 \longrightarrow [Co(NH_3)_5Cl]Cl_3$$

根据制备条件的不同，Co(Ⅱ)与氨形成多种配合物，主要有三氯化六氨合钴(III)$Co(NH_3)_6Cl_3$（橙黄色晶体）；三氯化一水五氨合钴(III)$[Co(NH_3)_5H_2O]Cl_3$（砖红色晶体）；二氯化一氯五氨合钴(III)$[Co(NH_3)_5Cl]Cl_2$（紫红色晶体）。

用 H_2O_2 氧化有氨与 NH_4Cl 存在 $CoCl_2$ 溶液，主要生成紫红色$[Co(NH_3)_5Cl]Cl_2$，其反应式如下

$$2Co(H_2O)_6Cl_2+10NH_3+2NH_4Cl+H_2O_2 = 2[Co(NH_3)_5Cl]Cl_2+14H_2O$$

当有活性炭存在时，其产物为橙黄色的$[Co(NH_3)_6]Cl_3$。其反应式如下

$$2CoCl_2+10NH_3+2NH_4Cl+H_2O_2 \xlongequal{\text{活性炭}} 2[Co(NH_3)_6]Cl_3+2H_2O$$

化学方法确定某配合物的组成，一般先确定外界，再将配离子破坏后分析内界。配离子的稳定性受较多因素影响，通常用加热或改变溶液酸碱性来分解。推定配合物的化学组成后，可用电导率仪来测定一定浓度配合物溶液的导电性，与已知电解质溶液导电性进行对比，可确定该配合物组成中含有几个离子，进而确定该配合物的化学式。

游离 Co^{2+}在酸性溶液中与硫氰化钾作用生成蓝色配合物$[Co(NCS)_4]^{2-}$，以此判断其存在。NH_4^+ 可用奈氏试剂检验。

$$Co^{2+}+4SCN^- \xlongequal{} [Co(NCS)_4]^{2-}\text{（蓝色）}$$

$$NH_4^+ +2[HgI_4]^{2-}+4OH^- \xlongequal{} [OHg_2NH_2]I\text{（碘合汞胺）}\downarrow+7I^-+3H_2O\text{（红褐色）}$$

三、仪器与试剂

（1）仪器：台秤，烧杯，锥形瓶，量筒，研钵，漏斗，铁架台，酒精灯，试管，滴管，药匙，试管夹，铁环，石棉网，温度计，pH 试纸，滤纸。

（2）试剂：NH_4Cl，氯化钴，硫氰化钾，浓氨水，硝酸（浓），盐酸（6 mol·L^{-1}），H_2O_2（30%），$AgNO_3$（2 mol·L^{-1}），$SnCl_2$（0.5 mol·L^{-1}），奈氏试剂，乙醚。

四、实验内容和步骤

1. 配合物的制备

在锥形瓶中将 1.0 g NH_4Cl 溶于 6 mL 浓氨水中，待完全溶解后持锥形瓶颈不断振荡，使溶液均匀。分数次加入 2.0 g $Co(H_2O)_6Cl_2$ 粉末，边加边摇动，加完后继续摇动使溶液呈棕色稀浆。再向其中滴加 2～3 mL H_2O_2（30%），边加边摇动，加完后继续摇动。当固体完全溶解，溶液中停止起泡时，慢慢加入 6 mL 浓盐酸，边加边摇动，并在水浴上微热（温度不要超过 85℃），边摇边加热 10～15 min，然后在室温下冷却混合物并摇动，待完全冷却后过滤出沉淀。用 5 mL 冷水分数次洗涤沉淀，然后用 5 mL 冷的 6 mol·L^{-1} 盐酸洗涤，产物在 105℃左右烘干并称量。

2. 配合物组成的初步推断

（1）称取 0.3 g 制得的产物于小烧杯中，加入 35 mL 蒸馏水，溶解后用 pH 试纸检验其酸碱性。

（2）用小烧杯取 15 mL 实验（1）中配制的溶液，慢慢滴加 2 mol·L^{-1} $AgNO_3$ 溶液并搅动，直至加 1 滴 $AgNO_3$ 溶液后上部清液没有沉淀生成。过滤后，向滤液中加 1 mL 浓硝酸并搅动，再向溶液中滴加 $AgNO_3$ 溶液观察有无沉淀生成，若有，与前面沉淀的量比较。

（3）用试管取 2～3 mL 实验（1）中所得的溶液，加几滴 $SnCl_2$（0.5 mol·L^{-1}）溶液（为什么？），振荡后加入一粒绿豆粒大小的硫氰化钾固体，振荡后再加入 1 mL 戊醇、1 mL 乙醚。振荡后观察上层溶液中的颜色。

（4）取 2 mL 实验（1）所得的溶液于试管中，再加入少量蒸馏水，得到清亮溶液后，加 2 滴奈氏试剂并观察溶液的变化。

（5）将实验（1）中剩下的溶液加热，观察溶液变化，直至完全变成棕黑色后停止加热，冷却后用 pH 试纸检验溶液的酸碱性，然后过滤（必要时用双层滤纸）。取所得清亮溶液再分别做一次实验（3）和实验（4）。观察现象与原来的有什么不同。

通过这些实验推断此配合物的组成，并写出其化学式。

（6）由上述初步推断的化学式来配制 100 mL 该配合物的 0.01 mol·L^{-1} 溶液，用电导仪测量其电导率，稀释 10 倍后再测其电导率，并与表 10-4 对比，确定其化学式中所含离子数。

表 10-4　几种电解质的电导率

电解质	类型	电导率/S	
		0.01 $mol\cdot L^{-1}$ 溶液	0.001 $mol\cdot L^{-1}$ 溶液
KCl	1-1 型（2）	1230	133
$BaCl_2$	1-2 型（3）	2150	250
$K_2[Fe(CN)_6]$	1-3 型（4）	3400	420

五、注意事项

（1）配合物制备过程中水浴微热并维持 10～15 min 是为了提高反应速率，保证反应完全。$[Co(NH_3)_6]^{2+}$是外轨型配合物，$[Co(NH_3)_5Cl]^{3+}$是内轨型配合物，要把外轨向内轨转型，速度比较慢、持续时间比较长，并且不能加热至沸腾，否则产物有变化。

（2）产物溶液应在室温下缓慢冷却结晶，便于得到大颗粒晶体。

（3）产物干燥温度不能太高，其理论分解温度为 225℃，应在其分解温度下烘干。

六、思考题

（1）$Co(H_2O)_6Cl_2$ 加入 NH_4Cl 与氨水（浓）的混合物可发生什么反应？生成哪种配合物？

（2）要使制备的产率高，你认为哪些步骤是关键？为什么？

（3）上述制备实验中，加 H_2O_2 起什么作用？还可以用哪些物质代替 H_2O_2？用这些物质有什么缺点？

（4）制备过程中使用盐酸的目的是什么？浓盐酸为什么要慢慢加入？

（5）组成推断实验（5）中，煮沸后配合物发生了什么变化？

七、参考文献

北京师范大学无机化学教研室等. 2001. 无机化学实验[M]. 3 版. 北京：高等教育出版社.

凌必文，张春燕. 2006. 二氯化一氯五氨合钴（Ⅲ）的制备及组成测定[J]. 安庆师范学院报，12（1）：86-88.

覃松，黄成华，兰子平. 2008. 键合异构体二氯化一硝基五氨合钴（Ⅲ）的合成与转化[J]. 内江师范学院报，23（6）：61-63.

章慧. 2008. 配位化学原理与应用[M]. 北京：化学工业出版社.

实验三十二　十二钨磷酸的制备

一、实验目的

（1）掌握合成无机杂多酸的实验方法。

（2）熟练掌握物质分离提纯的萃取操作。

二、实验原理

钨在化学性质上的显著特点之一是，在一定条件下易自聚或与其他元素聚合，形成多酸或多酸盐。到目前为止，人们已经发现元素周期表中半数以上的元素都可以参与到多酸化合物组成中来。多酸化合物的主要用途是作为一类新型的、有广泛用途的催化剂，20 世纪

30 年代英国化学家凯格恩（Keggin）采用 X 射线粉末衍射方法，成功地测定了十二钨磷酸的分子结构。$[PW_{12}O_{40}]^{3-}$是一类具有凯格恩结构的杂多化合物的典型代表之一。

钨、磷的简单化合物在溶液中经过酸化缩合便可生成十二钨磷酸阴离子：

$$12WO_4^{2-} + HPO_4^{2-} + 23H^+ \xlongequal{} [PW_{12}O_{40}]^{3-} + 12H_2O$$

在这个过程中，H^+与 WO_4^{2-} 中的氧结合形成 H_2O 分子，从而使得钨原子之间通过共享氧原子的配位形成多核簇状结构的杂多钨酸阴离子。该阴离子与 Na^+结合，则得到 $Na_3[PW_{12}O_{40}]\cdot xH_2O$。

采取乙醚萃取制备十二钨磷酸是一种经典的方法，向反应体系中加入乙醚并酸化，经乙醚萃取后液体分三层，上层是溶有少量杂多酸的醚，中间是氯化钠、盐酸和其他物质的水溶液，下层是油状的杂多酸醚合物，收集下层，将醚进行蒸发，即析出杂多酸晶体。

三、仪器与试剂

（1）仪器：烧杯，分液漏斗，蒸发皿，恒温水浴锅，量筒，吸液管。

（2）试剂：钨酸钠，磷酸氢二钠，HCl（6 $mol\cdot L^{-1}$、浓），乙醚，3% H_2O_2 或溴水。

四、实验内容和步骤

1. 十二钨磷酸钠溶液的制备

取 5 g 钨酸钠和 0.8 g 磷酸氢二钠溶于 20 mL（60～70℃）热水中，然后边加热边搅拌，以细流加入 5 mL 浓盐酸，继续加热 30 s。若溶液呈蓝色，是由于钨（Ⅵ）被还原，需向溶液中滴加 3% H_2O_2 或溴水至蓝色褪去。

2. 酸化乙醚萃取

将上述反应液转移至分液漏斗中，室温时加入 7 mL 乙醚、3 mL 6 $mol\cdot L^{-1}$ 盐酸，振荡萃取 15 min，静置分离下层油状的醚合物。如果一次萃取不完全，可再加 7 mL 乙醚、2 mL 6 $mol\cdot L^{-1}$ 盐酸进行二次萃取。将两次收集的醚合物置于蒸发皿中沸水浴蒸发乙醚，直至液体表面有晶膜出现，将晶膜捣破，放在通风处干燥、冷却，待乙醚完全挥发后得十二钨磷酸固体，若在蒸发过程中液体变蓝，则需滴加少许 3%的过氧化氢或溴水至蓝色褪去，烘干。对产品进行称量并计算产率。

五、实验结果记录

（1）产品外观：________________。

（2）实际产量：________________。

m（蒸发皿）：__________；*m*（蒸发皿+固体）：__________；*m*（固体）：__________。

（3）计算产率（%）。

$$12Na_2WO_4\cdot 2H_2O + Na_2HPO_4\cdot 12H_2O + 26HCl \xlongequal{} H_3PW_{12}O_{40} + 48H_2O + 26NaCl$$

12×329.87	358.14	2880.44
5	0.8	x

六、思考题

（1）通过实验总结"乙醚萃取法"制多酸的方法。

（2）使用乙醚时要注意哪些问题？

七、参考文献

展海军，李建伟. 2012. 无机及分析化学实验[M]. 北京：化学工业出版社.
钟国清. 2011. 无机及分析化学实验[M]. 北京：科学出版社.

实验三十三　葡萄糖酸锌的制备及表征

一、实验目的

（1）了解微量元素对人体的作用和葡萄糖酸锌的制备方法。
（2）熟练掌握蒸发、浓缩、过滤、重结晶、滴定等操作。
（3）了解葡萄糖酸锌的质量分析方法。

二、实验原理

锌是人体必需的微量元素之一，它具有多种生物作用，可参与核酸和蛋白质的合成，能增强人体免疫力，促进儿童生长发育。人体缺锌会造成生长停滞、自发性味觉减退和创伤愈合不良等严重问题，从而引发多种疾病。葡萄糖酸锌作为补锌药，具有见效快、吸收率高、副作用小、使用方便等优点。另外，葡萄糖酸锌作为添加剂，在儿童食品、糖果、乳制品的应用也日益广泛。葡萄糖酸锌的化学式：$C_{12}H_{22}O_{14}Zn$；相对分子质量：455.68。它是白色结晶或颗粒状粉末，无臭、味微涩。它在沸水中极易溶解，在水中易溶，在无水乙醇、氯仿或乙醚中不溶。

合成方法分为间接法和直接复分解法。

1）间接法

用催化剂将葡萄糖氧化制成葡萄糖酸或葡萄糖酸钙，再用化学方法制得葡萄糖酸锌。以葡萄糖酸钙、浓硫酸、氧化锌等为原料合成葡萄糖酸锌，合成路线如下

$$Ca(C_6H_{11}O_7)_2+H_2SO_4 = CaSO_4\downarrow+2C_6H_{11}O_7$$

$$2C_6H_{11}O_7+ZnO = Zn(C_6H_{11}O_7)_2+H_2O$$

2）直接复分解法

以葡萄糖为原料，用电解氧化法制成葡萄糖酸，然后用化学法制取葡萄糖酸锌。葡萄糖酸钙与硫酸锌直接反应制取葡萄糖酸锌。葡萄糖酸钙与等物质的量的硫酸锌反应，生成葡萄糖酸锌和硫酸钙的沉淀。

$$Ca(C_6H_{11}O_7)_2+ZnSO_4 = Zn(C_6H_{11}O_7)_2+CaSO_4\downarrow$$

采用配位滴定法测定产品中锌的含量，用 EDTA 标准溶液在 NH_3-NH_4Cl 弱碱性条件下滴定葡萄糖酸锌中锌的含量，根据所消耗滴定剂 EDTA 的量计算产品中锌的含量。采用比色法测定产品中硫酸根含量。

三、仪器与试剂

（1）仪器：熔点仪，红外光谱仪，恒温水浴抽滤装置，酸式滴定管，移液管，蒸发皿，容量瓶（100 mL），量筒（20 mL、100 mL），四口烧瓶（250 mL），锥形瓶，温度计，电子天平，电炉，吸量管（5 mL），比色管（25 mL）。

（2）试剂：葡萄糖酸钙，$ZnSO_4\cdot 7H_2O$，95%乙醇，0.05 $mol\cdot L^{-1}$ EDTA，标准溶液 NH_3-NH_4Cl

缓冲溶液（pH≈10），铬黑 T 指示剂（0.5 g 铬黑 T 与 100 g 磨细的干燥 NaCl 研匀，配成固体合剂，保存在干燥器中），K_2SO_4 标准溶液（硫酸根含量 100 $mg \cdot L^{-1}$），$BaCl_2$ 溶液（25%），浓硫酸，HCl 溶液，氧化锌。

四、实验内容和步骤

1. 葡萄糖酸的制备

在 250 mL 四口烧瓶中加入 125 mL 蒸馏水，再缓慢加入 6.75 mL（0.125 mol）浓硫酸，搅拌下分批加入 56 g（0.125 mol）葡萄糖酸钙，在 90℃恒温水浴中加热反应 1.5 h，趁热滤去析出的硫酸钙沉淀，得到淡黄色液体。滤液冷却后，以每分钟相当于树脂体积的流量，流过装有等量阴离子交换树脂的交换柱和阳离子交换树脂的交换柱，进行纯化，得到无色透明、高纯度的葡萄糖酸溶液，其中溶质葡萄糖酸约 0.23 mol。

2. 葡萄糖酸锌的制备

取 0.1 mol 葡萄糖酸溶液，分批加入 4.1 g 0.05 mol 氧化锌，在 60℃水浴中，滴加葡萄糖酸溶液调节溶液的 pH 至 5.8，搅拌反应 2 h，此时溶液呈透明状态。过滤，滤液经减压蒸发、浓缩至原体积的 1/3，之后加入 10 mL 95%乙醇，放置 8 h 使之充分结晶。然后真空干燥，得白色结晶状葡萄糖酸锌粉末。

3. 锌含量的测定

准确称取 1.6 g（准确至 0.0001 g）葡萄糖酸锌，溶解后转移至 100 mL 容量瓶中定容，移取 25.00 mL 溶液于 250 mL 锥形瓶中，加 10 mL NH_3-NH_4Cl 缓冲溶液、4 滴铬黑 T 指示剂，然后用 0.05 $mol \cdot L^{-1}$ EDTA 标准溶液滴定，滴至溶液由红色刚好转变成蓝色为止，记录所用 EDTA 标准溶液的体积（mL），然后按下式计算样品中 Zn 的含量。

$$\text{Zn的含量}(\%)=\frac{c_{\text{EDTA}} \cdot V_{\text{EDTA}} \times 65 \times 4}{m_{\text{样品}} \times 1000} \times 100\%$$

4. 硫酸盐的检测

取本品 0.5 g，加蒸馏水溶解使溶液约 20 mL（如果溶液显碱性，可滴加盐酸使其呈中性）。溶液如果不澄清，应过滤。将溶液置于 25 mL 比色管中，加 HCl 溶液 2.0 mL，摇匀，即得供试溶液。另取 K_2SO_4 标准溶液 2.5 mL，置于 25 mL 比色管中，加蒸馏水使其约 20 mL，加 HCl 溶液 2.0 mL，摇匀，即得对照溶液。在供试溶液与对照溶液中分别加入 2.0 mL 25% $BaCl_2$ 溶液，用蒸馏水稀释至 25 mL，充分摇匀，放置 10 min，同置黑色背景上，从比色管上方向下观察、比较。如果发生混浊，与硫酸钾标准溶液制成的对照溶液比较，不得更浓。

5. 葡萄糖酸锌的表征

将所得的晶体研磨至颗粒较细，通过熔点仪测定它的熔点。采用 KBr 压片法测定样品在 400～4000 cm^{-1} 的红外吸收光谱，并标识其主要的特征吸收峰。

五、数据记录与处理

填写表 10-5 和表 10-6，计算葡萄糖酸锌的产率和锌的含量。

表 10-5　葡萄糖酸锌的制备

项目	计算结果
理论产品质量/g	
粗产品质量/g	
粗产品产率	
粗制产品质量/g	
粗制产品产率	

表 10-6　葡萄糖酸锌中锌含量的测定

实验编号	1	2	3
称取样品的质量/g			
V（样品）/mL	25.00	25.00	25.00
$V_{始}$（EDTA）/mL			
$V_{终}$（EDTA）/mL			
ΔV（EDTA）/mL			
$V_{平均}$（EDTA）/mL			
Zn 含量%			

六、思考题

（1）在沉淀与结晶葡萄糖酸锌时都加入 95%乙醇，其作用是什么？

（2）在葡萄糖酸锌的制备中，为什么必须在热水浴中进行？

附注：

（1）倾泻法：该方法是尽量将沉淀保留于烧杯底部，待溶液澄清后，只将澄清液倒出。通常用于所得沉淀的结晶较大或密度较大，且静置后易沉降的固、液分离。

（2）葡萄糖酸锌的红外光谱图（图 10-3）。

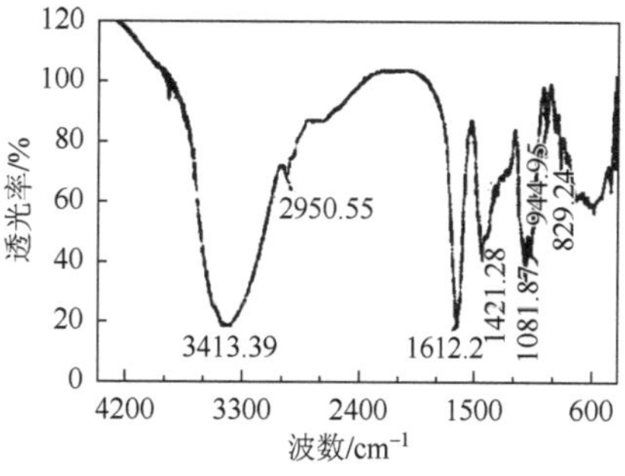

图 10-3　葡萄糖酸锌的红外光谱

（3）间接法制备葡萄糖酸锌。按所需物质的量计量比称取葡萄糖酸钙和硫酸锌样品，分别用蒸馏水溶解，不断搅拌，将硫酸锌溶液逐滴加入葡萄糖酸钙溶液中，加完后在 90℃水浴中保留 20 min，发生反应，有白色沉淀生成，趁热抽滤除去沉淀，将滤液转入烧杯中，冷却至室温，加入足量的乙醇溶液，充分搅拌，直至无白色胶状物出现为止，用倾析法除去上层液体，冷却结晶，烘干得粗品。

在抽滤的滤液中逐滴加入 95%的乙醇溶液，有胶状物出现，继续加乙醇直至无白色的胶状物出现为止，冷却，用倾析法将上层的液体倒掉，用适量的蒸馏水溶解胶状物，并在 90℃的水浴中加热近沸，热过滤，冷却滤液至室温，再逐滴加入 95%的乙醇直至无胶状物出现为止，通过滴加乙醇降低它在水溶液中的溶解度从而得到晶体。静置，抽滤至干，得精品，自然结晶 3 天。

七、参考文献

魏巍，王学东，崔玉民. 2006. 间接法合成葡萄糖酸锌及其表征[J]. 阜阳师范学院学报（自然科学版），23（4）：43-45.

展海军，李建伟. 2012. 无机及分析化学实验[M]. 北京：化学工业出版社.

张坤，王志才，胡文丽. 2008. 直接复分解法合成葡萄糖酸锌及其表征[J]. 阜阳师范学院学报（自然科学版），25（2）：70-72.

钟国清. 2011. 无机及分析化学实验[M]. 北京：科学出版社.

第 11 章　设计性实验

实验三十四　碱式碳酸铜的制备

一、实验目的

（1）通过查阅资料，了解碱式碳酸铜的制备原理和方法。

（2）通过实验探求制备碱式碳酸铜的反应物配比和合适温度。

（3）初步学会设计实验方案，以培养独立分析、解决问题及设计实验的能力。

二、实验原理

碱式碳酸铜[$Cu_2(OH)_2CO_3$]为天然孔雀石的主要成分，呈暗绿色或淡蓝绿色。碱式碳酸铜按 CuO ∶ CO_2 ∶ H_2O 的比例不同而异，反应中形成 $2CuCO_3 \cdot Cu(OH)_2$ 时，为孔雀蓝碱式盐；形成 $CuCO_3 \cdot Cu(OH)_2 \cdot H_2O$ 时，为孔雀绿色。碱式碳酸铜加热至 200℃分解，在水中的溶解度较小，新制备的试样在沸水中很易分解。

三、仪器与试剂

自行列出所需仪器、药品、材料的清单，经指导教师检查认可后进行实验。

四、实验内容和步骤

1. 反应物溶液的配制

根据查阅资料，自行设计实验，配制所需的反应物溶液。

2. 制备反应条件的探求

1）反应物溶液的合适配比

在一定温度下（建议 75℃水浴条件下进行），对所选反应物采用不同配比进行实验，从目标产物生成的速度、沉淀的数量及颜色中，得出两种反应物溶液以何种比例混合为最佳。

2）反应温度的探求

将反应物分别置于室温、50℃、100℃的恒温水浴中，数分钟后将两种反应物溶液混合反应，振荡并观察现象，由实验结果确定制备反应的合适温度。

3. 碱式碳酸铜的制备

根据上面实验确定的反应物合适比例及适宜温度制取碱式碳酸铜。待沉淀完全后，用蒸馏水洗涤沉淀数次，吸干。

将所得产品在烘箱中于 100℃烘干，待冷至室温后称量，并计算产率（产率 90%以上为合格，85%～90%为一般，85%以下为不合格）。

五、思考题

（1）哪些铜盐适合制取碱式碳酸铜？写出硫酸铜溶液和碳酸钠溶液反应的化学方程式。

（2）估计反应条件，如反应温度、反应物浓度及反应物配料比对反应产物是否有影响。

（3）反应温度对本实验有什么影响？反应在何种温度下会出现黑色产物？这种黑色物质是什么？

（4）除反应物的配比和反应温度对本实验的结果有影响外，反应物的种类、反应进行的时间等是否对产物的质量也会有影响？

（5）自行设计一个实验，测定产物中铜及碳酸根离子的含量，从而分析所制得的碱式碳酸铜的质量。

六、参考文献

陈静. 2012. 碱式碳酸铜的制备[J]. 大学化学，27（5）：78-82.

管春平，韦薇，杨晓莹，等. 2007. 大学无机化学实验中碱式碳酸铜制备方法探讨[J]. 大学化学，22（6）：42-45.

赵新华. 2014. 无机化学实验[M]. 北京：高等教育出版社.

实验三十五　三草酸合铁(III)酸钾的制备和组成测定

一、实验目的

（1）了解配合物制备的一般方法。

（2）掌握用 $KMnO_4$ 法测定 $C_2O_4^{2-}$ 与 Fe^{3+} 的原理和方法。

（3）综合训练无机合成、滴定分析的基本操作，掌握确定配合物组成的原理和方法。

二、实验原理

三草酸合铁(III)酸钾 $K_3[Fe(C_2O_4)_3]\cdot 3H_2O$ 为翠绿色单斜晶体，溶于水[溶解度：4.7 g/100 g（0℃），117.7 g/100 g（100℃）]，难溶于乙醇。110℃下失去结晶水，230℃分解。该配合物对光敏感，遇光照射发生分解：

$$2K_3[Fe(C_2O_4)_3] \longrightarrow 3K_2C_2O_4 + 2FeC_2O_4\text{（黄色）} + 2CO_2$$

三草酸合铁(III)酸钾是制备负载型活性铁催化剂的主要原料，也是一些有机反应的良好催化剂，在工业上具有一定的应用价值。其合成工艺路线有多种。例如，可用三氯化铁或硫酸铁与草酸钾直接合成三草酸合铁(III)酸钾，也可以铁为原料制得三草酸合铁(III)酸钾。

1）制备

本实验以硫酸亚铁铵为原料，与草酸在酸性溶液中先制得草酸亚铁沉淀，然后再用草酸亚铁在草酸钾和草酸的存在下，以过氧化氢为氧化剂，得到铁(III)草酸配合物。主要反应为

$$(NH_4)_2Fe(SO_4)_2\cdot 6H_2O + H_2C_2O_4 \longrightarrow FeC_2O_4\cdot 2H_2O(s, \text{黄色}) + (NH_4)_2SO_4 + H_2SO_4 + 4H_2O$$

$$6FeC_2O_4\cdot 2H_2O + 3H_2O_2 + 6K_2C_2O_4 \longrightarrow 4K_3[Fe(C_2O_4)_3]\cdot 3H_2O + 2Fe(OH)_3(s)$$

加入适量草酸可使 $Fe(OH)_3$ 转化为三草酸合铁(III)酸钾：

$$2Fe(OH)_3 + 3H_2C_2O_4 + 3K_2C_2O_4 \longrightarrow 2K_3[Fe(C_2O_4)_3]\cdot 3H_2O$$

加入乙醇，放置即可析出产物的结晶。

2）产物的定性分析

产物的定性分析采用化学分析法和红外吸收光谱法。

K^+ 与 $Na_3[Co(NO_2)_6]$ 在中性或稀乙酸介质中，生成亮黄色的 $K_2Na[Co(NO_2)_6]$ 沉淀：

$$2K^+ + Na^+ + [Co(NO_2)_6]^{3-} = K_2Na[Co(NO_2)_6](s)$$

Fe^{3+}与 KSCN 反应生成血红色 $Fe(NCS)_n^{3-n}$，$C_2O_4^{2-}$ 与 Ca^{2+}生成白色沉淀 CaC_2O_4，可以判断 Fe^{3+}、$C_2O_4^{2-}$ 处于配合物的内层还是外层。

3）产物的定量分析

用 $KMnO_4$ 法测定产品中的 Fe^{3+}含量和 $C_2O_4^{2-}$ 的含量，并确定 Fe^{3+}和 $C_2O_4^{2-}$ 的配位比。在酸性介质中，用 $KMnO_4$ 标准溶液滴定试液中的 $C_2O_4^{2-}$，根据 $KMnO_4$ 标准溶液的消耗量可直接计算出 $C_2O_4^{2-}$ 的质量分数，其反应式为

$$5C_2O_4^{2-}+2MnO_4^-+16H^+ = 10CO_2+2Mn^{2+}+8H_2O$$

在上述测定草酸根后剩余的溶液中，用锌粉将 Fe^{3+}还原为 Fe^{2+}，再利用 $KMnO_4$ 标准溶液滴定 Fe^{2+}，其反应式为

$$Zn+2Fe^{3+} = 2Fe^{2+}+Zn^{2+}$$

$$5Fe^{2+}+MnO_4^-+8H^+ = 5Fe^{3+}+Mn^{2+}+4H_2O$$

根据 $KMnO_4$ 标准溶液的消耗量，可计算出 Fe^{3+}的质量分数。根据

$$n(Fe^{3+}):n(C_2O_4^{2-})=[w(Fe^{3+})/55.8]:[w(C_2O_4^{2-})/88.0]$$

可确定 Fe^{3+}与 $C_2O_4^{2-}$ 的配位比。

三、仪器与试剂

（1）仪器：托盘天平，分析天平，烧杯（100 mL、250 mL），量筒（10 mL、100 mL），玻璃棒，长颈漏斗，布氏漏斗，吸滤瓶，真空泵，表面皿，称量瓶，干燥器，烘箱，锥形瓶（250 mL），酸式滴定管（50 mL）。

（2）试剂：H_2SO_4（2 $mol \cdot L^{-1}$），$H_2C_2O_4$（1 $mol \cdot L^{-1}$），H_2O_2（3%），$(NH_4)_2Fe(SO_4)_2 \cdot 6H_2O$（s），$K_2C_2O_4$（饱和），KSCN（0.1 $mol \cdot L^{-1}$），$CaCl_2$（0.5 $mol \cdot L^{-1}$），$FeCl_3$（0.1 $mol \cdot L^{-1}$），$Na_3[Co(NO_2)_6]$，$KMnO_4$ 标准溶液（0.02 $mol \cdot L^{-1}$，自行标定），乙醇（95%），丙酮。

四、实验内容和步骤

1. 三草酸合铁(Ⅲ)酸钾的制备

1）草酸亚铁的制备

称取 6.0 g $(NH_4)_2Fe(SO_4)_2 \cdot 6H_2O$ 放入 250 mL 烧杯中，加入 1.5 mL 2 $mol \cdot L^{-1}$ H_2SO_4 溶液和 20 mL 去离子水，加热使其溶解。另称取 3.0 g $H_2C_2O_4 \cdot 2H_2O$ 放到 100 mL 烧杯中，加 30 mL 去离子水微热，溶解后取出 22 mL 倒入上述 250 mL 烧杯中，加热搅拌至沸，并维持微沸 5 min。静置，得到黄色 $FeC_2O_4 \cdot 2H_2O$ 沉淀。用倾泻法倒出清液，用热去离子水洗涤沉淀 3 次，以除去可溶性杂质。

2）三草酸合铁(III)酸钾的制备

在上述洗涤过的沉淀中，加入 15 mL 饱和 $K_2C_2O_4$ 溶液，水浴加热至 40℃，滴加 25 mL 3% H_2O_2 溶液，不断搅拌溶液并维持温度在 40℃左右。滴加完后，加热溶液至沸几分钟。取适量上述 1）中配制的 $H_2C_2O_4$ 溶液趁热加入，使沉淀溶解至呈现翠绿色为止。冷却后，加入 15 mL 95%乙醇水溶液，在暗处放置，结晶。减压过滤，抽干后用少量乙醇洗涤产品，继续抽干，称量，计算产率，并将晶体放在干燥器内避光保存。

注意：在抽滤过程中，勿用水冲洗黏附在烧杯和布氏滤斗上的绿色产品；加入 15 mL 95% 乙醇水溶液，立刻放置于暗处，因为产品遇光照射易发生分解。

2. 产物的定性分析

1）K^+的鉴定

在试管中加入少量产物，用去离子水溶解，再加入 1 mL $Na_3[Co(NO_2)_6]$溶液，放置片刻，观察现象。

2）Fe^{3+}的鉴定

在试管中加入少量产物，用去离子水溶解，另取一支试管加入少量的 $FeCl_3$ 溶液。各加入 2 滴 0.1 $mol \cdot L^{-1}$ KSCN 溶液，观察现象。在装有产物溶液的试管中加入 3 滴 2 $mol \cdot L^{-1}$ H_2SO_4 溶液，再观察溶液颜色有什么变化，解释实验现象。

3）$C_2O_4^{2-}$ 的鉴定

在试管中加入少量产物，用去离子水溶解，另取一支试管加入少量的 $K_2C_2O_4$ 溶液。各加入 2 滴 0.5 $mol \cdot L^{-1}$ $CaCl_2$ 溶液，观察实验现象有什么不同。

3. 产物组成的定量分析

1）结晶水质量分数的测定

洗净两个称量瓶，在 110℃电烘箱中干燥 1 h，置于干燥器中冷却，至室温时在分析天平上称量。然后再放到 110℃电烘箱中干燥 0.5 h，即重复上述干燥-冷却-称量操作，直至质量恒定（两次称量相差不超过 0.3 mg）为止。

在分析天平上准确称取两份产品各 0.5～0.6 g，分别放入上述已质量恒定的两个称量瓶中。在 110℃电烘箱中干燥 1 h，然后置于干燥器中冷却，至室温后称量。重复上述干燥（改为 0.5 h）-冷却-称量操作，直至质量恒定。根据称量结果计算产品结晶水的质量分数。

2）草酸根质量分数的测量

在分析天平上准确称取两份产物各 0.15～0.20 g，分别放入两个锥形瓶中，均加入 15 mL 2 $mol \cdot L^{-1}$ H_2SO_4 溶液和 15 mL 去离子水，微热溶解，加热至 75～85℃（液面冒水蒸气），趁热用 0.0200 $mol \cdot L^{-1}$ $KMnO_4$ 标准溶液滴定至粉红色为终点（保留溶液待下一步分析使用）。根据消耗 $KMnO_4$ 溶液的体积，计算产物中 $C_2O_4^{2-}$ 的质量分数。

3）铁质量分数的测量

在上述保留的溶液中加入一小匙锌粉，加热近沸，直到黄色消失，将 Fe^{3+}还原为 Fe^{2+}即可。趁热过滤除去多余的锌粉，滤液收集到另一锥形瓶中。继续用 0.0200 $mol \cdot L^{-1}$ $KMnO_4$ 标准溶液进行滴定，至溶液呈粉红色。根据消耗 $KMnO_4$ 溶液的体积，计算 Fe^{3+}的质量分数。

4）K 含量的确定

根据 1)、2)、3）的实验结果，计算 K^+的质量分数，结合实验 2）的结果，推断出配合物的化学式。

五、思考题

（1）能否用 $FeSO_4$ 代替硫酸亚铁铵来合成 $K_3[Fe(C_2O_4)_3] \cdot 3H_2O$？这时可以用 HNO_3 代替 H_2O_2 作氧化剂，写出用 HNO_3 作氧化剂的主要反应式。你认为用哪种作氧化剂较好？为什么？

（2）在草酸亚铁的制备过程中，为什么加热至沸腾后还要维持微沸 5 min？

（3）氧化 $FeC_2O_4 \cdot 2H_2O$ 时，氧化温度控制在 40℃，不能太高。为什么？

（4）$KMnO_4$ 滴定 $C_2O_4^{2-}$ 时，要加热又不能使温度太高（75～85℃），为什么？

（5）合成过程中，滴完 H_2O_2 为什么还要煮沸溶液？

（6）产物为什么要经过多次洗涤？洗涤不充分对其组成会产生什么样的影响？

（7）合成产物的最后一步加入 95%乙醇，其作用是什么？

六、参考文献

北京师范大学无机化学教研室. 2001. 无机化学实验[M]. 3 版. 北京：高等教育出版社.

大连理工大学无机化学教研室. 2006. 无机化学[M]. 5 版. 北京：高等教育出版社.

大连理工大学无机化学教研室. 2014. 无机化学实验[M]. 3 版. 北京：高等教育出版社.

南京大学《无机及分析化学》编写组. 2015. 无机及分析化学[M]. 5 版. 北京：高等教育出版社.

南京大学《无机及分析化学》编写组. 2015. 无机及分析化学实验[M]. 5 版. 北京：高等教育出版社.

实验三十六 碘量法测定水中溶解氧

一、实验目的

（1）理解碘量法测定水中溶解氧的原理。

（2）学会使用溶解氧采样瓶。

（3）掌握碘量法测定水中溶解氧的操作技术要点。

二、实验原理

溶解于水中的氧称为溶解氧，用 DO 表示。溶解氧的来源有两个：一个是水中溶解氧未饱和时，大气中的氧气向水体渗入；另一个是水中植物通过光合作用释放出的氧。水中溶解氧的多少与水生动植物的生存及水中的某些工业设备的使用寿命均有密切关系。当水中溶解氧过少时，许多鱼类就可能发生窒息而死亡，而厌氧细菌则会迅速繁殖；当溶解氧过多时，对工业用水中的金属设备和金属构筑物有较强的腐蚀作用。由于水体中溶解氧含量的多少在一定程度上能够反映出水体受污染的程度，因此水中溶解氧的测定对保护环境等方面有着重要的意义。

水体溶解氧的检测方法主要有碘量法、电流测定法（Clark 溶氧电极）、电导测定法、荧光淬灭法等。碘量法是测定水中溶解氧的基准方法，测量准确度高，用于检测溶解氧已有 90 多年的历史。其基本原理是在水样中加入硫酸锰及碱性碘化钾，生成的氢氧化锰不稳定，被溶解氧氧化，生成锰酸锰：

$$2Mn^{2+}+4OH^- = 2Mn(OH)_2\downarrow$$

$$2Mn(OH)_2+O_2 = 2H_2MnO_3$$

$$H_2MnO_3+Mn(OH)_2 = MnMnO_3\downarrow+2H_2O$$

加入浓硫酸，高价态锰将 I^- 氧化析出游离碘：

$$MnMnO_3+6H^++2I^- = 2Mn^{2+}+I_2+3H_2O$$

以淀粉为指示剂，用标准硫代硫酸钠溶液滴定游离碘，由所消耗的硫代硫酸钠体积计算出溶解氧含量：

$$I_2+2S_2O_3^{2-} = 2I^-+S_4O_6^{2-}$$

在没有干扰的情况下，此方法适用于各种溶解氧浓度大于 0.2 $mg \cdot L^{-1}$ 和小于氧的饱和度两倍（约 20 $mg \cdot L^{-1}$）的水样。当水中可能含有亚硝酸盐、铁离子、游离氯时，可能会对测定产生干扰，此时应采用叠氮化钠修正法或高锰酸钾修正法。

三、仪器与试剂

（1）仪器：溶解氧瓶（250 mL），锥形瓶（250 mL），酸式滴定管（25 mL），移液管（50 mL），洗耳球。

（2）药品：硫酸锰溶液，碱性碘化钾溶液，浓硫酸，淀粉溶液（1%），标准硫代硫酸钠溶液，重铬酸钾。

四、实验内容和步骤

1. 溶液的配制

硫酸锰溶液：溶解 480 g 分析纯硫酸锰（$MnSO_4 \cdot H_2O$）溶于蒸馏水中，过滤后稀释至 1 L。

碱性碘化钾溶液：取 500 g 分析纯氢氧化钠溶解于 300～400 mL 蒸馏水中（氢氧化钠溶液表面吸收二氧化碳生成了碳酸钠，此时如有沉淀生成，可过滤除去）。另取 150 g 碘化钾溶解于 200 mL 蒸馏水中。将上述两种溶液合并，加蒸馏水稀释至 1 L。

（1）硫代硫酸钠标准溶液：准确称取约 6.2 g 分析纯硫代硫酸钠（$Na_2S_2O_3 \cdot 5H_2O$）于煮沸放冷的蒸馏水中，然后再加入 0.2 g 无水碳酸钠，移入 1 L 的容量瓶中，加入蒸馏水至刻度。为了防止分解可加入数毫升氯仿，储于棕色瓶中，用前进行标定。

（2）重铬酸钾标溶液：精确称取于 110℃干燥 2 h 的分析纯重铬酸钾约 1.2 g，溶于蒸馏水中，再移入 1 L 的容量瓶中，稀释至刻度。

2. 标定硫代硫酸钠溶液

用 0.0250 $mol \cdot L^{-1}$ 重铬酸钾标准溶液标定硫代硫酸钠的浓度。在 250 mL 的锥形瓶中加入 1 g 固体碘化钾及 50 mL 蒸馏水。用滴定管加入 15.00 mL 标准重铬酸钾溶液，再加入 5 mL 1∶5 的硫酸溶液，在暗处静置 5 min 后，由滴定管滴入硫代硫酸钠溶液至溶液呈浅黄色，加入 2 mL 淀粉溶液，继续滴定至蓝色刚褪去。记下硫代硫酸钠溶液的用量。

3. 水样的采集与固定

（1）用溶解氧瓶取水面下 20～50 cm 的河水、池塘水、湖水或海水，使水样充满 250 mL 的磨口瓶中，用尖嘴塞慢慢盖上，不留气泡。

（2）在河岸边取下瓶盖，用移液管吸取硫酸锰溶液 1 mL 插入瓶内液面下，缓慢放出溶液于溶解氧瓶中。

（3）取另一支移液管，按上述操作向水样中加入 2 mL 碱性碘化钾溶液，盖紧瓶塞，将瓶颠倒振摇使之充分摇匀。此时，水样中的氧被固定生成锰酸锰（$MnMnO_3$）棕色沉淀。将固定了溶解氧的水样带回实验室备用。

4. 水样酸化

向水样中加入 2 mL 浓硫酸，盖上瓶塞，摇匀，直至沉淀物完全溶解为止。此时，溶液中有 I_2 产生，将瓶在阴暗处放 5 min，使 I_2 全部析出。

5. 滴定

用标准 $Na_2S_2O_3$ 溶液滴定酸化后的水样。

6. 计算结果

$$溶解氧(mg/L)=c(Na_2S_2O_3)\times V(Na_2S_2O_3)\times(32/4)\times 1000/V(水)$$

式中：$c(Na_2S_2O_3)$为硫代硫酸钠的物质的量浓度；$V(Na_2S_2O_3)$为硫代硫酸钠体积（mL）；$V(水)$为水样的体积（mL）。

五、思考题

（1）在酸化水样时，若沉淀没有完全溶解，怎么办？如果不这样做会给结果带来什么影响？

（2）在配制标准硫代硫酸钠溶液时，为什么要在溶液中加入无水碳酸钠？

（3）取水样时要避免瓶中出现气泡，如果不小心水样上面出现气泡会给结果带来怎样的后果？如何补救？

六、参考文献

郭树荣，肖景楠. 2011. 校园周边环境水中溶解氧及大气中二氧化硫含量的测定[J]. 赤峰学院学报（自然科学版），27（10）：24-26.

环球水网. 水体溶解氧检测方法综述[OL]. http：//www.samsco.com.cn/info/46045.htm.

惠会清. 2007. 水中溶解氧测定装置及方法的改进[J]. 中国卫生检验杂志，17（11）：2089-2097.

GB/T 7489—1987. 水质 溶解氧的测定 碘量法[S].

实验三十七 铁氧体法处理含 Cr(Ⅵ)废水

一、实验目的

（1）了解铁氧体法处理含铬（Ⅵ）废水的基本原理和方法。

（2）学会发现问题、设计和解决问题，了解科学研究的一般方法。

（3）掌握二苯基碳酰二肼分光光度法测定六价铬的原理和方法。

（4）增强学生的环保意识。

二、实验原理

随着国内经济的快速发展，铬盐广泛应用于电镀、冶金、制革、染料等无机化工行业中，不可避免地带来了大量的废水，尤其是含铬污水尤为严重。这几年我国铬行业开始实施清洁工艺生产，着重从工艺上解决水污染问题。从国内外发展情况来看，在含铬废水治理上，不断采用新技术、新工艺的同时，应重点致力于含铬废水的综合防治。含铬污水在铬盐生产中已基本实现闭路循环进行回收利用，但还有部分地表水不能回收利用，由于铬盐广泛用于电镀行业中，废水中大多含有铬。铬的毒性与其存在的价态有关，六价的铬具有强毒性，为致癌物质，并易被人体吸收而在体内蓄积，造成不可预期的后果，因此，对含铬(Ⅵ)废水的处理尤为重要。我国治理含铬(Ⅵ)废水技术有悠久的历史，主要有铁氧体法、化学吸附法、离子交换法、萃取法、碱沉淀法电解法、膜分离法等，本实验采用铁氧体法。

铁氧体处理废水的基本原理是：在酸性条件下，用过量的还原剂硫酸亚铁将含铬(Ⅵ)废水中的 $Cr_2O_7^{2-}$、CrO_4^{2-} 还原为 Cr^{3+}。其反应方程式为

$$Cr_2O_7^{2-}(aq)+6Fe^{2+}(aq)+14H^+(aq) = 2Cr^{3+}(aq)+6Fe^{3+}(aq)+7H_2O(l)$$

$$CrO_4^{2-}(aq)+3Fe^{2+}(aq)+8H^+(aq) = Cr^{3+}(aq)+3Fe^{3+}(aq)+4H_2O(l)$$

反应完成后，加入碱溶液，调节溶液的 pH，并加入适宜氧化剂使过量的 Fe^{2+}氧化为 Fe^{3+}，使铬和铁以适宜比例转化为氢氧化物沉淀，经脱水处理后最终得到符合铁氧体组成的磁性复合氧化物。

三、实验内容和步骤

（1）根据上述原理，设计出铁氧体法处理含铬(Ⅵ)废水的实验步骤。

（2）列出实验所需的仪器、药品及材料。

（3）用铁氧体法处理含铬(Ⅵ)废水。

（4）处理后水质检验。

（5）完成实验报告。

注意：首先测出废水中铬(Ⅵ)的含量，然后计算出需要硫酸亚铁的加入量。铬(Ⅵ)含量的测定可以采用二苯基碳酰二肼分光光度法。

四、参考文献

浙江大学普通化学教研组. 1996. 普通化学实验[M]. 3 版. 北京：高等教育出版社.

GB/T 7467—1987. 水质 六价铬的测定 二苯碳酰二肼分光光度法[S].

实验三十八　含碘废液中成分的确定及碘含量测定

一、实验目的

（1）确定废液中碘的存在形式。

（2）学会利用碘量法测定碘含量的方法。

（3）能够查阅资料，设计一些简单的实验方案。

二、实验原理

1）确定碘的存在形式

无机实验室的含碘废液中碘主要以 I^-、I_2、I_3^-、IO_3^- 等形式存在，确定废液中碘的存在形式先要用 CCl_4 将大部分单质碘萃取出来，与其他形式的碘分离，再判断 I^-、IO_3^- 是否存在。方法如下所述。

（1）取含碘废液 2 mL，加入 0.5 mL 2 $mol·L^{-1}$ 盐酸酸化，再用 CCl_4 将大部分单质碘萃取到有机相，分离出无机相做进一步分析。

注意：加入盐酸酸化的目的是如果废液中同时存在 IO_3^- 与 I^-，可将量少的成分转化为单质碘一并萃取分离，只留过量的组分进一步分析，其反应原理为

$$IO_3^- + 5I^- + 6H^+ = 3I_2 + 3H_2O$$

（2）判断 IO_3^- 是否存在。取无机层溶液 1 mL，加入 1 滴 5%淀粉液和 1 滴新配制的 0.1 $mol·L^{-1}$ Na_2SO_3 溶液。若溶液变蓝，证明废液中存在 IO_3^-；若溶液不变蓝，证明废液中不存在 IO_3^-。其反应原理为

$$2IO_3^- + 5SO_3^{2-} + 2H^+ = I_2 + 5SO_4^{2-} + H_2O$$

（3）判断 I^-是否存在。取无机层溶液 1 mL，加入 1 滴 5%的淀粉液和 1 滴 0.1 $mol·L^{-1}$

$FeCl_3$溶液，若溶液变蓝，证明废液中存在 I^-；若溶液不变蓝，证明废液中不存在 I^-。其反应原理为

$$2Fe^{3+}+2I^- \xlongequal{} 2Fe^{2+}+I_2$$

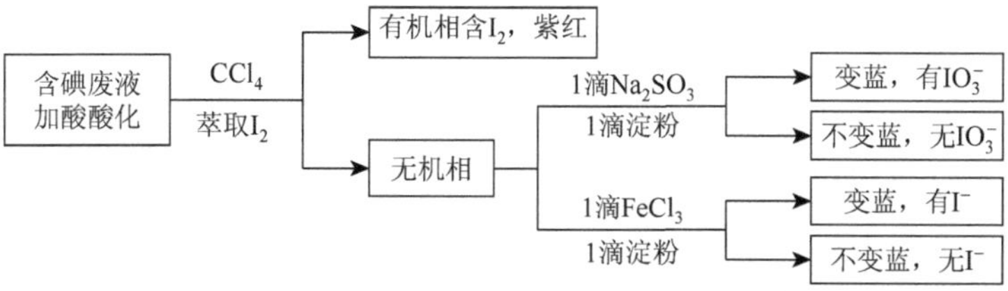

2）测定废液中碘的含量

利用碘量法以 0.1000 $mol\cdot L^{-1}$ $Na_2S_2O_3$为标准溶液，5%的淀粉溶液作指示剂进行滴定。滴定原理为

$$2Na_2S_2O_3+I_2 \xlongequal{} Na_2S_4O_6+2NaI$$

（1）对于含有 I^-、I_2、I_3^- 的废液：

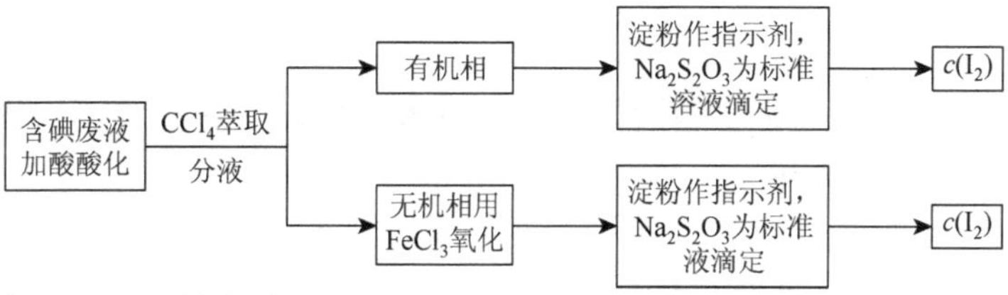

（2）对于含有 IO_3^-、I_2 的废液：

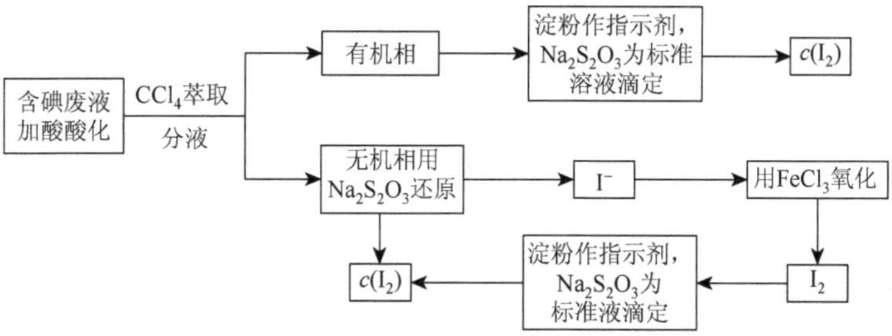

三、仪器与试剂

（1）仪器：碱式滴定管，铁架台，锥形瓶，烧杯。

（2）试剂：$Na_2S_2O_3\cdot 5H_2O$（A. R.），Na_2SO_3（A. R.），$FeCl_3\cdot 6II_2O$（A. R.），CCl_4（A. R.），水溶性淀粉。

四、实验内容和步骤

根据以上原理，查阅相关文献，设计合理的实验方案，对实验室含碘废水的成分加以确定，并利用碘量法滴定出废水中各成分的含量。

五、注意事项

（1）有机相中 I_2 的测定：将 CCl_4 层中的 I_2 转移至水相以便于用 $Na_2S_2O_3$ 溶液滴定，方法是用水洗涤两次有机相后加入少量碘化钾溶液，振摇，5 min 后进行滴定。加碘化钾是为了将

CCl_4层中的碘全部转移到水相，因为I_3^-的生成将增加碘在水中的浓度，放置 5 min 是让CCl_4层中的碘转移完全，加入的碘化钾不影响滴定结果。对于以上 1)、2) 的有机层，均可采取该方法处理，滴定原理如下

$$2Na_2S_2O_3+I_2 = Na_2S_4O_6+2NaI$$

已知$Na_2S_2O_3$的浓度、体积就可以计算出废液中I_2的浓度。

（2）酸性条件下，电对Fe^{3+}/Fe^{2+}的电极电势为 0.796 V，电对$S_4O_6^{2-}/S_2O_3^{2-}$的电极电势为 0.02384 V，三价铁应该可以与硫代硫酸钠发生氧化还原反应，在测量溶液中碘离子含量时，先加过量三价铁将碘离子氧化成碘单质，再以淀粉为指示剂用硫代硫酸钠滴定碘。过量的三价铁会对测定有干扰吗？如果有，怎样消除？

提示：可以在滴定之前加F^-，掩蔽过量的Fe^{3+}，反应原理为

$$Fe^{3+}+6F^- = [FeF_6]^{3-}$$

六、思考题

生成的单质碘也具有氧化性，会与Na_2SO_3发生反应，这会影响分析结果吗？

七、参考文献

陈小利. 2004. 化学反应速率和活化能实验废液中碘的快速回收测定[J]. 延安化学学报（自然科学版），23（4）：47-49.

万东北，张勇，谢步云. 2007. 含碘废液的回收研究[J]. 赣南师范学院学报，（3）：79-81.

吴之传，陶庭先. 1996. 实验室废液中碘的回收[J]. 化学世界，37（9）：493-494.

参 考 文 献

包新华，邢彦军，李向清. 2013. 无机化学实验[M]. 北京：科学出版社.

北京师范大学，东北师范大学，华中师范大学，等. 2014. 无机化学实验[M]. 4 版. 北京：高等教育出版社.

北京师范大学无机化学教研室等. 2001. 无机化学实验[M]. 3 版. 北京：高等教育出版社.

蔡定建. 2013. 无机化学实验[M]. 武汉：华中科技大学出版社.

常敏巍. 2006. 无机化学实验[M]. 兰州：甘肃人民出版社.

高敬群，吴琼. 2014. 无机化学实验[M]. 沈阳：辽宁大学出版社.

高胜利，陈三平. 2010. 无机合成化学简明教程[M]. 北京：科学出版社.

古映莹，郭丽萍. 2013. 无机化学实验[M]. 北京：科学出版社.

华南师范大学化学实验教学中心. 2010. 无机化学实验[M]. 北京：化学工业出版社.

黄涛，张明通. 2011. 无机化学实验[M]. 北京：化学工业出版社.

蒋毅民. 2013. 无机化学实验[M]. 桂林：广西师范大学出版社.

李国祥，陈晓霞. 2015. 无机化学实验[M]. 呼和浩特：内蒙古大学出版社.

李朴，古国榜. 2015. 无机化学实验[M]. 北京：化学工业出版社.

练萍，胡乔生. 2014. 无机化学实验[M]. 杭州：浙江大学出版社.

刘卫. 2012. 无机化学实验[M]. 合肥：中国科学技术大学出版社.

刘幸平，吴巧凤. 2012. 无机化学实验[M]. 北京：人民卫生出版社.

刘岩峰. 2014. 无机化学实验[M]. 哈尔滨：哈尔滨工程大学出版社.

南京大学大学化学实验教学组. 1999. 大学化学实验[M]. 北京：高等教育出版社.

宁光辉，梁晓琴. 2015. 无机化学实验[M]. 北京：科学出版社.

史苏华. 2011. 无机化学实验[M]. 武汉：华中科技大学出版社.

孙尔康，张剑荣. 2009. 无机化学实验[M]. 南京：南京大学出版社.

王宝玲，杨树. 2014. 无机化学实验[M]. 北京：科学出版社.

王新芳. 2014. 无机化学实验[M]. 北京：化学工业出版社.

徐如人，庞文琴，霍启升. 2009. 无机合成与制备化学[M]. 2 版. 北京：高等教育出版社.

杨水金. 2016. 无机化学实验[M]. 武汉：华中师范大学出版社.

尹学琼，朱莉. 2015. 无机化学实验[M]. 北京：化学工业出版社.

袁书玉. 1996. 无机化学实验[M]. 北京：清华大学出版社.

赵新华. 2014. 无机化学实验[M]. 4 版. 北京：高等教育出版社.

张克立. 2004. 无机合成化学[M]. 武汉：武汉大学出版社.

周祖新. 2014. 无机化学实验[M]. 北京：化学工业出版社.

附　　录

附录 1　无机化学实验常用仪器介绍

仪器	规格	作用	注意事项
 试管架	由木、铝和塑料等材质制成。有大小不同、形状不一的各种规格	盛放试管	加热时试管应用试管夹夹好，悬放于试管架上
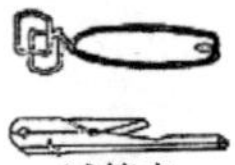 试管夹	由木料或粗金属丝、塑料制成，形状各有不同	夹持试管	防止烧损和锈蚀
 毛刷	以大小和用途表示，如试管刷等	洗刷玻璃器皿	使用前检查顶部竖毛是否完整，避免顶端铁丝戳破玻璃仪器
 坩埚钳	金属（铁、铜）制品，有长短不一的各种规格。习惯上以长度（寸、cm）表示	夹持坩埚加热，或往热源（煤气灯、电炉、马弗炉）中放置坩埚	使用前钳尖应预热；使用后钳尖应向上放在桌面或石棉网上
 药匙	由牛角或塑料制成，有长短各种规格	拿取固体样品时使用。视所取药量的多少选用药匙两端的大、小勺	不能用以取灼热的药品，用后应洗净擦干备用
 集气瓶	玻璃质。无塞、瓶口面磨砂并配毛玻璃盖片，规格以容量（mL）表示	用作气体收集或气体燃烧实验	进行固-气燃烧实验时，瓶底应放少量砂子或水
 漏斗　 长颈漏斗	玻璃质或搪瓷质，分长颈、短颈，以斗径（mm）表示	用于过滤操作及倾注液体。长颈漏斗特别适用于定量分析中的过滤操作	不能用火直接加热
 抽滤瓶和布氏漏斗	布氏漏斗为瓷质，规格以容量（mL）或斗径（cm）表示。抽滤瓶为玻璃质，规格以容量（mL）表示	两者配套，用于无机制备晶体或粗颗粒沉淀的减压过滤	不能用火直接加热
 烧结漏斗、砂芯漏斗	漏斗为玻璃质，砂芯滤板为烧结陶瓷。其规格以砂芯板孔的平均孔径（μm）和漏斗的容积（mL）表示	用作细颗粒沉淀以至细菌的分离，也可用于气体洗涤和扩散实验	不能用于含氢氟酸、浓碱液及活性炭等物质体系的分离，避免腐蚀而造成微孔堵塞或沾污；不能用火直接加热。用后应及时洗涤，以防滤渣堵塞滤板孔

续表

仪器	规格	作用	注意事项
 分液漏斗	玻璃质。规格以容量（mL）和形状（球形、梨形、筒形、锥形）表示	用于互不相溶的液-液分离，也可用于少量气体发生器装置中加液	不能用火直接加热，玻璃活塞、磨口漏斗塞子与漏斗配套使用，不能互换
 坩埚	材质有瓷、石英、铁、镍、铂及玛瑙等。规格以容量（mL）表示	用于灼烧固体，随固体性质的不同而选用	可直接灼烧至高温，灼热的坩埚置于石棉网上
 泥三角	用铁丝弯成，套以瓷管，有大小之分	放置坩埚	铁丝已断裂的不能使用；灼热的泥三角不能直接置于桌面上
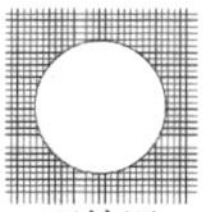 石棉网	由铁丝编成，中间涂有石棉。规格以铁网边长(cm)表示，如 16×16、23×23 等	加热时垫在受热仪器与热源之间，能使受热物体均匀受热	用前检查石棉是否完好，石棉脱落的不能使用；不能与水接触或卷折
 燃烧匙	铁或铜制品	检验物质可燃性，进行固-气燃烧实验	用后应立即洗净擦干
 三脚架	铁制品，有大小高低之分	放置较大或较重的加热容器，作仪器的支撑物	
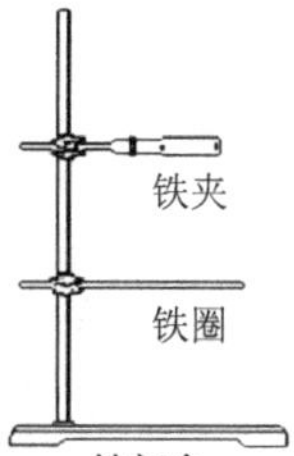 铁架台	铁制品，烧瓶夹也有铝或铜制成的	用于固定或放置反应容器，铁圈还可以代替漏斗架使用	使用前检查各旋钮是否可旋动；使用时仪器的重心应处于铁架台底盘中部
 水浴锅	由铜或铝制成	用于间接加热，也可用作粗略控温实验	用后应将水倒出，洗净擦干锅体，使其免受腐蚀
 碘量瓶	玻璃质。瓶塞、瓶颈部为磨砂玻璃。规格以容量（mL）表示	主要用作碘的定量反应容器	瓶塞与瓶配套使用
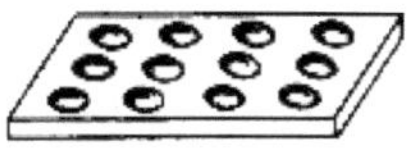 点滴板	透明玻璃质、瓷质，分黑釉和白釉两种。按凹穴的多少分，有四穴、六穴、十二穴等	用作同时进行多个不需分离的少量沉淀反应的容器，根据生成的沉淀及反应溶液的颜色选用黑、白或透明点滴板	不能加热；不能用于含氢氟酸溶液和浓碱液的反应

附录 2　不同温度下水的饱和蒸气压

温度 T/℃	饱和蒸气压/(×10³Pa)	温度 T/℃	饱和蒸气压/(×10³Pa)	温度 T/℃	饱和蒸气压/(×10³Pa)
0	0.61129	43	8.6463	86	60.119
1	0.65716	44	9.1075	87	62.499
2	0.70605	45	9.5898	88	64.958
3	0.75813	46	10.094	89	67.496
4	0.81359	47	10.620	90	70.117
5	0.87260	48	11.171	91	72.823
6	0.93537	49	11.745	92	75.614
7	1.0021	50	12.344	93	78.494
8	1.0730	51	12.970	94	81.465
9	1.1482	52	13.623	95	84.529
10	1.2281	53	14.303	96	87.688
11	1.3129	54	15.012	97	90.945
12	1.4027	55	15.752	98	94.301
13	1.4979	56	16.522	99	97.759
14	1.5988	57	17.324	100	101.32
15	1.7056	58	18.159	101	104.99
16	1.8185	59	19.028	102	108.77
17	1.9380	60	19.932	103	112.66
18	2.0644	61	20.873	104	116.67
19	2.1978	62	21.851	105	120.79
20	2.3388	63	22.868	106	125.03
21	2.4877	64	23.925	107	129.39
22	2.6447	65	25.022	108	133.88
23	2.8104	66	26.163	109	138.50
24	2.9850	67	27.347	110	143.24
25	3.1690	68	28.576	111	148.12
26	3.3629	69	29.852	112	153.13
27	3.5670	70	31.176	113	158.29
28	3.7818	71	32.549	114	163.58
29	4.0078	72	33.972	115	169.02
30	4.2455	73	35.448	116	174.61
31	4.4953	74	36.978	117	180.34
32	4.7578	75	38.563	118	186.23
33	5.0335	76	40.205	119	192.28
34	5.3229	77	41.905	120	198.48
35	5.6267	78	43.665	121	204.85
36	5.9453	79	45.487	122	211.38
37	6.2795	80	47.373	123	218.09
38	6.6298	81	49.324	124	224.96
39	6.9969	82	51.342	125	232.01
40	7.3814	83	53.428	126	239.24
41	7.7840	84	55.585	127	246.66
42	8.2054	85	57.815	128	254.25

续表

温度 T/℃	饱和蒸气压/(×10^3Pa)	温度 T/℃	饱和蒸气压/(×10^3Pa)	温度 T/℃	饱和蒸气压/(×10^3Pa)
129	262.04	174	870.98	219	2273.8
130	270.02	175	891.80	220	2317.8
131	278.20	176	913.03	221	2362.5
132	286.57	177	934.64	222	2407.8
133	295.15	178	956.66	223	2453.8
134	303.93	179	979.09	224	2500.5
135	312.93	180	1001.9	225	2547.9
136	322.14	181	1025.2	226	2595.9
137	331.57	182	1048.9	227	2644.6
138	341.22	183	1073.0	228	2694.1
139	351.09	184	1097.5	229	2744.2
140	361.19	185	1122.5	230	2795.1
141	371.53	186	1147.9	231	2846.7
142	382.11	187	1173.8	232	2899.0
143	392.92	188	1200.1	233	2952.1
144	403.98	189	1226.1	234	3005.9
145	415.29	190	1254.2	235	3060.4
146	426.85	191	1281.9	236	3115.7
147	438.67	192	1310.1	237	3171.8
148	450.75	193	1338.8	238	3288.6
149	463.10	194	1368.0	239	3286.3
150	475.72	195	1397.6	240	3344.7
151	488.61	196	1427.8	241	3403.9
152	501.78	197	1458.5	242	3463.9
153	515.23	198	1489.7	243	3524.7
154	528.96	199	1521.4	244	3586.3
155	542.99	200	1553.6	245	3648.8
156	557.32	201	1568.4	246	3712.1
157	571.94	202	1619.7	247	3776.2
158	586.87	203	1653.6	248	3841.2
159	602.11	204	1688.0	249	3907.0
160	617.66	205	1722.9	250	3973.6
161	633.53	206	1758.4	251	4041.2
162	649.73	207	1794.5	252	4109.6
163	666.25	208	1831.1	253	4178.9
164	683.10	209	1868.4	254	4249.1
165	700.29	210	1906.2	255	4320.2
166	717.83	211	1944.6	256	4392.2
167	735.70	212	1983.6	257	4465.1
168	753.94	213	2023.2	258	4539.0
169	772.52	214	2063.4	259	4613.7
170	791.47	215	2104.2	260	4689.4
171	810.78	216	2145.7	261	4766.1
172	830.47	217	2187.8	262	4843.7
173	850.53	218	2230.5	263	4922.3

续表

温度 T/℃	饱和蒸气压/(×10^3Pa)	温度 T/℃	饱和蒸气压/(×10^3Pa)	温度 T/℃	饱和蒸气压/(×10^3Pa)
264	5001.8	301	8705.4	338	14232
265	5082.3	302	8828.3	339	14412
266	5163.8	303	8952.6	340	14594
267	5246.3	304	9078.2	341	14778
268	5329.8	305	9205.1	342	14964
269	5414.3	306	9333.4	343	15152
270	5499.9	307	9463.1	344	15342
271	5586.4	308	9594.2	345	15533
272	5674.0	309	9726.7	346	15727
273	5762.7	310	9860.5	347	15922
274	5852.4	311	9995.8	348	16120
275	5943.1	312	10133	349	16320
276	6035.0	313	10271	350	16521
277	6127.9	314	10410	351	16825
278	6221.9	315	10551	352	16932
279	6317.2	316	10694	353	17138
280	6413.2	317	10838	354	17348
281	6510.5	318	10984	355	17561
282	6608.9	319	11131	356	17775
283	6708.5	320	11279	357	17992
284	6809.2	321	11429	358	18211
285	6911.1	322	11581	359	18432
286	7014.1	323	11734	360	18655
287	7118.3	324	11889	361	18881
288	7223.7	325	12046	362	19110
289	7330.2	326	12204	363	19340
290	7438.0	327	12364	364	19574
291	7547.0	328	12525	365	19809
292	7657.2	329	12688	366	20048
293	7768.6	330	12852	367	20289
294	7881.3	331	13019	368	20533
295	7995.2	332	13187	369	20780
296	8110.3	333	13357	370	21030
297	8226.8	334	13528	371	21286
298	8344.5	335	13701	372	21539
299	8463.5	336	13876	373	21803
300	8583.8	337	14053		

资料来源：Lide D R. 1997-1998. Handbook of Chemistry and Physics[M]. 78th ed. Boca Raton：CRC Press Inc.

附录 3 一些无机化合物在水中的溶解度

序号	化学式	273K	283K	293K	303K	313K	323K	333K	343K	353K	363K	373K
1	AgBr	—	—	8.4×10^{-6}	—	—	—	—	—	—	—	3.7×10^{-4}
2	$AgC_2H_3O_2$	0.73	0.89	1.05	1.23	1.43	1.64	1.93	2.18	2.59	—	—
3	AgCl	—	8.9×10^{-5}	1.5×10^{-4}	—	—	5×10^{-4}	—	—	—	—	2.1×10^{-3}
4	AgCN	—	—	2.2×10^{-5}	—	—	—	—	—	—	—	—
5	Ag_2CO_3	—	—	3.2×10^{-3}	—	—	—	—	—	—	—	5×10^{-2}
6	Ag_2CrO_4	1.4×10^{-3}	—	—	3.6×10^{-3}	—	5.3×10^{-3}	—	8×10^{-3}	—	—	1.1×10^{-2}
7	AgI	—	—	—	3×10^{-7}	—	—	3×10^{-6}	—	—	—	—
8	$AgIO_3$	—	3×10^{-3}	4×10^{-3}	—	—	—	1.8×10^{-2}	—	—	—	—
9	$AgNO_2$	0.16	0.22	0.34	0.51	0.73	0.995	1.39	—	—	—	—
10	$AgNO_3$	122	167	216	265	311	—	440	—	585	652	733
11	Ag_2SO_4	0.57	0.7	0.8	0.89	0.98	1.08	1.15	1.22	1.3	1.36	1.41
12	$AlCl_3$	43.9	44.9	45.8	46.6	47.3	—	48.1	—	48.6	—	49
13	AlF_3	0.56	0.56	0.67	0.78	0.91	—	1.1	—	1.32	—	1.72
14	$Al(NO_3)_3$	60	66.7	73.9	81.8	88.7	—	106	—	132	153	160
15	$Al_2(SO_4)_3$	31.2	33.5	36.4	40.4	45.8	52.2	59.2	66.1	73	80.8	89
16	As_2O_5	59.5	62.1	65.8	69.8	71.2	—	73	—	75.1	—	76.7
17	As_2S_5	—	—	5.17×10^{-5}（291）	—	—	—	—	—	—	—	—
18	B_2O_3	1.1	1.5	2.2	—	4	—	6.2	—	9.5	—	15.7
19	$BaCl_2\cdot2H_2O$	31.2	33.5	35.8	38.1	40.8	43.6	46.2	49.4	52.5	55.8	59.4
20	$BaCO_3$	—	1.6×10^{-3}（281）	2.2×10^{-3}（291）	2.4×10^{-3}（297.2）	—	—	—	—	—	—	6.5×10^{-3}
21	BaC_2O_4	—	—	9.3×10^{-3}（291）	—	—	—	—	—	—	—	2.28×10^{-2}
22	$BaCrO_4$	2.0×10^{-4}	2.8×10^{-4}	3.7×10^{-4}	4.6×10^{-4}	—	—	—	—	—	—	—
23	$Ba(NO_3)_2$	4.95	6.67	9.02	11.48	14.1	17.1	20.4	—	27.2	—	34.4

续表

序号	化学式	273K	283K	293K	303K	313K	323K	333K	343K	353K	363K	373K
24	$Ba(OH)_2$	1.67	2.48	3.89	5.59	8.22	13.12	20.94	—	101.4	—	—
25	$BaSO_4$	1.15×10^{-4}	2.0×10^{-4}	2.4×10^{-4}	2.85×10^{-4}	—	3.36×10^{-4}	—	—	—	—	4.13×10^{-4}
26	$BeSO_4$	37	37.6	39.1	41.4	45.8	—	53.1	—	67.2	—	82.8
27	Br_2	4.22	3.4	3.2	3.13	—	—	—	—	—	—	—
28	Bi_2S_3	—	—	1.8×10^{-5}（291）	—	—	—	—	—	—	—	—
29	$CaBr_2·6H_2O$	125	132	143	185（307）	213	—	278	—	295	—	312（378）
30	$Ca(H_2C_3O_2)_2·2H_2O$	37.4	36	34.7	33.8	33.2	—	32.7	—	33.5	—	—
31	$CaCl_2·6H_2O$	59.5	64.7	74.5	100	128	—	137	—	147	154	159
32	CaC_2O_4	—	6.7×10^{-4}（286）	6.8×10^{-4}（298）	—	—	9.5×10^{-4}	—	—	—	14×10^{-4}（368）	—
33	CaF_2	1.3×10^{-3}	—	1.6×10^{-3}（298）	1.7×10^{-3}（299）	—	—	—	—	—	—	—
34	$Ca(HCO_3)_2$	16.15	—	16.6	—	17.05	—	17.5	—	17.95	—	18.4
35	CaI_2	64.6	66	67.6	69	70.8	—	74	—	78	—	81
36	$Ca(IO_3)_2·6H_2O$	0.09	0.17	0.24	0.38	0.52	—	0.65	—	0.66	0.67	—
37	$Ca(NO_2)_2·4H_2O$	63.9	—	84.5（291）	104	—	—	134	—	151	166	178
38	$Ca(NO_3)_2·4H_2O$	102	115	129	152	191	—	—	—	358	—	363
39	$Ca(OH)_2$	0.189	0.182	0.173	0.16	0.141	0.128	0.121	0.106	0.094	0.086	0.076
40	$CaSO_4·1/2H_2O$	—	—	0.32	0.29（298）	0.26（308）	0.21（318）	0.145（338）	0.12（348）	—	—	0.071
41	$CdCl_2·2.5H_2O$	90	100	113	132	—	—	—	—	—	—	—
42	$CdCl_2·H_2O$	—	135	135	135	135	—	136	—	140	—	147
43	Cl_2^*	1.46	0.98	0.716	0.562	0.451	0.386	0.324	0.274	0.219	0.125	0
44	CO^*	0.0044	0.0035	0.0028	0.0024	0.0021	0.0018	0.0015	0.0013	0.001	0.0006	0
45	CO_2^*	0.3346	0.2318	0.1688	0.1257	0.0973	0.0761	0.0576	—	—	—	0
46	$CoCl_2$	43.5	47.7	52.9	59.7	69.5	—	93.8	—	97.6	101	106
47	$Co(NO_3)_2$	84	89.6	97.4	111	125	—	174	—	204	300	—
48	$CoSO_4$	25.5	30.5	36.1	42	48.8	—	55	—	53.8	45.3	38.9

续表

序号	化学式	273K	283K	293K	303K	313K	323K	333K	343K	353K	363K	373K
49	$CoSO_4·7H_2O$	44.8	56.3	65.4	73	88.1	—	101	—	—	—	—
50	CrO_3	164.9	—	167.2	—	172.5	183.9	—	—	191.6	217.5	206.8
51	CsCl	161	175	187	197	208	218.5	230	239.5	250	260	271
52	CsOH	—	—	395.5（288）	—	—	—	—	—	—	—	—
53	$CuCl_2$	68.6	70.9	73	77.3	87.6	—	96.5	—	104	108	120
54	CuI_2	—	—	1.107	—	—	—	—	—	—	—	—
55	$Cu(NO_3)_2$	83.5	100	125	156	163	—	182	—	208	222	247
56	$CuSO_4·5H_2O$	23.1	27.5	32	37.8	44.6	—	61.8	—	83.8	—	114
57	$FeCl_2$	49.7	59	62.5	66.7	70	—	78.3	—	88.7	92.3	94.9
58	$FeCl_3·6H_2O$	74.4	81.9	91.8	106.8	—	315.1	—	—	525.8	—	535.7
59	$Fe(NO_3)_2·6H_2O$	113	134	—	—	—	—	266	—	—	—	—
60	$FeSO_4·7H_2O$	28.8	40	48	60	73.3	—	100.7	—	79.9	68.3	57.8
61	H_3BO_3	2.67	3.72	5.04	6.72	8.72	11.54	14.81	18.62	23.62	30.38	40.25
62	HBr^*	221.2	210.3	204（288）	—	—	171.5	—	—	150.5（348）	—	130
63	HCl^*	82.3	77.2	72.6	67.3	63.3	59.6	56.1	—	—	—	—
64	$H_2C_2O_4$	3.54	6.08	9.52	14.23	21.52	—	44.32	—	84.5	125	—
65	Hg_2Br_2	—	—	4×10^{-6}（299）	—	—	—	—	—	—	—	—
66	$HgBr_2$	0.3	0.4	0.56	0.66	0.91	—	1.68	—	2.77	—	4.9
67	Hg_2Cl_2	0.00014	—	0.0002	—	0.0007	—	—	—	—	—	—
68	$HgCl_2$	3.63	4.82	6.57	8.34	10.2	—	16.3	—	30	—	61.3
69	I_2	0.014	0.02	0.029	0.039	0.052	0.078	0.1	—	0.225	0.315	0.445
70	KBr	53.5	59.5	65.3	70.7	75.4	80.2	85.5	90	95	99.2	104
71	$KBrO_3$	3.09	4.72	6.91	9.64	13.1	17.5	22.7	—	34.1	—	49.9
72	$KC_2H_3O_2$	216	233	256	283	324	—	350	—	381	398	—
73	$K_2C_2O_4$	25.5	31.9	36.4	39.9	43.8	—	53.2	—	63.6	69.2	75.3
74	KCl	28	31.2	34.2	37.2	40.1	42.6	45.8	48.3	51.3	54	56.3
75	$KClO_3$	3.3	5.2	7.3	10.1	13.9	19.3	23.8	—	37.6	46	56.3

续表

序号	化学式	273K	283K	293K	303K	313K	323K	333K	343K	353K	363K	373K
76	$KClO_4$	0.76	1.06	1.68	2.56	3.73	6.5	7.3	11.8	13.4	17.7	22.3
77	KSCN	177	198	224	255	289	—	372	—	492	571	675
78	K_2CO_3	105	108	111	114	117	121.2	127	133.1	140	148	156
79	K_2CrO_4	56.3	60	63.7	66.7	67.8	—	70.1	70.4	72.1	74.5	75.6
80	$K_2Cr_2O_7$	4.7	7	12.3	18.1	26.3	34	45.6	52	73	—	80
81	$K_3Fe(CN)_6$	30.2	38	46	53	59.3	—	70	—	—	—	91
82	$K_4Fe(CN)_6$	14.3	21.1	28.2	35.1	41.4	—	54.8	—	66.9	71.5	74.2
83	$KHC_4H_4O_6$	0.231	0.358	0.523	0.762	—	—	—	—	—	—	—
84	$KHCO_3$	22.5	27.4	33.7	39.9	47.5	—	65.6	—	—	—	—
85	$KHSO_4$	36.2	—	48.6	54.3	61	—	76.4	—	96.1	—	122
86	KI	128	136	144	153	162	168	176	184	192	198	208
87	KIO_3	4.6	6.27	8.08	10.03	12.6	—	18.3	—	24.8	—	32.3
88	$KMnO_4$	2.83	4.31	6.34	9.03	12.6	16.98	22.1	—	—	—	—
89	KNO_2	279	292	306	320	329	—	348	—	376	390	410
90	KNO_3	13.9	21.2	31.6	45.3	61.3	85.5	106	138	167	203	245
91	KOH	95.7	103	112	126	134	140	154	—	—	—	178
92	K_2PtCl_6	0.48	0.6	0.78	1	1.36	2.17	2.45	3.19	3.71	4.45	5.03
93	K_2SO_4	7.4	9.3	11.1	13	14.8	16.5	18.2	19.75	21.4	22.9	24.1
94	$K_2S_2O_8$	1.65	2.67	4.7	7.75	11	—	—	—	—	—	—
95	$K_2SO_4·Al_2(SO_4)_3$	3	3.99	5.9	8.39	11.7	17	24.8	40	71	109	—
96	LiCl	69.2	74.5	83.5	86.2	89.8	97	98.4	—	112	121	128
97	Li_2CO_3	1.54	1.43	1.33	1.26	1.17	1.08	1.01	—	0.85	—	0.72
98	LiF	—	—	0.27（291）	—	—	—	—	—	—	—	—
99	LiOH	11.91	12.11	12.35	12.7	13.22	13.3	14.63	—	16.56	—	19.12
100	Li_3PO_4	—	—	0.039（291）	—	—	—	—	—	—	—	—
101	$MgBr_2$	98	99	101	104	106	—	112	—	113.7	—	125
102	$MgCl_2$	52.9	53.6	54.6	55.8	57.5	—	61	—	66.1	69.5	73.3
103	MgI_2	120	—	140	—	173	—	—	—	186	—	—

续表

序号	化学式	273K	283K	293K	303K	313K	323K	333K	343K	353K	363K	373K
104	$Mg(NO_3)_2$	62.1	66	69.5	73.6	78.9	—	78.9	—	91.6	106	—
105	$Mg(OH)_2$	—	—	0.0009（291）	—	—	—	—	—	—	—	0.004
106	$MgSO_4$	22	28.2	33.7	38.9	44.5	—	54.6	—	55.8	52.9	50.4
107	$MnCl_2$	63.4	68.1	73.9	80.8	88.5	98.15	109	—	113	114	115
108	$Mn(NO_3)_2$	102	118	139	206	—	—	—	—	—	—	—
109	MnC_2O_4	0.02	0.024	0.028	0.033	—	—		—	—	—	—
110	$MnSO_4$	52.9	59.7	62.9	62.9	60	—	53.6	—	45.6	40.9	35.3
111	NH_4Br	60.5	68.1	76.4	83.2	91.2	99.2	108	116.8	125	135	145
112	NH_4SCN	120	144	170	208	234	—	346	—	—	—	—
113	$(NH_4)_2C_2O_4$	2.2	3.21	4.45	6.09	8.18	10.3	14	—	22.4	27.9	34.7
114	NH_4Cl	29.4	33.3	37.2	41.4	45.8	50.4	55.3	60.2	65.6	71.2	77.3
115	NH_4ClO_4	12	16.4	21.7	27.7	34.6	—	49.9	—	68.9	—	—
116	$(NH_4)_2Co(SO_4)_2$	6	9.5	13	17	22	27	33.5	40	49	58	75.1
117	$(NH_4)_2CrO_4$	25	29.2	34	39.3	45.3	—	59	—	76.1	—	—
118	$(NH_4)_2Cr_2O_7$	18.2	25.5	35.6	46.5	58.5	—	86	—	115	—	156
119	$(NH_4)_2Cr_2(SO_4)_4$	3.95	—	10.78（298）	18.8	32.6	—	—	—	—	—	—
120	$(NH_4)_2Fe(SO_4)_2$	12.5	17.2	—	—	33	40	—	52	—	—	—
121	$(NH_4)_2Fe_2(SO_4)_4$	—	—	—	44.15（298）	—	—	—	—	—	—	—
122	NH_4HCO_3	11.9	16.1	21.7	28.4	36.6	—	59.2	—	109	170	354
123	$NH_4H_2PO_4$	22.7	29.5	37.4	46.4	56.7	—	82.5	—	118	—	173
124	$(NH_4)_2HPO_4$	42.9	62.9	68.9	75.1	81.8	—	97.2	—	—	—	—
125	NH_4I	155	163	172	182	191	199.6	209	218.7	229	—	250
126	NH_4MgPO_4	0.0231	—	0.052	—	0.036	0.03	0.04	0.016	0.019	—	0.0195
127	$NH_4MnPO_4 \cdot H_2O$	—	0.0031（冷水）	—	—	—	—	—	0.05（热水）	—	—	—
128	NH_4NO_3	118.3	—	192	241.8	297	344	421	499	580	740	871
129	$(NH_4)_2PtCl_6$	0.289	0.374	0.499	0.637	0.815	—	1.44	—	2.16	2.61	3.36
130	$(NH_4)_2SO_4$	70.6	73	75.4	78	81	—	88	—	95	—	103
131	$(NH_4)_2SO_4 \cdot Al_2(SO_4)_3$	2.1	5	7.74	10.9	14.9	20.1	26.7	—	—	—	109.7（368）

续表

序号	化学式	273K	283K	293K	303K	313K	323K	333K	343K	353K	363K	373K
132	$(NH_4)_2S_2O_8$	58.2	—	—	—	—	—	—	—	—	—	—
133	$(NH_4)_3SbS_4$	71.2	—	91.2	120	—	—	—	—	—	—	—
134	$(NH_4)_2SeO_4$	—	117（280）	—	—	—	—	—	—	—	—	197
135	NH_4VO_3	—	—	0.48	0.84	1.32	1.78	2.42	3.05	—	—	—
136	NaBr	80.2	85.2	90.8	98.4	107	116	118	—	120	121	121
137	$Na_2B_4O_7$	1.11	1.6	2.56	3.86	6.67	10.5	19	24.4	31.4	41	52.5
138	$NaBrO_3$	24.2	30.3	36.4	42.6	48.8	—	62.6	—	75.7	—	90.8
139	$NaC_2H_3O_2$	36.2	40.8	46.4	54.6	65.6	83	139	146	153	161	170
140	$Na_2C_2O_4$	2.69	3.05	3.41	3.81	4.18	—	4.93	—	5.71	—	6.5
141	NaCl	35.7	35.8	35.9	36.1	36.4	37	37.1	37.8	38	38.5	39.2
142	$NaClO_3$	79.6	87.6	95.9	105	115	—	137	—	167	184	204
143	Na_2CO_3	7	12.5	21.5	39.7	49	—	46	—	43.9	43.9	—
144	Na_2CrO_4	31.7	50.1	84	88	96	104	115	123	125	—	126
145	$Na_2Cr_2O_7$	163	172	183	198	215	244.8	269	316.7	376	405	415
146	$Na_4Fe(CN)_6$	11.2	14.8	18.8	23.8	29.9	—	43.7	—	62.1	—	—
147	$NaHCO_3$	7	8.1	9.6	11.1	12.7	14.45	16	—	—	—	—
148	NaH_2PO_4	56.5	69.8	86.9	107	133	157	172	190.3	211	234	—
149	Na_2HPO_4	1.68	3.53	7.83	22	55.3	80.2	82.8	88.1	92.3	102	104
150	NaI	159	167	178	191	205	227.8	257	294	295	—	302
151	$NaIO_3$	2.48	2.59	8.08	10.7	13.3	—	19.8	—	26.6	29.5	33
152	$NaNO_3$	73	80.8	87.6	94.9	102	104.1	122	—	148	—	180
153	$NaNO_2$	71.2	75.1	80.8	87.6	94.9	—	111	—	133	—	160
154	NaOH	—	98	109	119	129	—	174	—	—	—	—
155	Na_3PO_4	4.5	8.2	12.1	16.3	20.2	—	29.9	—	60	68.1	77
156	$Na_4P_2O_7$	3.16	3.95	6.23	9.95	13.5	17.45	21.83	—	30.04	—	40.26
157	Na_2S	9.6	12.1	15.7	20.5	26.6	36.4	39.1	43.31	55	65.3	—
158	$NaSb(OH)_6$	—	0.03（285.2）	—	—	—	—	—	—	—	—	0.3
159	Na_2SO_3	14.4	19.5	26.3	35.5	37.2	—	32.6	—	29.4	27.9	—

续表

序号	化学式	273K	283K	293K	303K	313K	323K	333K	343K	353K	363K	373K
160	Na_2SO_4	4.9	9.1	19.5	40.8	48.8	46.7	45.3	—	43.7	42.7	42.5
161	$Na_2SO_4·7H_2O$	19.5	30	44.1	—	—	—	—	—	—	—	—
162	$Na_2S_2O_3·5H_2O$	50.2	59.7	70.1	83.2	104	—	—	—	—	—	—
163	$NaVO_3$	—	—	19.3	22.5	26.3	—	33	—	40.8	—	—
164	Na_2WO_4	71.5	—	73	—	77.6	—	—	—	90.8	—	—
165	$NiCO_3$	—	—	0.0093（298）	—	—	—	—	—	—	—	—
166	$NiCl_2$	53.4	56.3	60.8	70.6	73.2	78.3	81.2	85.2	86.6	—	87.6
167	$Ni(NO_3)_2$	79.2	—	94.2	105	119	—	158	—	187	188	—
168	$NiSO_4·7H_2O$	26.2	32.4	37.7	43.4	50.4	—	—	—	—	—	—
169	$Pb(C_2H_3O_2)_2$	19.8	29.5	44.3	69.8	116	—	—	—	—	—	—
170	$PbCl_2$	0.67	0.82	1	1.2	1.42	1.7	1.94	—	2.54	2.88	3.2
171	PbI_2	0.044	0.056	0.069	0.09	0.124	0.164	0.193	—	0.294	—	0.42
172	$Pb(NO_2)_2$	37.5	46.2	54.3	63.4	72.1	85	91.6	—	111	—	133
173	$PbSO_4$	0.0028	0.0035	0.0041	0.0049	0.0056	—	—	—	—	—	—
174	$SbCl_3$	602	—	910	1087	1368	—	—	345K 后完全混溶	—	—	—
175	Sb_2S_3	—	—	0.000175（291）	—	—	—	—	—	—	—	—
176	$SnCl_2$	83.9	—	259.8（288）	—	—	—	—	—	—	—	—
177	$SnSO_4$	—	—	33（298）	—	—	—	—	—	—	—	18
178	$Sr(C_2H_3O_2)_2$	37	42.9	41.1	39.5	38.3	37.4	36.8	36.2	36.1	39.2	36.4
179	SrC_2O_4	0.0033	0.0044	0.0046	0.0057	—	—	—	—	—	—	—
180	$SrCl_2$	43.5	47.7	52.9	58.7	65.3	72.4	81.8	85.9	90.5	—	101
181	$Sr(NO_2)_2$	52.7	—	65	72	79	83.8	97	—	130	134	139
182	$Sr(NO_3)_2$	39.5	52.9	69.5	88.7	89.4	—	93.4	—	96.9	98.4	—
183	$SrSO_4$	0.0113	0.0129	0.0132	0.0138	0.0141	—	0.0131	—	0.0116	0.0115	—
184	$SrCrO_4$	—	0.0851	0.09	—	—	—	—	—	0.058	—	—
185	$Zn(NO_3)_2$	98	—	118.3	138	211	—	—	—	—	—	—
186	$ZnSO_4$	41.6	47.2	53.8	61.3	70.5	—	75.4	—	71.1	—	60.5

资料来源：Weast R C. 1985-1986. Handbook of Chemistry and Physics[M]. 66th ed. Boca Raton：CRC Press Inc.

*表示在 1.01325×10^5Pa 压力下。溶解度单位：$g·(100g\ H_2O)^{-1}$。

附录4　气体在水中的溶解度

气体	溶解度符号	温度/℃								
		0	10	20	30	40	50	60	80	100
H_2	$\alpha\times10^2$	2.17	1.98	1.82	1.72	1.66	1.63	1.62	1.60	1.60
	$q\times10^4$	1.92	1.74	1.60	1.47	1.39	1.29	1.18	0.79	0
He	$\alpha\times10^2$	0.97	0.991	0.994	1.003	1.021	1.07	—	—	—
	$q\times10^4$	—	1.75	1.74	1.72	1.70	1.69	—	—	—
Ar	$\alpha\times10^2$	5.28	4.13	3.37	2.88	2.51	—	2.09	1.84	—
Kr	α	0.111	0.081	0.063	0.051	0.043	—	0.036	—	—
Xe	α	0.242	0.174	0.123	0.098	0.082	—	—	—	—
Rn	α	0.510	0.326	0.222	0.162	0.126	—	0.085	—	—
O_2	$\alpha\times10^2$	4.89	3.80	3.10	2.61	2.31	2.09	1.95	1.76	1.70
	$q\times10^3$	6.95	5.37	4.34	3.59	3.08	2.66	2.27	1.38	0
N_2	$\alpha\times10^2$	2.35	1.86	1.55	1.34	1.18	1.09	1.02	0.958	0.947
	$q\times10^3$	2.94	2.31	1.89	1.62	1.39	1.21	1.05	0.660	0
Cl_2	l	4.61	3.15	2.30	1.80	1.44	1.23	1.02	0.683	0
	q	1.46	0.997	0.729	0.572	0.459	0.393	0.329	0.223	0
Br_2（蒸气）	α	60.5	35.1	21.3	13.8	—	—	—	—	—
	q	42.9	24.8	14.9	9.5	—	—	—	—	—
空气	$l\times10^2$	2.918	2.284	1.868	1.564	—	—	—	—	—
NH_3	q	89.5	79.6	72.0	65.1	63.6	58.7	53.1	48.2	44.0
H_2S	α	4.67	3.40	2.58	2.04	1.66	1.39	1.19	0.917	0.81
	q	0.707	0.511	0.385	0.289	0.236	0.188	0.148	0.077	0
HCl	l	507	474	442	412	386	362	339	—	—
	q	82.5	72.2	72.1	67.3	63.3	59.6	56.1	—	—
CO	$\alpha\times10^2$	3.54	2.82	2.32	2.00	1.78	1.62	1.49	1.43	1.41
	$q\times10^3$	4.40	3.48	2.84	2.41	2.08	1.80	1.52	0.98	0
CO_2	α	1.71	1.19	0.878	0.665	0.53	0.436	0.359	—	—
	q	0.335	0.232	0.169	0.125	0.097	0.076	0.058	—	—
NO	$\alpha\times10^2$	7.38	5.71	4.71	4.00	3.51	3.15	2.95	2.70	2.63
	$q\times10^3$	9.83	7.56	6.17	5.17	4.39	3.76	3.24	1.98	0
SO_2	l	79.8	56.7	39.4	27.2	18.8	—	—	—	—
	q	22.8	16.2	11.3	7.80	5.41	—	—	—	—
CH_4	$\alpha\times10^2$	5.56	4.18	3.31	2.76	2.37	2.13	1.95	1.77	1.70
	$q\times10^3$	3.95	2.96	2.32	1.90	1.59	1.36	1.14	0.695	0
C_2H_6	$\alpha\times10^2$	9.87	6.56	4.72	3.62	2.92	2.46	2.18	1.83	1.72
	$q\times10^3$	1.32	0.87	0.62	0.468	0.366	0.294	0.239	0.134	0
C_2H_4	α	0.226	0.162	0.122	0.098	—	—	—	—	—
	$q\times10^2$	2.81	2.00	1.49	1.18	—	—	—	—	—
C_2H_2	α	1.73	1.31	1.03	0.840	—	—	—	—	—
	q	0.200	0.150	0.117	0.094	—	—	—	—	—

注：表中的符号意义如下，α 为吸收系数，指在气体分压等于 101.325 kPa 时，被 1 体积水所吸收的该气体体积（已折合成标准状况）；l 指气体在总压力（气体及水汽）等于 101.325 kPa 时溶解于 1 体积水中的该气体体积；q 指气体在总压力（气体及水气）等于 101.325 kPa 时溶解于 100 g 水中的气体质量（单位：g）。

资料来源：Weast R C. 1985-1986. Handbook of Chemistry and Physics[M]. 66 th ed. Boca Raton：CRC Press Inc.

附录 5　常见酸、碱的浓度

溶质	化学式	相对分子质量	物质的量浓度/ $(mol\cdot L^{-1})$	质量浓度/ $(g\cdot L^{-1})$	质量分数/%	相对密度	配制 1 $mol\cdot L^{-1}$ 溶液的加入量/ $(mL\cdot L^{-1})$
冰醋酸	CH_3COOH	60.05	17.4	1045	99.5	1.05	57.5
乙酸	CH_3COOH	60.05	6.27	376	36	1.045	159.5
甲酸	HCOOH	46.02	23.4	1080	90	1.20	42.7
盐酸	HCl	36.5	11.6	424	36	1.18	86.2
			2.9	105	10	1.05	344.8
硝酸	HNO_3	63.02	15.99	1008	71	1.42	62.5
			14.9	938	67	1.40	67.1
			13.3	837	61	1.37	75.2
高氯酸	$HClO_4$	100.5	11.65	1172	70	1.67	85.8
			9.2	923	60	1.54	108.7
磷酸	H_3PO_4	80.0	18.1	1445	85	1.70	55.2
硫酸	H_2SO_4	98.1	18.0	1766	96	1.84	55.6
氨水	$NH_3\cdot H_2O$	35.0	14.8	251	28	0.898	67.6
氢氧化钾	KOH	56.1	13.5	757	50	1.52	74.1
			1.94	109	10	1.09	515.5
氢氧化钠	NaOH	40.0	19.1	763	50	1.53	52.4
			2.75	111	10	1.11	363.6

资源来源：北京师范大学化学系无机化学教研室. 1980. 简明化学手册[M]. 北京：北京出版社.

附录 6　弱电解质的电离常数

（近似浓度 0.01～0.003 $mol\cdot L^{-1}$，温度 298 K）

电解质	化学式	电离常数 K	pK
乙酸	HAc	1.76×10^{-5}	4.75
碳酸	H_2CO_3	$K_1=4.30\times10^{-7}$	6.37
		$K_2=5.61\times10^{-11}$	10.25
草酸	$H_2C_2O_4$	$K_1=5.90\times10^{-2}$	1.23
		$K_2=6.40\times10^{-5}$	4.19
亚硝酸	HNO_2	4.6×10^{-4}（285.5 K）	3.37
磷酸	H_3PO_4	$K_1=7.52\times10^{-3}$	2.12
		$K_2=6.23\times10^{-8}$	7.21
		$K_3=2.2\times10^{-13}$（291 K）	12.67
亚硫酸	H_2SO_3	$K_1=1.54\times10^{-2}$（291 K）	1.81
		$K_2=1.02\times10^{-7}$	6.91
硫酸	H_2SO_4	$K_2=1.20\times100^{-2}$	1.92
氢硫酸	H_2S	$K_1=9.1\times10^{-8}$（291 K）	7.04
		$K_2=1.1\times10^{-12}$	11.96

续表

电解质	化学式	电离常数 K	pK
氢氰酸	HCN	4.93×10^{-10}	9.31
铬酸	H_2CrO_4	K_1=1.8×10^{-1}	0.74
		K_2=3.20×10^{-7}	6.49
硼酸*	H_3BO_3	5.8×10^{-10}	9.24
氢氟酸	HF	3.53×10^{-4}	3.45
过氧化氢	H_2O_2	2.4×10^{-12}	11.62
次氯酸	$HClO$	2.95×10^{-5}（291 K）	4.53
次溴酸	$HBrO$	2.06×10^{-9}	8.69
次碘酸	HIO	2.3×10^{-11}	10.64
碘酸	HIO_3	1.69×10^{-1}	0.77
砷酸	H_3AsO_4	K_1=5.62×10^{-3}（291 K）	2.25
		K_2=1.70×10^{-7}	6.77
		K_3=3.95×10^{-12}	11.40
亚砷酸	$HAsO_2$	6×10^{-10}	9.22
铵离子	NH_4^+	5.56×10^{-10}	9.25
氨水	$NH_3\cdot H_2O$	1.79×10^{-5}	4.75
联氨	N_2H_4	8.91×10^{-7}	6.05
羟胺	NH_2OH	9.12×10^{-9}	8.04
氢氧化铅	$Pb(OH)_2$	9.6×10^{-4}	3.02
氢氧化锂	$LiOH$	6.31×10^{-1}	0.2
氢氧化铍	$Be(OH)_2$	1.78×10^{-6}	5.75
	$BeOH^+$	2.51×10^{-9}	8.6
氢氧化铝	$Al(OH)_3$	5.01×10^{-9}	8.3
	$[Al(OH)_2]^+$	1.99×10^{-10}	9.7
氢氧化锌	$Zn(OH)_2$	7.94×10^{-7}	6.1
氢氧化镉	$Cd(OH)_2$	5.01×10^{-11}	10.3
乙二胺*	$H_2NC_2H_4NH_2$	K_1=8.5×10^{-5}	4.07
		K_2=7.1×10^{-8}	7.15
六亚甲基四胺*	$(CH_2)_6N_4$	1.35×10^{-9}	8.87
尿素*	$CO(NH_2)_2$	1.3×10^{-14}	13.89
质子化六亚甲基四胺*	$(CH_2)_6N_4H^+$	7.1×10^{-6}	5.15
甲酸	$HCOOH$	1.77×10^{-4}（293 K）	3.75
氯乙酸	$ClCH_2COOH$	1.40×10^{-3}	2.85
氨基乙酸	NH_2CH_2COOH	1.67×10^{-10}	9.78
邻苯二甲酸*	$C_6H_4(COOH)_2$	K_1=1.12×10^{-3}	2.95
		K_2=3.91×10^{-6}	5.41
柠檬酸	$(HOOCCH_2)_2C(OH)COOH$	K_1=7.1×10^{-4}	3.14
		K_2=1.68×10^{-5}（293 K）	4.77
		K_3=4.1×10^{-7}	6.39

续表

电解质	化学式	电离常数 K	pK
酒石酸	$[CH(OH)COOH]_2$	$K_1=1.04\times10^{-3}$	2.98
		$K_2=4.55\times10^{-5}$	4.34
8-羟基喹啉*	C_9H_6NOH	$K_1=8\times10^{-6}$	5.1
		$K_2=1\times10^{-9}$	9.0
苯酚	C_6H_5OH	1.28×10^{-10}（293K）	9.89
对氨基苯磺酸*	$H_2NC_6H_4SO_3H$	$K_1=2.6\times10^{-1}$	0.58
		$K_2=7.6\times10^{-4}$	3.12
乙二胺四乙酸（EDTA）*	$(CH_2COOH)_2NH^+CH_2CH_2NH^+(CH_2COOH)_2$	$K_5=5.4\times10^{-7}$	6.27
		$K_6=1.12\times10^{-11}$	10.95

资料来源：Lide D R. 1997-1998. Handbook of Chemistry and Physics[M]. 78th ed. Boca Raton：CRC Press Inc.

*Weast R C. 1985-1986. Handbook of Chemistry and Physics[M]. 66th ed. Boca Raton：CRC Press Inc.

附录 7　难溶化合物的溶度积常数

序号	分子式	K_{sp}	pK_{sp}（$-\lg K_{sp}$）	序号	分子式	K_{sp}	pK_{sp}（$-\lg K_{sp}$）
1	Ag_3AsO_4	1.0×10^{-22}	22.0	27	$Au(OH)_3$	5.5×10^{-46}	45.26
2	AgBr	5.0×10^{-13}	12.3	28	$AuCl_3$	3.2×10^{-25}	24.5
3	$AgBrO_3$	5.50×10^{-5}	4.26	29	AuI_3	1.0×10^{-46}	46.0
4	AgCl	1.8×10^{-10}	9.75	30	$Ba_3(AsO_4)_2$	8.0×10^{-51}	50.1
5	AgCN	1.2×10^{-16}	15.92	31	$BaCO_3$	5.1×10^{-9}	8.29
6	Ag_2CO_3	8.1×10^{-12}	11.09	32	BaC_2O_4	1.6×10^{-7}	6.79
7	$Ag_2C_2O_4$	3.5×10^{-11}	10.46	33	$BaCrO_4$	1.2×10^{-10}	9.93
8	Ag_2CrO_4	1.2×10^{-12}	11.92	34	$Ba_3(PO_4)_2$	3.4×10^{-23}	22.44
9	$Ag_2Cr_2O_7$	2.0×10^{-7}	6.70	35	$BaSO_4$	1.1×10^{-10}	9.96
10	AgI	8.3×10^{-17}	16.08	36	BaS_2O_3	1.6×10^{-5}	4.79
11	$AgIO_3$	3.1×10^{-8}	7.51	37	$BaSeO_3$	2.7×10^{-7}	6.57
12	AgOH	2.0×10^{-8}	7.71	38	$BaSeO_4$	3.5×10^{-8}	7.46
13	Ag_2MoO_4	2.8×10^{-12}	11.55	39	$Be(OH)_2$②	1.6×10^{-22}	21.8
14	Ag_3PO_4	1.4×10^{-16}	15.84	40	$BiAsO_4$	4.4×10^{-10}	9.36
15	Ag_2S	6.3×10^{-50}	49.2	41	$Bi_2(C_2O_4)_3$	3.98×10^{-36}	35.4
16	AgSCN	1.0×10^{-12}	12.00	42	$Bi(OH)_3$	4.0×10^{-31}	30.4
17	Ag_2SO_3	1.5×10^{-14}	13.82	43	$BiPO_4$	1.26×10^{-23}	22.9
18	Ag_2SO_4	1.4×10^{-5}	4.84	44	$CaCO_3$	2.8×10^{-9}	8.54
19	Ag_2Se	2.0×10^{-64}	63.7	45	$CaC_2O_4\cdot H_2O$	4.0×10^{-9}	8.4
20	Ag_2SeO_3	1.0×10^{-15}	15.00	46	CaF_2	2.7×10^{-11}	10.57
21	Ag_2SeO_4	5.7×10^{-8}	7.25	47	$CaMoO_4$	4.17×10^{-8}	7.38
22	$AgVO_3$	5.0×10^{-7}	6.3	48	$Ca(OH)_2$	5.5×10^{-6}	5.26
23	Ag_2WO_4	5.5×10^{-12}	11.26	49	$Ca_3(PO_4)_2$	2.0×10^{-29}	28.70
24	$Al(OH)_3$①	4.57×10^{-33}	32.34	50	$CaSO_4$	3.16×10^{-7}	5.04
25	$AlPO_4$	6.3×10^{-19}	18.24	51	$CaSiO_3$	2.5×10^{-8}	7.60
26	Al_2S_3	2.0×10^{-7}	6.7	52	$CaWO_4$	8.7×10^{-9}	8.06

续表

序号	分子式	K_{sp}	pK_{sp}（$-\lg K_{sp}$）	序号	分子式	K_{sp}	pK_{sp}（$-\lg K_{sp}$）
53	$CdCO_3$	5.2×10^{-12}	11.28	90	$Ga(OH)_3$	7.0×10^{-36}	35.15
54	$CdC_2O_4\cdot3H_2O$	9.1×10^{-8}	7.04	91	$GaPO_4$	1.0×10^{-21}	21.0
55	$Cd_3(PO_4)_2$	2.5×10^{-33}	32.6	92	$Gd(OH)_3$	1.8×10^{-23}	22.74
56	CdS	8.0×10^{-27}	26.1	93	$Hf(OH)_4$	4.0×10^{-26}	25.4
57	CdSe	6.31×10^{-36}	35.2	94	Hg_2Br_2	5.6×10^{-23}	22.24
58	$CdSeO_3$	1.3×10^{-9}	8.89	95	Hg_2Cl_2	1.3×10^{-18}	17.88
59	CeF_3	8.0×10^{-16}	15.1	96	HgC_2O_4	1.0×10^{-7}	7.0
60	$CePO_4$	1.0×10^{-23}	23.0	97	Hg_2CO_3	8.9×10^{-17}	16.05
61	$Co_3(AsO_4)_2$	7.6×10^{-29}	28.12	98	$Hg_2(CN)_2$	5.0×10^{-40}	39.3
62	$CoCO_3$	1.4×10^{-13}	12.84	99	Hg_2CrO_4	2.0×10^{-9}	8.70
63	CoC_2O_4	6.3×10^{-8}	7.2	100	Hg_2I_2	4.5×10^{-29}	28.35
64	$Co(OH)_2$（蓝）	6.31×10^{-15}	14.2	101	HgI_2	2.82×10^{-29}	28.55
	$Co(OH)_2$（粉红，新沉淀）	1.58×10^{-15}	14.8	102	$Hg_2(IO_3)_2$	2.0×10^{-14}	13.71
	$Co(OH)_2$（粉红，陈化）	2.00×10^{-16}	15.7	103	$Hg_2(OH)_2$	2.0×10^{-24}	23.7
65	$CoHPO_4$	2.0×10^{-7}	6.7	104	HgSe	1.0×10^{-59}	59.0
66	$Co_3(PO_4)_3$	2.0×10^{-35}	34.7	105	HgS（红）	4.0×10^{-53}	52.4
67	$CrAsO_4$	7.7×10^{-21}	20.11	106	HgS（黑）	1.6×10^{-52}	51.8
68	$Cr(OH)_3$	6.3×10^{-31}	30.2	107	Hg_2WO_4	1.1×10^{-17}	16.96
69	$CrPO_4\cdot4H_2O$（绿）	2.4×10^{-23}	22.62	108	$Ho(OH)_3$	5.0×10^{-23}	22.30
	$CrPO_4\cdot4H_2O$（紫）	1.0×10^{-17}	17.0	109	$In(OH)_3$	1.3×10^{-37}	36.9
70	CuBr	5.3×10^{-9}	8.28	110	$InPO_4$	2.3×10^{-22}	21.63
71	CuCl	1.2×10^{-6}	5.92	111	In_2S_3	5.7×10^{-74}	73.24
72	CuCN	3.2×10^{-20}	19.49	112	$La_2(CO_3)_3$	3.98×10^{-34}	33.4
73	$CuCO_3$	2.34×10^{-10}	9.63	113	$LaPO_4$	3.98×10^{-23}	22.43
74	CuI	1.1×10^{-12}	11.96	114	$Lu(CO_3)_3$	1.9×10^{-24}	23.72
75	$Cu(OH)_2$	4.8×10^{-20}	19.32	115	$Mg_3(AsO_4)_2$	2.1×10^{-20}	19.68
76	$Cu_3(PO_4)_2$	1.3×10^{-37}	36.9	116	$MgCO_3$	3.5×10^{-8}	7.46
77	Cu_2S	2.5×10^{-48}	47.6	117	$MgCO_3\cdot3H_2O$	2.14×10^{-5}	4.67
78	Cu_2Se	1.58×10^{-61}	60.8	118	$Mg(OH)_2$	1.8×10^{-11}	10.74
79	CuS	6.3×10^{-36}	35.2	119	$Mg_3(PO_4)_2\cdot8H_2O$	6.31×10^{-26}	25.2
80	CuSe	7.94×10^{-49}	48.1	120	$Mn_3(AsO_4)_2$	1.9×10^{-29}	28.72
81	$Dy(OH)_3$	1.4×10^{-22}	21.85	121	$MnCO_3$	1.8×10^{-11}	10.74
82	$Er(OH)_3$	4.1×10^{-24}	23.39	122	$Mn(IO_3)_2$	4.37×10^{-7}	6.36
83	$Eu(OH)_3$	8.9×10^{-24}	23.05	123	$Mn(OH)_4$	1.9×10^{-13}	12.72
84	$FeAsO_4$	5.7×10^{-21}	20.24	124	MnS（粉红）	2.5×10^{-10}	9.6
85	$FeCO_3$	3.2×10^{-11}	10.50	125	MnS（绿）	2.5×10^{-13}	12.6
86	$Fe(OH)_2$	8.0×10^{-16}	15.1	126	$Ni_3(AsO_4)_2$	3.1×10^{-26}	25.51
87	$Fe(OH)_3$	4.0×10^{-38}	37.4	127	$NiCO_3$	6.6×10^{-9}	8.18
88	$FePO_4$	1.3×10^{-22}	21.89	128	NiC_2O_4	4.0×10^{-10}	9.4
89	FeS	6.3×10^{-18}	17.2	129	$Ni(OH)_2$（新）	2.0×10^{-15}	14.7

续表

序号	分子式	K_{sp}	pK_{sp}（$-\lg K_{sp}$）	序号	分子式	K_{sp}	pK_{sp}（$-\lg K_{sp}$）
130	$Ni_3(PO_4)_2$	5.0×10^{-31}	30.3	165	SnO_2	3.98×10^{-65}	64.4
131	α-NiS	3.2×10^{-19}	18.5	166	SnS	1.0×10^{-25}	25.0
132	β-NiS	1.0×10^{-24}	24.0	167	SnSe	3.98×10^{-39}	38.4
133	γ-NiS	2.0×10^{-26}	25.7	168	$Sr_3(AsO_4)_2$	8.1×10^{-19}	18.09
134	$Pb_3(AsO_4)_2$	4.0×10^{-36}	35.39	169	$SrCO_3$	1.1×10^{-10}	9.96
135	$PbBr_2$	4.0×10^{-5}	4.41	170	$SrC_2O_4\cdot H_2O$	1.6×10^{-7}	6.80
136	$PbCl_2$	1.6×10^{-5}	4.79	171	SrF_2	2.5×10^{-9}	8.61
137	$PbCO_3$	7.4×10^{-14}	13.13	172	$Sr_3(PO_4)_2$	4.0×10^{-28}	27.39
138	$PbCrO_4$	2.8×10^{-13}	12.55	173	$SrSO_4$	3.2×10^{-7}	6.49
139	PbF_2	2.7×10^{-8}	7.57	174	$SrWO_4$	1.7×10^{-10}	9.77
140	$PbMoO_4$	1.0×10^{-13}	13.0	175	$Tb(OH)_3$	2.0×10^{-22}	21.7
141	$Pb(OH)_2$	1.2×10^{-15}	14.93	176	$Te(OH)_4$	3.0×10^{-54}	53.52
142	$Pb(OH)_4$	3.2×10^{-66}	65.49	177	$Th(C_2O_4)_2$	1.0×10^{-22}	22.0
143	$Pb_3(PO_4)_2$	8.0×10^{-43}	42.10	178	$Th(IO_3)_4$	2.5×10^{-15}	14.6
144	PbS	1.0×10^{-28}	28.00	179	$Th(OH)_4$	4.0×10^{-45}	44.4
145	$PbSO_4$	1.6×10^{-8}	7.79	180	$Ti(OH)_3$	1.0×10^{-40}	40.0
146	PbSe	7.94×10^{-43}	42.1	181	TlBr	3.4×10^{-6}	5.47
147	$PbSeO_4$	1.4×10^{-7}	6.84	182	TlCl	1.7×10^{-4}	3.76
148	$Pd(OH)_2$	1.0×10^{-31}	31.0	183	Tl_2CrO_4	9.77×10^{-13}	12.01
149	$Pd(OH)_4$	6.3×10^{-71}	70.2	184	TlI	6.5×10^{-8}	7.19
150	PdS	2.03×10^{-58}	57.69	185	TlN_3	2.2×10^{-4}	3.66
151	$Pm(OH)_3$	1.0×10^{-21}	21.0	186	Tl_2S	5.0×10^{-21}	20.3
152	$Pr(OH)_3$	6.8×10^{-22}	21.17	187	$TlSeO_3$	2.0×10^{-39}	38.7
153	$Pt(OH)_2$	1.0×10^{-35}	35.0	188	$UO_2(OH)_2$	1.1×10^{-22}	21.95
154	$Pu(OH)_3$	2.0×10^{-20}	19.7	189	$VO(OH)_2$	5.9×10^{-23}	22.13
155	$Pu(OH)_4$	1.0×10^{-55}	55.0	190	$Y(OH)_3$	8.0×10^{-23}	22.1
156	$RaSO_4$	4.2×10^{-11}	10.37	191	$Yb(OH)_3$	3.0×10^{-24}	23.52
157	$Rh(OH)_3$	1.0×10^{-23}	23.0	192	$Zn_3(AsO_4)_2$	1.3×10^{-28}	27.89
158	$Ru(OH)_3$	1.0×10^{-36}	36.0	193	$ZnCO_3$	1.4×10^{-11}	10.84
159	Sb_2S_3	1.5×10^{-93}	92.8	194	$Zn(OH)_2$③	2.09×10^{-16}	15.68
160	ScF_3	4.2×10^{-18}	17.37	195	$Zn_3(PO_4)_2$	9.0×10^{-33}	32.04
161	$Sc(OH)_3$	8.0×10^{-31}	30.1	196	α-ZnS	1.6×10^{-24}	23.8
162	$Sm(OH)_3$	8.2×10^{-23}	22.08	197	β-ZnS	2.5×10^{-22}	21.6
163	$Sn(OH)_2$	1.4×10^{-28}	27.85	198	$ZrO(OH)_2$	6.3×10^{-49}	48.2
164	$Sn(OH)_4$	1.0×10^{-56}	56.0				

注：①～③形态均为无定形。

资料来源：Lide D R. 1997-1998. Handbook of Chemistry and Physics[M]. 78th ed. Boca Raton：CRC Press Inc.

附录 8　常见沉淀物的 pH

沉淀物	开始沉淀时的 pH		沉淀完全时 pH（残留离子浓度小于 10^{-5} mol·L^{-1}）	沉淀开始溶解时的 pH	沉淀完全溶解时的 pH
	初浓度 $[M^{n+}]$1 mol·L^{-1}	初浓度 $[M^{n+}]$0.01 mol·L^{-1}			
$Co(OH)_2$	6.6	7.6	9.2	14.1	—
$Ni(OH)_2$	6.7	7.7	9.5	—	—
$Cd(OH)_2$	7.2	8.2	9.7	—	—
$Mn(OH)_2$	7.8	8.8	10.4	—	—
$Mg(OH)_2$	9.4	10.4	12.4	14	—
$Pb(OH)_2$	—	7.2	8.7	—	13
$Ce(OH)_4$	—	0.8	1.2	10	—
$Th(OH)_4$	—	0.5	—	—	—
$Tl(OH)_3$	—	约 0.6	约 1.6	—	—
H_2WO_4	—	约 0	约 0	—	—
H_2MoO_4	—	—	—	约 8	约 9
稀土	—	6.8～8.5	约 9.5	—	—
H_2UO_4	—	3.6	5.1	—	—
$Sn(OH)_4$	0	0.5	1	13	15
$TiO(OH)_2$	0	0.5	2.0	—	—
$Sn(OH)_2$	0.9	2.1	4.7	10	13.5
$ZrO(OH)_2$	1.3	2.3	3.8	—	—
HgO	1.3	2.4	5.0	11.5	—
$Fe(OH)_3$	1.5	2.3	4.1	14	—
$Al(OH)_3$	3.3	4.0	5.2	7.8	10.8
$Cr(OH)_3$	4.0	4.9	6.8	12	15
$Be(OH)_2$	5.2	6.2	8.8	—	—
$Zn(OH)_2$	5.4	6.4	8.0	10.5	12～13
Ag_2O	6.2	8.2	11.2	12.7	—
$Fe(OH)_2$	6.5	7.5	9.7	13.5	—

资料来源：北京师范大学化学系无机化学教研室. 1980. 简明化学手册[M]. 北京：北京出版社.

附录 9　某些离子和化合物的颜色

颜色	物质
棕色	CdO
红棕色	Fe_2O_3、$Fe(OH)_3$、NO_2（g）、$Cu_2[Fe(CN)_6]$、Sm^{2+}、Tb(Ⅳ)
红色	HgO（红）、HgI_2、$Fe(SCN)_3$、α-HgS、Se（红）
砖红色	Cu_2O、Ag_2CrO_4
淡红色	Nd^{3+}、Er^{3+}
粉红色	Co^{2+}、Pm^{3+}

续表

颜色	物质
橙红色	$Na_2[PtCl_6]$
橙色	$Cr_2O_7^{2-}$
黄色	CrO_4^{2-}、Fe^{3+}、CdS、PbI_2、Ag_3PO_4、HgO（黄）、SnS_2、$K_2[PtCl_6]$
淡黄色	S_8、Na_2S_2、P_4、AgBr、AgI
草黄色	Pr(Ⅳ)
绿色	MnO_4^{2-}、$CrCl_3$、Ni^{2+}、$CrCl_2^+$、$CrCl^{2+}$、$[Cr(OH)_4]^-$
灰绿色	Cr^{3+}、$Cr(OH)_3$
浅绿色	Fe^{2+}
深蓝色	$[Cu(NH_3)_4]^{2+}$
蓝色	Cu^{2+}、$CuSO_4·5H_2O$、$[Co(SCN)_4]^{2-}$、$Co[Hg(SCN)_4]$
深紫色	I_2、$KMnO_4$（s）
紫色	MnO_4^-、I_2/CCl_4、FeO_4^{2-}
淡粉色	Mn^{2+}
无色	Ag^+、Al^{3+}、$[Al(OH)_4]^-$、$[Cu(NH_3)_2]^+$、Cd^{2+}、Hg_2^{2+}、Hg^{2+}、NH_4^+、La^{3+}、Sb^{3+}、Sn^{2+}、Bi^{3+}、Th^{4+}、Y^{3+}、Zn^{2+}、$[Zn(NH_3)_4]^{2+}$、$[Zn(CN)_4]^{2-}$、碱金属阳离子、碱土金属阳离子、NO（g）、H_2O、F^-、Cl^-、Br^-、I^-、硫的含氧酸根、磷的含氧酸根、砷的含氧酸根、CO_3^{2-}、HCO_3^-、NO_2^-、NO_3^-、SiO_3^{2-}、CN^-、SCN^-、OCN^-、SeO_3^{2-}、SeO_4^{2-}、TeO_3^{2-}、OH^-、S^{2-}
白色	大部分无机化合物，包括绝大部分碱金属、碱土金属的化合物、BaO_2、Sc_2O_3、Y_2O_3、La_2O_3、P_4O_{10}（s）、As_2O_3、As_4O_6、Sb_2O_3、Al_2O_3、ZnO（常温）、SeO_2（s）等
黑色	C、CuO、MnO_2、β-HgS、Ni_2O_3、Ag_2S、Cu_2S、CuS、CoS、FeS、PbS、金属细粉沉淀（如 Hg、Bi 等）

资料来源：北京师范大学无机化学教研室等. 2001. 无机化学实验[M]. 3 版. 北京：高等教育出版社.

附录 10　标准电极电势

1. 在酸性溶液中（298 K）

电对	电极反应	E/V
Li（Ⅰ）/Li（0）	Li^++e^- ══ Li	−3.0401
Cs（Ⅰ）/Cs（0）	Cs^++e^- ══ Cs	−3.026
Rb（Ⅰ）/Rb（0）	Rb^++e^- ══ Rb	−2.98
K（Ⅰ）/K（0）	K^++e^- ══ K	−2.931
Ba（Ⅱ）/Ba（0）	$Ba^{2+}+2e^-$ ══ Ba	−2.912
Sr（Ⅱ）/Sr（0）	$Sr^{2+}+2e^-$ ══ Sr	−2.89
Ca（Ⅱ）/Ca（0）	$Ca^{2+}+2e^-$ ══ Ca	−2.868
Na（Ⅰ）/Na（0）	Na^++e^- ══ Na	−2.71
La（Ⅲ）/La（0）	$La^{3+}+3e^-$ ══ La	−2.379
Mg（Ⅱ）/Mg（0）	$Mg^{2+}+2e^-$ ══ Mg	−2.372
Ce（Ⅲ）/Ce（0）	$Ce^{3+}+3e^-$ ══ Ce	−2.336
H（0）/H（−Ⅰ）	H_2（g）$+2e^-$ ══ $2H^-$	−2.23
Al（Ⅲ）/Al（0）	$AlF_6^{3-}+3e^-$ ══ $Al+6F^-$	−2.069
Th（Ⅳ）/Th（0）	$Th^{4+}+4e^-$ ══ Th	−1.899

续表

电对	电极反应	E/V
Be（Ⅱ）/Be（0）	$Be^{2+}+2e^-$══Be	−1.847
U（Ⅲ）/U（0）	$U^{3+}+3e^-$══U	−1.798
Hf（Ⅳ）/Hf（0）	$HfO^{2+}+2H^++4e^-$══$Hf+H_2O$	−1.724
Al（Ⅲ）/Al（0）	$Al^{3+}+3e^-$══Al	−1.662
Ti（Ⅱ）/Ti（0）	$Ti^{2+}+2e^-$══Ti	−1.630
Zr（Ⅳ）/Zr（0）	$ZrO_2+4H^++4e^-$══$Zr+2H_2O$	−1.553
Si（Ⅳ）/Si（0）	$[SiF_6]^{2-}+4e^-$══$Si+6F^-$	−1.24
Mn（Ⅱ）/Mn（0）	$Mn^{2+}+2e^-$══Mn	−1.185
Cr（Ⅱ）/Cr（0）	$Cr^{2+}+2e^-$══Cr	−0.913
Ti（Ⅲ）/Ti（Ⅱ）	$Ti^{3+}+e^-$══Ti^{2+}	−0.9
B（Ⅲ）/B（0）	$H_3BO_3+3H^++3e^-$══$B+3H_2O$	−0.8698
Ti（Ⅳ）/Ti（0）	$TiO_2+4H^++4e^-$══$Ti+2H_2O$	−0.86
Te（0）/Te（−Ⅱ）	$Te+2H^++2e^-$══H_2Te	−0.793
Zn（Ⅱ）/Zn（0）	$Zn^{2+}+2e^-$══Zn	−0.7618
Ta（Ⅴ）/Ta（0）	$Ta_2O_5+10H^++10e^-$══$2Ta+5H_2O$	−0.750
Cr（Ⅲ）/Cr（0）	$Cr^{3+}+3e^-$══Cr	−0.744
Nb（Ⅴ）/Nb（0）	$Nb_2O_5+10H^++10e^-$══$2Nb+5H_2O$	−0.644
As（0）/As（−Ⅲ）	$As+3H^++3e^-$══AsH_3	−0.608
U（Ⅳ）/U（Ⅲ）	$U^{4+}+e^-$══U^{3+}	−0.607
Ga（Ⅲ）/Ga（0）	$Ga^{3+}+3e^-$══Ga	−0.549
P（Ⅰ）/P（0）	$H_3PO_2+H^++e^-$══$P+2H_2O$	−0.508
P（Ⅲ）/P（Ⅰ）	$H_3PO_3+2H^++2e^-$══$H_3PO_2+H_2O$	−0.499
C（Ⅳ）/C（Ⅲ）	$2CO_2+2H^++2e^-$══$H_2C_2O_4$	−0.49
Fe（Ⅱ）/Fe（0）	$Fe^{2+}+2e^-$══Fe	−0.447
Cr（Ⅲ）/Cr（Ⅱ）	$Cr^{3+}+e^-$══Cr^{2+}	−0.407
Cd（Ⅱ）/Cd（0）	$Cd^{2+}+2e^-$══Cd	−0.4030
Se（0）/Se（−Ⅱ）	$Se+2H^++2e^-$══H_2Se（aq）	−0.399
Pb（Ⅱ）/Pb（0）	PbI_2+2e^-══$Pb+2I^-$	−0.365
Eu（Ⅲ）/Eu（Ⅱ）	$Eu^{3+}+e^-$══Eu^{2+}	−0.36
Pb（Ⅱ）/Pb（0）	$PbSO_4+2e^-$══$Pb+SO_4^{2-}$	−0.3588
In（Ⅲ）/In（0）	$In^{3+}+3e^-$══In	−0.3382
Tl（Ⅰ）/Tl（0）	Tl^++e^-══Tl	−0.336
Co（Ⅱ）/Co（0）	$Co^{2+}+2e^-$══Co	−0.28
P（Ⅴ）/P（Ⅲ）	$H_3PO_4+2H^++2e^-$══$H_3PO_3+H_2O$	−0.276
Pb（Ⅱ）/Pb（0）	$PbCl_2+2e^-$══$Pb+2Cl^-$	−0.2675
Ni（Ⅱ）/Ni（0）	$Ni^{2+}+2e^-$══Ni	−0.257
V（Ⅲ）/V（Ⅱ）	$V^{3+}+e^-$══V^{2+}	−0.255
Ge（Ⅳ）/Ge（0）	$H_2GeO_3+4H^++4e^-$══$Ge+3H_2O$	−0.182
Ag（Ⅰ）/Ag（0）	$AgI+e^-$══$Ag+I^-$	−0.15224
Sn（Ⅱ）/Sn（0）	$Sn^{2+}+2e^-$══Sn	−0.1375

续表

电对	电极反应	E/V
Pb（Ⅱ）/Pb（0）	$Pb^{2+}+2e^-$ ══ Pb	−0.1262
C（Ⅳ）/C（Ⅱ）	CO_2（g）$+2H^++2e^-$ ══ $CO+H_2O$	−0.12
P（0）/P（−Ⅲ）	P（白）$+3H^++3e^-$ ══ PH_3（g）	−0.063
Hg（Ⅰ）/Hg（0）	$Hg_2I_2+2e^-$ ══ $2Hg+2I^-$	−0.0405
Fe（Ⅲ）/Fe（0）	$Fe^{3+}+3e^-$ ══ Fe	−0.037
H（Ⅰ）/H（0）	$2H^++2e^-$ ══ H_2	0.0000
Ag（Ⅰ）/Ag（0）	$AgBr+e^-$ ══ $Ag+Br^-$	0.07133
S（Ⅱ，Ⅴ）/S（Ⅱ）	$S_4O_6^{2-}+2e^-$ ══ $2S_2O_3^{2-}$	0.08
Ti（Ⅳ）/Ti（Ⅲ）	$TiO^{2+}+2H^++e^-$ ══ $Ti^{3+}+H_2O$	0.1
S（0）/S（−Ⅱ）	$S+2H^++2e^-$ ══ H_2S（aq）	0.142
Sn（Ⅳ）/Sn（Ⅱ）	$Sn^{4+}+2e^-$ ══ Sn^{2+}	0.151
Sb（Ⅲ）/Sb（0）	$Sb_2O_3+6H^++6e^-$ ══ $2Sb+3H_2O$	0.152
Cu（Ⅱ）/Cu（Ⅰ）	$Cu^{2+}+e^-$ ══ Cu^+	0.153
Bi（Ⅲ）/Bi（0）	$BiOCl+2H^++3e^-$ ══ $Bi+Cl^-+H_2O$	0.1583
S（Ⅵ）/S（Ⅳ）	$SO_4^{2-}+4H^++2e^-$ ══ $H_2SO_3+H_2O$	0.172
Sb（Ⅲ）/Sb（0）	$SbO^++2H^++3e^-$ ══ $Sb+H_2O$	0.212
Ag（Ⅰ）/Ag（0）	$AgCl+e^-$ ══ $Ag+Cl^-$	0.22233
As（Ⅲ）/As（0）	$HAsO_2+3H^++3e^-$ ══ $As+2H_2O$	0.248
Hg（Ⅰ）/Hg（0）	$Hg_2Cl_2+2e^-$ ══ $2Hg+2Cl^-$（饱和 KCl）	0.26808
Bi（Ⅲ）/Bi（0）	$BiO^++2H^++3e^-$ ══ $Bi+H_2O$	0.320
U（Ⅵ）/U（Ⅳ）	$UO_2^{2+}+4H^++2e^-$ ══ $U^{4+}+2H_2O$	0.327
C（Ⅳ）/C（Ⅲ）	$2HCNO+2H^++2e^-$ ══ $(CN)_2+2H_2O$	0.330
V（Ⅳ）/V（Ⅲ）	$VO^{2+}+2H^++e^-$ ══ $V^{3+}+H_2O$	0.337
Cu（Ⅱ）/Cu（0）	$Cu^{2+}+2e^-$ ══ Cu	0.3419
Re（Ⅶ）/Re（0）	$ReO_4^-+8H^++7e^-$ ══ $Re+4H_2O$	0.368
Ag（Ⅰ）/Ag（0）	$Ag_2CrO_4+2e^-$ ══ $2Ag+CrO_4^{2-}$	0.4470
S（Ⅳ）/S（0）	$H_2SO_3+4H^++4e^-$ ══ $S+3H_2O$	0.449
Cu（Ⅰ）/Cu（0）	Cu^++e^- ══ Cu	0.521
I（0）/I（−Ⅰ）	I_2+2e^- ══ $2I^-$	0.5355
I（0）/I（−Ⅰ）	$I_3^-+2e^-$ ══ $3I^-$	0.536
As（Ⅴ）/As（Ⅲ）	$H_3AsO_4+2H^++2e^-$ ══ $HAsO_2+2H_2O$	0.560
Sb（Ⅴ）/Sb（Ⅲ）	$Sb_2O_5+6H^++4e^-$ ══ $2SbO^++3H_2O$	0.581
Te（Ⅳ）/Te（0）	$TeO_2+4H^++4e^-$ ══ $Te+2H_2O$	0.593
U（Ⅴ）/U（Ⅳ）	$UO_2^++4H^++e^-$ ══ $U^{4+}+2H_2O$	0.612
Hg（Ⅱ）/Hg（Ⅰ）	$2HgCl_2+2e^-$ ══ $Hg_2Cl_2+2Cl^-$	0.63
Pt（Ⅳ）/Pt（Ⅱ）	$[PtCl_6]^{2-}+2e^-$ ══ $[PtCl_4]^{2-}+2Cl^-$	0.68
O（0）/O（−Ⅰ）	$O_2+2H^++2e^-$ ══ H_2O_2	0.695
Pt（Ⅱ）/Pt（0）	$[PtCl_4]^{2-}+2e^-$ ══ $Pt+4Cl^-$	0.755
Se（Ⅳ）/Se（0）	$H_2SeO_3+4H^++4e^-$ ══ $Se+3H_2O$	0.74

续表

电对	电极反应	E/V
Fe（Ⅲ）/Fe（Ⅱ）	$Fe^{3+}+e^{-}=Fe^{2+}$	0.771
Hg（Ⅰ）/Hg（0）	$Hg_2^{2+}+2e^{-}=2Hg$	0.7973
Ag（Ⅰ）/Ag（0）	$Ag^{+}+e^{-}=Ag$	0.7996
Os（Ⅷ）/Os（0）	$OsO_4+8H^{+}+8e^{-}=Os+4H_2O$	0.8
N（Ⅴ）/N（Ⅳ）	$2NO_3^{-}+4H^{+}+2e^{-}=N_2O_4+2H_2O$	0.803
Hg（Ⅱ）/Hg（0）	$Hg^{2+}+2e^{-}=Hg$	0.851
Si（Ⅳ）/Si（0）	SiO_2（石英）$+4H^{+}+4e^{-}=Si+2H_2O$	0.857
Cu（Ⅱ）/Cu（Ⅰ）	$Cu^{2+}+I^{-}+e^{-}=CuI$	0.86
N（Ⅲ）/N（Ⅰ）	$2HNO_2+4H^{+}+4e^{-}=H_2N_2O_2+2H_2O$	0.86
Hg（Ⅱ）/Hg（Ⅰ）	$2Hg^{2+}+2e^{-}=Hg_2^{2-}$	0.920
N（Ⅴ）/N（Ⅲ）	$NO_3^{-}+3H^{+}+2e^{-}=HNO_2+H_2O$	0.934
Pd（Ⅱ）/Pd（0）	$Pd^{2+}+2e^{-}=Pd$	0.951
N（Ⅴ）/N（Ⅱ）	$NO_3^{-}+4H^{+}+3e^{-}=NO+2H_2O$	0.957
N（Ⅲ）/N（Ⅱ）	$HNO_2+H^{+}+e^{-}=NO+H_2O$	0.983
I（Ⅰ）/I（-Ⅰ）	$HIO+H^{+}+2e^{-}=I^{-}+H_2O$	0.987
V（Ⅴ）/V（Ⅳ）	$VO_2^{+}+2H^{+}+e^{-}=VO^{2+}+H_2O$	0.991
V（Ⅴ）/V（Ⅳ）	$V(OH)_4^{+}+2H^{+}+e^{-}=VO^{2+}+3H_2O$	1.00
Au（Ⅲ）/Au（0）	$[AuCl_4]^{-}+3e^{-}=Au+4Cl^{-}$	1.002
Te（Ⅵ）/Te（Ⅳ）	$H_6TeO_6+2H^{+}+2e^{-}=TeO_2+4H_2O$	1.02
N（Ⅳ）/N（Ⅱ）	$N_2O_4+4H^{+}+4e^{-}=2NO+2H_2O$	1.035
N（Ⅳ）/N（Ⅲ）	$N_2O_4+2H^{+}+2e^{-}=2HNO_2$	1.065
I（Ⅴ）/I（-Ⅰ）	$IO_3^{-}+6H^{+}+6e^{-}=I^{-}+3H_2O$	1.085
Br（0）/Br（-Ⅰ）	Br_2（aq）$+2e^{-}=2Br^{-}$	1.0873
Se（Ⅵ）/Se（Ⅳ）	$SeO_4^{2-}+4H^{+}+2e^{-}=H_2SeO_3+H_2O$	1.151
Cl（Ⅴ）/Cl（Ⅳ）	$ClO_3^{-}+2H^{+}+e^{-}=ClO_2+H_2O$	1.152
Pt（Ⅱ）/Pt（0）	$Pt^{2+}+2e^{-}=Pt$	1.18
Cl（Ⅶ）/Cl（Ⅴ）	$ClO_4^{-}+2H^{+}+2e^{-}=ClO_3^{-}+H_2O$	1.189
I（Ⅴ）/I（0）	$2IO_3^{-}+12H^{+}+10e^{-}=I_2+6H_2O$	1.195
Cl（Ⅴ）/Cl（Ⅲ）	$ClO_3^{-}+3H^{+}+2e^{-}=HClO_2+H_2O$	1.214
Mn（Ⅳ）/Mn（Ⅱ）	$MnO_2+4H^{+}+2e^{-}=Mn^{2+}+2H_2O$	1.224
O（0）/O（-Ⅱ）	$O_2+4H^{+}+4e^{-}=2H_2O$	1.229
Tl（Ⅲ）/Tl（Ⅰ）	$Tl^{3+}+2e^{-}=Tl^{+}$	1.252
Cl（Ⅳ）/Cl（Ⅲ）	$ClO_2+H^{+}+e^{-}=HClO_2$	1.277
N（Ⅲ）/N（Ⅰ）	$2HNO_2+4H^{+}+4e^{-}=N_2O+3H_2O$	1.297
Cr（Ⅵ）/Cr（Ⅲ）	$Cr_2O_7^{2-}+14H^{+}+6e^{-}=2Cr^{3+}+7H_2O$	1.33
Br（Ⅰ）/Br（-Ⅰ）	$HBrO+H^{+}+2e^{-}=Br^{-}+H_2O$	1.331
Cr（Ⅵ）/Cr（Ⅲ）	$HCrO_4^{-}+7H^{+}+3e^{-}=Cr^{3+}+4H_2O$	1.350

续表

电对	电极反应	E/V
Cl（0）/Cl（－Ⅰ）	$Cl_2(g)+2e^-=2Cl^-$	1.35827
Cl（Ⅶ）/Cl（－Ⅰ）	$ClO_4^-+8H^++8e^-=Cl^-+4H_2O$	1.389
Cl（Ⅶ）/Cl（0）	$ClO_4^-+8H^++7e^-=1/2Cl_2+4H_2O$	1.39
Au（Ⅲ）/Au（Ⅰ）	$Au^{3+}+2e^-=Au^+$	1.401
Br（Ⅴ）/Br（－Ⅰ）	$BrO_3^-+6H^++6e^-=Br^-+3H_2O$	1.423
I（Ⅰ）/I（0）	$2HIO+2H^++2e^-=I_2+2H_2O$	1.439
Cl（Ⅴ）/Cl（－Ⅰ）	$ClO_3^-+6H^++6e^-=Cl^-+3H_2O$	1.451
Pb（Ⅳ）/Pb（Ⅱ）	$PbO_2+4H^++2e^-=Pb^{2+}+2H_2O$	1.455
Cl（Ⅴ）/Cl（0）	$ClO_3^-+6H^++5e^-=1/2Cl_2+3H_2O$	1.47
Cl（Ⅰ）/Cl（－Ⅰ）	$HClO+H^++2e^-=Cl^-+H_2O$	1.482
Br（Ⅴ）/Br（0）	$BrO_3^-+6H^++5e^-=1/2Br_2+3H_2O$	1.482
Au（Ⅲ）/Au（0）	$Au^{3+}+3e^-=Au$	1.498
Mn（Ⅶ）/Mn（Ⅱ）	$MnO_4^-+8H^++5e^-=Mn^{2+}+4H_2O$	1.507
Mn（Ⅲ）/Mn（Ⅱ）	$Mn^{3+}+e^-=Mn^{2+}$	1.5415
Cl（Ⅲ）/Cl（－Ⅰ）	$HClO_2+3H^++4e^-=Cl^-+2H_2O$	1.570
Br（Ⅰ）/Br（0）	$HBrO+H^++e^-=1/2Br_2(aq)+H_2O$	1.574
N（Ⅱ）/N（Ⅰ）	$2NO+2H^++2e^-=N_2O+H_2O$	1.591
I（Ⅶ）/I（Ⅴ）	$H_5IO_6+H^++2e^-=IO_3^-+3H_2O$	1.601
Cl（Ⅰ）/Cl（0）	$HClO+H^++e^-=1/2Cl_2+H_2O$	1.611
Cl（Ⅲ）/Cl（Ⅰ）	$HClO_2+2H^++2e^-=HClO+H_2O$	1.645
Ni（Ⅳ）/Ni（Ⅱ）	$NiO_2+4H^++2e^-=Ni^{2+}+2H_2O$	1.678
Mn（Ⅶ）/Mn（Ⅳ）	$MnO_4^-+4H^++3e^-=MnO_2+2H_2O$	1.679
Pb（Ⅳ）/Pb（Ⅱ）	$PbO_2+SO_4^{2-}+4H^++2e^-=PbSO_4+2H_2O$	1.6913
Au（Ⅰ）/Au（0）	$Au^++e^-=Au$	1.692
Ce（Ⅳ）/Ce（Ⅲ）	$Ce^{4+}+e^-=Ce^{3+}$	1.72
N（Ⅰ）/N（0）	$N_2O+2H^++2e^-=N_2+H_2O$	1.766
O（－Ⅰ）/O（－Ⅱ）	$H_2O_2+2H^++2e^-=2H_2O$	1.776
Co（Ⅲ）/Co（Ⅱ）	$Co^{3+}+e^-=Co^{2+}$（2 $mol \cdot L^{-1}$ H_2SO_4）	1.83
Ag（Ⅱ）/Ag（Ⅰ）	$Ag^{2+}+e^-=Ag^+$	1.980
S（Ⅶ）/S（Ⅵ）	$S_2O_8^{2-}+2e^-=2SO_4^{2-}$	2.010
O（0）/O（－Ⅱ）	$O_3+2H^++2e^-=O_2+H_2O$	2.076
O（Ⅱ）/O（－Ⅱ）	$F_2O+2H^++4e^-=H_2O+2F^-$	2.153
Fe（Ⅵ）/Fe（Ⅲ）	$FeO_4^{2-}+8H^++3e^-=Fe^{3+}+4H_2O$	2.20
O（0）/O（－Ⅱ）	$O(g)+2H^++2e^-=H_2O$	2.421
F（0）/F（－Ⅰ）	$F_2+2e^-=2F^-$	2.866
	$F_2+2H^++2e^-=2HF$	3.053

2. 碱性溶液中（298 K）

电对	电极反应	E/V
Ca（Ⅱ）/Ca（0）	$Ca(OH)_2+2e^-=Ca+2OH^-$	−3.02
Ba（Ⅱ）/Ba（0）	$Ba(OH)_2+2e^-=Ba+2OH^-$	−2.99
La（Ⅲ）/La（0）	$La(OH)_3+3e^-=La+3OH^-$	−2.90
Sr（Ⅱ）/Sr（0）	$Sr(OH)_2·8H_2O+2e^-=Sr+2OH^-+8H_2O$	−2.88
Mg（Ⅱ）/Mg（0）	$Mg(OH)_2+2e^-=Mg+2OH^-$	−2.690
Be（Ⅱ）/Be（0）	$Be_2O_3^{2-}+3H_2O+4e^-=2Be+6OH^-$	−2.63
Hf（Ⅳ）/Hf（0）	$HfO(OH)_2+H_2O+4e^-=Hf+4OH^-$	−2.50
Zr（Ⅳ）/Zr（0）	$H_2ZrO_3+H_2O+4e^-=Zr+4OH^-$	−2.36
Al（Ⅲ）/Al（0）	$H_2AlO_3^-+H_2O+3e^-=Al+OH^-$	−2.33
P（Ⅰ）/P（0）	$H_2PO_2^-+e^-=P+2OH^-$	−1.82
B（Ⅲ）/B（0）	$H_2BO_3^-+H_2O+3e^-=B+4OH^-$	−1.79
P（Ⅲ）/P（0）	$HPO_3^{2-}+2H_2O+3e^-=P+5OH^-$	−1.71
Si（Ⅳ）/Si（0）	$SiO_3^{2-}+3H_2O+4e^-=Si+6OH^-$	−1.697
P（Ⅲ）/P（Ⅰ）	$HPO_3^{2-}+2H_2O+2e^-=H_2PO_2^-+3OH^-$	−1.65
Mn（Ⅱ）/Mn（0）	$Mn(OH)_2+2e^-=Mn+2OH^-$	−1.56
Cr（Ⅲ）/Cr（0）	$Cr(OH)_3+3e^-=Cr+3OH^-$	−1.48
Zn（Ⅱ）/Zn（0）	$[Zn(CN)_4]^{2-}+2e^-=Zn+4CN^-$	−1.26
Zn（Ⅱ）/Zn（0）	$Zn(OH)_2+2e^-=Zn+2OH^-$	−1.249
Ga（Ⅲ）/Ga（0）	$H_2GaO_3^-+H_2O+2e^-=Ga+4OH^-$	−1.219
Zn（Ⅱ）/Zn（0）	$ZnO_2^{2-}+2H_2O+2e^-=Zn+4OH^-$	−1.215
Cr（Ⅲ）/Cr（0）	$CrO_2^-+2H_2O+3e^-=Cr+4OH^-$	−1.2
Te（0）/Te（−Ⅰ）	$Te+2e^-=Te^{2-}$	−1.143
P（Ⅴ）/P（Ⅲ）	$PO_4^{3-}+2H_2O+2e^-=HPO_3^{2-}+3OH^-$	−1.05
Zn（Ⅱ）/Zn（0）	$[Zn(NH_3)_4]^{2+}+2e^-=Zn+4NH_3$	−1.04
W（Ⅵ）/W（0）	$WO_4^{2-}+4H_2O+6e^-=W+8OH^-$	−1.01
Ge（Ⅳ）/Ge（0）	$HGeO_3^-+2H_2O+4e^-=Ge+5OH^-$	−1.0
Sn（Ⅳ）/Sn（Ⅱ）	$[Sn(OH)_6]^{2-}+2e^-=HSnO_2^-+H_2O+3OH^-$	−0.93
S（Ⅵ）/S（Ⅳ）	$SO_4^{2-}+H_2O+2e^-=SO_3^{2-}+2OH^-$	−0.93
Se（0）/Se（−Ⅱ）	$Se+2e^-=Se^{2-}$	−0.924
Sn（Ⅱ）/Sn（0）	$HSnO_2^-+H_2O+2e^-=Sn+3OH^-$	−0.909
P（0）/P（−Ⅲ）	$P+3H_2O+3e^-=PH_3$（g）$+3OH^-$	−0.87
N（Ⅴ）/N（Ⅳ）	$2NO_3^-+2H_2O+2e^-=N_2O_4+4OH^-$	−0.85
H（Ⅰ）/H（0）	$2H_2O+2e^-=H_2+2OH^-$	−0.8277
Cd（Ⅱ）/Cd（0）	$Cd(OH)_2+2e^-=Cd$（Hg）$+2OH^-$	−0.809
Co（Ⅱ）/Co（0）	$Co(OH)_2+2e^-=Co+2OH^-$	−0.73

续表

电对	电极反应	E/V
Ni（Ⅱ）/Ni（0）	$Ni(OH)_2+2e^-=Ni+2OH^-$	−0.72
As（Ⅴ）/As（Ⅲ）	$AsO_4^{3-}+2H_2O+2e^-=AsO_2^-+4OH^-$	−0.71
Ag（Ⅰ）/Ag（0）	$Ag_2S+2e^-=2Ag+S^{2-}$	−0.691
As（Ⅲ）/As（0）	$AsO_2^-+2H_2O+3e^-=As+4OH^-$	−0.68
Sb（Ⅲ）/Sb（0）	$SbO_2^-+2H_2O+3e^-=Sb+4OH^-$	−0.66
Re（Ⅶ）/Re（Ⅳ）	$ReO_4^-+2H_2O+3e^-=ReO_2+4OH^-$	−0.59
Sb（Ⅴ）/Sb（Ⅲ）	$SbO_3^-+H_2O+2e^-=SbO_2^-+2OH^-$	−0.59
Re（Ⅶ）/Re（0）	$ReO_4^-+4H_2O+7e^-=Re+8OH^-$	−0.584
S（Ⅳ）/S（Ⅱ）	$2SO_3^{2-}+3H_2O+4e^-=S_2O_3^{2-}+6OH^-$	−0.58
Te（Ⅳ）/Te（0）	$TeO_3^{2-}+3H_2O+4e^-=Te+6OH^-$	−0.57
Fe（Ⅲ）/Fe（Ⅱ）	$Fe(OH)_3+e^-=Fe(OH)_2+OH^-$	−0.56
S（0）/S（−Ⅱ）	$S+2e^-=S^{2-}$	−0.47627
Bi（Ⅲ）/Bi（0）	$Bi_2O_3+3H_2O+6e^-=2Bi+6OH^-$	−0.46
N（Ⅲ）/N（Ⅱ）	$NO_2^-+H_2O+e^-=NO+2OH^-$	−0.46
Co（Ⅱ）/Co（0）	$[Co(NH_3)_6]^{2+}+2e^-=Co+6NH_3$	−0.422
Se（Ⅳ）/Se（0）	$SeO_3^{2-}+3H_2O+4e^-=Se+6OH^-$	−0.366
Cu（Ⅰ）/Cu（0）	$Cu_2O+H_2O+2e^-=2Cu+2OH^-$	−0.360
Tl（Ⅰ）/Tl（0）	$Tl(OH)+e^-=Tl+OH^-$	−0.34
Ag（Ⅰ）/Ag（0）	$[Ag(CN)_2]^-+e^-=Ag+2CN^-$	−0.31
Cu（Ⅱ）/Cu（0）	$Cu(OH)_2+2e^-=Cu+2OH^-$	−0.222
Cr（Ⅵ）/Cr（Ⅲ）	$CrO_4^{2-}+4H_2O+3e^-=Cr(OH)_3+5OH^-$	−0.13
Cu（Ⅰ）/Cu（0）	$[Cu(NH_3)_2]^++e^-=Cu+2NH_3$	−0.12
O（0）/O（−Ⅰ）	$O_2+H_2O+2e^-=HO_2^-+OH^-$	−0.076
Ag（Ⅰ）/Ag（0）	$AgCN+e^-=Ag+CN^-$	−0.017
N（Ⅴ）/N（Ⅲ）	$NO_3^-+H_2O+2e^-=NO_2^-+2OH^-$	0.01
Se（Ⅵ）/Se（Ⅳ）	$SeO_4^{2-}+H_2O+2e^-=SeO_3^{2-}+2OH^-$	0.05
Pd（Ⅱ）/Pd（0）	$Pd(OH)_2+2e^-=Pd+2OH^-$	0.07
S（Ⅱ，Ⅴ）/S（Ⅱ）	$S_4O_6^{2-}+2e^-=2S_2O_3^{2-}$	0.08
Hg（Ⅱ）/Hg（0）	$HgO+H_2O+2e^-=Hg+2OH^-$	0.0977
Co（Ⅲ）/Co（Ⅱ）	$[Co(NH_3)_6]^{3+}+e^-=[Co(NH_3)_6]^{2+}$	0.108
Pt（Ⅱ）/Pt（0）	$Pt(OH)_2+2e^-=Pt+2OH^-$	0.14
Co（Ⅲ）/Co（Ⅱ）	$Co(OH)_3+e^-=Co(OH)_2+OH^-$	0.17
Pb（Ⅳ）/Pb（Ⅱ）	$PbO_2+H_2O+2e^-=PbO+2OH^-$	0.247
I（Ⅴ）/I（−Ⅰ）	$IO_3^-+3H_2O+6e^-=I^-+6OH^-$	0.26
Cl（Ⅴ）/Cl（Ⅲ）	$ClO_3^-+H_2O+2e^-=ClO_2^-+2OH^-$	0.33
Ag（Ⅰ）/Ag（0）	$Ag_2O+H_2O+2e^-=2Ag+2OH^-$	0.342
Fe（Ⅲ）/Fe（Ⅱ）	$[Fe(CN)_6]^{3-}+e^-=[Fe(CN)_6]^{4-}$	0.358

续表

电对	电极反应	E/V
Cl（Ⅶ）/Cl（Ⅴ）	$ClO_4^- + H_2O + 2e^- = ClO_3^- + 2OH^-$	0.36
Ag（Ⅰ）/Ag（0）	$[Ag(NH_3)_2]^+ + e^- = Ag + 2NH_3$	0.373
O（0）/O（－Ⅱ）	$O_2 + 2H_2O + 4e^- = 4OH^-$	0.401
I（Ⅰ）/I（－Ⅰ）	$IO^- + H_2O + 2e^- = I^- + 2OH^-$	0.485
Ni（Ⅳ）/Ni（Ⅱ）	$NiO_2 + 2H_2O + 2e^- = Ni(OH)_2 + 2OH^-$	0.490
Mn（Ⅶ）/Mn（Ⅵ）	$MnO_4^- + e^- = MnO_4^{2-}$	0.558
Mn（Ⅶ）/Mn（Ⅳ）	$MnO_4^- + 2H_2O + 3e^- = MnO_2 + 4OH^-$	0.595
Mn（Ⅵ）/Mn（Ⅳ）	$MnO_4^{2-} + 2H_2O + 2e^- = MnO_2 + 4OH^-$	0.60
Ag（Ⅱ）/Ag（Ⅰ）	$2AgO + H_2O + 2e^- = Ag_2O + 2OH^-$	0.607
Br（Ⅴ）/Br（－Ⅰ）	$BrO_3^- + 3H_2O + 6e^- = Br^- + 6OH^-$	0.61
Cl（Ⅴ）/Cl（－Ⅰ）	$ClO_3^- + 3H_2O + 6e^- = Cl^- + 6OH^-$	0.62
Cl（Ⅲ）/Cl（Ⅰ）	$ClO_2^- + H_2O + 2e^- = ClO^- + 2OH^-$	0.66
I（Ⅶ）/I（Ⅴ）	$H_3IO_6^{2-} + 2e^- = IO_3^- + 3OH^-$	0.7
Cl（Ⅲ）/Cl（－Ⅰ）	$ClO_2^- + 2H_2O + 4e^- = Cl^- + 4OH^-$	0.76
Br（Ⅰ）/Br（－Ⅰ）	$BrO^- + H_2O + 2e^- = Br^- + 2OH^-$	0.761
Cl（Ⅰ）/Cl（－Ⅰ）	$ClO^- + H_2O + 2e^- = Cl^- + 2OH^-$	0.841
Cl（Ⅳ）/Cl（Ⅲ）	$ClO_2(g) + e^- = ClO_2^-$	0.95
O（0）/O（－Ⅱ）	$O_3 + H_2O + 2e^- = O_2 + 2OH^-$	1.24

附录 11　常见配离子的稳定常数

配离子	$K_配$	$\lg K_配$	配离子	$K_配$	$\lg K_配$
	1∶1		$[CoY]^-$	1.0×10^{36}	36.0
$[NaY]^{3-}$	5.0×10^{1}	1.69	$[GaY]^-$	1.8×10^{20}	20.25
$[AgY]^{3-}$	2.0×10^{7}	7.30	$[InY]^-$	8.9×10^{24}	24.94
$[CuY]^{2-}$	6.8×10^{18}	18.79	$[TlY]^-$	3.2×10^{22}	22.51
$[MgY]^{2-}$	4.9×10^{8}	8.69	$[TlHY]$	1.5×10^{23}	23.17
$[CaY]^{2-}$	3.7×10^{10}	10.56	$[CuOH]^+$	1×10^{5}	5.00
$[SrY]^{2-}$	4.2×10^{8}	8.62	$[AgNH_3]^+$	2.0×10^{3}	3.30
$[BaY]^{2-}$	6.0×10^{7}	7.77		1∶2	
$[ZnY]^{2-}$	3.1×10^{16}	16.49	$[Cu(NH_3)_2]^+$	7.4×10^{10}	10.87
$[CdY]^{2-}$	3.8×10^{16}	16.57	$[Cu(CN)_2]^-$	2.0×10^{38}	38.3
$[HgY]^{2-}$	6.3×10^{21}	21.79	$[Ag(NH_3)_2]^+$	1.7×10^{7}	7.24
$[PbY]^{2-}$	1.0×10^{18}	18.0	$[Ag(en)_2]^+$	7.0×10^{7}	7.84
$[MnY]^{2-}$	1.0×10^{14}	14.00	$[Ag(CNS)_2]^-$	4.0×10^{8}	8.60
$[FeY]^{2-}$	2.1×10^{14}	14.32	$[Ag(CN)_2]^-$	1.0×10^{21}	21.0
$[CoY]^{2-}$	1.6×10^{18}	16.20	$[Au(CN)_2]^-$	2.0×10^{38}	38.3
$[NiY]^{2-}$	4.1×10^{18}	18.61	$[Cu(en)_2]^{2+}$	4.0×10^{19}	19.60
$[FeY]^-$	1.2×10^{25}	25.07	$[Ag(S_2O_3)_2]^{3-}$	1.6×10^{13}	13.20

续表

配离子	$K_{配}$	$\lg K_{配}$	配离子	$K_{配}$	$\lg K_{配}$
	1∶3		$[Cd(CN)_4]^{2-}$	1.3×10^{18}	18.11
$[Fe(CNS)_3]^0$	2.0×10^{3}	3.30	$[Hg(CN)_4]^{2-}$	3.3×10^{41}	41.51
$[CdI_3]^-$	1.2×10^{1}	1.07	$[Hg(SCN)_4]^{2-}$	7.7×10^{21}	21.88
$[Cd(CN)_3]^-$	1.1×10^{4}	4.04	$[HgCl_4]^{2-}$	1.6×10^{15}	15.20
$[Ag(CN)_3]^{2-}$	5×10^{8}	0.69	$[HgI_4]^{2-}$	7.2×10^{29}	29.86
$[Ni(en)_3]^{2+}$	3.9×10^{18}	18.59	$[Co(CNS)_4]^{2-}$	3.8×10^{2}	2.58
$[Al(C_2O_4)_3]^{3-}$	2.0×10^{16}	16.30	$[Ni(CN)_4]^{2-}$	1×10^{22}	22.0
$[Fe(C_2O_4)_3]^{3-}$	1.6×10^{20}	20.20		1∶6	
	1∶4		$[Cd(NH_3)_6]^{2+}$	1.4×10^{6}	6.15
$[Cu(NH_3)_4]^{2+}$	4.8×10^{12}	12.68	$[Co(NH_3)_6]^{2+}$	2.4×10^{4}	4.38
$[Zn(NH_3)_4]^{2+}$	5×10^{8}	8.69	$[Ni(NH_3)_6]^{2+}$	1.1×10^{8}	8.04
$[Cd(NH_3)_4]^{2+}$	3.6×10^{6}	6.55	$[Co(NH_3)_6]^{3+}$	1.4×10^{35}	35.15
$[Zn(CNS)_4]^{2-}$	2.0×10^{1}	1.30	$[AlF_6]^{3-}$	6.9×10^{19}	19.84
$[Zn(CN)_4]^{2-}$	1.0×10^{16}	16.0	$[Fe(CN)_6]^{3-}$	1×10^{42}	42.0
$[Cd(SCN)_4]^{2-}$	1.0×10^{8}	3.0	$[Fe(CN)_6]^{4-}$	1×10^{35}	35.0
$[CuCl_4]^{2-}$	3.1×10^{2}	2.49	$[Co(CN)_6]^{3-}$	1×10^{64}	64.0
$[CdI_4]^{2-}$	3.0×10^{6}	6.43	$[FeF_6]^{3-}$	1.0×10^{16}	16.0

注：表中 Y^{4-}表示 EDTA 的酸根；en 表示乙二胺；$C_2O_4^{2-}$ 为草酸根。

资料来源：Petrucci R H，Harwood W S，Herring F G. 2004. General Chemistry：Principles and Modern Applications [M]. 8th ed. 北京：高等教育出版社.

附录 12　常见无机阳离子的定性鉴定方法

离子	鉴定方法	备注
Ag^+	取 2 滴试液，加入 2 滴 2 mol·L^{-1} HCl 溶液，若产生沉淀，离心分离，在沉淀中加入 6 mol·L^{-1}$NH_3·H_2O$ 使沉淀溶解，再加入 6 mol·L^{-1} HNO_3溶液酸化，白色沉淀重新出现，说明 Ag^+存在。反应如下 $Ag^+ + Cl^- \longrightarrow AgCl\downarrow$ $AgCl + 2NH_3·H_2O \longrightarrow [Ag(NH_3)_2]^+ + Cl^- + H_2O$ $[Ag(NH_3)_2]^+ + Cl^- + 2H^+ \longrightarrow AgCl\downarrow + NH_4^+ + Cl^-$	
Al^{3+}	取试液 2 滴，再加入 2 滴铝试剂，微热，有红色沉淀，示有 Al^{3+}存在	反应可在 HAc-NH_4Ac 缓冲溶液中进行
Ba^{2+}	在试液中加入 0.2 mol·L^{-1} K_2CrO_4 溶液，生成黄色的 $BaCrO_4$ 沉淀，示有 Ba^{2+}存在。可用 $K_2Cr_2O_4$ 溶液代替 K_2CrO_4 溶液	Sr^{2+}对 Ba^{2+}鉴定有干扰，$SrCrO_4$ 与 $BaCrO_4$ 不同的是，$SrCrO_4$ 应在乙酸存在下进行反应
Bi^{3+}	① SnO_2^{2-} 将 Bi^{3+}还原，生成金属铋（黑色沉淀），示有 Bi^{3+}存在： $2Bi(OH)_3 + SnO_2^{2-} \longrightarrow 2Bi\downarrow + 3SnO_3^{2-} + H_2O$ 取 2 滴试液，加入 2 滴 0.2 mol·L^{-1} $SnCl_2$ 溶液和数滴 2 mol·L^{-1} NaOH 溶液，溶液为碱性。观察有无黑色金属铋沉淀出现 ②$BiCl_3$ 溶液稀释，生成白色 BiOCl 沉淀，示有 Bi^{3+}存在： $Bi^{3+} + H_2O + Cl^- \longrightarrow BiOCl\downarrow + 2H^+$	
Ca^{2+}	试液中加入饱和$(NH_4)_2C_2O_4$ 溶液，如果有白色的 $Ca_2Cr_2O_4$ 沉淀生成，示有 Ca^{2+}存在	沉淀不溶于乙酸。Sr^{2+}、Ba^{2+}也与$(NH_4)_2C_2O_4$ 生成同样的沉淀，但在乙酸中可溶解

续表

离子	鉴定方法	备注
Co^{2+}	①取 5 滴试液，加入 0.5 mL 丙酮，然后加入 1 mol·L^{-1} NH_4SCN 溶液，溶液显蓝色，示有 Co^{2+}存在 ②在 2 滴试液中，加入 1 滴 3 mol·L^{-1} NH_4Ac 溶液，再加入 1 滴亚硝基 R 盐溶液，溶液呈红褐色，示有 Co^{2+}存在	
Cd^{2+}	Cd^{2+}与 S^{2-}生成 CdS 黄色沉淀的反应可作为 Cd^{2+}的鉴定反应。取 3 滴试液加入 Na_2S 溶液，产生黄色沉淀，示有 Cd^{2+}存在	沉淀不溶于碱和 Na_2S 溶液，过量的酸妨碍反应进行
Cr^{3+}	①取两三滴试液，加入四五滴 2 mol·L^{-1} NaOH 溶液、两三滴 3% H_2O_2溶液，加热，溶液颜色由绿变黄，示有 CrO_4^{2-}。继续加热，直至过量的 H_2O_2完全分解，冷却，用 6 mol·L^{-1} HAc 溶液酸化，加 2 滴 0.1 mol·L^{-1} $Pb(NO_3)_2$溶液，生成黄色的 $PbCrO_4$沉淀，示有 Cr^{3+} ②得到 CrO_4^{2-}后，赶去过量的 H_2O_2，用 6 mol·L^{-1} HAc 溶液酸化，加入数滴 3% H_2O_2，乙醚层显蓝色，示有 Cr^{3+}。反应式如下 $Cr_2O_7^{2-} + 4H_2O_2 + 2H^+ \longrightarrow 2CrO_5(\text{蓝色}) + 5H_2O$	
Cu^{2+}	①与 $K_4[Fe(CN)_6]$反应： $2Cu^{2+} + [Fe(CN)_6]^{4-} \longrightarrow Cu_2[Fe(CN)_6]\downarrow$（红棕色） 取 1 滴试液放在点滴板上，再加入 1 滴 $K_4[Fe(CN)_6]$溶液，有红棕色沉淀出现，示有 Cu^{2+} ②与 $NH_3·H_2O$ 反应： $Cu^{2+} + 4NH_3 \longrightarrow [Cu(NH_3)_4]^{2+}$（深蓝色） 取 5 滴试液，加入过量 $NH_3·H_2O$，溶液变为深蓝色，示有 Cu^{2+}存在	沉淀不溶于稀酸，可在 HAc 存在下反应，沉淀溶解；还可被碱分解： $Cu_2[Fe(CN)_6] + 4OH^- \longrightarrow$ $2Cu(OH)_2\downarrow + [Fe(NH_3)_6]^{4-}$
Fe^{3+}	①取 2 滴试液，加入 2 滴 NH_4SCN 溶液，生成血红色 $Fe(CNS)_3$，证明 Fe^{3+}存在（此反应可在点滴板上进行） ②在 1 滴试液中加入 1 滴 $K_4[Fe(CN)_6]$生成蓝色沉淀，示有 Fe^{3+}存在	在适当酸度下进行，蓝色沉淀溶于强酸，强碱能分解沉淀，加入试剂过量太多，也会溶解沉淀
K^+	钴亚硝酸钠 $Na_3[Co(NO_2)_6]$与钾盐生成黄色 $K_2Na[Co(NO_2)_6]$沉淀。反应可以在点滴板上进行，1 滴试液加入一两滴试剂，若不立即生成黄色沉淀，可放置	强碱将试剂分解生成 $Co(OH)_3$沉淀。溶液呈强酸性时加入乙酸钠，防止沉淀溶解
Hg^{2+}	①Hg^{2+}，可被铜置换，在铜表面析出金属汞的灰色斑点，示有 Hg^{2+}： $Cu + Hg^{2+} \longrightarrow Cu^{2+} + Hg\downarrow$ ②在 2 滴试液中，加入过量 $SnCl_2$ 溶液，$SnCl_2$ 与汞盐作用，首先生成白色 Hg_2Cl_2 沉淀，过量 $SnCl_2$ 将 Hg_2Cl_2 进一步还原成金属汞，沉淀逐渐变灰，说明有 Hg^{2+}存在： $2HgCl_2 + Sn^{2+} \longrightarrow Sn^{4+} + Hg_2Cl_2\downarrow + Cl^-$ $Sn^{2+} + Hg_2Cl_2 \longrightarrow 2Hg\downarrow + Sn^{4+} + 2Cl^-$	
Mg^{2+}	取几滴试液，加入少量镁试剂（对硝基苯偶氮间苯二酚），再加入 NaOH 溶液使之呈碱性，若有 Mg^{2+}存在，产生蓝色沉淀。Mg^{2+}量少时，溶液由红色变成蓝色	加入镁试剂后，溶液显黄色，表示试剂酸性太强，应加入碱液。Ni^{2+}、Co^{2+}、Cd^{2+}的氢氧化物与镁试剂作用，干扰 Mg^{2+}的鉴定
Mn^{2+}	取 1 滴试液，加入数滴 0.1 mol·L^{-1} HNO_3 溶液，再加入 $NaBiO_3$ 固体，若有 Mn^{2+}存在，溶液应为紫红色	
Na^+	取 1 滴试液，加入 8 滴乙酸铀酰锌试剂，用玻璃棒摩擦试管。淡黄色结晶乙酸铀酰锌钠[$CH_3COO·Zn(CH_3COO)_2·UO_2(CH_3COO)_2·H_2O$]沉淀出现，示有 Na^+存在	①在中性或乙酸溶液中进行 ②大量 K^+存在干扰测定，可将试液稀释 2～3 倍
NH_4^+	①在表面皿上，加入 5 滴 6 mol·L^{-1} NaOH，立即把一凹面贴有湿润红色石蕊试纸（或 pH 试纸）的表面皿盖上，然后放在水浴上加热，试纸呈碱性，示有 NH_4^+存在 ②在点滴板上放 1 滴试液，加 2 滴奈斯勒试剂（$K_2[HgI_4]$与 KOH 的混合物），生成红棕色沉淀，示有 NH_4^+ 存在	NH_4^+ 含量少时，不生成红棕色沉淀而得到黄色溶液
Ni^{2+}	取 2 滴试液，加入 2 滴丁二酮肟和 1 滴稀氨水，生成红色的沉淀，示有 Ni^{2+}存在	反应在 pH 为 5～10 时进行，可在 HAc-NaAc 缓冲溶液中反应

续表

离子	鉴定方法	备注
Pb^{2+}	取 2 滴试液，加入 2 滴 0.1 mol·L^{-1} K_2CrO_4 溶液，生成黄色 $PbCrO_4$ 沉淀，说明有 Pb^{2+}存在	沉淀不溶于 HAc 和 $NH_3·H_2O$，易溶于强碱，难溶于稀硝酸
Sb^{3+}	①在锡箔上放 1 滴试液，放置，有黑色的斑点（金属锑）出现，说明有 Sb^{3+}存在： $2[SbCl_6]^{3-}+Sn \longrightarrow 2Sb\downarrow+3Sn^{2+}+12Cl^-$ ②取 2 滴试液加入 0.4 g $Na_2S_2O_3$ 固体，在水浴上加热数分钟，橙红色的 Sb_2OS_2 沉淀出现，示有 Sb^{3+}存在	溶液酸性过强，会使试剂分解为 SO_2 和 S，应控制溶液 pH 在 6 左右
Sn^{2+} Sn^{4+}	①在试液中放入铝丝（或铁粉），稍加热，反应 2 min，试液中若有 Sn^{4+}，则 Sn^{4+}被还原为 Sn^{2+}，再加 2 滴 6 mol·L^{-1} HCl 溶液按②进行 ②取 2 滴 Sn^{2+}试液，加 1 滴 0.1 mol·L^{-1} $HgCl_2$溶液，生成 Hg_2Cl_2白色沉淀，示有 Sn^{2+}存在	
Zn^{2+}	①取试液 3 滴用 2 mol·L^{-1} HAc 溶液酸化，再加等体积的$(NH_4)_2[Hg(SCN)_4]$溶液，摩擦试管壁，有白色沉淀生成，示有 Zn^{2+}存在： $Zn^{2+}+[Hg(SCN)_4]^{2-} \longrightarrow ZnHg(SCN)_4\downarrow$ ②在试管中加入 2 滴极稀的 $CoCl_2$ 溶液（≤0.02%），加入等体积 $(NH_4)_2[Hg(SCN)_4]$。用玻璃棒摩擦试管壁 0.5 min，若未产生蓝色沉淀，然后再加入 2 滴试液，继续摩擦试管壁 0.5 min，这时产生蓝色或浅蓝色沉淀，示有 Zn^{2+}存在。反应如下 $Co^{2+}+[Hg(SCN)_4]^{2-} \longrightarrow CoHg(SCN)_4\downarrow$ $Zn^{2+}+[Hg(SCN)_4]^{2-} \longrightarrow ZnHg(SCN)_4\downarrow$ 产生的沉淀为两种化合物的混合晶体，混合晶体的颜色，取决于 Zn^{2+}的量而显浅蓝色或深蓝色	有大量的 Co^{2+}存在干扰鉴定，Ni^{2+}和 Fe^{2+}与试剂生成淡蓝色沉淀；Fe^{2+}与试剂生成紫色沉淀；Cu^{2+}与试剂生成黄绿色沉淀，少量 Cu^{2+}存在时，形成铜锌紫色混晶

资料来源：华中师范大学，东北师范大学，陕西师范大学，等. 2001. 分析化学实验[M]. 3 版. 北京：高等教育出版社.

附录 13　常见无机阴离子的定性鉴定方法

离子	鉴定方法	备注
Cl^-	2 滴试液加入 1 滴 2 mol·L^{-1} HNO_3 溶液和 2 滴 0.1 mol·L^{-1} $AgNO_3$ 溶液，生成白色沉淀。沉淀溶于 6 mol·L^{-1} $NH_3·H_2O$ 溶液，再用 6 mol·L^{-1} HNO_3 溶液酸化又有白色沉淀出现，示有 Cl^-存在	
Br^-	①取 2 滴 Br^-试液，加入数滴 CCl_4，滴加氯水，振荡，有机层显红棕色，示有 Br^-存在 ②品红法：品红与 $NaHSO_3$ 生成无色的加成物，游离溴与此加成物作用，生成红紫色溴代染料。方法如下：在试管中加入数滴 0.1%的品红水溶液，加入固体 $NaHSO_3$ 和一两滴浓 HCl 溶液使溶液变为无色。用所得溶液润湿小块滤纸，黏附在一块表面皿的内表面上，将此表面皿与另一块表面皿扣在一起组成一个气室，在下面的表面皿上放两三滴试液及四五滴 25%铬酸溶液，然后将气室放在沸腾水浴上加热约 10 min。若有 Br^-存在，则被铬酸氧化生成游离 Br_2，后者挥发，与试纸上的试剂相互作用，试纸呈现红紫色	加氯水过量，生成 BrCl，使有机层显淡黄色。氯和碘不产生颜色，所以这个反应可在 Cl^-、I^-存在时鉴定很少量的 Br^-
I^-	取 2 滴 I^-试液，加入数滴 CCl_4，滴加氯水，振荡，有机层显紫色，示有 I^-存在	在弱碱性、中性或酸性溶液中，氯水氧化 I^-为 I_2，过量氯水将 I_2 氧化为 IO_3^-，有机层紫色褪去
S^{2-}	1 滴试液放在点滴板上，加 1 滴 $Na_2[Fe(CN)_5NO]$试剂，由于生成 $Na_2[Fe(CN)_5NOS]$而显紫色，示有 S^{2-}存在	在酸性溶液中 $S^{2-} \longrightarrow HS^-$，不产生紫红色，应加碱液使酸度降低
$S_2O_3^{2-}$	取 5 滴试液，逐滴加入 1 mol·L^{-1} HCl 溶液，生成白色或淡黄色沉淀，示有 $S_2O_3^{2-}$存在： $S_2O_3^{2-}+2H^+ \longrightarrow S\downarrow+SO_2\uparrow+H_2O$	
SO_4^{2-}	取 3 滴试液，加入 6 mol·L^{-1} HCl 溶液酸化，再加入 0.1 mol·L^{-1} $BaCl_2$ 溶液，有白色 $BaSO_4$ 沉淀析出，示有 SO_4^{2-} 存在	

续表

离子	鉴定方法	备注
SO_3^{2-}	①亚硫酸盐能使有机染料品红褪色，可以用来鉴定 SO_3^{2-}。反应结果是生成无色的化合物。具体操作如下：在点滴板上放 1 滴品红溶液，加 1 滴中性试液。SO_3^{2-} 存在时溶液褪色。试液若为酸性，须先用 $NaHCO_3$ 中和，碱性溶液须加 1 滴酚酞，通入 CO_2 使溶液由红色变为无色 ②在 3 滴试液中加入 2 mol·L^{-1} HCl 溶液和 0.1 mol·L^{-1} $BaCl_2$ 溶液，再滴加 3% H_2O_2，产生白色沉淀，示有 SO_3^{2-} 存在	S^{2-}也能使品红溶液褪色，故干扰反应
NO_3^-	①二苯胺$(C_6H_5)_2NH$ 法：在洗净并干燥的表面皿上加四五滴二苯胺的浓 H_2SO_4 溶液。用玻璃棒取少量试液放入上述溶液中，NO_3^- 存在时，二苯胺被生成的硝酸氧化而显深蓝色 ②取 1 滴试液于点滴板上，再加 $FeSO_4$ 固体和浓硫酸，在 $FeSO_4$ 晶体周围出现棕色环，示有 NO_3^- 存在	NO_2^-、Fe^{3+}、CrO_4^{2-}、MnO_4^- 也有同样的反应，干扰鉴定
NO_2^-	取 1 滴试液，加入几滴 6 mol·L^{-1} HAc 溶液，再加 1 滴对氨基苯磺酸和 1 滴 α-萘胺。若溶液显粉红色，示有 NO_2^- 存在	
PO_4^{3-}	取 2 滴试液，加 5 滴浓 HNO_3 溶液，10 滴饱和钼酸铵，有黄色沉淀产生，示有 PO_4^{3-} 存在	
$C_2O_4^{2-}$	二苯胺与草酸或草酸盐熔化时生成蓝色苯胺染料。在微量试管中放 1 小粒试样（如果是溶液，取一部分蒸发至干）和少量二苯胺，加热使之熔化。冷却后，将熔块溶于 1 滴乙醇中，溶液显蓝色，示有 $C_2O_4^{2-}$ 存在	此反应是特效反应

资料来源：华中师范大学，东北师范大学，陕西师范大学，等. 2001. 分析化学实验[M]. 3 版. 北京：高等教育出版社.

附录 14　某些试剂溶液的配制

（1）Na_2S（1 mol·L^{-1}）：称取 240 g $Na_2S·9H_2O$ 和 40 g NaOH 溶于适量水中，稀释至 1 L，混匀。

（2）$(NH_4)_2S$（3 mol·L^{-1}）：于 200 mL 浓 $NH_3·H_2O$ 中通入 H_2S 气体直至饱和，然后再加入 200 mL 浓 $NH_3·H_2O$，最后加水稀释至 1 L，混匀。

（3）$(NH_4)_2CO_3$（1 mol·L^{-1}）：将 95 g 研细的$(NH_4)_2CO_3$溶解于 1 mL 2 mol·L^{-1} $NH_3·H_2O$ 中。

（4）$(NH_4)_2CO_3$（14%）：将 140 g $(NH_4)_2CO_3$ 溶于 860 mL H_2O 中。

（5）$(NH_4)_2SO_4$（饱和）：将 50 g $(NH_4)_2SO_4$ 溶解于 100 mL 热水中，冷却后过滤。

（6）$FeSO_4$（0.25 mol·L^{-1}）：溶解 69.5 g $FeSO_4·7H_2O$ 于适量 H_2O 中，加入 5 mL 18 mol·L^{-1} H_2SO_4，再用 H_2O 稀释至 1 L，放入小铁钉数枚。

（7）$FeCl_3$（0.5 mol·L^{-1}）：称取 135.2 g $FeCl_3·6H_2O$ 溶于 100 mL 6 mol·L^{-1} HCl 中，加 H_2O 稀释至 1 L。

（8）$CrCl_3$（0.1 mol·L^{-1}）：称取 26.7 g $CrCl_3·6H_2O$ 溶于 30 mL 6 mol·L^{-1} HCl 中，加 H_2O 稀释至 1 L。

（9）KI（10%）：溶解 100 g KI 于 1 L H_2O 中，储于棕色瓶中。

（10）KNO_3（1%）：溶解 10 g KNO_3 于 1 L H_2O 中。

（11）乙酸铀酰锌：①10 g $UO_2(Ac)_2·2H_2O$ 和 6 mL 6 mol·L^{-1} HAc 溶于 50 mL H_2O 中；②30 g $Zn(Ac)_2·2H_2O$ 和 3 mL 6 mol·L^{-1} HCl 溶于 50 mL H_2O 中，将①、②两种溶液混合，24 h 后取清液使用。

（12）$Na_3[Co(NO_2)_6]$：溶解 230 g $NaNO_2$ 于 500 mL H_2O 中，加入 165 mL 6 mol·L^{-1} HAc

和 30 g $Co(NO_3)_2\cdot 6H_2O$，放置 24 h，取其清液，稀释至 1 L，并保存在棕色瓶中。此溶液应呈橙色，若变成红色，表示已分解，应重新配制。

（13）$(NH_4)_6MO_7O_{24}\cdot 4H_2O$（0.1 $mol\cdot L^{-1}$）：溶解 124 g $(NH_4)_6Mo_7O_{24}\cdot 4H_2O$ 于 1 L H_2O 中，将所得溶液倒入 1 L 6 $mol\cdot L^{-1}$ HNO_3 中，放置 24 h，取其澄清液。

（14）$K_3[Fe(CN)_6]$：取 $K_3[Fe(CN)_6]$0.7～1 g 溶解于 H_2O 中，稀释至 100 mL（使用前临时配制）。

（15）铬黑 T：将铬黑 T 和烘干的 NaCl 按 1∶100 的比例研细，混合均匀，储于棕色瓶中。

（16）二苯胺：将 1 g 二苯胺在搅拌下溶于 100 mL 密度为 1.84 $g\cdot cm^{-3}$ H_2SO_4 或 100 mL 密度为 1.70 $g\cdot cm^{-3}$ H_3PO_4 中（该溶液可保存较长时间）。

（17）镁试剂：溶解 0.01 g 镁试剂于 1L 1 $mol\cdot L^{-1}$ NaOH 溶液中。

（18）$SnCl_2$（0.25 $mol\cdot L^{-1}$）：称取 56.4 g $SnCl_2\cdot 2H_2O$ 溶于 100 mL 浓 HCl 中，加水稀释至 1 L，在溶液中放几颗纯锡粒。

（19）$CrCl_3$（0.1 $mol\cdot L^{-1}$）：称取 26.7 g $CrCl_3\cdot 6H_2O$ 溶于 30 mL 6 $mol\cdot L^{-1}$ HCl 中，加水稀释至 1 L。

（20）$Hg_2(NO_3)_2$（0.1 $mol\cdot L^{-1}$）：称取 56 g $Hg_2(NO_3)_2\cdot 2H_2O$ 溶于 250 mL 6 $mol\cdot L^{-1}$ HNO_3 中，加水稀释至 1 L，并加入少许金属汞。

（21）$Pb(NO_3)_2$（0.25 $mol\cdot L^{-1}$）：取 83 g $Pb(NO_3)_2$ 溶于少量水中，加入 15 mL 6 $mol\cdot L^{-1}$ HNO_3，加水稀释至 1 L。

（22）$Bi(NO_3)_2$（0.1 $mol\cdot L^{-1}$）：称取 48.5 g $Bi(NO_3)_3\cdot 5H_2O$ 溶于 250 mL 1 $mol\cdot L^{-1}$ HNO_3 中，加水稀释至 1 L。

（23）氯水：水中通入 Cl_2 至饱和（用时临时配制），Cl_2 在 25℃时溶解度为 199 $mL\cdot(100\ g\ H_2O)^{-1}$。

（24）溴水：将约 50 g（16 L）液溴注入盛有 1 L 水的磨口玻璃瓶内，在 2 h 内经常剧烈振荡，每次振荡之后微开塞子，使积聚的溴蒸气放出。在储存瓶底有过量的溴，将溴水倒入试剂瓶时，过量的溴应留于储存瓶内，而不倒入试剂瓶。倾倒溴或溴水时，应在通风橱中进行，并将凡士林涂在手上或戴橡胶手套操作，以防溴蒸气灼伤。

（25）碘水（0.005 $mol\cdot L^{-1}$）：将 1.3 g I_2 和 5 g KI 溶解在尽可能少量的水中，待 I_2 完全溶解后（充分搅动），再加水稀释至 1 L。

（26）亚硝酰铁氰化钠（3%）：称取 3 g $Na_2[Fe(CN)_5NO]\cdot 2H_2O$ 溶于 100 mL 水中。

（27）淀粉溶液（0.5%）：取易溶淀粉 1 g 和 $HgCl_2$ 5 mg（作防腐剂）置于烧杯中，加水少许，调成糊浆，然后倾入 200 mL 沸水中。

（28）奈斯勒试剂：称取 115 g HgI_2 和 80 g KI 溶于足量的水中，稀释至 500 mL，然后加入 500 mL 6 $mol\cdot L^{-1}$ NaOH 溶液，静置后取其清液保存于棕色瓶中。

（29）对氨基苯磺酸（0.34%）：0.5 g 对氨基苯磺酸溶于 150 mL 2 $mol\cdot L^{-1}$ HAc 溶液中。

（30）α-萘胺（0.12%）：0.3 g α-萘胺加 20 mL 水，加热煮沸，在所得溶液中加入 150 mL 2 $mol\cdot L^{-1}$ HAc。

（31）钼酸铵：5 g 钼酸铵溶于 100 mL 水中，加入 35 mL HNO_3（密度 1.2 $g\cdot cm^{-3}$）。

（32）硫代乙酰胺（5%）：5 g 硫代乙酰胺溶于 100 mL 水中。

（33）钙指示剂（0.2%）：0.2 g 钙指示剂溶于 100 mL 水中。

（34）铝试剂（0.1%）：1 g 铝试剂溶于 1 L 水中。

（35）二苯硫腙（0.01%）：0.01 g 二苯硫腙溶于 100 mL CCl_4 中。

（36）丁二酮肟（1%）：1 g 丁二酮肟溶于 100 mL 95%乙醇中。

（37）二苯碳酰二肼（0.04%）：0.04 g 二苯碳酰二肼溶于 20 mL 95%乙醇中，边搅拌边加入 80 mL（1∶9）H_2SO_4（存于冰箱中可用一个月）。

（38）品红试剂：0.1 g 品红盐酸盐溶于 200 mL 热水中，放置冷却后，加入 1 g 亚硫酸氢钠和 1 mL 浓盐酸，再用蒸馏水稀释至 1 L。

（39）苯酚溶液：将 50 g 苯酚溶于 500 mL 5%氢氧化钠溶液中。

（40）β-萘酚溶液：将 50 g β-萘酚溶于 500 mL 5%氢氧化钠溶液中。

（41）费林试剂：费林试剂是由费林试剂 A 和费林试剂 B 组成，使用时将两者等体积混合即可。其配法为：①费林试剂 A：将 35 g $CuSO_4·5H_2O$ 溶于 1000 mL 水中；②费林试剂 B：将 170 g 酒石酸钾钠 $KNaC_4H_4O_6·4H_2O$ 溶于 200 mL 热水中，然后加入 25% NaOH 200 mL，再用水稀释至 1000 mL。

（42）本尼迪特试剂：取 8.6 g 研细的 $CuSO_4$ 溶于 50 mL 热水中，冷却后用水稀释至 80 mL。另取 86 g 柠檬酸钠及 50 g 无水碳酸钠溶于 300 mL 水中，加热溶解，待溶液冷却后，再加入上面所配的 $CuSO_4$ 溶液，加水稀释至 500 mL。将试剂储于试剂瓶中，用橡胶塞塞紧瓶口。

（43）卢卡斯试剂：在冷却条件下，将 136 g 无水氯化锌溶于 90 mL 浓盐酸中。此试剂一般是用前配制。

（44）间苯二酚盐酸试剂：将 0.5 g 间苯二酚溶于 500 mL 浓盐酸中，再用蒸馏水稀释 1000 mL。

（45）α-萘酚乙醇溶液：将 10 g α-萘酚溶于 100 mL 95%乙醇中，再用 95%乙醇稀释至 500 mL，储于棕色瓶中，一般使用前配制。

（46）0.2%蒽酮硫酸溶液：将 1 g 蒽酮溶于 500 mL 浓硫酸中，用时配制。

（47）2, 4-二硝基苯肼试剂：①将 2, 4-二硝基苯肼溶于 2 $mol·L^{-1}$ HCl 中配成饱和溶液；②将 20 g 2, 4-二硝基苯肼溶于 100 mL 浓硫酸中，然后边搅拌边将此溶液加到 140 mL 水与 500 mL 95%乙醇的混合液中，剧烈搅拌，滤去不溶固体即得橙红色溶液。

（48）0.1%茚三酮乙醇溶液：将 0.5 g 茚三酮溶于 500 mL 95%乙醇中，用时配制。

（49）苯肼试剂：取 2 份质量的苯肼盐酸盐和 3 份质量的无水乙酸钠混合均匀，于研钵中研成粉末，储存于棕色试剂瓶中。苯肼盐酸盐与乙酸钠反应生成苯肼乙酸盐，在水中水解生成的苯肼与糖反应成脎。游离的苯肼难溶于水，所以不能直接使用。

取 5 g 苯肼盐酸盐，加入 160 mL 水，微热溶解，再加 0.5 g 活性炭脱色，过滤，在滤液中加入 9 g 乙酸钠，搅拌溶解后储存于棕色试剂瓶中。

（资料来源：北京师范大学无机化学教研室等. 2001. 无机化学实验[M]. 3 版. 北京：高等教育出版社.）

附录 15　常用化学信息网址

查询物质结构性质网站 http：//chemexper.com/

http：//chem.sis.nlm.nih.gov/chemidplus/chemidlite.jsp

http：//sp.chemindex.com/cn/psearch.cgi？terms=552-66-9+&sel=dict

剑桥结构数据库（CSD）http：//www.ccdc.cam.ac.uk/

有机化合物数据库（Organic Compounds Database）http：//www.colby.edu/chemistry/cmp/cmp.html

澳大利亚蛇毒和毒素数据库（Australia Venom & Toxin Database）http：//www.uq.edu.au/~ddbfry/

http：//physics.nist.gov/cuu/Constants/index.html

http：//physics.nist.gov/cuu/Constants/links.html（其他数据站点的连接点）

http：//www.chemie.fu-berlin.de/chemistry/general/constants_en.html

http：//www-personal.umich.edu/～sanders/constants.h（C 语言 header file）

丁香园论坛 http：//www.dxy.cn/bbs/

美国专利商标局网站 http：//www.uspto.gov/

美国化学文摘查阅法 http：//www.bio-soft.net/book.html

附录 16　无机化学常用工具书

陈寿椿. 1994. 重要无机化学反应[M]. 3 版. 上海：上海科学技术出版社.

顾学成. 2009. 无机化学反应机理[M]. 北京：化学工业出版社.

Daintith J. 2008. 世界最新英汉双解无机化学词典[M]. 唐宗薰译. 北京：世界图书出版公司.

Gmelin L. 1927. Gmelin's Handbuch der Anorganischen Chemie[M]. 8th ed. Germany：Verlag Chemie，GmbH.

Speight J G. 2004. Lange's Handbook of Chemistry[M]. 16th ed. New York：McGraw-Hill.

Patnaik P. 2004. Handbook of Inorganic Chemistry[M]. New York：McGraw-Hill.

Weast R C. 1985-1986. Handbook of Chemistry and Physics[M]. 66th ed. Boca Raton：CRC Press Inc.

